AF550595

MANA

In der Abenteuer REISEN-Reihe bisher erschienen:

Geliebtes **Australien**
Barbara Barkhausen
978-3-95503-012-4

Verrücktes **Australien**
Daniel Kramer
978-3-95503-032-2

Geliebtes **Kanada**
Marc Lautenbacher
978-3-95503-051-3

Geliebtes **Griechenland**
Kurt Schreiner
978-3-95503-054-4

Geliebtes **Brasilien**
Klaus D. Günther
987-3-95503-064-3

Fremdes **Japan**
Thomas Bauer
978-3-95503-095-7

Fremdes **Neuseeland**
Ann Kathrin Saul
978-3-95503-098-8

Fremder **Iran**
Iris Lemaczyk
978-3-95503-107-7

Fremde **Mongolei**
Bernhard Wulff
978-3-95503-110-7

Wild **Roadtripp**
Mathias Vatterodtl
978-3-95503-119-8

Fernsucht
Rolf Wilhelm Stärk
978-3-95503-171-8

Walk it off
Ann Kathrin Saul
978-3-95503-174-9

Fremdes **Georgien**
Iris Lemanczyk
978-3-95503-197-8

Lateinamerika
Bernhard Wulff
978-3-95503-206-7

Ganz woanders
Carsten Peters
978-3-95503-251-7

Die Bücher dieser Reihe sind auch als E-Book erhältlich.

Bibliografische Information der Deutschen Nationalbibliothek
Die Deutsche Nationalbibliothek verzeichnet diese Publikation in der Deutschen Nationalbibliografie. Detaillierte bibliografische Daten sind im Internet unter http://dnb.dnb.de abrufbar.

© 2021 MANA-Verlag, www.mana-verlag.de
Das Werk ist in allen Teilen urheberrechtlich geschützt. Jede Verwertung außerhalb der engen Grenzen des Urheberschutzgesetzes ist ohne Zustimmung der Verlage unzulässig. Das gilt insbesondere für Vervielfältigungen, Übersetzungen, Mikroverfilmungen und die Einspeicherung und Verarbeitung in elektronischen Systemen.

Covergestaltung: www.estherbraundesign.de
Illustrationen: Konrad Kirchhefer
Fotos im Bildteil: Anna und Uwe Kirchhefer

Umschlagentwurf, Satz und Layout: MANA-Verlag
Druck: Dardedze, Riga, EU

ISBN: 978-3-95503-246-3

Anna und Uwe Kirchhefer

Libanon

Im Zwischenland

Inhalt

Unseren Kindern,
denen wir die mutigen Herzen wünschen, die es braucht,
die Welt und andere Menschen
zu entdecken und zu lieben

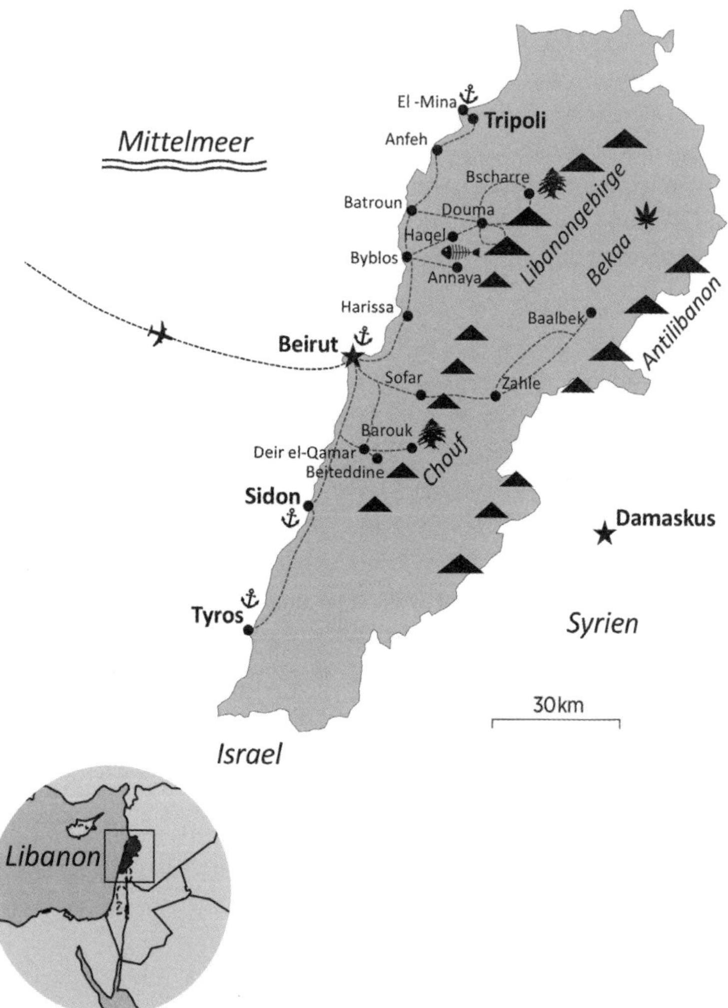

Mittelmeer
El -Mina
Tripoli
Anfeh
Bscharre
Batroun
Douma
Haqel
Byblos
Annaya
Libanongebirge
Bekaa
Antilibanon
Harissa
Baalbek
Beirut
Sofar
Zahle
Barouk
Deir el-Qamar
Beiteddine
Chouf
Sidon
Damaskus
Tyros
Syrien
30km
Israel
Libanon

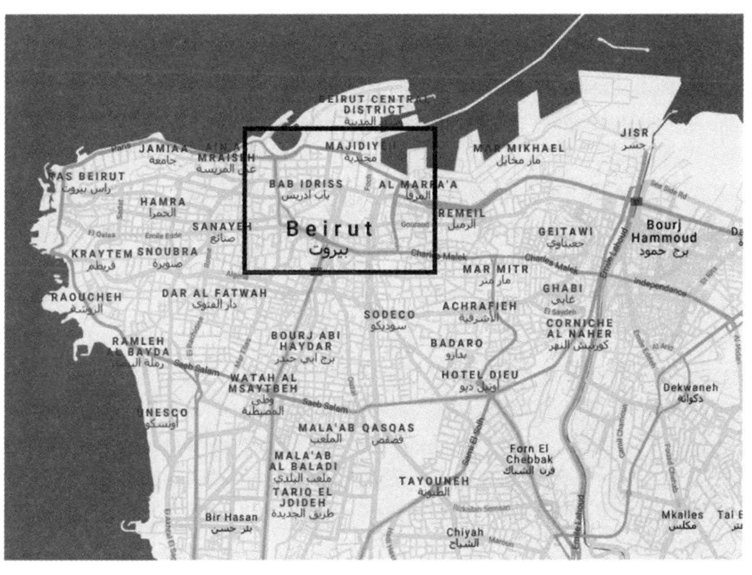
BEIRUT CENTRAL
DISTRICT
JAMIAA
AIN AL MRAISEH
MAJIDIYEH
MAR MIKHAEL
JISR
RAS BEIRUT
BAB IDRISS
AL MARFA'A
HAMRA
REMEIL
SANAYEH
Beirut
GEITAWI
Bourj Hammoud
KRAYTEM
SNOUBRA
MAR MITR
GHABI
RAOUCHEH
DAR AL FATWAH
ACHRAFIEH
SODECO
CORNICHE AL NAHER
RAMLEH AL BAYDA
BOURJ ABI HAYDAR
BADARO
HOTEL DIEU
WATAH AL MSAYTBEH
Dekwaneh
UNESCO
MALA'AB
QASQAS
MALA'AB AL BALADI
Forn El Chebbak
TAYOUNEH
TARIQ EL JDIDEH
Bir Hasan
Mkalles
Chiyah
Charles Malek
Independance
Saeb Salam
Emile Lahoud

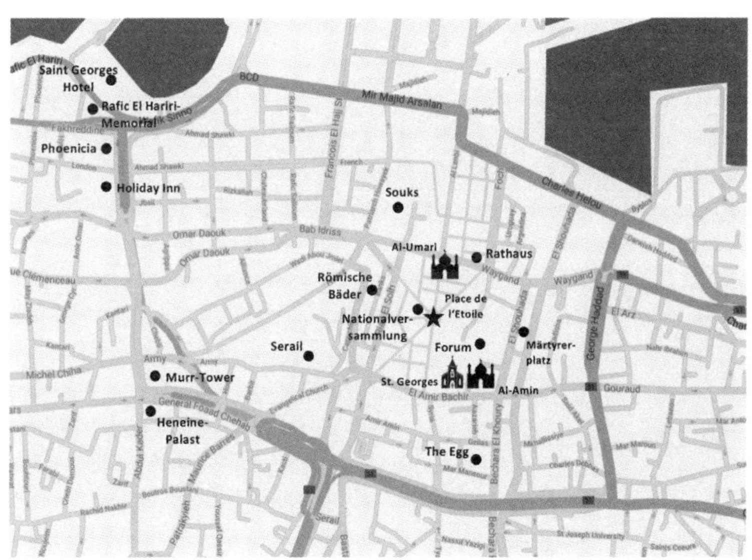
Saint Georges Hotel
Rafic El Hariri-Memorial
Phoenicia
Holiday Inn
Souks
Al-Umari
Rathaus
Römische Bäder
Place de l'Etoile
Nationalver-sammlung
Forum
Märtyrer-platz
Serail
St. Georges
Al-Amin
Murr-Tower
Heneine-Palast
The Egg
Mir Majid Arsalan
Charles Helou
Bab Idriss
Omar Daouk
Weygand
George Haddad
Gouraud
General Fouad Chehab
Michel Chiha
El Amir Bachir
Abdul Kader
Bechara El Khoury
Foch

Die Herrlichkeit des Libanon soll an Dich kommen.

Jesaja 60, 13

On these ancient shores of the Near East, there lay a brave little country, which throughout its storied existence and timeless history, had always been, entirely, in deeds and as a matter of principle, a committed practitioner and a true hero of humanism. This small country is Lebanon.

(Charles Corm)

Prolog

»Er ist ein Insider. Er kann euch dorthin führen.«

Der Mann befüllt weiter seine Kanister mit Quellwasser, ohne den Blick zu heben. Trotz der Hitze eines hochsommerlichen Tages trägt er eine weite schwarze Pluderhose, in die ein ebenso schwarzes langärmeliges Hemd gesteckt ist. Ein weißes, gestricktes Scheitelkäppchen bedeckt den kahlgeschorenen Schädel. Er dreht sich zu uns um. Auf seiner Stirn glänzen einzelne Schweißperlen, die von großen buschigen Augenbrauen aufgefangen werden. Ein über die Mundwinkel gezogener Schnurrbart gibt ihm ein väterliches Aussehen. Er wendet sich an Akram, unseren Fahrer. »Bring sie hin!« Wir schauen uns an und sehen das innerliche Beben des anderen. Sollte sich hier und heute unsere Sehnsucht erfüllen, einen der letzten Geheimplätze der Welt aufzuspüren? Wir steigen ins Auto und vertrauen uns Akram an. Er gehört dazu. Im Libanon ist alles eine Frage der Zugehörigkeit. Wo kommst du her, was glaubst du, wen kennst du? Von Galiläa bis Syrien, von den Bergen bis ans Meer, zu jedem Zeitpunkt unserer Reise – selbst hier im unwegsamen Gebirgsland des *Chouf* – wird klar: Es liegt in Deiner Wiege oder nicht.

Wir fahren weiter durch Barouk, den letzten bewohnten Ort des südlichen Libanongebirges, von dessen Gipfeln sich die immer enger werdende Straße durch die Hochebene der *Bekaa* bis ins nahe Syrien schlängelt. Doch unser Ziel liegt in diesen Bergen, deren Kämme sich wie staubige Elefantenrücken türmen. Hier leben sie noch genauso wie vor tausend Jahren versteckt und zurückgezogen. Nur die jahrhundertealten Zedern des *Chouf*, mit ihren dunklen, breiten Kronen, wissen um die Geheimnisse ihres Kultes, der nur dem eigenen Blut offenbart wird. Akram beschleunigt den Wagen. Bilderstaccato: Ein Flussbett im nahen Tal; eine ältere Frau mit weißem Schleier; Kinder mit Kisten voller Äpfel; ein alter Mercedes im Rost der Jahre; das

Gelb der Sandsteinhäuser des Dorfes nimmt uns auf. Dann halten wir urplötzlich und werden zu einer Tür geführt. In ihrem grünen, eisernen Gitter sind vier Sterne eingegossen. »Folgt mir«, sagt Akram.

DAS ALTE BEIRUT – da, wo alles begann

Laufen lernen

Wir werden von den Turmglocken der nahe gelegenen Klosterkirche St. Anthony im Stadtteil Monot geweckt. Das Loft, das uns eine junge Fotografin für ein paar Tage überlassen hat, liegt noch im Halbdunkel der Blendläden an der Balkontür. Draußen pulsiert – schon wieder oder noch – das Leben. Unentwegt dringt das Hupen der eiligen Autofahrer zu uns in den dritten Stock hinauf. Doch der Lärm ist nichts gegen die Bilder der gestrigen Fahrt vom Flughafen hierher. Panzerkolonnen, Straßensperren, Soldaten – Fremdkörper für europäische Augen. Dazu orientalisches Verkehrschaos, aber das hatten wir erwartet. Welche Bedenken sind nicht – genährt von Tagesnachrichten – zuhause gegen unsere Reiseplanung ins Feld geführt worden! Syrienkrieg, Clanstrukturen, Korruption, Flüchtlingsströme, Unruhen, Militärpräsenz. Jetzt sind wir trotzdem im Libanon, aber die Warnungen und Ängste sind auch mitgereist. Die Nacht zwischen Gemälden, Bücherregalen und IKEA-Lampen im schmucken Apartment hat uns Sicherheit und Vertrauen wiedergegeben. Zeit fürs Frühstück. Aber das Wasser für den Tee bleibt auch nach einer Viertelstunde auf dem E-Herd kalt. Wir testen Stecker und Anschlüsse aller verfügbaren elektrischen Haushaltsgeräte, doch nichts tut sich und wir schauen uns schulterzuckend an. Unsere erste Begegnung mit einer libanesischen Krankheit, die Land und Menschen im Griff hat: Stromausfall. Aber, wer braucht schon ein Heißgetränk am Morgen, zumal das Thermometer bereits auf fast dreißig Grad steht. Wie in Studentenzeiten schieben wir die Gedanken an eine erste Mahlzeit des Tages erst einmal gänzlich von uns und wagen uns hinaus auf die Straßen Beiruts!

Was soll man tun am ersten Tag einer langen Reise? Lässt sich hier an der Geburtsstätte des modernen Libanon, im Zentrum Beiruts, die Spur für ein ganzes Land aufnehmen? Durch die Stadt zu unseren Füßen weht nicht der leichte Wind der libanesischen Riviera und auch die klare Bergluft des Libanon- und des *Chouf*-Gebirges ist fern. Hier gilt es Schicht um Schicht einer gewachsenen, verletzten und nun wieder heilenden Stadt abzutragen. Schwere Kost für den ersten Tag, doch daran führt kaum ein Weg vorbei, also weiter auf der Damascus Street Richtung Zentrum. Auf dieser alten Demarkationslinie des Bürgerkrieges stehen sie noch: zerschossene Häuser wie tote Kulissen einer vergangenen Zeit. Hinter einer donnernden Hochstraße starrt uns ein verwüstetes Betonmonstrum an. Die Beiruter nennen es liebevoll »das geköpfte Ei«. Offene Wunden. Dann ein kleines Café. Hier, wo sich noch vor dreißig Jahren die Scharfschützen anvisierten, gibt es heute guten Cappuccino vom erprobten Barista und Pain au Chocolat. Das Design ist skandinavisch, die Zeitungen in französischer Sprache. Dass wir nicht in London oder Paris, sondern mitten in Beirut sitzen, verrät nur die kleine Speisekarte auf Schiefertafeln, die unter den Frühstücksvarianten *Manakish*, eine Art Pizza mit Thymian-Sesampaste, bereithält. Wer hierher kommt, ist nur mit ipad & Co bewaffnet. Die meisten jungen Leute sitzen allein und haben offensichtlich zu arbeiten oder zu kommunizieren, während sie sich nach einer langen Partynacht für den Tag stärken. Von dem kleinen Holztisch aus schauen wir versonnen durch das Fenster auf den »Place des Martyrs«. Nach einer Weile blickt der junge Mann neben uns von seinem ipad auf, tritt an unseren Tisch und lächelt uns an. Anscheinend hat er unser Gespräch mitangehört, in dem wir über die seltsame Namensschöpfung spekuliert haben. »Märtyrer«, das Wort ist für uns verbunden mit dem Opfertod von Heiligen oder Dschihadisten. Mikhael stellt sich in nahezu akzentfreiem Deutsch vor. Einfach so, ohne Umschweife und mit umwerfender Herzlichkeit. Er hat in Deutschland Geschichte studiert und erklärt uns mit einem Schmunzeln die Bedeutung des Namens.

»Der Platz hat eine wandelvolle Geschichte erlebt und wurde Zeuge der Um- und Aufbrüche Beiruts im vorigen Jahrhundert. Bevor er seinen heutigen Namen ›Platz der Märtyrer‹ erhielt, wurde er auch mal nach einem osmanischen Sultan und schließlich, nach der Machtübernahme der Jungtürken 1908, ›Freiheitsplatz‹ benannt.«

»Jungtürken?«

»Die Jungtürken waren eine politische Bewegung gegen Ende des osmanischen Reiches. Sie versuchten durch liberale Reformen und eine Verfassung den drohenden Zerfall des Reiches aufzuhalten. Am 6. Mai 1916 hängten die osmanischen Statthalter Intellektuelle und libanesische Nationalisten, egal welcher Konfession.«

»Warum wurden sie gehängt?«, hakt Anna nach.

»Gegen Ende des ersten Weltkrieges fing das osmanische Reich, das vom Balkan bis zum Persischen Golf reichte und zu dem auch das Gebiet des heutigen Libanon gehörte, an zu zerfallen. Der Libanon aber stand weiterhin unter der Militärverwaltung der Osmanen. Sie war den Leuten verhasst. Im Zuge der aufkeimenden libanesischen Nationalbewegung kam es zu blutigen Unruhen. Die Nationalbewegung richtete sich gegen die osmanische Fremdherrschaft und wollte Selbstbestimmung. Die Stimmung gegen das Militär war aufgeheizt, denn es brauchte Unmengen Lebensmittel für die Kriegsführung und plünderte das Land aus. Hinzu kamen verheerende Hungersnöte und Seuchen als Resultat der Seeblockade der alliierten Mächte um Frankreich und England. Da das osmanische Reich auf Seiten des verfeindeten Deutschlands stand, schnitten die Alliierten jegliche Versorgung über den Seeweg ab. Zehntausende fanden so den Tod.«

»Gab es keine Hilfe für die Menschen?«

»Die Menschen hier mussten sich schon immer selbst helfen. Wer konnte, emigrierte. Die hier blieben und gegen diese Herrschaft und die unsäglichen Lebensumstände aufstanden und gehängt wurden, sind die Märtyrer, nach denen der Platz dann nach dem Ende des ersten Weltkrieges unter französischem Mandat benannt wurde. In den Folgejahren nach der Umbenennung gab der Platz seine ursprüngliche Bestimmung als Beiruts administratives und kulturelles Zentrum an den durch die französische Mandatsverwaltung errichteten Place d'Etoile ab. Es blieben aber Kinos, Kaffeehäuser und neue Hotels; hier traf man sich, um zu sehen und gesehen zu werden. Vielleicht findet ihr mal ein altes Foto. Es sah hier wirklich schön aus und es ging mondän zu.« Er lächelt wieder. »Jetzt höre ich aber auf zu dozieren, sonst flieht ihr gleich vor der orientalischen Geschichtsstunde, zu schade um den leckeren Cappuccino.« Wir lachen mit, bedanken uns artig für die vielen Informationen und leeren unseren Kaffee. Uns rauchen die Köpfe. In der Geschichte der Levante sind wir noch Novizen.

Draußen sehen wir, dass eine 1960 aufgestellte Bronzestatue des italienischen Bildhauers Mazzacurati an die Opfer erinnert. Die Einschusslöcher der im Bürgerkrieg zwischen 1975 und 1990 versehrten Statue legen noch heute von der gewalttätigen Kraft des Krieges Zeugnis ab und geben den Himmel Beiruts im Hintergrund frei. Die Tragik der Geschichte der Kriegsjahre liegt darin, dass dieser Platz, auf dem die Bürger beider großen Religionen, Sunniten und Christen, 1916 gemeinsam für einen befreiten Libanon in den Tod gingen, Teil der Demarkationslinie zwischen muslimischem Westen und christlichem Osten war. Mit Blick auf die langweilige postmoderne Häuserfront der gegenüberliegenden Straßenseite, die eine Donuts verkaufende Restaurantkette beherbergt, wird schnell klar: Dieser Flecken Stadt muss seine Rolle im Beirut des 21. Jahrhunderts erst noch finden.

Frischlinge auf historischem Streifzug

Direkt neben dem Platz liegt ein römisches Ausgrabungsareal, ehemals der *Cardo Maximus*, heute ein Müllbecken. Mittendrin eine einsame traurige Palme. Drumherum drei Gotteshäuser. Zwei Kirchen und eine Moschee. Religionen im Wettlauf. Die griechisch-orthodoxe Kirche St. Georg ist das älteste noch bestehende Kirchengebäude Beiruts. Die klassizistisch erbaute maronitische Kathedrale St. Georg war das höchste Gotteshaus des Landes, bis die moderne sunnitische *Al-Amin*-Moschee, initiiert durch den 2005 ermordeten Premierminister Rafiq *Hariri*, gebaut wurde. Der Prestigebau bemüht sich um die Erhabenheit der Blauen Moschee, bleibt jedoch nur eine schale Kopie. Hier finden sich auch keine Menschenmassen, die zum Eingang streben, sondern nur drei ältere Männer mit sonnengegerbten Gesichtern und eine verloren wirkende, blasse westliche Touristin mit Khakihosen und Hut. Am Nachmittag hallt der elektrisch verstärkte Ruf des Muezzins der *Al-Amin*-Moschee zeitgleich mit den Kirchenglocken von St. Georg durch das Stadtzentrum. Nebeneinander, miteinander oder gegeneinander? Die Frage hat hier im Land der achtzehn staatlich anerkannten Konfessionen allgegenwärtig ihre Berechtigung.

Die Sonne scheint sehr warm und anstatt den Gebetsstätten einen Besuch abzustatten, entscheiden wir uns, die Rue Maraad entlang zu wandeln. Wem alte Postkarten oder Fotos vom Vorkriegsbeirut in die Hände fallen, der kann sicher sein, dass immer auch eine Aufnahme der eleganten Straße mit ihren Cafés und Geschäften unter Rundbögen darunter ist, die der Rue de Rivoli in Paris nachempfunden war, aber in ihrer orientalischen Lässigkeit mehr Charme besaß. Mit den alten Postkarten vor Augen bewundern wir heute eine nach dem Krieg aufwändig restaurierte Straße, deren Gebäude von einer goldenen Zeit zeugen, in denen heute aber Mieter, Geschäfte, Cafés und Besucher fehlen. Wo sind sie nur, die 1,5 Millionen Einwohner Beiruts? Nicht hier, im Zentrum, wo uns das Gefühl beschleicht, durch eine menschenleere Filmkulisse zu spazieren. Schöne Steine bringen das Flair der alten Rue Maraad nicht zurück.

Die Straße führt uns direkt auf den Place d'Etoile, den Sternenplatz, von dem aus Straßen in alle Richtungen abgehen. Am Rand des Platzes füttert ein mit Maschinengewehr bewaffneter Soldat hunderte Tauben. Einige setzen sich auf seine Schultern. Ein Mann, dem Friedensflügel wachsen, während er die Sicherheit des Landes hütet. Die Nationalversammlung, wie das libanesische Parlament genannt wird, ist nur ein paar Schritte entfernt in einem neuen Sandsteingebäude untergebracht, das im Stil des Historismus osmanische Elemente aufweist. Hier sitzen aufgrund des Prinzips der konfessionellen Parität Vertreter aller Bekenntnisse. Von armenisch-orthodox bis schiitisch. Von maronitisch bis drusisch. Denn jede religiöse Gemeinschaft hat proportional zu ihrem Anteil an der libanesischen Gesamtbevölkerung eine festgelegte Anzahl Sitze im Parlament. Selbst der schiitisch geprägte politische Arm der Terrororganisation Hisbollah hält 13 Sitze im Parlament. Vergebens halten wir Ausschau nach einem Besuchereingang; das Gebäude ist der Öffentlichkeit nicht zugänglich. Schade, selbst das House of Lords und die Knesset kann man besichtigen. Stattdessen betreten wir einen kleinen christlichen Buchladen in der Hoffnung auf interessante Bücher oder eine Landkarte. Als einer, der östlich des Eisernen Vorhangs in einer sächsischen Kleinstadt aufgewachsen ist, sehnte sich Uwe als Kind vor den aufgeschlagenen Atlanten aus der Plattenbauwohnung in die weite Welt. Wir haben uns nicht um ein Handy mit libanesischem Tarif gekümmert und sind nun ohne Internet und Navigation unterwegs. Tatsächlich verkauft die Dame im Lädchen neben Bibeln und anderer christlicher Erbauungsliteratur Landkarten. Es gibt sie nur in der Version der »militärischen Karte«. Darauf ist der Libanon mit allen befestigten Straßen und seinen Grenzen zu Syrien und – nein, nicht Israel – sondern »Palästina« eingezeichnet. Anna muss unweigerlich an sonntägliche Kirchenbesuche denken, in denen die im Nahen Osten engagierte Pfarrerin in Fürbitten ausdrücklich die Menschen aus Israel und Palästina einschloss. So versöhnlich sind die Militärs hier nicht.

Wir treten aus dem Dunkel und halten voller Stolz unseren kleinen Schatz ins gleißende Tageslicht. Die Karte zeigt nicht nur die exakte Topographie des Libanon im kleinen Maßstab, sondern auch die zentralen Stadtteile Beiruts mit allen Straßennamen und Sehenswürdigkeiten. Da in deutschen Buchhandlungen weder Reiseführer noch Literatur zum Land angeboten werden und das einzige aktuelle englischsprachige Bändchen vom Footprint-Verlag Beirut und seine Umgebung nur sehr rudimentär darstellt, ist unser Kauf ein echter Glücksgriff. Die Karte nimmt sofort ihren Dienst auf und führt uns geradewegs zur Weygand Street, einer der Ost-West-Magistralen. Ab und zu ein Auto, keine Fußgänger. Wir blicken auf das im neo-orientalischen Stil errichtete Rathaus. Sein Bauherr hinterließ über dem Eingang ein Vermächtnis auf Arabisch: »Das sind unsere Spuren, die auf uns hinweisen. Schau fortan auf unsere Spuren.« Gerade haben wir uns den überheblichen Ausspruch mühevoll übersetzt, da öffnet sich die Tür und ein fluchender junger Mann kommt uns entgegen. In seiner Wut übersieht er Anna, die zu Boden stürzt. Er ist erschrocken und entschuldigt sich vielmals.

»Es tut mir sehr leid. Ich war gerade so aufgebracht, dass diese Idioten meinen Antrag immer noch nicht bearbeitet haben. In diesem Land ist man ein lästiger Bittsteller, der dem korrupten Staatsapparat und seiner Willkür ausgeliefert ist.« Sein Handy klingelt und er eilt davon. Außen schön, innen morsch. Die Bürger Beiruts lassen sich von Fassaden nicht täuschen und irgendwann auch mit Versprechen auf Besserung nicht mehr beschwichtigen.

Unsere Aufmerksamkeit wird von den beiden Minaretten der schräg über der Straße liegenden *Al-Omari*-Moschee angezogen, die bis zur Fertigstellung von *Al-Amin* die Freitagsmoschee Beiruts war. Die Moschee entstand nach dem Sieg der Mameluken 1291 über die Kreuzfahrer durch die Umwidmung einer damals bereits seit 150 Jahren bestehenden romanischen Kirche, die Johannes dem Täufer geweiht war. Wir biegen in die Verlängerung der Maarad Street ein und laufen unter einem in französischer Mandatszeit errichteten Portikus her. Jetzt stellt sich zum ersten Mal das Gefühl ein, im Orient zu sein. Durch das Hauptportal gelangen wir über den Innenhof in die Moschee. In der Gebetsnische an der Südmauer betet ein Mann. Wir schlurfen in der dreischiffigen Basilika über die muffig riechenden Teppiche. Anders als zu Kreuzfahrerzeiten, als man hier die Hand des heiligen Johannes als Reliquie verehrte, soll in muslimischer Zeit einst eine Locke des Propheten Mohammed aufbewahrt worden sein. Von den Zerstörungen durch die Kampfhandlungen des Bürgerkrieges ist nach umfangreichen Renovierungsarbeiten mittels Geldern eines ansässigen christlichen Bankiers sowie eines kuwaitischen Scheichs nichts mehr zu erahnen. Jeder finanziert ein Stück seines kulturellen Erbes; Recycling auf libanesisch.

Souks gesucht

Nicht weit von hier in nördlicher Richtung sollen die Geschäftsgassen der Beirut-*Souks* liegen. Auf dem Weg dorthin wird es noch leerer, obwohl wir ganz in der Nähe der *Souks* sein müssen. Auf der Karte eines alten Baedeker-Reiseführers aus dem Jahre 1912, den wir in der Heimat antiquarisch erstanden hatten, ist in diesem Stadtteil ein bunter Teppich verschiedener Läden und Gewerke verzeichnet. In der Mitte des 19. Jahrhunderts baute die osmanische Stadtverwaltung den gesamten Bezirk entlang einer geraden Achse zu einem Einkaufsbezirk um. So entstand 1874 der *Souk al-Tawileh*, der Lange, der auf die Herstellung von Kleidung spezialisiert war. Der *Souk al-Jamil*, der

Schöne, diente dagegen nach seiner Fertigstellung 1895 hauptsächlich dem Verkauf teurer importierter Güter. Allein neun verschiedene *Souks* bezeichnet die alte Karte. Doch damit nicht genug. Hier in der Nähe des Zollbereichs am Hafen entstand auch das erste große Kaufhaus der Stadt, das seine Gäste mit einem eingebauten Lift in die Etagen lockte. Das Gewimmel in den Gassen muss unbeschreiblich gewesen sein. Wo sind die Menschenmassen geblieben? Wir laufen an einem Leerstand nach dem anderen vorbei und suchen nach etwas, das wie ein Eingang zu einer anderen Welt aussehen könnte. Vergebens. Entgegen unseren Erwartungen gibt es hier kein Gewirr von alten, versteckten Gassen und aneinandergereihten Läden, sondern vielmehr ein modernes Einkaufszentrum aus Glas und Beton. Zwar ist alles orientalisch angehaucht, doch die Buntglaslampen, die Wandmuster, die Durchgänge mit Lichtschächten und die Springbrunnen können das aufkommende Dubai-Gefühl nicht wettmachen. Hier gibt es Haute Couture, Kleiderketten und Schnellimbisse. Das ganze Ensemble wirkt seltsam entfremdet vom Geist der restlichen Stadt. Aber vielleicht gefällt ja den Beirutern ihre neue Shoppingmall, und wir sollten unseren romantisierten Blick auf den Orient überdenken. Uns kommt die gerade erstandene Stadtkarte wieder in den Sinn. Ein Griff in den Rucksack und wir sind mit einem Mal eines Besseren belehrt. Dort steht nur »Beirut-*Souks*« und eine Vielzahl von modernen Labeln und Firmen ist eingezeichnet. Wie naiv von uns zu glauben, der Krieg hätte die vormalige Substanz unverändert gelassen. Ein älterer Herr, der seinen Enkel an der Hand hält, muss unser Erstaunen bemerkt haben. Er kommt auf uns zu und spricht auf Französisch mit arabischem Akzent.

»Kann ich Ihnen helfen?«

»Ja, wir vermissen die historischen *Souks* an diesem Ort«, kramt Anna ihr Schulfranzösisch hervor.

»Die wurden leider während des Krieges geplündert und brannten dann bis zu den Grundmauern ab. Wir haben durch die Kämpfe so viel an Bausubstanz verloren.«

»Was ist nach dem Krieg geschehen?«

»Solidere, eine Beiruter Stadtentwicklungsgesellschaft, hat die *Souks* wiederaufgebaut. Wenn ich mich recht erinnere, hatte ein Spanier die architektonischen Ideen dazu. Man soll sich teilweise an den Verlauf der alten Gassen gehalten haben.«

»Fühlen Sie sich denn wohl in diesem modernen Einkaufszentrum?«, will Anna noch von ihm erfahren. Er zuckt mit den Schultern, als würde er den Sinn unserer Frage nicht verstehen.

»Was will man machen, wenn alles zerstört ist. Nach dem Krieg wollten alle alles neu haben. Die letzten Reste osmanischer Baukunst konnten nur mit Mühe vor den gierigen Händen einiger Investoren gerettet werden und verfallen jetzt doch Stück um Stück. Wenn ihr Zeit habt, so schaut Euch mal den Heneine-Palast in der Nähe des Serails an. Dort könnt ihr sehen, wie Beirut einmal aussah. Und wenn Ihr ursprüngliche *Souks* im Libanon sehen wollt, die mehrere hundert Jahre alt sind, dann macht Euch auf den Weg nach Tripoli.«

Wir bedanken uns für seinen Tipp und entlassen ihn zum Wasserspiel mit dem kleinen Jungen, der seinen Großvater immer ungeduldiger zum Planschen auffordert. Der Herr hat unser Innerstes erkannt. Unsere Sehnsucht auf dieser Reise ist vor allem auf die verschwindenden Kulturgüter gerichtet. Aber wonach sehnen sich die, die den Libanon ihre Heimat nennen?

Wir pendeln zurück auf die andere Seite der Weygand Street, um Ziel auf den Grand Serail, den aktuellen Sitz des Premierministers, zu nehmen. Der Weg um die römisch-katholische St. Louis-Kathedrale steigt langsam an. Ein Jeep, vollbesetzt mit Soldaten in Tarnanzügen braust vorbei. Die sich anschließende, leicht erhöhte Capuchin Street formt ein einmaliges Amphitheater, dessen Bühne die Ruinen der öffentlichen römischen Bäder aus dem 1. Jahrhundert v. Chr. sind. Hierher haben sich nur eine Handvoll Spaziergänger verirrt. Eine Mutter mit Kleinkind im Kinderwagen, ein junger Mann in Anzug und mit Lunchpaket, ein alter Mann im Qualm seiner Zigarette. Wir fühlen uns kurz wie in einer verschlafenen apulischen Kleinstadt. Es geht treppauf und treppab zwischen Mauern, Gewölben und Mosaiken. Dann, ein überdimensionales Schachbrett mit Figuren? Nein, nur ein quadratisches Feld mit Säulenresten, zwischen denen vormals heiße Luft zur Erwärmung der darüber liegenden Räume strömte. Die Geburt der Fußbodenheizung. Die Araber – auch sie kulturelle Erben der Römer – erkannten die Nützlichkeit der Körperpflege und die soziale Funktion der Bäder. Im Hammam gelten die gleichen Rituale wie einst zu römischer Zeit: Ausziehen, Eintauchen, Entspannen und Plaudern. Wie gern würden wir den Tag so ausklingen lassen, aber einen alten Hammam sucht man in ganz Beirut vergebens – Kriegsopfer. In einem kleinen Park unterhalb des Serails rasten wir hungrig, um unsere vertrockneten, aus Deutschland mitgebrachten Butterbrote mit frisch abgefülltem Wasser hinunterzuspülen. Das tut gut. Die Flasche schon fast leer getrunken, schauen wir uns angstvoll fragend an. Wie steht's um das Brunnenwasser im Libanon? Wir werden es spätestens morgen wissen.

Die Pause im Schatten der Rückseite hoher Bankgebäude setzt jedenfalls frische Kräfte frei. Auf der oberhalb gelegenen Capuchin Street kommen wir nicht mehr weit, denn das laute »Stop! No entry!« eines vor dem Serail postierten Soldaten lässt uns erstarren. Seine Geste erlaubt keinen Widerspruch. Wir können ob des Bollwerkes aus Wachhäuschen, Schranke, Betonquadern und Panzersperren eins und eins zusammenzählen. Hier sollen der Premierminister und die Regierung geschützt werden. Zusätzlich ist um den Grand Serail überall Stacheldraht auf die Zäune gepflanzt. Kein Durchkommen. Uns bleibt nur der Blick nach oben auf den Kantari-Hügel, auf dem in hellenistischer Zeit die Akropolis stand. Den strategischen Wert des Hügels erkannten auch die Osmanen, die die unter *Muhammed Ali Pascha*, dem mächtigen Gouverneur der osmanischen Provinz Ägypten, erbaute Burg abtrugen und ab 1853 ein neues massives Gebäude im Karreebau errichteten, das ursprünglich als Kaserne diente. Der Gouverneur wechselte seinen Sitz vom alten Serail, der bis 1950 am Ende des heutigen Platzes der Märtyrer lag, ins neue Domizil. Der erste Weltkrieg brachte Invaliden und Versehrte hervor. Der Serail wurde ein Militärhospital. Der 1897 davor errichtete Uhrenturm wurde zu Ehren des 25. Jahrestages der Inthronisation von *Abdulhamid II.*, dem vorletzten, später durch die jungtürkische Revolution zur Abdankung gezwungenen Sultan, errichtet. Überall im Land wurden derartige Türme zu diesem Gedenktag erbaut. Später auf unserer Reise werden wir den Clocktower in Tripoli noch besser kennenlernen als uns lieb ist. Seine letzte Neubestimmung erhielt der Serail nach dem Bürgerkrieg durch eine aufwändige Restauration. Der damalige Premierminister Rafiq *Hariri* überwachte die Arbeiten am Grand Serail persönlich. Leider bleibt uns der Zutritt verwehrt. Das ist umso trauriger, weil dadurch der Blick in den schönen Innenhof nur auf Fotos zu bewundern ist. Fotos von den Checkpoints rund um das Gebäude sind dagegen strengstens verboten. Also, keine Fotos mit Soldaten. Daher halten wir es wie die Libanesen: Selfies, Selfies, Selfies. Inzwischen spüren wir nach langem Marsch auf heißem städtischem Pflaster unsere schmerzenden Füße. Wir sind hungrig und kehren zu libanesischem Wein und *Mezze* ein. In tiefen Sesseln vor orientalischen Keramiktischen kehrt Teller um Teller Ruhe ein. Anna erinnert sich an die ersten *Mezze* ihres Lebens:

»Wusstest Du schon, wo ich das erste Mal beim »Libanesen« gewesen bin? Das war während des Masterstudiums in Bristol. Damals habe ich in einem Callcenter gearbeitet, um mein Studium zu finanzieren. Ein Freund, der ebenfalls dort jobbte, um die Schulden bei seinen Eltern zu begleichen, die er durch zwei Jahre Nahostreisen angehäuft hatte, hat mich mitgenommen.«

»Gab es denn in Hattingen keinen Libanesen, bei dem Du in Deiner Kindheit oder Jugend mal gewesen wärst?«

»Ob es ein libanesisches Restaurant gab, weiß ich gar nicht. Aber unsere Familie ging – wie viele andere auch – für Feierlichkeiten am liebsten zum Chinesen oder Griechen. Der Besuch im »Sands« war daher für mich nach Peking-Ente süß-sauer und Gyros mit Tzatziki eine Geschmacksrevolution und die Geschichten des Freundes aus dem Nahen und Mittleren Osten haben mich fernsüchtig gemacht.«

»Da mussten wohl fast fünfzehn Jahre vergehen und wir uns ineinander verlieben«, lacht Uwe.

»Ich weiß noch, wie Du bei unserem ersten gemeinsamen *Mezze*-Essen im »Les Cedres« in Münster einen Flug nach Beirut vorschlugst. Da habe ich noch gelacht. Aber als Du zwei Tage später die Tickets aufs Bett gelegt hast, da wusste ich, dass ich mich genau in den richtigen spontanen Spinner verliebt hatte.«

»Spontan schon, aber wir beide waren durch die Erzählungen des Kellners über Saida und seinem Heimatdorf im *Chouf* infiziert und ermutigt.«

Shisha-Duft zieht zu uns herüber. Die Mädchen am Nachbartisch fangen an zu rauchen. Es wird laut gescherzt. Handybilder werden herumgereicht und gestenreich kommentiert.

Plötzlich fühlt sich diese Stadt trotz aller Narben nur noch lebendig und voller Versprechen an und die mitgebrachten Bedenken aus der Heimat verflüchtigen sich mit dem Rauch der Shishas in den Beiruter Nachthimmel.

Wenn Paläste zu Hütten werden

Für den nächsten Tag haben wir einen Spaziergang quer durch das im Westen Beiruts außerhalb Downtowns gelegene Hamra geplant. Vor 100 Jahren stand dort nichts. Die Empfehlung des älteren Herrn aus den *Souks* ist uns nicht aus dem Kopf gegangen. Wir nehmen deshalb einen kleinen Umweg über den Heneine-Palast. Dieser liegt an der Straßenkreuzung Fachreddine Avenue – Spears Street, die von einem hinter Sandsäcken verschanzten Armeeposten kontrolliert wird. Kurz bevor wir den militärischen Stützpunkt erreichen, donnert plötzlich vom Kantari-Hügel ein gepanzerter Wagen in Tarnfarben an uns vorbei, um unmittelbar vor einer Gruppe von Soldaten am Kontrollposten zu halten. Eine Luke auf dem Dach öffnet sich und ein Uniformierter taucht hinter dem montierten Maschinengewehr hervor. Es werden ein paar Grußformeln auf Arabisch ausgetauscht, bevor der Panzerwagen in Richtung Norden ins Hotelviertel weiterfährt. Alltag im Libanon – uns klopft das Herz.

Wir stehen am Fuße des monolithischen Murr Towers, der während der Jahre des Bürgerkrieges wegen seiner Höhe ein Nest für Scharfschützen darstellte. Es geht das Gerücht, dass die jeweiligen Besatzer des Turmes ihre Opfer lebendig nach unten stießen. Wer den Murr Tower hielt, kontrollierte das Kampfgebiet entlang der »Green Line« während des Hotelkampfes. Keiner konnte beim Beginn des Baus 1974 ahnen, welches Schicksal den Turm bereits ein Jahr später ereilen sollte. Ursprünglich war für den unvollendeten Turm die Einrichtung von Wohnungen, Geschäftsräumen und Shops, eines unterirdischen Kinos, und eines Restaurants auf der Dachterrasse geplant gewesen. Die Bauherren, die Murr-Brüder, mussten sich nicht um eine architektonische Anbindung an die unmittelbare Umgebung kümmern. Liberalismus pur. Nach dem Krieg wurde der Rohbau an Solidere verkauft und einem Architekturwettbewerb zur Neugestaltung zugeführt. Die ist bis zum heutigen Tag leider ausgeblieben. Wir schauen immer noch auf die grauen zerschossenen Betonwände der 40 Stockwerke nach oben auf die leeren dunklen Fensterlöcher. In diesen, wie Schießscharten wirkenden Aussparungen, flattern zu unserer Überraschung bunte Markisen, die nach einer Idee des jungen Straßenkünstlers *Jad al-Khoury* angebracht wurden. Er verwendet dafür gestreifte und bunte Stoffe, wie sie überall auf den Balkonen der ärmeren Stadtteile Beiruts und des gesamten Libanon zu sehen sind. Sie flattern geräuschvoll im Wind, als wollten sie die schlechten und traurigen Gedanken an den Krieg fortwehen. Vergangenheitsbewältigung kann unterschiedliche Gesichter haben. Die Bestie ist immer noch in den Köpfen vieler. Aber Resignieren gilt nicht. Die jungen Menschen im Land haben ihre eigene Stimme und ihre eigenen Methoden dafür.

Direkt gegenüber der Bauruine des Murr Towers steht, wie aus der Zeit gerissen, der Heneine-Palast. Jetzt am Morgen liegt die Frontseite im Schatten und lässt Einschusslöcher, bröckelnden Putz und kaputtes Mauerwerk als das erscheinen, was es ist: Das nicht mehr aufzuhaltende Ende eines ehemaligen osmanischen Prachtbaus. Ein Palast, was hat der Herr damit gemeint? Enttäuschung macht sich bei uns so breit wie das große Loch in der Fassade. Es soll bei Kranarbeiten am benachbarten Hochhaus entstanden sein. Aktivisten, die das architektonische Erbe der Stadt erhalten wollen, vermuten, dass dieser »Unfall« nur der erste Schritt zur Gewinnung von Baugrund für ein weiteres Hochhaus war. Todesmutig sprinten wir über die hier breite Avenue, um uns den ehemaligen Palast genauer anzusehen. Er wurde von einem russischen Adligen im ausgehenden 19. Jahrhundert erbaut. Zu jener Zeit war der Palast wie viele andere Herrenhäuser in Zokak el-Blat von Obsthainen und Gärten umgeben. Der bourgeoise Stadtteil war besonders attraktiv für die gehobenen Schichten, denn er befand sich in der Nähe des Zentrums von Beirut unmittelbar hinter der alten Stadtmauer. Viele ausländische Botschaften hatten hier ihr Domizil. In der ersten Hälfte des 20. Jahrhunderts wohnten hier Christen, Sunniten, Drusen und Armenier Tür an Tür.

Es bestand ein Gleichgewicht konfessioneller und sozioökonomischer Kräfte. Doch dann kam der Krieg, der alles veränderte.

Wir stehen inzwischen vor dem Gebäude, beschauen uns in der Querstraße die Fassade mit ihrer Ornamentik in den großen Fensterbögen, um schließlich wieder auf die nördliche Frontseite mit dem großen Loch zu gelangen. Irgendetwas muss von dem alten Glanz doch noch erhalten sein. Wir wollen hier rein! Kurze Blicke nach rechts und links. Alles ist frei. Wir bauen eine Räuberleiter und sind im Haus schneller als gedacht. Unsere Erfahrungen beim Überklettern von Mauern haben wir zusammen am Dorotheenstädtischen Friedhof in Berlin gemacht. Mittlerweile sind wir ein eingeschworenes Duo. Was wir dann im Palast sehen, reißt uns von den Beinen. Der russische Aristokrat setzte hier, mitten in Beirut, seine orientalische Fantasie einer Alhambra um. Reich verzierte Arkaden, eine schwebende Treppe, dekorierte Wandpaneele und ein Deckenhimmel mit Tausendundeinem Stern. Dazu gibt es einen phantastischen Ausblick in Richtung der Fachreddine Avenue. Für uns tut sich eine andere Welt auf. Hier findet unsere Sehnsucht ihr Ziel, wenn auch nur als Ruine. Wie müssen sich die Mitarbeiter des US-Konsulats, das hier seit dem Beginn des ersten Weltkrieges für die nächsten 22 Jahre beheimatet war, gefühlt haben? Wie Emire? Die schrecklichen Ereignisse des Jahres 1983, als pro-iranische Dschihadisten die neue amerikanische Botschaft mit einer Autobombe zersprengten, lagen noch fern. Uwe kann sich noch gut an die Eilmeldungen im »RIAS« aus Westberlin und die aufgeregten Diskussionen mit seinem Freund Volker auf dem Schulhof erinnern.

Die Besitzung wechselte schließlich zur Heneine-Familie, dann verliert sich die Spur mit dem Bürgerkrieg. Der letzte gesicherte Untermieter soll Dr. Dahesh, ein Künstler, Hypnotiseur und selbstbezeichneter Prophet gewesen sein. »Hoffentlich ist sein Geist mit seinem Tod auch aus diesem Haus gegangen.«, lacht Uwe. »Lass uns das Weite suchen.« Kichernd stehen wir wieder in der Querstraße, als eine Frau von Mitte 20 unseren Weg streift. Möglicherweise sieht sie in unseren Gesichtern die Freude und den Schweiß unseres bestandenen Abenteuers, denn sie bleibt vor uns stehen. Sie stellt sich als Carole vor, ist Studentin und wohnt seit drei Jahren im Viertel.

»Wenn Ihr nächstes Jahr kommt, ist das alte osmanische Haus bestimmt nicht mehr da«, sagt sie traurig.

»Gibt es denn keinen Plan, es zu erhalten?«

»Doch schon, es wurde 2015 sogar in die Beobachtungsliste des World Monument Funds, einer privaten Non-profit-Organisation, aufgenommen. Aber seinen weiteren Verfall hat das auch nicht aufgehalten. Nur alte Steine zu lieben, ist zu wenig. Es müsste mehr getan werden.«

»Kümmern sich nicht Stellen der Regierung um das kulturelle Erbe?«

»Ach, die Regierung«, sagt sie und macht dabei eine wütende Geste, »die Regierung ist durch und durch korrupt. Sie verdienen bei aktuellen Preisen von 4.000 US$ pro Quadratmeter mit am neu geschaffenen Wohnraum von Luxusapartments in Zokak el-Blat. Zusätzlich kollidieren die Interessen von Solidere mit dem Schutz der historischen Bausubstanz. Stellt Euch das mal vor: Mitte der 90er Jahre waren noch knapp über 1.000 Gebäude auf der Inventarliste der erhaltungswürdigen Gebäude in Beirut, rund 100 davon hier im Quartier. Kaum fünf Jahre später blieb nur noch ein Viertel übrig. Es ist ein aussichtsloser Kampf gegen die Zeit, und wir werden ihn verlieren.« Sie klingt desillusioniert.

»Wen meinst Du mit wir?«, setzt Uwe nach.

»Wir alle, die Libanesen, denn mit jedem abgerissenen Haus stirbt auch unsere Identität. Schaut Euch ruhig mal hier um, und Ihr werdet verstehen, was ich meine.«

Carole erklärt uns, zu ihrer Vorlesung an der AUB, der American University of Beirut, eilen zu müssen, sie ist schon spät dran. »Vielleicht sehen wir uns ja später auf dem Campus«, schicken wir ihr mit auf den Weg, denn wer wie wir durch Hamra muss, kommt dort vorbei.

Wir lassen uns auf Caroles Vorschlag ein und dehnen unsere Tour durch Zokak el-Blat noch ein wenig aus. Versteckt und verfallen stehen sie einzeln zwischen den hohen neuen Wohnblocks: Osmanische Häuser, bestehend aus Mittelhalle, frontalem Drillingsfenster und Zeltdach mit roten Ziegeln. Sie bezaubern immer noch trotz oder gerade wegen ihrer Morbidität und verdienen eine Chance.

WEST-BEIRUT – da, wo die Sonne untergeht

Rot ist mein Name

Die *Michel Chiha* Street führt parallel zur Spears Street direkt bis ins Viertel Hamra, das schlicht »Rot« bedeutet und das aufgrund der hier ansässigen American University und der zahlreichen Cafés entlang der Hamra Street in den sechziger und siebziger Jahren der Treff der intellektuellen und linken Szene war. Ein Stück Beirut, in dem Identitätsideen kontrovers diskutiert wurden. Die (Er)Findung einer nationalen libanesischen Identität als Jahrhundertaufgabe von Menschen achtzehn verschiedener, von der Verfassung anerkannter Konfessionen. *Michel Chiha*, nach dem die ins Herz von Hamra führende Straße benannt ist, war einer der bedeutendsten Politiker und Denker in den Jahren des französischen Mandats. Ihm schwebte ein Libanon als eine »Riviera« mit Beirut als intellektuellem und kulturellem Zentrum des gesamten orientalischen Raums vor. *Chiha* gehörte den christlichen, frankophonen Kreisen der *haute bourgeoisie* an und fühlte sich vermutlich, außer in Beirut, eher in Paris zuhause als in irgendeiner Stadt des Nahen Ostens. Seine Idee einer libanesischen Identität, die hauptsächlich von Christen, zumeist Maroniten, unterstützt wurde, fand Niederschlag im Nationalpakt von 1943, einer Übereinkunft über die nationalen Identitäten: »Der Libanon nimmt all das Vorteilhafte und Nützliche westlicher Zivilisationen auf.« An anderer Stelle des Nationalpaktes, die auf der Initiative städtischer Sunniten wie der Familie *al-Hariri* aus Sidon beruht, wird der Libanon als ein Land »mit arabischem Gesicht« gesehen. Nur die verarmten, bildungsfernen Schiiten fanden kein Gehör. Ihr über die Jahre immer weiter radikalisiertes Bild eines schiitischen Staates ohne Duldung der Existenz Israels resultierte in der Bekämpfung aller anderen Vorstellungen libanesischer Identität. Deshalb stürzte das Land der vielen Gesichter, aber ohne einheitliche Identität, in den Bürgerkrieg, in dessen Verlauf sich verschiedene Gruppierungen im Libanon in wechselnden Koalitionen bekämpften und es darüber hinaus zu mehreren Interventionen durch Staaten wie Syrien, Israel und die USA kam.

Während wir uns durch hupenden Verkehr an den Schaufenstern vieler westlicher Ketten, Hotels, Apartmenthäuser und Cafés vorbeikämpfen, können wir uns inmitten dieser dichten, charmelosen Bebauung nur schwerlich vorstellen, wie hier kluge Köpfe bei Zigaretten und Kaffee zusammengesessen haben sollen. Vom Konsumdschungel, der uns hier umgibt, knurrt uns jedenfalls der Magen. Nichts wäre leichter, als an einem der zahlreichen Fastfoodstände zuzuschlagen, aber wir entscheiden uns für den Einkauf in einem innerstädtischen Supermarkt. Vorher wollen wir in der 100 Meter entfernten Baalbek Street noch am Hotel Commodore vorbei, dem legendären Journalistenhotel der Bürgerkriegsjahre, das eines der wenigen funktionierenden Faxgeräte in dieser Zeit gehabt haben soll. Heute liegt es als renoviertes 4-Sterne-Hotel im Herzen von Hamra, aber vor über dreißig Jahren war es nach den Berichten von Thomas Friedman, einem amerikanischen Journalisten, ein irrer Ort inmitten des tobenden Bürgerkrieges. Er erzählt vom Papagei in der Hotellobby, der perfekt das Pfeifen einer heranfliegenden Artilleriegranate imitieren konnte; von dem Empfangsherrn, der die ankommenden Gäste danach fragte, ob ihnen ein Zimmer zur Granatenseite des Hotels, der Seite nach Ost-Beirut, oder der friedlichen Seite, zum Meer hin, genehm sei; von der konspirativen Kraft der Hotelangestellten, die die am Abend großzügig ausgeschenkten Spirituosen als »Dry Cleaning« auf die Rechnung für die Arbeitgeber der Reporter setzten. Von den Geschichten der Kameradschaft unter Kriegsreportern, von arrangierten Informationstreffen zwischen Kämpfern und Journalisten, von Explosionen, Verbrüderung bei Whiskey auf Eis und dem Informationsfluss der Kriegsgeschehnisse in die weite Welt über das eine Telefonkabel ist heute nichts mehr zu erahnen. Geblieben ist ein arabisch ausstaffiertes Allerweltshotel, das seinen Gästen die spannenden Geschichten seines früheren Lebens vorenthält. Wie schade. Nach dem kurzen Blick in die langweilige Lobby hat sich der Hunger spürbar zu einem Magengrollen aufgebaut. Uns kommen Menschen mit vollgepackten

Plastiktüten entgegen. Cornflakes-Packungen und Salatköpfe ragen heraus. Wir können nicht mehr weit von einem Supermarkt entfernt sein. Zu Recht lieben unsere Kinder auf Urlaubsreisen die Besuche solcher Läden. In der Auswahl der Produkte, der Art der Darbietung und dem Einkaufserlebnis kann sich einiges offenbaren. Der Coop libanaise jedenfalls enttäuscht uns nicht. Es gibt eine große Obst- und Gemüseabteilung und eine gut bestückte Käse- und Fleischtheke. Die übrigen Produkte, die bei uns in Deutschland Reihe für Reihe ausmachen, reduzieren sich hier auf ein Regal mit Fladenbroten, Tee, ein paar Kekssorten und Getränken. Für Fertigpizzen, Asiasnacks & Co ist hier kein Platz vorgesehen. Nach einer Hand- und Fußverständigung an der Käsetheke, die die auf beiden Seiten des Verkaufstresens Stehenden zum Lachen bringt, verlassen wir den Supermarkt mit Fladenbrot, Oliven, Salami, Gürkchen und Schafskäse. In nördlicher Richtung erstreckt sich das ausgedehnte Gelände der American University of Beirut. Wir durchschreiten das Portal, an dem der Name auf Englisch und Arabisch angebracht ist. Darunter das Gründungsjahr 1866. Wir überqueren den Campus bis zum Hauptgebäude und lassen uns zum Picknick auf dem Rasen nieder. Das wunderschöne Sandsteingebäude mit den osmanischen Torbögen im Eingangsbereich wird von Palmen und Zypressen gesäumt. Der ganze Campus ist lieblich und grün – eine Oase des Lernens. Der Lärm der Straßen ist hier verbannt, das Rauchen auf dem Gelände abgeschafft, vom Meer weht eine sanfte Brise und die Sonne taucht das Areal in ein warmes Licht, das vom Sandstein reflektiert wird. Wie soll man in einer solchen Umgebung nur lernen? In unserem deutschen Studentenleben in Hamburg und Münster waren sommerliche Zwanglosigkeit und Heiterkeit jedenfalls seltener als graue, regenverhangene Tage: viel Zeit zum Lernen!

Eine junge Frau gesellt sich zu uns.

»Wo kommt Ihr her? Aus Deutschland? Habt Ihr schon die Ausstellung gesehen?«

»Ja, aus Deutschland und Nein«, gibt Anna etwas schüchtern zu, »wir wussten gar nicht, dass es hier im Moment eine Ausstellung gibt, wir sind hier einfach mal durchgeschlendert, um die Universität zu sehen.«

»Wenn Ihr Lust und Zeit habt, geht gleich mal zur West Hall rüber. Meine Fakultät hat ein interessantes Projekt initiiert, als Zwischenergebnis ist nun eine kleine Präsentation zu sehen.«

»Was ist das denn für ein Projekt«, fragt Uwe.

»Wisst Ihr über den Bürgerkrieg Bescheid?«

»Nun ja, schon, was man so lesen und hören kann. Und wir haben natürlich schon ein paar Häuser mit Einschusslöchern gesehen.« Sie nickt aufmunternd.

»Seht Ihr, nach dem Bürgerkrieg haben wir Libanesen eine Kultur des Verdrängens und Vergessens gepflegt. Wir dachten, wenn wir nicht über das Grauen sprechen, vergeht es irgendwann. Heute wissen wir, dass das nicht funktioniert. Der Bürgerkrieg ist noch immer in den Köpfen und Herzen der Menschen, die die Gräueltaten miterlebt haben. Die Erinnerung an diese Zeit hat zwar einen allseitigen Wunsch nach Frieden ausgelöst, aber im Inneren hat sie die Gesellschaft eigentlich tief gespalten. Diese Spaltung setzt sich fort. Daher wurde das Projekt »From Local History to a wider understanding of the past« ins Leben gerufen.

»Welches Ziel hat denn das Projekt?«

»Unser Ansatz ist es, Lehrer auszubilden, die ihre Schüler dazu ermutigen, das Schweigen zu brechen. Mit ihren Eltern und Großeltern über die Kriegsjahre zu sprechen, die ganz persönliche Geschichte der Familie oder des Ortes zu hören. Wir nennen das »oral history«. Es geht um Verständnis und Kommunikation. Die Schüler hatten die Aufgabe, das Gehörte in einem kleinen Poster zusammenzufassen. Diese Ergebnisse werden gerade ausgestellt. Es sind viele kleine bewegende und überaus persönliche Mosaikstücke, die zum Bild der Bürgerkriegsjahre beitragen.« Sie schaut uns gedankenverloren an.

»Ziemlich bewegend sogar.«

Ein noch jünger aussehendes Mädchen mit Kopftuch winkt sie zu sich und so schnell wie sie aufgetaucht ist, so schnell verabschiedet sie sich auch. Schade, wir hätten sie gerne noch gefragt, was sie studiert, wie das Leben als Studentin hier ist und welche Geschichten über den Bürgerkrieg ihre Familie zu erzählen hat. Trotzdem sind wir guten Mutes. Auch am zweiten Tag merken wir, dass hier keiner verschämt oder genervt beiseite sieht, sondern wir überall mit offenen Herzen empfangen werden. Das Interesse auf beiden Seiten ist ehrlich, der Small Talk fällt aus, es geht direkt ans Eingemachte. Conversation libanaise. Wir sind begeistert.

Wir steigen Dutzende Stufen hinab zur *Corniche*, zur Strandpromenade. Dort ist am späten Mittag nicht viel los. Ein paar ältere Herren trainieren ihre welken Körper, es wird geangelt und gehupt. Auf einer der zahlreichen Bänke sucht man vergeblich nach Ruhe und Erholung. Die *Corniche* ist zwar Flaniermeile, aber gleichzeitig auch Hauptverkehrsader. Das scheint die mit Recreation beschäftigten Libanesen jedoch keineswegs in ihrer Erholung und Ertüchtigung zu stören. Wir schlendern in Erwartung eines Strandbades Richtung Leuchtturm, der den nordwestlichsten Punkt der Küste markiert. Es stellt sich heraus, dass die Beiruter eine spezielle Vorstellung vom Baden am Meer haben. Überall finden sich mehr oder weniger gut gestaltete Beach Clubs mit Betonromantik. Gebadet wird in Becken auf Meereshöhe, aber nicht im Meer selbst. Der Eintritt zu den Clubs ist ziemlich teuer. Umgerechnet zwischen 15 und 45 Euro. Wer kann sich das hier leisten? Das kann man doch günstiger haben, oder?

Wir winken ein Taxi heran und nennen den öffentlichen *Ramlet al-Baida*-Strand als Ziel. Bei den Beirutern ist er wegen der dahinter verlaufenden gleichnamigen Avenue als »Hariristrand« besser bekannt. Auf dem Weg dorthin hält der Taxifahrer plötzlich direkt an der *Corniche* und bedeutet uns auszusteigen. Wir sind uns sicher, dass wir noch nicht da sein können. Hat der Fahrer uns missverstanden? Bringen uns die 15.000 libanesischen Pfund nur bis hierher? Wir sind etwas ratlos. Der Taxifahrer lacht, steigt selbst aus und winkt uns hinter sich her. Mit ausgestrecktem Arm zeigt er Richtung Meer. Jetzt sehen wir, was er meint. Er möchte uns die Pigeon Rocks, zwei Felsformationen im Meer vor dem westlichsten Punkt Beiruts, zeigen. Bereits im Flieger haben wir die Naturschönheit bewundert, weil der Sicherheitsfilm der Middle Eastern Airlines sie zeigt. Nach der griechischen Mythologie sind die Felsen von Raouché, wie sie auch heißen, die Überbleibsel eines Seeungeheuers, das der Held Perseus tötete, um Andromeda zu retten. Perseus zeigte ihm das Medusenhaupt, woraufhin es zu Stein erstarrte.

»Come sunset«, sagt der Taxifahrer zu uns.

Wir nicken und nehmen uns vor, ein andermal das schon vor hundert Jahren im Baedeker-Reiseführer für Syrien und Palästina beschriebene Farbenspiel bei Sonnenuntergang zu würdigen. Jetzt ist uns nach Baden und wir begeben uns wieder auf die Rücksitze des Taxis. Der Hariristrand ist der einzige öffentliche im gesamten Stadtgebiet und liegt in Unesco. Der ungewöhnliche Name dieses Stadtteils geht auf den nur wenige hundert Meter hinter dem Strand liegenden UNESCO-Palast zurück. Das ungewöhnliche kubische Gebäude wurde im Jahr 1948 eröffnet, um die dritte internationale UNESCO-Konferenz der Vereinten Nationen abzuhalten. Für viele Zeitzeugen galt die Ausrichtung der Konferenz als der erste ernsthafte Auftritt der jungen libanesischen Republik auf internationaler Bühne. Der Palast wurde in den Folgejahren zu einem geschätzten Ort für lokale und internationale Aktivitäten, wie Konferenzen oder Ausstellungen. 1982 wurde der Palast durch Luftangriffe der israelischen Armee stark beschädigt, im März 1998 jedoch anlässlich des 50. Jahrestages der ersten UNESCO-Konferenz im Nahen Osten nach umfassender Sanierung wiedereröffnet. Wie am Palast, so sind auch bei den meisten der angrenzenden Gebäude in diesem Stadtteil die Wunden des Krieges wieder zugeheilt. Den Hariristrand scheint man dagegen vergessen zu haben. Er hat bestimmt schon bessere Tage gesehen. Verrostete Schaukelgestelle reihen sich aneinander, es sind nur wenige Menschen vor Ort und noch weniger gehen ins Wasser. Wir beziehen das auf die Kälteempfindlichkeit der mediterranen Bevölkerung und die geringe Neigung der Libanesen, sich abseits der Beach Clubs in Bikini und Shorts zu werfen und mit Sand zu beschmutzen. Wer die Reisehinweise offizieller deutscher Stellen genauer studiert hat, dürfte eigentlich überhaupt nicht in die Nähe von Mar Elias gelangen und an diesem Strand stehen. Wir tasten uns deshalb vorsichtig ins »feindliche« Gelände vor und klammern uns zunächst verkrampft an unsere Habseligkeiten. Unsere skeptischen und vorsichtigen Blicke in alle Richtungen können jedoch beim besten Willen keinen Feind ausmachen. Daher entscheiden wir kurzerhand, alles am Strand liegen zu lassen und gehen auf das kühle Nass zu. Das Wasser ähnelt bei näherer Betrachtung eher dem Erscheinungsbild des heimatlichen Dortmund-Ems-Kanals oder dem Inhalt eines Putzeimers nach einem

Gang mit Schrubber und Lappen durch die Küche. Doch wir wagen einen todesmutigen Sprung in die grau-flockigen Fluten. Wer will schon klagen? Hier gilt es einzutauchen ins Lokalkolorit. Am nächsten Tag sollen wir dann herausfinden, dass die Qualität der Brühe noch um einiges schlechter ist als in unserem heimischen Badesee, denn die gesamten Abwässer der Stadt gehen nahezu ungeklärt in das Meer. Mit diesem Wissen findet selbst für hartgesottene deutsche Strandurlauber die Badefreude – zumindest hier in Beirut – ein jähes Ende. Es scheint so, dass die einzige Gefahr des Hariristrands unsichtbare Mikroben sind. Menschen braucht man (auch) hier nicht zu fürchten.

Nach einer heißen Dusche, deren Bedeutsamkeit wir Gott sei Dank erst einen Tag später erfahren, und aufgeladenen Herzen treten wir zur besten libanesischen Ausgehzeit in der Dunkelheit wieder vor die Türe und ergattern eine Chaiselongue unter Feigen- und Olivenbäumen im *Al-Falamanki*, einem Café und Restaurant an der Damascus Street, das kalte und warme *Mezze* serviert. Vor der Tür röhren protzige Luxuswagen mit Dubaier Kennzeichen. Westlich durchgestylte junge Araber prahlen mit ihrem teuren Blech. Hier kann man unbeaufsichtigt von heimischen Sittenwächtern mal so richtig die Sau rauslassen. Wie praktisch, wenn man Geld hat und die Missstände einfach zuhause zurückbleiben. Doppelmoral.

Ouzai – der Märtyrer trägt heute bunt

Beflügelt durch unser »Überleben« am Hariristrand am letzten Tag lassen wir uns heute mit dem Taxi von unserem Apartment in den südlich von Mar Elias gelegenen Stadtteil Ouzai bringen. Ouzai soll als schiitische Hochburg eigentlich eine No-Go-Area für Touristen sein. Das zumindest sind die Verlautbarungen des Auswärtigen Amtes und der Tenor von Artikeln im Politikteil führender Zeitschriften, die ein Büro vor Ort haben. Bezeichnenderweise liegen die schiitischen Stadtteile alle südlich einer gedachten Linie durch die iranische Botschaft. Hier sollte man also eigentlich nicht sein. Beim Anflug auf Beirut sind uns schon vom Flugzeug aus die baufälligen, aber farbenfrohen Häuser dieses Stadtteils aufgefallen. Das Kolorit passte so gar nicht zum betongrauen und beigen Ton des umliegenden Häusermeeres. Besser kann man kaum Werbung für eine als verwahrlost geltende Wohngegend machen. Wie ein Kinderzimmerboden nach einem Spiel mit Bauklötzen zieht das Kunterbunt uns an. Das Farbenfrohe gehört zu einem Ouzville genannten Projekt, dessen Schöpfer *Ayyad Nasser* einem der armseligsten Bezirke von Beirut den Sinn und das Gefühl von Gemeinschaft zurückgeben wollte. Die Gegend litt wie so viele andere auch unter der andauernden Zerstörung und der kaum nachlassenden Gewalt nach dem Ende des Bürgerkrieges. Die Transformation des Viertels Ouzai sollte durch den farbigen Anstrich der heruntergekommenen Gebäude vollzogen werden. Ouzai kündigt sich durch einen Wald von Flaggen der schiitischen Amal-Bewegung auf dem Mittelstreifen des parallel zum Meer führenden alten Highway nach Saida an. Die einzigen Farben, die wir bislang ausmachen können, sind lila und gelb auf einem überdimensionierten Graffiti, das ein junges seliges Märtyrerantlitz zeigt. Auf einer anderen lilafarbenen Häuserwand hält ein Junge mit Lockenkopf ein Spielzeuggewehr im Anschlag. Wir sind unserem Ziel offenbar auf der Spur. Hier werden radikale politische Botschaften an Mann, Frau und Kind gebracht. Mit der Leichtigkeit des farbenfrohen Puzzles aus dem Flugzeugfenster haben diese Bilder aber nichts gemein. Die Endlosigkeit der tristen Kleingeschäfte entlang der großen Straße nimmt kein Ende. Da unser Fahrer von Ouzville noch nie etwas gehört zu haben scheint, fragen wir in einem kleinen Spielzeugladen den Besitzer nach dem Weg zu den bemalten Häusern.

»Ah, Ihr meint die Kunst an den Häusern? Da könnt Ihr hier parken, sie fängt gleich um die Ecke an.« Wir folgen seinem Rat.

Eine Querstraße weiter und wir befinden uns in einer anderen Welt. Die Häuser sind zwar in ähnlich schlechtem Zustand wie in anderen armen Gegenden Beiruts, aber sie sind einfarbig oder gemustert angestrichen. Die Wände und Gartenmauern sind mit Graffiti und unterschiedlichen Motiven gestaltet. Darf es ein wenig Hawaii oder Karibik sein? Schildkröten, Bananenblätter und Hibiskusblüten lassen unweigerlich an die Inseln dieser Gefilde denken. Sehnsucht nach den Metropolen der Welt? Big Ben, Eifelturm und Basilius-Kathedrale laden zum Träumen ein. Oder wie wär's mit einem Tag im Süden Amerikas?

Lange vielfarbige Bänder um die Häuser geben einem das Gefühl, in einem kolumbianischen Straßendorf zu sein. Die Wege sind zudem sauber wie in einer deutschen Kleinstadt. Die schmalen bepflanzten Streifen vor den Eingängen sind gepflegt. Bunte Wimpel flattern über unseren Köpfen. Botschaften vom Frieden wurden an die Wände gesprayt. Ein klappriger Bulli steht auch noch herum. Fast ein wenig zu viel Klischee. Sind wir in einem Hippiedorf gelandet? Das nun wieder auch nicht, denn die Gruppe von Frauen in schwarzen Hijabs auf einem Balkon bringt uns wieder in die schiitische Wirklichkeit zurück. Doch in diesem kleinen Stadtteil direkt hinter der Küstenlinie scheint sich etwas getan zu haben. Genau darauf zielte die Idee der Initiatoren des Projektes ab: durch Veränderung der äußeren Umstände das Innere der Menschen bewegen. Der Beginn war für die Koordinatoren der Initiative schwer. Keiner der Anwohner wollte bei den Malerarbeiten helfen, also begannen sie allein. Doch dann wollten immer mehr ausländische und Beiruter Straßenkünstler in das Projekt involviert werden. Die Künstlerin *Marie-Jo Ayoub* brachte Studenten der Libanesischen Akademie der schönen Künste nach Ouzville. Der Spot für Street Art wurde immer bekannter. Normalerweise wäre keiner der Künstler vorher in diese gefährliche Gegend gegangen. Doch die in Farbe gegossene Kunst veränderte alles. Jetzt wollte jeder hierher kommen, die malenden Menschen sehen und einfach nur mitmachen. Kinder aus der Nachbarschaft gesellten sich dazu, legten ihre Spielzeugpistolen ab und bewaffneten sich mit Pinseln und Farbtöpfen. Wer wollte da noch passiv herumstehen und nicht Teil dieses Projektes sein. Denn je populärer das Viertel in Beirut und im ganzen Land wurde, desto mehr Besucher kamen und kommen hierher, so dass sogar das lokale Kleinbusiness immer mehr profitiert. Dazu gehören zum Beispiel kleine Cafés und Restaurants.

In einem von diesen landen wir auch, dem Café »Riba«. Vor dem Eingang sehen wir auf einem gegenüberliegenden Balkon ein hübsches Mädchen mit rotem Kopftuch. Sie hängt bunte Wäsche auf, lächelt und winkt, als würde sie uns zum Besuch des Lokals ermutigen. Wir nehmen auf der Außenterrasse Platz. Die Wellen schlagen gegen die Restaurantbrüstung und hinterlassen Spuren kleinster Salzkristalle auf unseren Gesichtern. Die Stühle sind bunt gestrichen, und ein kleiner Garten lädt zum Verweilen ein. Mit einem frisch gepressten Orangensaft in den Händen beobachten wir eine Crew von Fischern beim Einholen ihres Fangnetzes. Hier scheint auch der ideale Platz für spotter zu sein, wenn sie Maschinen beobachten, die den nahegelegenen Flughafen anfliegen. Der Innenraum des Restaurants ist im Vintage-Look gehalten. Alte Waagen, ausgediente Radios und kaputte Fotoapparate dekorieren Vitrinen und Regale. Getrocknete präparierte Fische und Haifischflossen schmücken die Wände. Wer's lebendiger mag, der kann sein Essen direkt in der gut ausgestatteten Fischtheke auswählen. Das Lokal ist gut besucht, viele junge Leute und Familien sind unter den Gästen. Alle wirken entspannt. Die schiitischen Eiferer und das Elend Südbeiruts sind fern. Wir wähnen uns im schönsten Café Beiruts. Ouzville – ein Konzept, das Schule machen sollte im Libanon. Das Haar in der Suppe? Keines, nicht einmal die Steilklippe aus Müll kaum 50 Meter weiter hinter einer hohen Mauer. An die Berge aus Müll im Land hat sich unser Blick schon gewöhnt.

Shatila – im innersten Kreis der Hölle

And who will have won
When the soldiers have gone
From the Lebanon
The Lebanon

(Aus The Lebanon von The Human League)

Den Hariristrand haben wir »überlebt«, das schiitische Ouzai hieß uns willkommen. Ist es nach diesen Erfahrungen naiv, todesmutig oder einfach nur optimistisch zu denken, dass uns drei Monate später und wieder zurück im Libanon im Flüchtlingslager Shatila schon nichts passieren wird? Freunde und Bekannte in Deutschland würden uns für verrückt halten, den Zutritt zum Lager nun auch noch mit unserem kleinen Johann, der diesmal mit dabei ist, zu wagen. Doch wer den Libanon in Gänze verstehen will, der darf nicht an der Tragödie der palästinensischen Flüchtlinge vorbeischauen.

Shatila liegt fast unbemerkt rechterhand an der vom Flughafen in Richtung Zentrum führenden Autobahn. Hinter dem *Camille-Chamoun*-Stadion, in dem sonst die libanesische Fußballnationalmannschaft ihre Spiele austrägt, leben an der Stadtgrenze zu Beirut auf einer Fläche von nur einem Quadratkilometer nach offiziellen Angaben ca. 10.000 Menschen. Inoffiziell spricht man von bis zu 22.000 Bewohnern, was der Bevölkerungsdichte von Tokio entspräche. Im Unterschied zur saubersten und höchsten Megacity der Welt drängen sich hier aber die Großfamilien in den meist nur vier- bis fünfstöckigen baufälligen Häusern auf engstem Raum. Das Lager wurde 1949 durch das Internationale Rote Kreuz für palästinensische Flüchtlinge eingerichtet, die im Zuge des arabisch-israelischen Krieges aus Dörfern im Norden des heutigen Staates Israel vertrieben wurden. Waren die Lebensbedingungen seit Einrichtung des Camps schon immer miserabel, so verschärften der Golfkrieg und der syrische Bürgerkrieg mit dem Zuzug weiterer Flüchtlinge nochmals die Lage. Wir haben inzwischen das Lager erreicht. Es ist hier an der Ostseite von hohen Mauern mit Stacheldraht umgeben. Wer soll hier vor wem beschützt werden? Wir erwarten einen bewachten Eingang. Security, die kontrolliert, gibt es aber nicht.

»Hier kann jeder Besucher ein, aber auch jeder Bewohner ausgehen«, erfahren wir von einem älteren Herrn in einem abgewetzten grauen Anzug an der Einfahrt.

Dann eröffnet sich der Blick in das Lager. Links reihen sich garagenähnliche Gebäude aneinander, die aussehen, als wären sie im Rohbau. Doch es wohnen tatsächlich Menschen in ihnen. Die Kinder, Teenager und Frauen sind ganz gut gekleidet, doch vor allem die Ältesten stecken in Lumpen. Und dann ist da noch etwas. Erst kaum wahrnehmbar, doch dann immer stärker werdend: der Gestank! Er kommt vom knöcheltiefen Müll, der überall auf Straßen und Plätzen herumliegt. Keiner scheint sich daran zu stören. Ab und an sieht man riesige Berge zusammengeschobenen Unrats in großen Nischen zwischen den Häuserreihen. Menschen suchen darin nach Verwertbarem.

Plötzlich vernehmen wir imitiertes Knattern eines Maschinengewehrs. Kinder mit Spielzeuggewehren kreuzen unseren Weg und üben sich im Kriegsgefecht. Die passenden Gummigeschosse kann man in allen Farben überall kaufen. Die jüngste, mittlerweile vierte Generation, die bisher nur das Camp ihr Zuhause nennen darf, bereitet sich kämpferisch auf die verheißene Rückkehr ins palästinensische Mutterland vor. Es ist die wohl größte Illusion aller hier lebenden Palästinenser, jemals wieder die Rückkehr in Richtung Süden antreten zu können. Von den anfänglich 1949 registrierten 700.000 palästinensischen Arabern leben nach Schätzungen nur noch etwa 30.000 bis 50.000 in der Diaspora. Problem dabei ist, dass sich der Flüchtlingsstatus der Palästinenser, anders als bei anderen Bevölkerungsgruppen, weltweit bis heute vererbt, so dass die aktuelle Zahl auf über fünf Millionen gestiegen ist. Schon aufgrund dieser einfachen Mathematik ist das sogenannte Rückkehrrecht der Palästinenser nicht praktikabel. Der libanesische Staat wiederum unterstützt die unerfüllbare Maximalforderung der Flüchtlinge. Kein Wunder, denn dieser ist mit seinen zivilen Aufgaben und dem Zuzug von 1,5 Millionen Syrern schon jetzt heillos überfordert und würde die ungebetenen Gäste lieber heute als morgen loswerden. Als politisches Druckmittel und Alibi aber taugen sie vortrefflich. Die Konsequenzen aus dieser Haltung des Libanon sind für die Menschen im Camp vielfältig und nähren die Armut der nächsten Generation. So besitzen die Insassen kein allgemeines Wahlrecht und dürfen keine Wohnungen außerhalb des Lagers mieten oder kaufen. Außerdem sind sie von bestimmten Berufen ausgeschlossen und werden für weniger als den Mindestlohn angestellt; ihre Einkommenssituation ist und bleibt prekär. Die einmal als temporär gedachte Situation der Menschen in Shatila wird zur permanenten.

Wir haben mittlerweile die Haupteinkaufsstraße erreicht. Es herrscht ein Gewusel wie in einem Bienenstock. Ein Laden reiht sich an den nächsten. Ganz Shatila gleicht einem großen Markt. Unter die »Einheimischen« mischen sich auch viele Wirtschaftsmigranten südostasiatischer Herkunft. Sie – wie auch die Ärmeren aus der Umgebung des Camps – locken vor allem die niedrigen Preise an. Kaufleute und Kaufinteressenten stehen um Reihen von Verkaufsständen außerhalb der Geschäfte und feilschen um die besten Preise für Obst und Gemüse. Kleider, T-Shirts und Hosen schweben an langen Stangen aufgehängt über den Köpfen der potentiellen Käufer. Es scheint alles verfügbar zu sein oder es kann schnell organisiert werden. Wer kann, schleppt sogar einen Fernsehapparat aus dem Camp weg. Das Gefühl, auf einem Flohmarkt zu sein, macht sich bei uns breit. Wir sehen meistens nur Männer beim Kauf; Frauen und Kinder halten sich dagegen eher in den Seitenstraßen auf. Einige alte Menschen sitzen trostlos auf dem blanken Boden und werden von dem hektischen Durcheinander über ihnen nicht beachtet. Aus dem verhedderten Netz an Kabeln zieht sich bis zum Asphalt der Straße eine daumendicke Leitung, die unter Spannung stehend hin- und her zappelt und Funken sprüht. Lebende Schafe stehen neben einem Container mit abgetrennten Schafsköpfen und blutigen Fellen. Heute ist der zweite Tag des Opferfestes, doch die Menschen hier scheinen keine Ruhe zu finden und wirken wie getrieben. Jedes kleine Business kann die Familie über den Tag bringen. Alle sind so sehr mit ihrem (Über-) Leben beschäftigt. Die Anstrengung, in dieser Welt ein Auskommen zu haben, steht den Alten und Jungen derart ins Gesicht geschrieben, dass uns trotz aller Fragen, die uns vorher durch den Kopf gegangen sind, der Mut verlässt, die Menschen damit zu behelligen. Es fühlt sich nicht richtig an, sie über eine Situation zu befragen, deren Ausweglosigkeit und Erbarmungslosigkeit uns förmlich anschreit.

Für ein Mindestmaß an sozialer Sicherheit im Camp sorgt das UNRWA, das UN-Flüchtlingswerk für Palästinenser. Das schmucke Hauptgebäude des Hilfswerks in Beirut steht in starkem Gegensatz zur apokalyptischen Infrastruktur im Camp und befindet sich ironischerweise außerhalb Shatilas. Es steckt nach der Einstellung von Hilfszahlungen durch die USA, die Schweiz und den Niederlanden in der tiefsten Krise seit seiner Gründung vor 70 Jahren. Die Ursachen für diesen Schritt sind in der korrupten Vetternwirtschaft und in der strukturellen Krise der Organisation zu suchen. So wirft die amerikanische Regierung dem Hilfswerk vor, die Zahl der palästinensischen Flüchtlinge künstlich aufzublähen. Dazu muss man wissen, dass die Palästinenser die einzige Bevölkerungsgruppe weltweit mit einem eigenen UN-Flüchtlingshilfswerk sind. Das UNRWA unterhält in Shatila ein Gesundheitszentrum und zwei Grundschulen. Es ist ein offenes Geheimnis, dass in diesen Schulen Werbung für die Hamas betrieben und Antisemitismus gepredigt wird. Es bleibt die Quadratur des Kreises. Einerseits nährt das UNRWA die Illusion von einer Rückkehr der Palästinenser und steht damit einer Friedenslösung im Weg, andererseits sorgt es für eine Grundstabilität in der Region.

Je länger wir uns hier aufhalten, desto mehr breitet sich ein Gefühl von relativer Sicherheit aus. Dass es im Lager so ruhig ist, verdanken die Bewohner auch der ständigen staatlichen Präsenz, der wir durch das unvermittelte Röhren der Sirene eines Polizeiautos gewahr werden. Wir zucken nur kurz zusammen und freuen uns, die Männer in Uniform in ihrem Wagen zu sehen. Wer von der Gewalt weiß, die den Menschen in diesem Lager angetan wurde, der kann die Bedeutung des Schutzes der Patrouille erahnen. Am Abend des 16. September 1982 drangen phalangistische Milizen, maronitisch-katholische Kämpfer einer der Bürgerkriegsparteien, in das Flüchtlingslager ein und wüteten unter den Zivilisten mit Folter, Verstümmelung und Mord. Dem blutigen Massaker fielen je nach Quelle 460 bis 3.000 Menschen zum Opfer. Das Gemetzel im Flüchtlingslager war eine Reaktion auf den Mord an *Bachir Gemayel*, der im gleichen Jahr zum libanesischen Präsidenten gewählt worden war. *Gemayel* war gleichzeitig der Führer der christlichen Miliz Forces Libanaises, die mit Israel kooperierte, um die im Südlibanon agierenden muslimischen Milizen auszuschalten. Kurz vor seiner Ermordung soll *Gemayel* sich mit dem israelischen Ministerpräsidenten Menachem Begin getroffen haben. Ziel war die Vereinbarung eines Friedensvertrages zwischen Israel und dem Libanon. Was wäre bei erfolgreichem Abschluss eines solchen Vertrages aus dem Libanon geworden? Das Wüten der Phalangisten über zwei weitere Tage im Camp wurde nur dadurch ermöglicht, dass Truppen der israelischen Armee das Viertel hermetisch abriegelten und mit Leuchtraketen nachts erhellten und niemand da war, die Zivilisten zu schützen. Nicht genug der Gewalt, verübten im Frühjahr 1985 während des sogenannten Lagerkrieges schiitische Milizen an den überlebenden Palästinensern wiederum ein Massaker. Ursache dafür war der Wunsch Syriens, die verbliebenen Einheiten der Palästinensischen Befreiungsorganisation (PLO) im Libanon weiter zu schwächen. Um die Palästinenser selbst ging und geht es dabei nicht. Die Menschen waren vielmehr und sind es immer noch: ein Spielball im Kampf großpolitischer Kräfte. Die Situation im Lager blieb für immer die gleiche. Armut, Enge, Dreck, Gewalt, Hoffnungslosigkeit. Bei diesem Szenario fällt uns nur das Bild einer politisch-gesellschaftlichen Dystopie ein. Einzige Farbkleckse in ganz Shatila sind die omnipräsenten libanesischen Flaggen und das Grün-Gelb der Hisbollah-Propaganda. Wir haben genug gesehen und bewegen uns in einer Spanne von kaum 100 Metern wieder von der dritten in die erste Welt. Gegenüber dem Flüchtlingslager befinden sich auf der anderen Straßenseite neu gebaute Apartmentkomplexe. Sie stehen in großer Zahl leer und auf Schildern ist zu vernehmen, dass nach Mietern dringend gesucht wird...

Spy City

Das Phoenicia liegt in der Abendsonne und sieht mit seinen Arkaden und Balkonbrüstungen immer noch genauso aus, wie wir es aus dem Film »24 Hours to Kill« kennen. In den sechziger Jahren war es en vogue, in den Luxushotels von Beirut Agenten- und Spionagefilme zu drehen. Wir möchten auf den Spuren von Lex Barker und seinem kongenialen Partner Mickey Rooney noch einmal durch Lobby und Ballraum bis zum Pool wandeln. Nach einer Sicherheitskontrolle am Eingang, die wir nach zwangsläufigem Upgrade unserer Garderobe nach dem Aufenthalt in Ouzai und Shatila schnell passieren dürfen, können wir uns ganz wie Hotelgäste fühlen, auch wenn wir nicht recht zu den beleibten Arabern und gelangweilten Kuwaitis passen. Diese bilden die Mehrheit der sich auf den Loungemöbeln fläzenden Gäste. Das 13-stöckige Phoenicia öffnete seine Pforten 1961. Seine Architekten versuchten mit ihrem Design, moderne Bauprinzipien mit alten levantinischen Elementen zu verbinden. Das 5-Sterne-Haus war bei seiner Eröffnung Beleg dafür, welche dramatischen Veränderungen Beirut in den wenigen Jahren nach Ende des Zweiten Weltkriegs erfasst hatten. Neben dem Phoenicia entstanden im seewärts gelegenen Stadtteil Minet al Hosn mehrere Luxushotels, um die mehr und mehr einströmenden Gäste aus Amerika und Europa beherbergen zu können. Zum ehrwürdigen St. Georges gesellten sich das Normandy, das Palm Beach, das Alcazar und das Riviera. Das Pendant zu diesen gehobenen Herbergen bildete das in der Bucht von Jounieh gelegene Casino du Liban, das als »Klein Las Vegas« US-Präsident Johnson, König Hussein von Jordanien und viele Stars der aufblühenden Filmindustrie anzog. Das Casino war selbst wiederum Schauplatz einiger Agententhriller, wie zum Beispiel »Leise töten die Spione«, einem italienischen James-Bond-Verschnitt aus dem Jahre 1966.

Das Phoenicia bekam eine mondäne Ausstattung, die ihresgleichen im Libanon suchte. So konnte man durch ein Glasfenster im Untergeschoss die Badegäste im darüber liegenden Swimmingpool bei ihren Strampeleien beobachten. Im erwähnten britischen Thriller bestellt der tauchende Lex Barker per Handzeichen einen Drink beim Barkeeper durch die Glasscheibe. Auch in der deutsch-italienisch-französischen Co-Produktion »Agent 505 – Todesfalle Beirut« aus dem gleichen Jahr steigt der Hauptdarsteller als Interpol-Agent im Phoenicia ab. Von der Qualität der James-Bond-Filme, die als Vorlage für diese Agententhriller dienten, waren diese Billigproduktionen weit entfernt, doch geben sie dem Interessierten eine Idee vom Glanz der goldenen Jahre und von der Betrachtungsweise westlicher Regisseure auf das Vorkriegsbeirut. Dieses Beirut wuchs in den ersten Jahren nach der Unabhängigkeit mehr und mehr. Eine Welle der Euphorie erfasste die Stadt und ihre Macher. Beirut war ein Hort des Liberalismus. Nach dem Fall des Bankgeheimnisses 1956 floss vor allem das erwirtschaftete Geld des arabischen Ölbooms in die Metropole. Doch nicht nur der Westen und die Ölscheichs trugen ihr Geld nach Beirut, sondern auch die Machthaber der sowjetifizierten Staaten der Region. Ein Drittel des weltweiten Goldhandels lief über die Banken Beiruts. Die Stadt wurde immer mehr zur Drehscheibe im Ost-West-Geschäft. Hier wurden auch Informationen ausgetauscht. Die Mittelsmänner dafür waren Agenten und Informanten. Es ist also mehr als ein Klischee, Beirut in jenen Jahren als ein Nest von Spionen zu bezeichnen. Gut vorstellbar, dass sich ein britischer Agent in eine sowjetische Spionin, wie im Film »Where the spies are« mit David Niven und Catherine Deneuves älterer Schwester Francoise Dorleac gespielt, verliebte.

Wir haben inzwischen im Innenhof neben dem Swimmingpool Platz genommen. Man scheint uns für Hotelgäste zu halten, denn wir bekommen Handtücher zum Baden. Wir greifen zu. War der Blick in den alten Agentenstreifen noch unverbaut, so schauen uns heute die Fronten zweier riesiger Neubauten und die gespenstische Ruine des Holiday Inn an. Die Einschusslöcher und Brandspuren sind noch immer am Holiday Inn zu erkennen und stammen aus der sogenannten Hotelschlacht der Jahre 1975-77. Hier war die Frontlinie in den Anfangsjahren des Bürgerkrieges. Scharfschützen der pro-libanesischen christlichen Kräfte positionierten sich hier, während sich die pro-palästinensische Koalition im El Murr Tower verschanzte. Der Stellungskrieg zementierte die Fronten und zerstörte die Infrastruktur der umgebenden Hotelanlagen peu à peu. Die neuen Gäste bedienten sich an allem und zahlten doch für nichts. Bekanntheit erlangte das zerstörte Hotel in dem Film »Die Fälschung« von Volker Schlöndorff aus dem Jahr 1981, in dem sich der Kriegsreporter Georg Laschen, gespielt von Bruno Ganz, zur Berichterstattung aus dem Bürgerkrieg imaginär dort einquartiert. Aktuell ist geplant, das Gebäude und seine Narben nicht wiederherzurichten, sondern als Mahnmal für die düsteren Bürgerkriegszeiten zu belassen. Inzwischen stehen zwei Tassen Espresso vor uns.

»Eigentlich finde ich, dass die Stadt genug bauliche Verluste erlitten hat und nicht noch einen abgefackelten Betonklotz ertragen muss«, findet Uwe.

»Du hast Recht. Wie schön wäre es, wenn hier wieder Menschen den Blick über das Meer genießen könnten. Dabei denke ich an meine erste Nacht in einem Holiday Inn. Das war im Jahr 2000, als ich für vier Wochen an einem Schüleraustausch nach St. Louis, Missouri teilnahm und wir einen Ausflug nach Washington D.C. unternahmen. Große Betten, laufender Fernseher, Straßenlärm. Gebratener Speck, Rührei und Pancakes zum Frühstück. Aber vielleicht würden hier die Gäste fehlen?«

Das Phoenicia wurde genauso wie das Holiday Inn während der Hotelschlacht stark zerstört und brannte schließlich aus. Nach umfangreichen Restaurationen eröffnete das Haus im Jahr 2000 wieder, wurde aber durch das Bombenattentat auf den Fahrzeugkonvoi des Ex-Ministerpräsidenten *Rafik al-Hariri* am 14. Februar 2005 erneut schwer beschädigt. Die letzte große Modernisierung im Jahr 2011 zum 50-jährigen Bestehen machte zwar die Wände wieder weiß, doch ließ sie von der alten Exklusivität des Interieurs nichts mehr übrig. Von der 100%-igen Belegungsrate in den Sechzigern ist das Phoenicia weit entfernt. Dies verwundert nicht. Früher gab sich der internationale Jetset hier die Klinke in die Hand. Gentlemen in feinen Anzügen nahmen ihre Drinks im Nachtclub »Le Paon Rouge« ein und gut gekleidete Damen spazierten durch die Hallen. Heute ist hier das Geld der arabischen Welt zuhause. Das Phoenicia ist zur bloßen Staffage und Requisite verkommen. Araber lümmeln in schlabbernden Jogginghosen und Badelatschen neben ihren in Glitzerstoff gehüllten Frauen auf den Sofas um den Pool. Ihre Kinder laufen trampelnd auf den Sitzgelegenheiten herum und schreien die Hotelgäste zusammen. Es wird geschmatzt und gekleckert, so dass sich Wälle von Essensresten um die Loungemöbel bilden. Es muss bequem sein. Wir haben mittlerweile den Pool verlassen und uns wieder angezogen. Abermals bekommen wir mit einem Lächeln ein paar trockene flauschige Handtücher überreicht. Kleider machen scheinbar immer noch Leute. Durch die orientalisch verspielte Ornamentik der Brüstung genießen wir den Blick von der Terrasse des Phoenicia auf den tiefer gelegenen Yachthafen und die Poollandschaft des Saint Georges-Hotels. Das Saint Georges wurde 1934 eröffnet und war einzigartig in seiner Zeit. Es sollte die gut betuchte Klientel aus Europa und Übersee standesgemäß beherbergen und bewirten. Die Planungen zum Bau führte Antoine Tabet, ein Schüler des Stararchitekten Auguste Perret, aus. Es wurde nicht mehr im Stil alter Grandhotels, sondern in den Elementen des frühen Modernismus ausgeführt. Das Luxushotel bekam die erste Poollandschaft im gesamten Libanon und ermunterte die Beiruter zum Anlegen ihrer Badeanzüge. Im Saint Georges herrschte eine Atmosphäre der Großzügigkeit und Kultur. Selbst während der Zeiten des Zweiten Weltkrieges trafen sich hier eigentliche Kriegsgegner und pflegten das vertrauliche Gespräch. Wer 40.000 LBP zahlt, hat noch immer Zugang zum Poolbereich des Hotels, das selbst wiederum geschlossen ist. Das Hotelgebäude entging im Bürgerkrieg seinem Schicksal nicht und wurde auch stark beschädigt. Die Renovierungsarbeiten wurden durch die Explosionen während des Attentats auf *Hariri* 2005 jäh gestoppt. Die Besitzer des Hotels stehen seitdem in einem Rechtsstreit mit Solidere, einer ausgerechnet von *Hariri* gegründeten Gesellschaft, die federführend in der Neugestaltung der Innenstadt ist. Ein riesiges Banner mit der Aufschrift »Stop Solidere« prangt auf der Frontseite des Gebäudes, das mit seiner leeren Hülle und den aus offenen Fenstern wehenden Gardinen seltsam entrückt wirkt. Den damals auf seine Gäste wirkenden Charme hat das Hotel jedoch auch heute noch nicht verloren. In der Liberalität des jungen Nationalstaates der 50er Jahre muss das Saint Georges magnetische Wirkung gehabt haben. So soll es schon mal vorgekommen sein, dass einzelne Parlamentarier zur notwendigen Abstimmung mit Gewalt von Bar und Pool ins Parlament am Place de l'Etoile gezerrt werden mussten, um Beschlussfähigkeit zu erreichen. Man möchte sich für unsere Abgeordneten in Berlin fast ein solches Verhalten wünschen.

Der Krieg

Ost- oder West-Aleppo. Tod oder Leben. Baschar hat seit Tagen kaum etwas gegessen. Sie sind eingekesselt. Die ganze Nacht über Explosionen. Tagsüber Maschinengewehrsalven. Die jüngeren Geschwister weinen. Vom Vater seit Tagen keine Nachricht. Er wollte Wasser für die Familie holen. Die Mutter wiegt in einer Ecke die Kleinste hin und her. Sie sitzen fest. Um sie herum Trümmer. Keine Ahnung, wer da draußen gegen wen kämpft. Man kann nicht vor die Türe. Bis vor kurzem hat er seine Geschwister, die seit drei Jahren keine Schule mehr besucht haben, noch unterrichtet. Jetzt sind sie zu hungrig und müde. Ihre Bäuche und Köpfe sind leer. Allah, hol uns hier raus. Die Liste der Versprechungen an den Herrn, die Baschar ersinnt, wird immer länger. Wenn nur das Elend aufhörte.

AN DER RIVIERA – Am Strand unter Mariens Augen Limo trinken

Eier statt Strom

Am nächsten Morgen sind die Koffer schnell gepackt. Wir wollen in den Libanon jenseits von Beirut. Die Küste entlang nach Norden soll es gehen: von Jounieh über Byblos, Batroun und Anfeh bis nach Tripoli. Wir verlassen unser inzwischen lieb gewonnenes Domizil in der Abdul Wahab El Inglizi Street. Nach wenigen Versuchen, den Lichtschalter zu betätigen, wissen wir, dass es mal wieder keinen Strom gibt. Schulterzucken. Ein erster Gewöhnungseffekt hat bei uns bereits eingesetzt. Dann muss es eben ohne Licht gehen und wir tasten uns im Halbdunkel des Treppenhauses nach unten. Es ist Sonntagmorgen, Palmsonntag, doch eine stille Karwoche scheint es nicht zu werden, denn selbst zu dieser Uhrzeit wird die Straße schon wieder vom Knattern und Hupen der vorbeifahrenden Autos erfüllt. Unser Fahrer, der sich als Robin vorstellt, schaut ein wenig überrascht, denn wir finden uns fünf Minuten später als vereinbart vor dem Haus ein. »You are German and you are late!«, lacht er versöhnlich. Das Eis ist gebrochen. Über die Damascus Street gelangen wir auf die Schnellstraße nach Tripoli. In der Enge des Monot-Viertels war es noch eine Ahnung, doch jetzt, da wir mehr und mehr an die Grenzen der Stadt gelangen, wird es Gewissheit. Das ruhige sonnige Frühsommerwetter des gestrigen Tages hat entschieden, einen anderen Lauf zu nehmen. Saharastaub verleiht der Luft eine gelb-rötliche Färbung und die Sicht ist merklich eingeschränkt. Wir fangen an, unsere Jacken aus den Rucksäcken hervorzukramen, denn mit dem Scirocco fallen die Temperaturen ein wenig. In den letzten Tagen waren wir vom Wetter in Beirut verwöhnt.

Auf der Schnellstraße ist es inzwischen betriebsamer geworden. Die relative Ruhe eines sonntäglichen Morgens wird von Besitzern teurer Boliden genutzt, um die Motorleistungen gegeneinander zu messen. Die unzähligen Schlaglöcher nehmen allerdings auf den Wunsch dieser Fahrer nach unlimitierter Geschwindigkeit keine Rücksicht, so dass Robins älteres Gefährt durchaus mithalten kann. Mit stoischer Gelassenheit führt er uns auf einer gedachten Linie in der Fahrbahnmitte durch den Verkehr. Wir sind beeindruckt und denken unweigerlich an die Korrektheit deutscher Autofahrer, die dieses Chaos bestimmt heillos überfordern würde.

Wir fahren an farblosen Einkaufszentren, Schnellrestaurants und Autohäusern vorbei. In Beton, Stahl und Glas geformte Einheitsarchitektur prägt das Bild. Der moderne Glasquader der kanadischen Botschaft direkt an der Hauptverkehrsader nimmt sich dabei wie ein biederes Bankgebäude aus. Zwischen all diesen Häusern dominieren große Brachflächen zur Meeresseite hin. Plötzlich wird der Blick zur Küste freigegeben. Die Fluten des *Nahr al-Kalb*, der im deutschen Sprachraum Hundefluss genannt wird, wirbeln in Ufernähe Sedimente auf, die das Wasser bräunlich einfärben. Dieser saisonale Fluss ist tief in das Gestein des Vorgebirges eingeschnitten, er markierte schon in pharaonischer Zeit die natürliche Grenze zum nördlichen Hethiterreich. Er entspringt am Fuße des Libanongebirges und schuf die nur wenige Kilometer entfernte Jeita-Grotte, eine der größten Tropfsteinhöhlen der Welt. Wer die schöpferischen Kräfte der Natur bestaunen möchte, ist hier richtig. Ob die Höhle allerdings zu den sieben neuen Naturwundern der Welt zu rechnen ist, wie von manchen reklamiert wird, entscheidet das Auge des Betrachters. Kurz vor Jounieh werden wir auf eine urzeitlich anmutende Industrieanlage aufmerksam, die stetig schwarzen Rauch in den libanesischen Himmel bläst.

»Was ist das für eine Fabrik?«, möchte Uwe von Robin wissen.

»Das ist eines der drei Elektrizitätswerke im Libanon.«

»Sein Zustand scheint gut zum allmorgendlichen Stromausfall zu passen«, versucht Uwe zu scherzen, doch unserem Fahrer ist offensichtlich bei diesem Thema nicht zum Lachen zumute.

»Wir haben permanent zu wenig Strom, und besonders in der Sommerzeit, wenn die Klimaanlagen und Kühlaggregate von Wohnungen und Geschäften rund um die Uhr laufen, wird es kritisch. Die Krönung sind die neuesten Berichte aus dem Hauptquartier der Elektrizitätsgesellschaft. Dort hat man von einem Mitarbeiter unterhaltene Holzkäfige für Hühner und Inkubatoren für Eier entdeckt. Das muss man sich mal überlegen. Die Betreiber der Firma haben Strom und Wärme für die Hühnerhaltung, aber wir leiden seit Jahren unter der Energiekrise.« Wir prusten herzhaft los und können kaum noch an uns halten.

»Wie lange fällt denn der Strom pro Tag aus?«.

»In Beirut rund drei Stunden täglich. Je weiter man sich von der Hauptstadt entfernt, desto länger wird der Zeitraum ohne Strom.«

»Aber woher weiß man, wann genau am Tag abgeschaltet wird?«, will Anna genauer erfahren.

»Dafür gibt's eine App, die einem die Zeiten verrät. Es existiert ein Turnus, in dem alle vier Tage eine bestimmte Ausfallzeit wieder erreicht wird.«

Wir müssen ob der Lösung zur Verwaltung des Mangels schmunzeln.

»Wie kommt man durch die Zeiten des Stromausfalls? Wie betreibt man seinen Kühlschrank stattdessen?«.

»Wir Libanesen haben gelernt, mit den Missständen zu leben. Wenn die Elektrizitätsgesellschaft keinen Strom liefert, springen Generatorenbetreiber ein. Man muss also immer zwei Rechnungen begleichen. Die Erzeuger von Dieselstrom haben natürlich kein Interesse daran, die aktuellen Zustände zu ändern. Sie können die Preise bestimmen und verdienen am Mangel. Dazu kommt noch, dass durch den Betrieb der Generatoren der Smog über den Städten verstärkt wird und die Menschen zusätzlich leiden«, erklärt uns Robin.

Maria ist für alle da

Über das Gespräch haben wir kaum bemerkt, dass Robin inzwischen von der Schnellstraße abgebogen ist und auf den Hügel vor der Bucht von Jounieh zusteuert. In großen Schleifen führt die Straße steil nach oben. Wir erreichen den Kamm, und der Blick auf die grünen

Berghänge des Hinterlandes wird freigegeben. Wir sind in Harissa. Auf seiner Reise durch den Libanon Anfang des 19. Jahrhunderts erwähnte schon der Schweizer Johann Heinrich Mayr die angenehme Lage des Ortes mit seiner Ruhe und Stille auf diesen Höhen. Er verbrachte dort mehrere Wochen in einer Holzhütte zusammen mit Tausenden von Seidenraupen, die von den Blättern der Maulbeerbäume des örtlichen Klosters genährt wurden. Das von Mayr beschriebene Kloster existiert nicht mehr, aber die Erhabenheit dieses Platzes scheint sich über die Zeit erhalten zu haben und wurde von späteren Baumeistern geschätzt. Vor uns erhebt sich kurz nach Ortseinfahrt die im byzantinischen Stil errichtete Basilika St. Paul der melkitischen griechisch-katholischen Kirche. Die Gläubigen dieser Ostkirche bilden die drittgrößte christliche Religionsgemeinschaft im Libanon. Oberhaupt der Kirche ist der Patriarch von Antiochien und dem Ganzen Orient, von Alexandrien und von Jerusalem, Joseph I., der seinen Sitz in Damaskus hat. In der Basilika kann man goldene Ikonographien an Wänden und Deckengewölben bestaunen. Diese sind neueren Datums, nämlich aus dem letzten Jahrhundert, doch das tut ihrer Schönheit keinen Abbruch. Genug gesehen. In der Ortsmitte biegen wir nach links ab und erreichen nach kurzer Abfahrt einen Check-point der libanesischen Armee. Man verlangt unsere Pässe, die uns aber nach oberflächlicher Prüfung sofort wieder ausgehändigt werden. Ein kurzer strenger Blick in den Innenraum des Fahrzeuges und schon werden wir weitergewinkt. Wir schauen auf das eigentliche Ziel dieses Abstechers: das Heiligtum der Jungfrau vom Libanon. Auf einem gemauerten Kegel steht die mehrere Meter hohe weiße Statue, die selbst jetzt im Dunst des Saharastaubs erstrahlt. Der Sockel beherbergt eine kleine Kapelle, die für Taufen und Trauungen genutzt wird. Wir möchten vor allem das Panorama des Ortes genießen. Robin fordert uns auf, das gesamte Gepäck im Auto zu belassen. Er wolle nur kurz während unserer Visite der Stätte seine in der Nähe wohnende Familie aufsuchen und sich mit Bargeld eindecken. In einer Stunde wäre er wieder hier, um uns für die Weiterreise abzuholen. Für eine Millisekunde, die nicht einmal für einen gegenseitigen versichernden Blick genügt, entscheiden wir unabhängig voneinander, dem Vorhaben Robins zu vertrauen. Erst als Robin mit unserem gesamten Hab und Gut hinter der nächsten Kurve verschwindet, trauen wir uns auszusprechen, dass wohl doch eine geringe Möglichkeit bestünde, unsere Koffer und anderen Habseligkeiten nie wieder zu sehen. Dennoch sind wir uns einig, dass alles Gute mit Vertrauen beginnt. Das soll unser Lackmustest für diese Reise sein.

Wir betreten über ein schwarzes gusseisernes Tor einen kleinen Park, der Unsere Liebe Frau vom Libanon umgibt. Rot-weiße Warnschilder am Eingang weisen den Besucher auf einzuhaltende Regeln, wie das Tragen angemessener Kleidung, hin. Die Uhr über dem Portal gedenkt des hundertjährigen Jubiläums des Baubeginns. Der maronitische Patriarch Elias Huwaik initiierte Ende des 19. Jahrhunderts den Bau der Marienstatue, die den Libanesen inzwischen sehr ans Herz gewachsen ist. Die Marienverehrung im Libanon fußt auf ihrer Funktion als Herrin der Berge, deren Reinheit der Farbe des Schnees im Gebirge entspricht. Überall im Land werden wir noch die Statuetten und Bildnisse Mariens an Hauswänden, Straßenkreuzungen oder Felsnischen entdecken.

Ein Wächter mustert die Eintretenden mit gelangweiltem Blick und grüßt mit einem kurzen Kopfnicken. Vereinzelt fahren gut gewaschene Wagen vor und entlassen eine kleine schnatternde Frauengruppe asiatischer Hausangestellter, zwei Herren im besten Sonntagsanzug, eine herausgeputzte Familie mit Kleinkindern und eine gut gepflegte alleinstehende ältere Dame mit Kopftuch. Ein ums Haupt geschlagenes Tuch ist jedoch kein Indikator für das religiöse Bekenntnis seiner Trägerin, da das Heiligtum sowohl von Christen als auch Muslimen verehrt wird. Der Mountainbikefahrer in orange-farbener Warnweste scheint sich zu früher Stunde den Berg hier herauf gequält zu haben. Noch ist nicht viel los auf dem Areal um das Heiligtum. Alles ist penibel gepflegt und sauber. Auf der als Plattform angelegten Fläche des Parks bieten umfriedete Zedern den Besuchern ausreichend Schatten. Hinter einer weißen Balustrade liegt zu unseren Füßen das Häusermeer von Jounieh. Der Hang zur Stadt ist mit einem grünen Teppich aus Kiefern und Eichen bedeckt. Von dem durch Mayr beschriebenen Meer aus Maulbeerbäumen rund um Harissa ist jedoch nichts mehr geblieben. Im Dunst erkennen wir die Aufbauten der Teleferique genannten Gondelbahn, die von der Küstenstraße des Ortes bis nach Harissa führt. Die kleinen farbigen Kabinen sehen aus wie Astronautenkapseln und wirken äußerst fragil. Wir überlegen ernsthaft, ob wir den Sprung durch Raum und Zeit ins Tal wagen sollten, kommen aber zu dem Ergebnis, den göttlichen Beistand nicht überstrapazieren zu wollen.

Wir setzen unseren Rundgang im Park fort und werden auf eine hoch aufschießende Glasfront hinter der Marienstatue aufmerksam. Sie wirkt wie der Fahrstuhlschacht in einem Einkaufszentrum und passt nicht so recht zur schmucken Umgebung. Wir stehen vor der modernen Basilika des Heiligtums. Ihre grobe Gliederung und die einfache geometrische Form verraten den architektonischen Stil des Brutalismus. An der Kathedrale wurde während der gesamten Bürgerkriegsjahre hindurch gebaut, so dass sie bei ihrer Einweihung 1990 mit ihrer spezifischen Ästhetik schon nicht mehr dem Zeitgeschmack entsprach. Wir erhaschen trotz des gerade stattfindenden Gottesdienstes einen Blick in den Innenraum der Basilika. Jetzt wird uns klar, dass die Glasfront die Apsis der Kirche bildet. In ihr steht ein lichtes, aus mehreren Metallstäben gebildetes Kreuz. Die dadurch erzeugte Durchlässigkeit gibt einen spaltförmigen Blick auf die dahinter liegende Statue frei. Die Betonrippen im Hauptschiff erzeugen außerdem eine Gedrängtheit, durch die der Blick auf die Mutter Gottes gerichtet wird. Zum Altar hin abfallende Stufen über den gesamten Raum verstärken zusätzlich den beabsichtigten Effekt. Diese Kathedrale will nicht gefallen. Sie lenkt den Gläubigen auf das Wesentliche und lässt uns beeindruckt zurück.

Die Stunde ist schnell verflogen und der Gedanke an unsere Koffer drängt sich mehr und mehr auf. Wir warten in der Haltezone des Parkplatzes zur verabredeten Zeit, doch von Robin und seinem Fahrzeug ist weit und breit nichts zu sehen. Unser Puls steigt merklich, doch der Zeitpunkt zur Ausrufung des Notstandes scheint noch nicht gekommen. Vorurteilen gegenüber den Menschen des Nahen Ostens wollen wir keinen Raum geben, sind wir doch selbst heute Morgen verspätet erschienen. Gut so, denn noch bevor wir an die möglichen Konsequenzen eines Verschwindens von Robin denken können, taucht das Metallicblau seines Autos hinter dem Check-point auf. Er reißt die Tür der Beifahrerseite auf und winkt uns mit einem »Hi folks« freundlich zu. Er würde unsere Bedenken bestimmt als Vertrauensverlust deuten und so verzichten wir besser darauf, ihm von unserem Kleinmut zu berichten. Ende gut, alles gut.

#bkerke

Auf der Rückfahrt Richtung Magistrale fällt uns auf Höhe von Bkerke eine lange Fahrzeugschlange vor einem Kontrollposten auf.

»Was ist denn hier los?«

»Ich schätze, die möchten ins Kloster Bkerke. Heute findet ein Gottesdienst unter der Leitung von Patriarch Béchara Pierre Raï statt«, klärt uns Robin auf.

»Wer ist das?«

»Er ist Kardinal und Oberhaupt unserer Gemeinschaft der Maroniten. Wir sind die größte christliche Glaubensgemeinschaft im Libanon.«

»Wie viele Maroniten gibt es denn?«

»Ich glaube, wir sind mehr als drei Millionen. Viele verehren den Kardinal aufgrund seiner klaren Haltung in politischen Fragen«. Wir schweigen. Zugegebenermaßen wissen wir zu diesem Zeitpunkt nicht viel über die Maroniten. Später lesen wir, dass sie als unierte Ostkirche Teil der katholischen Kirche sind, aber ein anderes Kirchenrecht und ihre eigene Liturgie haben. Kardinal Raï ist dafür bekannt, ein noch stärkeres Engagement des Westens bei der Rückführung der vielen, vom Libanon aufgenommenen Flüchtlinge in ihre Heimatländer zu fordern. Die kulturelle und zivilisatorische Identität der vom Krieg überzogenen Staaten, wie z.B. Syriens, steht durch den Exodus auf dem Spiel und ist schwer wieder rückgängig zu machen. Politischer Pragmatismus bestimmt seine Denkweise, wenn es darum geht, endlich Friedenslösungen für die Region zu finden. Dazu gehört auch sein Ansatz, für bestimmte Probleme im Libanon den politischen Arm der Hisbollah in die Entscheidungsprozesse einzubeziehen. Wie wir später aus den Tagesnachrichten erfahren, waren Teile seiner Agenda auch Thema der Palmsonntagsmesse an seinem Amtssitz in Bkerke. Der Kardinal ist jedenfalls anders als so manche Person des öffentlichen Lebens in Deutschland im Hier und Jetzt angekommen, denn Bilder und Statements zu diesem Ereignis sowie über brandaktuelle Themen rund um Raïs Person und das Patriarchat kann man über seinen Twitteraccount #bkerke in Augenschein nehmen.

Camping aus Liebe

Erhellt verlassen wir die Anhöhe um Harissa und kehren in die Niederungen des Küstenstreifens zurück. Wir sind im maronitischen Kernland, das sich auf der Strecke nach Tripoli bis zum Kamm des Libanongebirges erstreckt. Dazwischen existieren immer wieder kleine Inseln mit überwiegend griechisch-orthodoxer Bevölkerung. Wir biegen wieder auf die Schnellstraße Richtung Norden ein. Inzwischen hat der Verkehr in beiden Fahrtrichtungen zugenommen, doch vom Chaos gewöhnlicher Arbeitstage sei er noch weit entfernt, versichert uns Robin. Gelegentlich berührt die Straße fast das Meer, das vom Sturm des Tages aufgewühlt und gischtgrün erscheint. Hotels wechseln sich mit Gewächshauskomplexen ab. Der Bauboom der letzten Jahre hat kaum noch freie Flächen gelassen. In Byblos fahren wir ab, denn Robin möchte mit uns von hier aus auf der historischen Route im gemächlichen Tempo alter Zeiten dahingleiten. Auf diesem Weg direkt hinter der Küste dürften schon handeltreibende Phönizier oder blechbewehrte Kreuzritter entlang gezogen sein. Der Gedanke daran wird umso lebendiger, als der Rhythmus der Schlaglöcher einem das Gefühl gibt, hoch zu Ross zu sitzen. Eigentlich sollte nach Byblos die libanesische Riviera mit ihren gepflegten Küstenstädten und hippen Strandbars beginnen. In unseren Köpfen sind die Schwarz-Weiß-Fotografien des sich hier versammelnden Jetsets der 50er und 60er Jahre hängen geblieben. Doch davon ist bisher noch nicht viel auszumachen. Bei der Durchfahrt von Amchit, einer Kleinstadt mit 25.000 Einwohnern, werden wir auf ein Hinweisschild aufmerksam, auf dem »Camping Les Colombes« geschrieben steht. Das Wort Camping wirkt wie ein Zauberwort in einem endlosen Ozean an Verheißungen auf Werbe- und Informationstafeln an Hauswänden, Straßenlaternen und Zäunen im gesamten Libanon. Spontan bitten wir Robin anzuhalten. Wir steuern den Campingplatz an und betreten das Gelände. Auf Baumscheiben sind Bleche mit Verhaltensregeln für die Benutzung angebracht. Eines davon erschließt sich uns nicht gleich, denn es verbietet gegenseitiges Rempeln und Raufen. Auf dem Platz gruppieren sich ein paar kleinere Bungalows und verschieden große Chalets. Zelte sind nicht zu sehen, allerdings existieren einige Stellplätze dafür. Betagte Wohnwagen stehen im braunen Laub alter Bäume und machen den Eindruck, als seien sie inzwischen mit der Erde verwurzelt. Auf einer gemauerten Aussichtsterrasse kann man auf in die Jahre gekommenem Mobiliar den Blick über die schroffen Felsen aufs offene Meer genießen. Zu beiden Seiten des Ufers warten alternde Betonrohbauten auf ihre lang ersehnte Fertigstellung. Der Swimmingpool direkt oberhalb des Kliffs scheint das neueste Investment der Eigentümer zu sein. Mit einem europäischen Groß-Campingplatz hält der magere Standard bestimmt nicht mit, aber ein Liebhaber dieses Reisemetiers kommt hier vielleicht dennoch auf seine Kosten. Der kleine Ort bietet genug Einkaufmöglichkeiten und unweit des Campingplatzes gibt es Kulinarisches in zahllosen Restaurants mit Meerblick. Auf dem Rückweg treffen wir eine Mitarbeiterin der Verwaltung. Sie berichtet uns, dass der Campingplatz 1965 gegründet wurde und damit der erste im gesamten Libanon war. Anlass für die Errichtung war eine französisch-libanesische Liebesgeschichte, wie man sie so oft in diesem Land antreffen kann. Und die geht so: Eine junge Französin war fasziniert vom Libanon. Sie lernte einen jungen Libanesen kennen, verliebte sich in ihn und beide heirateten. Seine durch Kinderlähmung verursachte Behinderung zwang ihn in den Rollstuhl. Die Eröffnung eines gemeinsamen Hotels schied somit wegen der unüberwindlichen vielen Treppenstufen aus. Not macht erfinderisch, und die Idee eines ebenerdigen Campingplatzes war geboren, damit sie ihren Mann immer an ihrer Seite haben konnte. Vieles hat sich mit den Jahren zwangsläufig verändert. So wurden früher für die Kinder viele verschiedene Tiere auf dem Gelände gehalten. Man ist trotz aller Schwierigkeiten durch die Zeiten gekommen, denn der Campingplatz steht noch immer.

Es war einmal... Strandurlaub in den golden sixties

Nach Amchit zieht sich die starke Bebauung der Küste zurück und Beachclubs, Hotels und Ferienresorts versuchen Gäste anzulocken. Sandstrände sucht man hier vergebens. Das Meer stößt ungebremst auf Geröllhaufen und Steilklippen. Die Hoteliers versuchten sich zu behelfen, indem sie knapp oberhalb des Meeresspiegels trutzige Schwimmbäder in die Brandung setzten. Plötzlich taucht ein Schild mit dem Verweis auf einen Fahrradverleih vor uns auf. Möglichkeiten, mit Mountainbikes im bergigen Hinterland auf staubigen Wegen durch die Macchia zu strampeln, existieren reichlich. Wir sind jedenfalls um ein weiteres Mal verblüfft, denn die touristische Infrastruktur scheint besser als erwartet. Kurz vor Batroun reihen sich mehrere Strandbäder aneinander, die mit blumigen, verlockenden und nach Karibikfeeling klingenden Namen, wie Bonita Bay, Pierre & Friends oder White Beach versuchen, sonnenhungrige Gäste an Bars und auf Liegestühle zu locken. »Weißer Strand«. Das hört sich fantastisch an. Wir wollen die Probe aufs Exempel machen und bedeuten Robin, hier anzuhalten. Wir haben Mühe, die Wagentüren zu öffnen, denn der Sturm hat weiter an Intensität zugenommen. Dazu schmirgelt der aufgewirbelte Staub der Straße unsere Gesichter ab. Über mehrere Stufen gelangt man zu Naturstrand und Strandlokal. Ein paar halb vertrocknete Palmen am Abhang scheinen verzweifelt zu versuchen, Urlaubsgefühle bei den Besuchern zu erzeugen. Unterhalb eines zweigeschossigen Gebäudekomplexes erstrecken sich überdachte Terrassen, die mit weißen Stahlgeländern umgrenzt sind. Eine Armee von Plastikstühlen umstellt zwei lange Reihen mit Tischen. Nur wenige Hungrige haben sich hierher verirrt, obwohl der dargebotene fangfrische Fisch verlockend auf dem Grill duftet. Es ist eben immer noch Vorsaison und der böige Wind scheint die wenigen Entschlossenen umgestimmt zu haben. Das gesamte Ambiente versprüht den spröden Charme der 70er Jahre und verlangt nach umfänglichen Renovierungsarbeiten. Dies mag auch einer der Gründe für die im Gegensatz zum St. George Beachclub moderaten Eintrittspreise sein, denn wir bezahlen nur 15.000 libanesische Pfund pro Person, was einem Gegenwert von knapp 10 € entspricht. Dafür erhält man eine weiße

Kunststoffliege mit Auflage und einen Sonnenschirm. Wir bahnen uns, gegen die Elemente kämpfend, unseren Weg zum Strand, der mit weißen geschliffenen Kalksteinen aller Größen übersät ist. Vor uns zieht sich eine langgezogene Nase aus verwittertem Muschelkalk ins Meer. Die Kräfte der Gezeiten haben im Gestein kleine Mulden und Becken geformt, die eine Heimat für Tintenfische und Jungfische sind.

Viel ist nicht los am Strand. Wir erblicken einen einsamen, in Neopren gehüllten Taucher, der sich, mit einer Harpune bewaffnet, gerade abmüht, die Brandung zu überwinden. Zwei Windsurfer sind in den letzten Präparationen ihrer Ausrüstung, bevor sie ihren Kampf gegen Wind und Wellengang aufnehmen. Ein älterer Herr hat eine Hand in der Hosentasche vergraben und versucht mit der anderen seinen spärlichen Haarwuchs in Position zu halten. Das jüngere Paar auf der rechten Seite des Strandes scheint dagegen bestrebt zu sein, ein wenig Farbe ins Gesicht zu bekommen. Ans Baden ist heute jedenfalls nicht zu denken. Der Sturm lässt uns alle Glieder gefrieren und wir machen uns daher auf die Suche nach einem Heißgetränk.

An der Theke müssen wir auf unseren libanesischen Kaffee – mit einem Filterkaffee deutscher Kantinen vergleichbar – eine geraume Zeit warten. Wir kommen dabei mit dem vorher am Strand beobachteten betagteren Herrn ins Gespräch. Er stellt sich als Emile vor und wohnt nicht weit von hier.

»Kommen sie oft an diesen Strand?«, möchte Uwe von ihm erfahren.

»Zu dieser Jahreszeit schon. Der Strand ist nicht zu teuer und noch nicht von den Sommertouristen übervölkert.«

»Welche Preise sind denn in anderen Beachclubs üblich?«

»Für Parkgebühren, Eintrittsgeld und Mahlzeiten kommen schnell 50-70 Dollar zusammen. Wer kann sich das für einen ganzen Sommerurlaub noch leisten?«, fragt er gestenreich zurück.

»Wohin zieht es denn die Libanesen noch, wenn sie Urlaub machen möchten?«

»Viele Libanesen fliegen inzwischen mit Charter- und Pauschalanbietern ins benachbarte Ausland, zum Beispiel an die türkische Mittelmeerküste oder nach Zypern. Dort sind die öffentlichen Strände besser gepflegt und das Preis-Leistungsverhältnis stimmt.« Er überlegt kurz, um dann zu ergänzen: »Es sind nicht nur die enormen Preise an den heimischen Stränden, sondern auch der im Meer treibende Müll, der die Strände verdreckt«.

»Aber hier in Batroun wirkt das Meer nicht verschmutzt«, entgegnet Uwe, was seinen Gesprächspartner nur noch weiter in seinem Groll anzutreiben scheint.

»Seit der großen Müllkrise vor drei Jahren ist zwar einiges besser geworden, denn die Abfallentsorgung funktioniert wieder halbwegs, aber die Abwässer von Fabriken und Haushalten gelangen nach wie vor ungeklärt ins Meer. Vor allem während der Sommermonate sollte man in Beirut und Tripoli wegen der hohen Belastung an Schwermetallen, Chemikalien und Bakterien nicht schwimmen gehen. Oft ist eine dicht am Meer gelegene Deponie die Ursache, zum Beispiel der berüchtigte Müllberg in Sidon. Ich informiere mich jedenfalls immer über die Homepage des National Council for Scientific Research über die aktuelle Wasserqualität, um sicher zu sein.«

Wir berichten ihm von unserer Erfahrung am ekligen Beiruter Strand. Emile tröstet uns damit, dass man einfach nicht alles wissen kann und ein gewisses Restlebensrisiko bleibe. Wir lösen uns von unserem Gesprächspartner, der uns noch nachruft, die berühmte Limonade von Batroun unbedingt probieren zu müssen und genießen die opernhafte Szenerie der dunklen, sich auftürmenden Wellenberge.

Das Geheimnis der Zitronenlimonade

Batroun ist nach Passage weiterer Strände schnell erreicht. Wir befinden uns in einer der ältesten Städte der Welt. Der altgriechische Name, Botrys, leitet sich vom phönizischen Wort *bater* her und bedeutet so viel wie schneiden. Es wird vermutet, dass damit der noch heute existierende mächtige seewärtige Wall gemeint ist, der die Stadt vor der Kraft der Gezeiten und Meeresströmungen schützt. Der große Schweizer Orientreisende und Wiederentdecker der Nabatäerstadt Petra, Johann Ludwig Burckhardt, erwähnte diesen Schutz gegen die Westwinde schon 1812 auf seiner ausgedehnten Reise durch das osmanische Syrien, zu dem die Levante ja gehörte.

Das Geläut von Kirchenglocken nimmt uns in Empfang. Zwei Männer springen urplötzlich auf die Straße und bedeuten mit hochgehaltenen abweisenden Händen den Autofahrern, sofort die Durchfahrt zu stoppen. Wir schauen uns alle verwundert an und blicken dem Unvermeidlichen ins Auge. Wir lassen die Scheiben des Fahrzeugs herunter. Es ertönt Passionsgesang eines noch unsichtbaren Chores. Im nächsten Moment biegt ein Zug festlich gekleideter Menschen auf unsere Straße und setzt seine Prozession in Fahrtrichtung fort. Einige Teilnehmer führen in traditioneller Art Palmzweige mit sich, um den Einzug Jesu Christi in Jerusalem nachzustellen. Auch wenn wir keinen mitgeführten Esel im Zug erkennen können, so reicht die Friedensbotschaft, die von dem Frohmut der Feiernden ausgeht, weit über das eigentliche Anliegen hinaus. Den Wunsch nach einem friedvollen Leben, den alle Menschen, denen wir auf unserer Reise durch den Libanon begegnet sind, so tief in sich tragen, nehmen wir jedenfalls als Herausforderung für die europäischen Institutionen zur Erhaltung unserer Friedensordnung mit nach Hause. Wir kommen mit unserem Fahrer über unsere Gedankengänge rund um den Palmsonntag ins Gespräch. Mitten in der Unterhaltung stockt er und fragt uns, ob wir heute denn nicht Ostern hätten. Mitnichten, erwidern wir, denn darauf müsste er noch eine Woche warten. Mit einem Ausruf des Entsetzens ruft er: »Mist! Ich habe heute meiner Familie und meinen Freunden per WhatsApp Frohe Ostern gewünscht. Jetzt wird auch klar, warum keiner darauf antwortet«. Er versucht, seinen Fauxpas mit einem verschämten Grinsen wegzulächeln. Wir helfen ihm dabei und schmunzeln einfach mit.

Minute um Minute vergeht mit Warten und wir fangen in unserem nicht klimatisierten Fahrzeug an zu schwitzen. Was liegt näher, als einen kleinen Zwischenstopp hier einzulegen. Anna erinnert sich, kurz vor unserem unfreiwilligen Halt ein kleines Café bemerkt zu haben. Robin wendet sofort und parkt in einer kleinen Seitenstraße. Der Name klingt verlockend, »Naji's Lemonade«. Wir zögern keine Sekunde und treten ein. Im Café erfahren wir vom freundlichen Besitzer, dass Batroun eine lange Tradition in der Herstellung von Zitronenlimonaden besitzt. Die rund um den Ort gepflanzten Zitronenbäume sorgen für den Rohstoff zum Befüllen eisgekühlter Gläser an heißen Tagen, von denen es im Libanon nicht zu wenige gibt. So haben sich im Laufe des letzten Jahrhunderts mehrere Saftbars und Cafés angesiedelt, die alle ihre Hauslimonade nach mehr oder weniger geheimen Rezepturen mixen. Das originellste Etablissement davon, so erfahren wir von einem englischen Touristenpaar am Nebentisch, soll das »Chez Hilmi« in der Altstadt sein. Wir haben Zeit und wollen es uns genauer ansehen. Übersehen kann man die Saftbar nicht, denn ein riesengroßes Werbeplakat in Zitrusgelb weist uns den Weg. Alles ist in dieser Farbe angestrichen: Fensterläden, Wände, Tische, Fensterrahmen und Thekenmobiliar. Eine Geschmacksprobe gehört selbstverständlich dazu. Die köstliche Limonade genießen wir schlürfend auf einem bunt geblümten Sofa. Jeder wird seinen Favoriten unter den verschiedenen Anbietern bestimmt finden, doch am Ende werden sich wohl alle einig darüber sein, dass die Batrouner Limonade doch nur eines ist: ein köstliches Kaltgetränk an einem warmen Tag im Libanon.

Ein krankes Herz

Wir verlassen die historische Route und umfahren das kleine, westlich gelegene Vorgebirge auf der Schnellstraße nach Tripoli. Kurz bevor die Straße ansteigt, springt in östlicher Richtung auf einem solitären Kalksteinfelsen eine mächtige mittelalterliche Festung ins Auge: *Mousaylaha*. Die ehemalige Kreuzfahrerburg stammt aus den Anfängen des 12. Jahrhunderts und gehörte zur Grafschaft Tripoli. Sie war entlang der Küstenlinie Glied einer Kette von Schutzburgen fränkischer Lehnsherren, als die Kreuzritter ein Gebiet beherrschten, das vom Norden Syriens bis ins Heilige Land reichte. Mit dem Ende des Kreuzfahrerstaates fiel die Burg 1278 in die Hände ägyptischer Mameluken. In späteren Jahrhunderten bauten drusische Emire sie aus, um sich des osmanischen Herrschaftsanspruchs auf die Emirate des Libanongebirges zu erwehren. Das gelegentliche Scheppern der Rüstungen und des Waffengeschirrs ist durch das permanente Rauschen der nahen Autobahn ersetzt worden. Mit ihren Nischen und Verstecken mag die Burg allemal als einzigartiger Kinderspielplatz taugen.

Direkt hinter der trutzigen Festung erhebt sich ein steinerner Damm, der die Fluten des *Nahr el-Jaouz* auffängt. Die Berghänge des sich öffnenden Tals liefern die Rohstoffe für die in den letzten Jahren boomende Bauindustrie. Durch den Abbau von Gesteinen wirkt die Landschaft am Fluss arg geschunden und entstellt. Nur wenige Meter nachdem die Schnellstraße ihren höchsten Punkt erreicht hat, biegt Robin ab und steuert wieder den alten Küstenweg an. Bei Chekka treffen wir wieder auf das Meer. Unser Blick wird jedoch nicht vom Wasser, sondern von den Verletzungen einer durchwühlten Landschaft angezogen. Beim genaueren Hinsehen wird deutlich, dass diese menschengemachte Mondlandschaft zu ausgedehnten Steinbrüchen rund um Chekka gehört. Diese versorgen die in der Stadt ansässigen größten Zementwerke des gesamten Nahen Ostens. Riesige Betonsilos, rauchende Schlote, Förderbänder und Produktionshallen wechseln sich ab. Sand, Kalkstaub und Zement tauchen die Gegend rund um diese Betriebe in ein Silbergrau. Anna bemerkt plötzlich:

»Das erinnert mich an meine Großmutter, die mir als Kind immer erzählte, dass sie bis zur Schließung der Henrichshütte in Hattingen die Wäsche nur auf dem Dachboden trocknen konnte. Das ging allen Menschen im Ruhrgebiet so. Die Luft war erfüllt mit Schmutz und Feinstaub der Hochöfen.«

»Ja, nach Schließung der Hütten hat sich zwar die Luftqualität verbessert, aber dafür gab es keine Jobs mehr«, erwidert Uwe. »Meinem Vater, dem Stahlwerker und Eisenhütteningenieur, tat jede Stilllegung weh. Er konnte nicht verstehen, warum die Menschen in Duisburg die Schließung des Werkes mit einem großen Fest begingen. Für ihn endete damit ein Stück Kulturgeschichte – und eigene Lebensgeschichte.«

Es ist beim Anblick der vom Staub überzogenen Häuser und Pflanzen schwer vorstellbar, dass strenge Umweltvorschriften angewendet werden. Und auch hier fragen wir uns, wohin die Abwässer dieser Werke geleitet werden. Die Gewinne sind beträchtlich, denn dieser Industriezweig gehört zu den wenigen, die auch während der Bürgerkriegsjahre durchgehend produzierten und mit dem einziehenden Frieden der 90er Jahre sicherlich auch Nutznießer der großen Zerstörungen in den Städten waren. Dass sich die Menschen auch im Libanon trotz der wirtschaftlichen Zwänge und dem Mangel an Arbeitsplätzen der Folgen einer Belastung ihres Lebensumfeldes und ihrer Gesundheit mit Schadstoffen zunehmend bewusst werden, zeigt sich in den Protesten einer Bewegung junger Menschen, die sich unter dem Motto »Enough Pollution – Genug Umweltverschmutzung« eine Stimme geben. So trugen die Aktivisten kürzlich bei einer Aktion im Zentrum des benachbarten Anfeh Atemmasken, um die Anwohner für die tödlichen Gefahren durch die ansässige Zementindustrie zu sensibilisieren.

Bei der Fahrt durch Chekka erregt eine lange Reihe abgestellter Güterwagons hinter einem Drahtzaun unsere Aufmerksamkeit. Existiert etwa doch noch ein Eisenbahnnetz im Libanon? Bei unseren Reisevorbereitungen sind wir jedenfalls nicht auf eine Bahnverbindung nach Tripoli gestoßen. Immer wieder sind uns auf der Fahrt von Beirut steinerne Viadukte und die Gerippe korrodierter Stahlbrücken aufgefallen. Allerdings haben wir unsere Beobachtungen nicht einordnen können. Die grau lackierten Wagons zeigen nur wenige Roststellen, könnten also noch in Betrieb sein. Vielleicht transportieren sie den im Ort hergestellten Zement oder bringen Ersatzteile für die Maschinen der Fabriken. Es ist nicht auszumachen, wer oder was die Wagons von hier abholen wird. Eine Lokomotive ist weit und breit nicht zu sehen. Auch steht der Zug halbhoch in einer blühenden Gras- und Blumenlandschaft. Über die einsamen Telegrafenmasten scheinen schon lange keine Botschaften mehr gelaufen zu sein. Das kleine Bahnhofsgebäude verschwindet zunehmend hinter einem Wald aus jungen Bäumen. Mehr und mehr wird offensichtlich, dass die Wagons an genau dieser Stelle zu ihrem letzten Halt gekommen sind und quasi ihr eigenes Museum bilden. Wir sind neugierig geworden und wollen uns in Tripoli, dem anzunehmenden Endpunkt dieser Schienenstrecke, auf Spurensuche begeben.

Griechenland trifft Phönizien

Hinter Chekka passieren wir auf der schnurgeraden Straße kleinere Betriebe, bevor wir Anfeh erreichen. Wir durchfahren die Altstadt, die direkt am Meer liegt. Beim Überqueren des Marktplatzes entdecken wir ein Hinweisschild, auf dem der Neugier weckende Name »Our Lady of the Wind« geschrieben steht. Wir nehmen uns vor, die Kirche später zu besuchen. Robin hat inzwischen sein Ziel gefunden, denn er parkt seinen Wagen auf einer Staubpiste direkt am Meer. Was soll hier sein? Hier ist niemand. Der Wind hat nach dem Strandbesuch in Batroun nochmals an Stärke zugenommen. Windhosen wirbeln über die freie Fläche und lassen Plastiktüten auf und ab tanzen. Wir haben Mühe, uns auf den Beinen zu halten und stellen unsere Körper schräg in den Orkan. Jeder Schritt fühlt sich mühsam und schwer an. Bewegung in Zeitlupe. Über ein paar Holztreppen mit wackligen Geländern steigen wir auf ein Felsmassiv oberhalb des Strandes. Keine Luft für viele Worte. Wir bahnen uns den Weg durch ein Gesteinslabyrinth. Stromkabel schwingen über unseren Köpfen bedenklich hin und her, und lose Gegenstände fangen an, die Schwerkraft zu überwinden. Ob ein kleines Stoßgebet hilft?

Die Gegenseite des Felshügels hält eine Überraschung bereit. Sind wir noch im Libanon? Oder doch eher im Griechenland der 60er Jahre? Soweit das Auge reicht, ist alles Erbaute in Weiß und Blau angestrichen. Da und dort werden die vergangenen Jahrzehnte in den wie Zwiebelhaut abgeplatztzten Schichten alter Farbe sichtbar. Die weißen Strandlokale werden vom Blau der Türrahmen, Geländer, Säulen und Fensterläden in Kontrast gesetzt. Auf einer Felsnase sitzt ein blaues Windrad auf einer weißen Säule. Die über die zerklüfteten Felsen ragenden und auf Pfählen stehenden Galerien der Bars und Restaurants lassen allerdings Sitzmobiliar und Liegen vermissen. Wir stellen uns vor, wie die ganze Szenerie an einem sonnigen Badetag mit Menschen gefüllt ist. Man hockt auf libanesische Art zusammen, nippt Alkoholika aus schweren Gläsern, isst die Meeresfrüchte einheimischer Fischer und erzählt sich das Neueste aus dem Freundeskreis. Über in den Stein geschlagene Treppen lässt man sich langsam ins Meer gleiten. Für die Mutigen mag nur ein gewagter Kopfsprung in die Fluten in Frage kommen. Doch heute hat sich kein einziger Spaziergänger hierher verirrt, alles ist noch im Winterschlaf und die Kulisse strahlt wie jedes nicht bevölkerte Seebad nur Trostlosigkeit aus. Stufe um Stufe steigen wir Richtung Meer hinunter. Der Weg wird immer schmaler und unebener. Auf einmal findet der Pfad ein jähes Ende und wir stehen auf einem flachen Wall aus großen behauenen Quadern. Die Gischt peitschender Wellen sprüht uns entgegen.

Unser Ziel, der große phönizische Graben, kommt unangekündigt daher. Ein Wegweiser dorthin? Fehlanzeige. Dabei stehen wir vor einer der wenigen, noch gut erhaltenen baulichen Meisterleistungen aus der Eisenzeit im Libanon. Dieser 120 m lange und mehrere Meter breite Graben bildet die östliche Grenze einer Landzunge, die sich noch 400 Meter weit dahinter erstreckt. Der Graben wurde aus dem puren Felsgestein ausgehöhlt. Er diente als Trockendock für den Schiffbau eines überregional handeltreibenden Volkes, der Phönizier. Kaum jemand würde sagen, noch nie etwas von diesem Volk gehört zu haben. Die Phönizier oder Kanaanäer, wie sie im Alten Testament genannt werden, lebten im 1. Jahrtausend v. Chr. im östlichen Mittelmeerraum. Sie waren nicht in einem Reich organisiert, sondern bildeten eine lose Gemeinschaft von autonom agierenden Stadtstaaten. Die Menschen dieser Zeit hätten gesagt, dass sie Byblonier, Sidonier oder Tyrer seien. Das Wort Phönizier ist eine Fremdbezeichnung durch die mit ihnen im Austausch stehenden Griechen. Es bedeutet so viel wie purpurrot und könnte mit der von ihnen beherrschten Kunst des Einfärbens von Stoffen mit dem Farbstoff der Purpurschnecke in Verbindung stehen. Eine weitere Deutung zielt auf ihre ursprüngliche Herkunft aus dem Gebiet des roten Meeres ab. Die phönizischen Stadtstaaten waren zeitweise dem Einfluss mächtiger Königreiche des Nahen und Mittleren Ostens unterworfen und zu Tributzahlungen verpflichtet. Doch die Beziehung der Phönizier zu benachbarten Großreichen wie Ägypten und Persien war nicht nur durch Abwehrkriege bestimmt, sondern gleichermaßen durch Waren- und Informationsaustausch.

Wo man auch steht im Libanon, immer geht der Blick zum Meer. Nicht nur für uns an diesem stürmischen Tag. Auch die Phönizier richteten ihre Aufmerksamkeit auf die Länder des westlichen Mittelmeerraumes. Sie wollten ihre Exportschlager, Zedernholz, Purpur, Elfenbein und Wein, gewinnbringend verkaufen und gründeten dazu zahlreiche Handelsniederlassungen und Kolonien von Zypern über Sizilien bis zur iberischen Halbinsel, ohne dabei die dort ansässigen Völker kriegerisch zu unterwerfen. Ihre bekannteste Gründung, Karthago, war wiederum Ausgangspunkt für eine der sagenumwobensten Reisen der phönizischen Seefahrt. Es wird vermutet, dass die Phönizier ihr erlangtes Wissen um die Unverrückbarkeit des Polarsterns nutzten, um über die Säulen des Herakles hinaus zu navigieren. Es ist bestimmt kein Zufall, dass die Menschen im antiken Griechenland diesen Stern, der den Nordpol des Himmels markiert, Phoenice, »der Phönizische«, nannten. Der karthagische Admiral Hanno segelte im 5. Jahrhundert v. Chr. entlang der westafrikanischen Küste wahrscheinlich bis in den Golf von Guinea. In seinem Reisebericht, dem *Periplus Hannonis*, schildert er den Aufbau neuer Kolonien entlang der Küste. Die Zeilen der »Umsegelung« sprechen von 60 Fünfzigruderern, mit denen er in Karthago in See stach. Es ist gut vorstellbar, dass die Flotte des Hanno sowohl aus Handels- als auch aus Kriegsschiffen bestand. Letztere hatten einen Rammsporn am Bug und einen abgeflachten Rumpf, an dem die hochgezogenen Steven mitunter einen Entenkopf aufwiesen. Bewegliche Schilde an der Reling sollten vor gegnerischen Angriffen schützen. Die Arbeit der Ruderer wurde von einem quadratischen Segel an einem abnehmbaren Mast unterstützt. Die submarine Archäologie hat durch den Fund einiger Schiffswracks im gesamten Mittelmeerraum inzwischen ein recht gutes Bild von der Form und Funktion der phönizischen Schifftypen gewonnen. Abbildungen auf Reliefs, Siegeln und Münzen komplettieren das Wissen über die exzellenten Qualitäten der Phönizier als Schiffbauer und Seefahrer. Ob es ihnen dabei auch gelang, das ferne Amerika zu entdecken, wie es in der populärwissenschaftlichen Literatur manchmal kolportiert wird, bleibt ungewiss.

Die Diskussion über die seefahrerischen Leistungen der Phönizier dauert bis heute an und bleibt wohl in den Elfenbeintürmen der Gelehrten, solange nicht mehr Schriftfragmente und Artefakte mit unwiderlegbaren Beweisen zu Tage treten. Das große Manko menschlicher Geschichtsschreibung, die Taten von Eroberungen und Kriegen über die geistige Kühnheit zu stellen, lässt den friedlichen Beitrag der Phönizier zur kulturellen Entwicklung der Völker klein und fast unbemerkt erscheinen. Wenn man so will, sind die phönizischen Kaufleute die geistigen Väter der in der Neuzeit populär gewordenen Doktrin vom »Wandel durch Handel« im Umgang mit totalitären Regimen, wie China, Iran oder Russland. Dabei entwickelten und pflegten die Phönizier während ihrer Handelstätigkeit eine Hochkultur der Diplomatie, auch in der Beziehung zu Völkern, deren Sprache sie nicht mächtig waren, wie von Herodot in seinen *Historien* berichtet wird. Die Vorstellung, dass hier, in kleinen Werften an der levantischen Küste die Voraussetzungen für den Aufschwung der phönizischen Kultur geschaffen wurden, lässt uns mit anderen Augen auf die Nachfahren dieses Volkes im heutigen Libanon schauen.

Viel Zeit und Luft lässt uns der aufbrausende Wind nicht am Graben, der knietief mit Seewasser geflutet ist. Plastikflaschen schaukeln im Takt der durchlaufenden Wellen auf der Oberfläche oder haben sich in grünen Algen und Schlingpflanzen verheddert.

Am anderen Ende fällt uns ein solitärer Felssporn in der Mitte des Grabens auf. Dieser diente zur Zeit der Kreuzfahrer als Aufsetzpunkt einer Zugbrücke. Seit 1099 war Nephin, wie Anfeh zu dieser Zeit genannt wurde, in Abhängigkeit der Grafen von Tripoli. Der große Graben konnte, genauso wie ein zweiter, parallel verlaufender kleinerer, im Falle einer Bedrohung bis zu 3 Meter hoch mit Wasser befüllt werden. Dadurch wurde die hinter Wällen liegende befestitge Burganlage auf der Halbinsel geschützt. Teile von ihr sind noch in recht gutem Zustand und können besichtigt werden. Die auf der Landzunge über Jahrhunderte betriebenen Salinen haben nicht nur zur Konservierung der Bausubstanz aus der Kreuzritterperiode, sondern auch der Siedlungsreste von Phöniziern, Römern, Byzantinern und Osmanen beigetragen. Nach dem Fall von Tripoli 1289 zogen sich die Überlebenden auf die Burg von Anfeh zurück, wo sie sich dank der Gräben einige Zeit bis zu ihrem Entsatz verteidigen konnten. Wir erblicken eine kleine stählerne Brücke hinter dem Sporn, wagen uns aber wegen des Sturms nicht auf das Plateau der ehemaligen Burg. Sicher ist sicher.

Our Lady of the wind

Wir wenden uns vom Meer ab und wählen diesmal den Weg zwischen den Strandlokalen, um zur Kapelle »Our Lady of the Wind« zu gelangen. Unter einem in Weiß und Blau gehaltenen Ferienhaus erblicken wir eine in den Felsen gegrabene größere Kammer, die vermutlich in mittelalterlicher Zeit als Ölpresse oder Vorratsraum genutzt wurde. Über einen Anstieg kommen wir endlich zur Kapelle, die zur griechisch-orthodoxen Gemeinde gehört. Die meisten Einwohner des Ortes sind Angehörige dieser Kirche. Vielleicht ist der Anstrich der Gebäude über den Klippen von Anfeh ja eine Reminiszenz an die griechischen Vorväter. Wir wissen es nicht. Das Glück ist auf unserer Seite, denn die aus Sandsteinquadern errichtete Kapelle ist geöffnet. Sie besteht aus einem kleinen rechteckigen Raum, der von einem Rundgewölbe überspannt ist und in östlicher Richtung in einer Apsis endet. An den Wänden sind noch Reste alter Fresken vorhanden. Auf einem ist die Jungfrau Maria zu erkennen. Hinter einem geschnitzten und mit Ikonen geschmückten Türchen befindet sich der Altar. Die Stühle kann man an einer Hand abzählen. Um das Bemerkenswerteste dieser Kapelle zu entdecken, muss man allerdings seinen Blick senken. Auf dem Boden sind seitlich dicke Glasscheiben eingesetzt, unter denen man Wasser fließen sieht. Die Ruhe des Raumes hebt sich wohltuend vom Geheul des Windes außerhalb dieser Mauern ab. Wir betrachten eine aufgestellte Ikone im Eingangsbereich, als ein Herr die Kapelle betritt. Er spricht uns über die Schulter an mit den Worten, »Das ist Maria, die die Meereswogen besänftigt. Diese Kirche wurde von den Seeleuten des Ortes erbaut, um sie auf ihren Fahrten auf dem stürmischen Meer zu beschützen.«

Wir drehen uns zu ihm um und sehen einen Mann in gebügelter Hose und weißem Hemd vor uns. Sein Alter ist schwer zu erraten, denn sein Gesicht ist stark gebräunt und trägt tiefe Falten. Wir schätzen ihn auf vielleicht 60 Jahre. Er lächelt uns freundlich an. »Ich war früher als Fischer tätig und bin mit Gottes Hilfe immer wieder von meinen Fahrten zurückgekommen.«

»Sind Sie immer zum Beten hierher gekommen?«

»Nein, die Kapelle war über Jahrzehnte leider in einem desaströsen Zustand. Das Dach war teilweise eingestürzt und nur notdürftig abgedeckt. Im Umfeld der Kapelle haben Schatzsucher und Plünderer illegale Ausgrabungen vorgenommen und großen Schaden angerichtet. Erst vor einigen Jahren haben Archäologen von der naheliegenden Balamand-Universität mit Ausgrabungs- und Restaurierungsarbeiten begonnen.«

»Wer ist eigentlich auf den Fresken außer der Jungfrau Maria dargestellt?«

»Soweit ich weiß, ist der Heilige Georg auf einem Pferd abgebildet«, erwidert er, »die Kapelle wurde im 6. Jahrhundert erbaut. Möglicherweise sind einige Fresken noch aus dieser Zeit«. Stolz klingt aus seinen Worten.

Wir nutzen die Chance, einen Sachkenner dieser Kapelle vor uns zu haben und fragen ihn noch nach den verglasten Löchern im Boden.

»Die gehören zu einem umfänglichen System von Zisternen, die über Kanäle miteinander verbunden sind. Wahrscheinlich wurde das kostbare Regenwasser darin aufgefangen und zur Versorgung der Schiffe an die Küste weitergeleitet. Diese Art der Wasserversorgung war bestimmt nicht schlechter als die heutige im Libanon.« Bei diesen Worten formt sich ein breites Grinsen auf seinem Gesicht und wir haben inzwischen eine kleine Ahnung, wovon er spricht.

»Warum ist eigentlich so wenig los im Ort?«, will Anna noch vor dem Verlassen der Kapelle von dem Herrn erfahren.

»Kommen sie mal im Sommer wieder hierher. Sie würden Anfeh nicht wiedererkennen. Dann sind nicht nur Tagesgäste aus Beirut oder Tripoli hier und bevölkern die Fischrestaurants und Bars, sondern auch viele ins Ausland emigrierte Landsleute. Man sagt, dass man überall auf der Welt jemanden treffen kann, der selbst oder dessen Vorfahren aus Anfeh stammen. Kommen sie mich doch mal besuchen.«

Den letzten Satz werden wir auf unserer Reise durch den Libanon noch oft hören. Er hallt in uns noch lange nach, auch, weil er so echt klingt. Fremdsein endet hier nach den ersten Worten, die man miteinander gesprochen hat. Das verwundert gerade in einem Land, in dem man noch vor drei Jahrzehnten im Krieg miteinander war.

Wir treten aus der Kirche und setzen uns wieder Wind und Sand aus. Am Parkplatz steht das Auto unseres Fahrers immer noch einsam an seinem Ort. Wir flüchten förmlich ins Innere, wo uns endlich eine wohlige Stille empfängt. Mit Verlassen der Stadt steigt rechterhand ein gut erhaltener Bahndamm an. Die Gleise sind noch nicht herausgerissen und irgendeiner Verwertung zugeführt worden. Man könnte meinen, dass die Strecke noch in Betrieb ist und jederzeit ein Zug vorbeikommen könnte. Zu beiden Seiten der Straße sehen wir jetzt leere und mit Büschen überwachsene Becken, die zu einem Komplex von Salinen und Salzmarschen gehören. Sie werden in den Sommermonaten wieder in Betrieb genommen. Mündliche Überlieferungen verlegen die Anfänge der Salzgewinnung in Anfeh in die Zeiten des osmanischen Reiches. Mitunter wird auch behauptet, dass die Phönizier als erste im Libanon Salz aus Meerwasser gewonnen haben. Auf dem ehemaligen Bahndamm haben sich inzwischen neue Häuser, Garagen und Unkraut breit gemacht. Menschen beackern ihre kleinen Felder, Haine und Gärten. Zwischen exklusiven Strandresorts haben verlassene Betonrohbauten ihre letzte Ruhestätte gefunden. Aus frischem Schilf und Gras lugen Elektroschrott, Bauschutt und Plastikreste hervor. Die ersten Hundert Meter hinter der Küste scheinen den Libanesen als freie Mülldeponie zu dienen. Die uns während der letzten Stunden immer vertrauter gewordene Landschaft gleitet langsam dahin. Tripoli und die Aussicht auf eine warme Dusche sind nicht mehr weit. Unsere Augen fallen zu.

TRIPOLI (liegt nicht in Libyen)

Ende einer Fahrt mit qualmenden Reifen

Der Raum Tripoli kündigt sich durch Fabrik- und Lagerhallen an, die wir nur mit Mühe im Saharasandsturm, der immer kräftiger tobt, beidseits der Straße ausmachen können. Der Straßenbelag ist schlechter als in Beirut. Wir schauen angestrengt aus dem Fenster, um durch die Staubwolken die Stadt zu erspähen, die von vielen im Internet als die »arabischste« des Landes beschrieben wird. Was mag das bedeuten?

»Vielleicht erwartet uns ein gesteigertes orientalisches Chaos, mehr verschleierte Frauen und Händler in den Straßen?«, sagt Anna ein wenig scherzhaft. Uwe sinniert: »Ich weiß es nicht. Orientalisches Chaos, das ist doch so ein Klischee. In arabischen Städten wurde, soweit ich weiß, städtebaulich geplant, schon lange bevor dies in den Hauptstädten Europas begann. Öffentliche Bäder sorgten für die Hygiene der Menschen. Der Marktbetrieb war schon in der Frühzeit des Islams weit entwickelt. Die Moschee war schon immer das Zentrum einer Stadt, von dem aus enge Gassen, die *Souks*, in alle Richtungen gingen. Ich glaube, ich hoffe insgeheim, dass wir hier noch viele arabische Elemente in der Architektur entdecken werden.«

Unsere Spekulationen werden plötzlich von einem Höllenlärm zugedeckt. Eine Mischung aus Gewehrsalven, Motorgeheul und Quietschen. Robin bemerkt unsere fragenden Blicke und lächelt. »Drift Rennen«, sagt er und fährt unaufgefordert rechts heran. Unterhalb des Fahrdammes ist ein Hütchenparkour im Schatten des sogenannten Olympiastadions aufgebaut, in dem alte aufgemotzte BMWs mit schrill gesprayten neonfarbenen Radkappen und Retro-Werbeaufklebern versuchen, ihren Kurs zu halten. Einige drehen kunstvolle Pirouetten, die vom Publikum bestaunt werden, das sich in einer für westliche Verhältnisse dramatischen Nähe zum Fahrgeschehen befindet. Sicherheitsvorkehrungen sucht man hier vergeblich. Das Publikum wogt im Takt des Autotanzes vor und zurück, um eine Kluft von wenigen Metern einzuhalten. Aus unserer Vogelperspektive sehen die Bremsspuren der Reifen wie eine Kinderkritzelei aus. Darüber wabert eine riesige graue Wolke aus Abrieb und Abgasen. Der Gestank ist selbst hier oben förmlich zu greifen. Das Geknatter stammt heute jedoch zum Glück nur aus getunten Vergasern. Keine Gewehrschüsse, die noch 2012 durch das Tal des *Abou Ali* im Zentrum Tripolis hallten. Hustend steigen wir wieder in unser herrlich ungetuntes Gefährt und nehmen Kurs auf die Westspitze der Stadt. Auch hier heißt die palmengesäumte Küstenstraße *Corniche* und ist ein beliebtes Ausflugsziel.

Von der *Corniche* biegen wir in das Gewirr von El Mina ein. El Mina bedeutet Hafen und ist heute die Bezeichnung für eine eigenständige Stadt, die früher die phönizische Hafenstadt Tripolis war, griechisch für »drei Städte« stehend. Nachdem im 9. Jahrhundert v. Chr. die Phönizier an dieser Stelle einen Handelsstützpunkt gegründet hatten, kamen Händler aus Sidon, Arados und Tyros. Da sich die verschiedenen Bevölkerungsgruppen nicht mischten, entstanden drei Stadtteile, von denen sich der Name Tripolis ableitet. Robin bringt das Auto in einer Gasse zum Stehen, die vor einem Torbogen so schmal wird, dass nur noch Mofas und Fußgänger hindurchpassen. Mit arabischer Kalligraphie gestaltete Schilder haben uns den Weg bis hierher zur Unterkunft im Beit el Nessim gewiesen. Während wir zwischen den Sandsteinmauern die Windstille genießen und unsere Blicke über zwei wunderschön restaurierte Stadthäuser schweifen lassen, kommt uns ein gebräunter, tiefenentspannt und sportlich wirkender Libanese in grauen, gerade geschnittenen Leinenhosen und weißer Kurta aus einem der beiden Häuser entgegen. Er begrüßt uns freundlich und stellt sich als Nabil vor. Nabil ist eigentlich Yogalehrer und seine Frau Maya Schriftstellerin. Fünf Jahre lang haben sie ein 150 Jahre altes Haus im Herzen von El Mina renoviert. Innen und außen ist der Sandstein der Gegend eine warmleuchtende Zier. Nabil führt uns in eine große Halle mit einem zweiteiligen Kreuzgewölbe. Auf der einen Seite gibt eine hohe Glasfront den Blick auf den Innenhof des Hauses frei, der mit Wein und Feigenbäumen bewachsen ist. In der Halle steht ein Kamin für die kälteren Tage im Winter. Ein Baum wächst aus der Erde mitten im Wohnbereich. Eine dahinter gespannte Hängematte lädt zum Entspannen ein. Kleine Tische mit Obst und Wasser, Nischen mit Büchern und eine große mit Geschirr und eingemachten Köstlichkeiten gefüllte Anrichte verraten, dass hier viel Wert auf gutes Essen und geistige Nahrung gelegt wird. Auf den blankpolierten Platten des Bodens steht ein großer Esstisch. Nabil verschwindet kurz in den dahinter abgehenden Küchen- und Wirtschaftsräumen und kommt mit frisch zubereitetem Tee und Süßgebäck zurück. Nach dem Sandsturm haben wir das Gefühl, noch nie etwas so Köstliches getrunken zu haben. Die Wärme und Feuchtigkeit des Tees beleben unsere müden Münder und wir kommen kurz mit unserem Gastgeber über die Stadt Tripoli ins Gespräch, bevor wir die über dem Innenhof gelegenen Schlafräume beziehen. Wir öffnen die Fensterläden und lassen unseren Blick über den Innenhof und die dahinter liegenden Dächer und Häuser schweifen. Ein kleiner Palast wie aus Tausendundeiner Nacht. Schon vier Meter weiter, direkt auf dem Nachbargrundstück kann man sehen, mit welcher Beharrlichkeit und Ausdauer unsere Gastgeber das alte Haus wiederbelebt haben müssen. Hinter den Mauern des angrenzenden Stadthauses haben Menschen ihre Spuren und Müll hinterlassen, während die Natur versucht, sich den verlorenen Raum zurückzuerobern. Aus allen Ecken und Ritzen wachsen Feigenbäume, zwischen denen zwei Katzen herumstreunen.

1881: »Zuckerschloss öffne Dich«

Es ist vollkommen ruhig hier, bis auf das gelegentliche Hupen eines Mofas und das Zwitschern der Vögel. Mit einem Mal werden wir unseres Hungers gewahr und Nabil schlägt vor, zu Hallab, der bekanntesten Süßwarenmanufaktur des Libanon mit Hauptsitz in Tripoli, zu fahren. Das *Kasr el Helou*, das Schloss der Süßigkeiten, in dem die Familie Hallab seit 1881 Zuckerwaren herstellt, vertreibt und Gäste mit regionaler Küche und märchenhaften Nachspeisen bewirtet, liegt nur ein paar Autominuten entfernt im Herzen Tripolis. Nabil winkt uns ein Taxi herbei und spricht auf Arabisch mit dem Fahrer. Nachdem wir sitzen, dreht sich der Mann zu uns um. Er wird kaum älter als Anna sein, vielleicht vierzig, aber sein warmherziges Lächeln entblößt nur noch eine Reihe schwarzer Stummel. Es entbehrt nicht einer gewissen Ironie, dass er uns ins Zuckermekka des Libanon bringen soll. Er ist der erste Libanese, mit dem wir uns überhaupt nicht verständigen können. Sein Lachen ist sanft und authentisch, nur leider hilft es uns auch nicht weiter, als er uns zehn Minuten später an einem viel befahrenen Kreisverkehr aus dem Auto entlässt und wir erfolglos Ausschau nach Hallab halten. Mitten auf der Straße ist ein alter Mercedes geparkt, der derart mit Dutzenden Tüten pinker Zuckerwatte vollgestopft ist, dass diese aus Fenster und Türen quellen. Es sieht urkomisch aus.

Unsere Orientierung wird dadurch erschwert, dass sich viele Menschen mit Wahlkampfplakaten und Fahnen auf Fußwegen und Straßen drängen. Was ist hier los? Vor zwei Gebäuden zeigt sich verstärkte Armeepräsenz. Während in unseren Hinterköpfen noch leise herumspukt, dass politische Aufmärsche gerade hier im Norden zu meiden sind, werden wir auch schon von der Menge erfasst. Von einer jungen, hijabtragenden Libanesin erfahren wir, dass heute in Tripoli Nachwahlen für den sunnitischen Vertreter im Parlament stattfinden. Eine Gegenkandidatin hatte vor dem Verfassungsrat erfolgreich den Sieg von Dima Jamali im Mai 2018 angefochten. Was wir sehen, ist letzter Wahlkampf vor den Wahllokalen. Nach deutschem Recht undenkbar. Der Wähler wird hier von den Parolen und Rufen bis zur Urne begleitet. Heute gibt es acht Kandidaten, davon mehrere Frauen und einen, der wegen Spionageverdacht für die USA aus dem iranischen Gefängnis heraus kandidiert. Am Ende des Tages wird die alte Wahlsiegerin als neue feststehen und wieder ihren Sitz im Parlament einnehmen können, bestätigt durch die Mechanismen der Demokratie. Aber bis dahin fahren unter den wachsamen Augen der libanesischen Armee Anhänger auf Pickups mit Megaphonen durch die Straßen, plärrt laut Musik aus Boxen und Ghettoblastern, tragen junge Libanesinnen mit identischen T-Shirts ihre Schlachtrufe um die Häuserblocks. Die Stimmung ist leidenschaftlich, aber friedlich. Mitten in diesem bunten Pulk ist kaum vorstellbar, was wir nachher in den Zeitungen lesen: Die Wahlbeteiligung lag trotz Mobilisierungsversuchen durch

Aufrufe von hochrangigen Politikern bei gerade einmal zwölf Prozent. Das hätten wir angesichts des großen Spektakels und der Menschenmenge nicht vermutet. Das politische System des Libanon ist von der konfessionellen Diversität des Landes bestimmt. Das Staatsoberhaupt, der Präsident, wird für sechs Jahre vom Parlament gewählt. Er muss maronitischer Christ sein; momentan ist es Michel *Aoun*. Die Regierung dagegen wird immer von einem sunnitischen Premierminister geführt, zurzeit Saad *Hariri*, während der Parlamentspräsident immer ein Schiit ist. Die personelle Zusammensetzung des Parlaments, auch Nationalversammlung genannt, soll ebenfalls nach dem Grundsatz der konfessionellen Parität die religiös-konfessionelle Zusammensetzung des Landes widerspiegeln.

Während die Bürger Tripolis sich zwischen verschiedenen sunnitischen Bewerbern entscheiden, laufen wir weiter suchend die Straße entlang. Endlich erkennen wir, hinter einem vom Militär geschützten Wahllokal, das *Kasr el Helou*, die repräsentative osmanische Villa der Familie Hallab, die wir schon einmal auf dem Firmenlogo gesehen haben. Wir betreten das Haus durch ein edles Foyer. Im Inneren laden reich verzierte Decken mit orientalischen Lampen, Vitrinen voll Gebäck und Süßigkeiten und die freundlichen Angestellten zum Verweilen ein. Alles flüstert uns zu: Iss mich. Mit hungrigen Bäuchen bei dieser Auswahl, dem Duft und der Vielzahl der Möglichkeiten eine schnelle Wahl zu treffen, erscheint nahezu unmöglich. Die Karte ist lang, Süßigkeiten gibt es hier in Tausendundeiner Variation. Croissants zum Beispiel werden nicht nur in den europäischen Varianten Butter, Mandel und Schokolade, sondern auch in orientalischen wie Thymian und Olive angeboten. Geschmackssache. Pistazien gehören zu den wichtigsten Zutaten, ob pur, in Teig oder auf Eis. *Maamoul*, *Baklawa*, *Kashta*-Spezialitäten. Nach langem Studieren entscheiden wir uns für *Knafeh*, eine warme Süßspeise aus *Kashta*-Käse und *Lahme bil ajjine*, eine Art libanesische Hackfleischpizza, die hier bei Hallab mit etwas Granatapfel-Melasse serviert wird. Das Gericht stammt laut alten Überlieferungen aus der *Bekaa*-Ebene und ist mehr als 500 Jahre alt. Auch in Syrien, Brasilien, Jordanien und im Irak ist *Lahme bil ajjine* beheimatet. Zum Abschluss bestellen wir *Kashta*- und Pistazieneis. Die Qualität ist beeindruckend und auch wenn man kein eingefleischter Freund von Rosenwasser, Zuckersirup & Co ist, schwebt man mit den angebotenen Gerichten schnell im levantinischen Küchenhimmel. Gestärkt denken wir nun an einen ausgedehnten Stadtspaziergang durch Tripoli. Auf der Damentoilette ist gerade Hochbetrieb. Zwei Angestellte reinigen sich mit geübten schnellen, aber gründlichen Bewegungen Füße und Gesicht über den Waschbecken. Das nachmittägliche Gebet erlaubt ihnen eine kurze Pause von der Arbeit. Sie blicken in den Wandspiegel und suchen darüber den Blickkontakt, um ein Lachen zu verschenken. Gebet als kurze Arbeitspause, als Zeit für einen flüchtigen, aber angenehmen Kontakt. Dann ein kurzes Innehalten auf dem Teppich nach Mekka gewandt, um danach im Takt des Tages weiter zu schwingen. Als Uwe sich Johann, eine Windel und Feuchttücher zum Wickeln nimmt, begleiten ihn die neugierig erstaunten Blicke der männlichen Bediensteten. Bei aller Offenheit in diesem Schloss: Wickeln ist hier immer noch – Allah sei Dank – Aufgabe der Mütter.

Oscars Ufofriedhof

Draußen hat sich der Wahltrubel fast aufgelöst, und wir laufen weiter entlang der Straße *Riad el Solh* auf den International Fair Tripoli zu. Das Messegelände wurde vom brasilianischen Stararchitekten Oscar Niemeyer entworfen. 1962 kam er, um sich ein Bild von den Örtlichkeiten zu machen, für zwei Monate nach Tripoli – mit dem Schiff, weil er extreme Flugangst hatte. Das Areal, das zuvor ein großer Orangenhain war, sollte für zwei Millionen Besucher ausgelegt sein. Die Erbauung wurde 1975 aufgrund des libanesischen Bürgerkriegs unterbrochen. Seitdem befinden sich fünfzehn halbfertige Gebäude auf dem einen Quadratkilometer großen Gelände. Die möchten wir sehen. Als wir die Menschen vor den Wahllokalen hinter uns gelassen haben, merken wir, dass wir nicht allein sind. Ein syrischer Flüchtling ohne Schuhe läuft neben uns und redet flehend auf Arabisch auf uns ein. Er sieht ausgezehrt, schmutzig und verzweifelt aus und wahrt keinen Abstand. Bei allem Mitleid ist uns die Situation mit Baby doch etwas unangenehm. Wir schenken ihm einen Apfel, womit er jedoch nicht einverstanden ist. Er lässt dennoch ein paar Schritte weiter von uns ab, als ob dort eine unsichtbare Grenze – vielleicht zum nächsten Bettelrevier – verliefe. Erleichtert überqueren wir nun die große Straße, die das Messegelände wie eine Insel vom Rest der Stadt trennt. Der Sturm, der sich nur kurzzeitig etwas beruhigt hat, weht ein riesiges Wahlplakat auf die Straße. Sofort kommen ein Dutzend Wagen um das Plakat herum zum Halten. Die Fahrer gestikulieren wild und hupen (natürlich), aber keiner steigt aus. Erst zwei Mopedfahrer nehmen sich der Lösung des Problems an und hieven mit vereinten Kräften das Poster zur Seite. Dann können auch wir vorbei und stehen vor einem riesigen umzäunten Gebiet. Das Gelände ist nicht immer zugänglich, aber ein gutmütiger Pförtner, der einige Zeit in Bremen gelebt hat, freut sich zu hören, dass wir aus Deutschland kommen und lädt uns ein umherzuwandeln. Das ganze Areal hebt sich wohltuend vom ansonsten baufälligen, vernachlässigten, dreckigen Tripoli ab. Es ist penibel gepflegt. Um die Gebäude herum erstreckt sich eine Oase aus freien Grünflächen, hohen Palmen, duftenden Zitrus- und Hibiskussträuchern. Die Bauwerke geben uns das Gefühl, inmitten einer arabischen Science-Fiction-Filmkulisse zu stehen. Die Unfertigkeit gibt den Gebäuden den Anschein von überdimensionierten begehbaren Skulpturen. Im Krieg haben die syrischen Besatzer Niemeyers Projekt für einige Jahre als Quartier verwendet. Am heutigen Tag hat sich ein sunnitisches Hochzeitspaar den Ort zum Fotoshooting auserwählt. Das weiße Hochzeitskleid und der Schleier, der an dem die Haare der Braut verhüllenden weißen Hijab befestigt ist, wehen im Saharawind immer wieder hinter den unbelebten Gebäudetorsi hervor. Uwe möchte einmal die einem Ufo ähnelnde als Konzertsaal konzipierte Riesenkuppel betreten. Im Inneren ist es dunkel, verrostete Stahlstreben hängen von den Decken. Jedes Wort hallt zigfach vom Rund der Wände wider. Es ist schauerlich. Unversehens sind wir nicht mehr allein. Fünf oder sechs junge Männer sind wie aus dem Nichts zu uns in die Kuppel gekommen. Während die einen grotesk lachen, bewegen sich zwei andere flink auf Uwe zu und sprechen ihn in fremden Worten an, während sich die anderen um uns im Raum verteilen. Unser Bauchgefühl lässt uns mit Johann durch den einzigen, bislang ungeschlossenen Punkt des Hallenrundes in die Sonne eilen, wo wir glücklicherweise nach wenigen Metern auf das Fotografenteam für das Hochzeitspaar und eine skandinavische Reisegruppe treffen. Wir schauen uns an und überlegen, ob wir Gespenster gesehen haben. Die Männer waren einfach zu schnell und blitzartig, wie choreographiert, bei uns. Was war das? Wir werden es nie herausfinden.

Die Strippenzieher des Forty-Six

Am Abend schlendern wir die wenigen Meter durch die hübschen alten Gassen von El Mina Richtung *Corniche*. Hafenstädte sind Fischstädte. Restaurants mit Angeboten aus dem Meer gibt es auch hier. Die meisten davon sind menschenleer. Vielleicht bleibt man am Sonntagabend einfach zuhause, und Touristen gibt es hier ohnehin kaum. Wir entscheiden uns für das Traditionslokal »46«, in dem uns der Kellner in weißem Hemd, schwarzer Weste und Fliege den schönsten Tisch an der langen Fensterfront mit Blick auf untergehende Sonne, Uferstraße und Palmen zuweist. Zwei Angler auf der Kaimauer und zwei Damen einige Tische weiter sind außer uns die einzigen Menschen. Nur von den Fotografien an den Wänden bekommen wir noch Gesellschaft. Und was für eine. Eine ganze Wand ist bedeckt mit schwarz-weißen Fotos hochrangiger libanesischer und internationaler Politiker, die sich hier in den vergangenen 70 Jahren getroffen haben. Ein hagerer Mann mit dunklen Haaren und Schnurrbart fällt uns auf. Er ist beinahe auf jedem Foto zu sehen: Rashid Abdul Hamid Karami, geboren 1920 als Sohn einer angesehenen sunnitischen Politikerfamilie in Tripoli. Seine jahrzehntelange Omnipräsenz bei den verschiedenen politischen Treffen hier in diesem Restaurant ist als Weltrekord im Guinness Buch der Rekorde verzeichnet. Zwischen 1955 und 1987 war Karami achtmal Premierminister des Libanon, bevor er 1987 einem Attentat zum Opfer fiel. Ein öffentliches Leben und der heimtückische Tod, das liegt hier gewöhnlich nah beieinander. In einem Land, dessen Politik nicht nur von divergierenden Interessen der unterschiedlichen Religionsgemeinschaften bestimmt wird, sondern das zugleich Ball in einem Machtspiel zwischen Iran und Syrien auf der einen Seite und Saudi-Arabien und den USA auf der anderen Seite ist, gibt es viele geheime Strippenzieher und Feinde. Das Attentat als Ultima Ratio, um Geisteshaltungen, gesellschaftlichen Wandel und Macht – egal in welcher Richtung und Beziehung – aufzuhalten. Das ist hier im Libanon immer wieder politische Realität. Zuletzt 2005, als der damalige Premierminister Rafiq *Hariri* bei einem Sprengstoffattentat in Beirut ums Leben kam.

Uwe versucht, von dem beflissenen Kellner noch mehr Namen zu erfahren. Aber obwohl er sehr stolz auf die exponierte Stellung seines Lokals in Sachen abgehaltener politischer Treffen ist, kennt er die anderen Personen auf den Bildern nicht. Auf einem Foto ist ein westlich aussehender Mann von vielen levantinisch aussehenden umringt, der Bobby Kennedy sein könnte. Verifizieren können wir das jedoch nicht. Wir versichern dem Kellner, dass der Fisch ausgezeichnet schmeckt und beschließen den Abend mit einem Glas libanesischen Weißweines, während wir uns vorstellen, wie hier in Zigarren- und Zigarettendunst bei Fisch und Wein Nahostpolitik gemacht wurde.

Was sonst? Die Chinesen sind schon da

Am nächsten Morgen erwartet uns nicht nur die Ruhe nach dem Sturm, sondern auch ein sehr gutes traditionelles Frühstück. Nabil lässt uns Schafskäse, *Labneh*, Orangenmarmelade, Oliven, eine Paste aus Walnüssen und Paprika, sauer eingelegtes Gemüse, duftendes Fladenbrot, frisch gepressten Orangensaft, *Za'atar* und schwarzen Tee servieren. Während wir uns durch die – bestimmt größtenteils hausgemachten – Köstlichkeiten probieren, setzt sich Nabil zu uns und bestellt sich ebenfalls einen Tee.

»Wie hat Euch das Oscar Niemeyer-Areal gestern gefallen?«, eröffnet er das Tischgespräch.

»Ich fand es unerwartet und wunderbar futuristisch«, schwärmt Anna, »wird es denn noch in irgendeiner Art und Weise genutzt? Es ist eigentlich zu schade, um nur für eine Handvoll Touristen in der Woche dort zu stehen.«

»Ja, du hast recht«, antwortet Nabil, »ein architektonisches Meisterwerk und eine Riesenfläche, daraus könnte man viel machen. Aber das Image von Tripoli hat seit dem Bürgerkrieg gelitten. Während El Mina einst ein Hafen, bedeutender als der in Beirut, war und es den Bewohnern Tripolis gut ging, sind wir über den Krieg und nun durch den Konflikt in Syrien zum Armenhaus des Landes geworden. Das sieht jeder, der nicht blind durch die Straßen läuft. Infolgedessen fehlen Ideen und Investoren für das Areal. Es ist zum Beispiel unklar, wie sicher die Betonkonstruktionen, die ja hauptsächlich aus Bögen bestehen, überhaupt noch sind. Das heißt, es bedarf großer Investitionen, um das Gelände verkehrsfähig und wirklich nutzbar zu machen. Die Chinesen hatten angeboten, das Gelände zu kaufen und einen Umschlagplatz für chinesische Produkte im Nahen Osten dort einzurichten. Aber das wurde von der Stadt abgelehnt. Man muss die Bevölkerung bei einem solchen Projekt inmitten der Stadt ja auch mitnehmen. Das ist gar nicht so einfach, denn in den Köpfen der meisten ist das Niemeyer-Gelände mit der Nutzung durch die syrischen Besatzer verbunden. Die Bürger Tripolis möchten nicht wieder etwas abgeschlossenes Fremdes, sondern eine Nutzung, die sie integriert. Soviel ich weiß, läuft zurzeit ein Ideenwettbewerb. Mal sehen, was dabei herauskommt.«

Nabil schaut nachdenklich: »Die Chinesen sind immer vor allen anderen da. Sie planen auch eine Eisenbahnstrecke von Homs nach Tripoli und haben enorm in den Hafen von Tripoli investiert. Der Hafen ist heute zehnmal größer als noch vor zehn Jahren und das Hafenbecken viel tiefer. Das alles ist Teil des chinesischen Projektes »Neue Seidenstraße«. Es ist gut, dass überhaupt jemand investiert. Die mit dem Bürgerkrieg verbundene instabile politische Lage und die fehlende Infrastruktur haben bisher alle Investoren ferngehalten. Wir haben daher sehr wenig Industrie, lediglich ein wenig Keramik und eine Pharmafirma. Allerdings ist es ja auch mehr als verständlich, dass sich keiner traut – ohne gesicherte Stromversorgung und Infrastruktur zum Transport von Gütern. Auf welcher Grundlage sollte man da eine Investitionsentscheidung treffen? Die Politik müsste erstmal die Voraussetzungen schaffen, aber unsere Politiker sind korrupt und denken immer Klein-Klein. Es fehlen die großen Visionen für die nächsten Jahrzehnte und Geld.«

»Hat der Libanon nicht auch Öl?« wendet Uwe ein.

»Ja doch, in der Tat, 2018 sind auch einige Förderabkommen für Öl und Gas abgeschlossen worden. Wir erhoffen uns dadurch mehr Wirtschaftswachstum. Problematisch bleiben die Gebiete, die gleichzeitig von Israel beansprucht werden. Dennoch, vielleicht beschert das Öl uns das Geld, um endlich notwendige Investitionen zu tätigen.«

»Welche wären das denn?«

»Zum Beispiel der Flughafen. Beinahe jeder, der in den Libanon kommt, erreicht das Land über den einzigen Flughafen in Beirut. Ursprünglich war er für zwei Millionen Passagiere im Jahr gebaut. Momentan kommen aber bereits sieben Millionen dort an. Er müsste dringend ausgebaut werden. Darüber hinaus fehlt natürlich ein Schienennetz, damit man von Beirut bequem in alle Teile des Landes gelangen kann.«

»Das würde bestimmt auch viele Arbeitsplätze schaffen«, bemerkt Anna.

»Natürlich«, sagt Nabil trocken, »aber wahrscheinlich nicht die, die alle haben wollen.«

»Was meinst Du damit? Welche Jobs erachten denn junge Libanesen als erstrebenswert?«

»Wisst Ihr, sie wollen bei Versicherungen, im Handel und bei Banken arbeiten. Der Witz ist: Alle streben den gleichen nine-to-five Office-Job an, bewerben sich um den gleichen Parkplatz, kämpfen um das gleiche Apartment. Da verstehe ich die jungen Leute nicht. Ich würde versuchen, eine Nische zu finden, einen kleinen Markt zu bedienen, regionale Produkte oder neue Ideen zu vermarkten. Das müsste nicht in Beirut sein. Woanders im Land lässt es sich auch hervorragend leben. Es muss ja nicht jeder gleich so erfolgreich sein wie der Swatch- und Smart-Gründer Nicolas Hayek.«

Nabil jedenfalls ruht bei all den brisanten politischen Themen zufrieden in sich und sieht so aus, als könnte es für ihn keinen schöneren Ort als sein neues altes osmanisches Stadthaus in Tripoli geben. Einen Ort, den er zwar gerne für Reisen ins ferne Indien verlässt, den er aber mit Liebe und Stolz zu seinem Broterwerb geformt hat. Es ist höchste Zeit, die angeregte Unterhaltung und unser Frühstück zu beenden und unsere Sachen zu holen.

Der Kessel ist schon lange kalt

Als wir mit unseren Rucksäcken aus dem Gästezimmer herunterkommen, sitzen unser Fahrer für den heutigen Tag und Nabil am großen Tisch, trinken Kaffee und unterhalten sich angeregt. Sofort springt der Mann, den wir auf Mitte fünfzig schätzen, auf, reicht Uwe die Hand und stellt sich als Mohammad vor. Er trägt ein faltenfrei gebügeltes weißes Hemd und Jeans. Vom ersten Augenblick an ist er überwältigend freundlich und möchte unsere Reise so angenehm wie möglich gestalten. Da wir als erstes vorhaben, das Gelände des großen alten Bahnhofs von Tripoli zu besuchen, lässt er sich schnell noch erklären, wie man dorthin gelangt. Wir verabschieden uns von Nabil für den Tag und steigen ins Auto. Wir fahren, um uns auf Spurensuche zu begeben, durch die engen Gassen von El Mina und dann an der Küste entlang. Bereits nach wenigen Minuten lenkt Mohammad das Gespräch stolz auf die Mitglieder seiner Familie. Er zeigt uns Bilder seiner Kinder, die unterschiedlicher nicht sein könnten: eine Tochter ist verheiratet und verschleiert, die andere studiert Wirtschaft in Beirut und trägt wallendes langes Haar, kurzen Rock und Schuhe mit hohen Absätzen. Sein Sohn studiert Medizin in der Ukraine, da die Studiengebühren mit ca. 100.000 US-Dollar im Libanon zu hoch sind. Mohammad arbeitet rund um die Uhr als Fahrer, um seinen Kindern den sozialen Aufstieg zu ermöglichen. Ihr Wohlergehen und Erfolg sind seine Belohnung. Dann hält er an einer großen Straße, die ein verwildertes Gelände begrenzt. »Hier muss es sein«, bemerkt er und deutet auf rostige Wagons, die sich hinter Feigenbäumen und Wildblumen versteckt halten.

Er wendet halsbrecherisch den Wagen und kommt direkt vor dem eingezäunten Bereich zum Halt. Eine Lücke im Zaun ist schnell gefunden und wir kämpfen uns durch meterhohes Schilf und ein Meer aus blühenden Margeriten. Wir erspähen lange Reihen von ausgedienten Kesselwagen. Frachtwagons bestehen nur noch aus Stahlgerippen und wurden schon längst ihrer Holzplanken beraubt. Die Menschen brauchten in Kriegszeiten allen verfügbaren Brennstoff zum Feuern. Wir stehen vor den traurigen Relikten des ehemaligen Bahnhofs von Tripoli. Stille empfängt uns, obwohl wir nur ein paar Schritte von der Hauptstraße entfernt sind. Der Blick fällt zuerst auf zwei runde Türme, auf denen jeweils ein Tank sitzt. Beide haben einst die schweren Dampflokomotiven mit Wasser versorgen müssen. Jetzt wirken sie wie aus Raum und Zeit gefallen. Ein großes Graffiti ziert ein kleineres Gebäude und erinnert an die Tage, als der Orient-Express noch Tripoli ansteuerte. Zwei Schienenstränge führen durch große Torbögen in einen verfallenen Lokschuppen, dessen Wände noch die Spuren von Kampfhandlungen aus den Tagen des Bürgerkrieges tragen. Die syrische Armee hat damals den Bahnhof in Besitz genommen. Ein auf einer inzwischen wacklig gewordenen Stahlkonstruktion liegendes löchriges Wellblechdach und die der Glasscheiben beraubten Fenster setzen die alten Fahrzeuge Wind und Regen aus. Wir blicken direkt auf eine verrostete deutsche Dampflokomotive, die einst zu den meistgebauten ihrer Art und Zeit gehörte. Im einsehbaren Kesselraum der Lokomotive hat sich ein Kräutergarten angesiedelt. Durch die zerstörten Seitenfenster wachsen Bäume, deren Äste nach dem verrosteten Metall greifen. An zwei weiteren Dampfrössern kann man sogar noch die originale Lackierung an Führerhaus und Tenderwagen erkennen. Die Lokomotiven scheinen sich gegen den sukzessiven Raubbau mit allen Kräften gewehrt zu haben, denn Schornsteine, Rohrleitungen und Radteile wollten nicht den Besitzer wechseln und warten jetzt auf bessere Zeiten.

Im Jahr 1911 war es endlich soweit. Der Bahnhof feierte mit der Einfahrt einer Lokomotive seine Premiere. Auf der einspurigen Strecke kamen fortan Züge aus dem syrischen Homs in Tripoli an. Damit war der Anschluss an das Schienennetz des osmanischen Reiches hergestellt. Als damals das Pfeifen, Schnaufen und der schwarze Ruß der Lokomotiven zum ersten Mal über die Dächer von El Mina zogen, muss es sich für die Menschen wie der Beginn einer neuen Zeitrechnung angefühlt haben. Alle, wo auch immer sie auf der Welt wohnten, versprachen sich von der Ankunft der ersten Eisenbahn neue Perspektiven. Den Wagons entstiegen Menschen, die hier Geschäfte machen wollten. Vielleicht war auch jemand dabei, der sich für die in Tripoli hergestellten Waren interessierte: duftende Seifen und Kosmetikartikel wie Schwämme, kostbare Stoffe aus Seide oder feine Keramik. Wen es in diese Stadt zog, der brauchte auch ein Nachtquartier und wollte verköstigt werden. Die Bahn brachte aber nicht nur Güter nach Tripoli, sondern zeigte den Händlern der Stadt auch den Weg Richtung Norden. Eine Fahrt ins entfernte Aleppo dauerte von nun an nicht einmal mehr zehn Stunden. Es bedurfte allerdings noch weiterer 30 Jahre und der strategischen Interessen Großbritanniens, bevor die Strecke nach Beirut verlängert wurde. Mit der 90 Kilometer langen Strecke und ihrer Erweiterung bis nach Haifa sollte die Schienenverbindung zwischen der Türkei und Ägypten endlich geschlossen werden. Das britische Militär, das sowohl in Palästina als auch im heutigen Libanon über eine starke Machtbasis verfügte, hat mit dem Bau der Küstenbahn ein starkes Gegengewicht zum französisch kontrollierten Syrien geschaffen. Nach nur einem Jahr Bauzeit war es 1942 soweit. Zahlreiche Brücken und die größte Herausforderung, der Chekka-Tunnel, waren durch australische Pioniere und südafrikanische Minenarbeiter errichtet. Der Bahnhof im Beiruter Stadtteil *Mar Mikhael* war schon Ausgangspunkt für die erste Bahnlinie im Libanon überhaupt gewesen. Sie war bereits 1895 als Schmalspurverbindung nach Damaskus über das Libanongebirge in Betrieb gegangen.

Heute verlassen keine Passagiere mehr Beirut über den historischen Bahnhof in *Mar Mikhael*. An gleicher Stelle hat das quirlige Nachtleben der Hauptstadt Einzug gehalten. Historische Lokomotiven bilden jetzt das schaurige Bühnenbild für Partygänger und Nachteulen. Hier wird gespeist und sich unterhalten. Die Szene hat eine Location mehr. Der ehemalige Bahnhof präsentiert sich in neuem Gewand für hippe Events, wie das Beiruter Restaurant-Festival, und steht sinnbildlich für die derzeitige Situation des ungleichen Brüderpaares. Hier Beirut, mit seinen Zukunftsperspektiven und aufpoliertem Glanz, dort Tripoli, der schmuddelige Kramladen mit den versteckten Schätzen.

Die langen Bürgerkriegsjahre, der Autobahnbau und illegale private Bebauungen in der Nachkriegszeit machten der Strecke Beirut-Tripoli schließlich den Garaus, so dass 1997 der Zugverkehr eingestellt werden musste. Pläne zur Machbarkeit einer Wiederaufnahme des Bahnbetriebes hat es immer wieder von verschiedenen Seiten gegeben – eine libanesische NGO mit der Idee einer Kurzstrecke, ein von der EU gefördertes Projekt oder eine unverbindliche Beratung durch die türkische Administration – doch bisher ist nichts Konkretes dabei herausgekommen. Nur eine Macht scheint den Mut, den Willen und die Mittel zur Umsetzung eines solchen Planes zu haben: China. So gab es bereits Gespräche auf höchster Regierungsebene zwischen Premierminister Saad *Hariri* und dem chinesischen Botschafter im Libanon. Doch Philanthropen sind die chinesischen Geldgeber sicher nicht, denn die Investition soll sich lohnen. Neben dem Transport von Gütern ist auch die Entwicklung des öffentlichen Nahverkehrs geplant, der bei dem aktuellen Tempo der wirtschaftlichen Entwicklung des Libanon unstreitig dringend der Modernisierung bedarf; kleinere Rückschläge eingepreist. Wer auch immer Architekt und Baumeister dieser Bahnlinie zwischen beiden Städten sein wird, bleibt abzuwarten, aber eins ist sicher: die Eisenbahn gehört zum Libanon. Bei diesen Überlegungen fällt uns wieder eine Szene vom Beiruter Flughafen ein. Die Schlange vor der Passkontrolle wurde lang und länger, so dass sehr viel Zeit für Unterhaltungen mit Menschen vor, hinter und neben uns blieb. Über das Warten kamen wir ins Gespräch mit einer fünfköpfigen Familie aus Frankfurt, die nach zehnjähriger Pause die Familie der Mutter in Tripoli besuchen wollte. Selbst für die älteste Tochter Jouna, die in Frankfurt die Schlossgartenschule besucht, ist es, wie wir erfahren, der erste Kontakt mit dem Herkunftsland ihrer Mutter. Sie möchte von ihrem Vater erfahren, ob es vom Flughafen mit dem Zug nach Tripoli weitergeht. Eine legitime Frage für ein in Deutschland aufgewachsenes Kind. Doch sie muss vernehmen, dass im ganzen Land kein einziger Zug verkehrt. Kann es so etwas geben? Ihr Gesicht verrät absolutes Erstaunen und große Enttäuschung. Ähnliche Gefühle beschleichen uns in diesem Moment auch beim Rundgang auf dem einstigen Bahnhofsgelände in Tripoli. Als wir schon dabei sind, unseren Rückweg zum wartenden Auto anzutreten, begegnen uns drei Teenager. Sie sind in ihrer Markenkleidung nicht von gleichaltrigen Jugendlichen in Europa zu unterscheiden. Die Jungs sind offensichtlich überrascht, uns in ihrem Revier anzutreffen, denn sie scharren nervös mit ihren Füßen im Schotter. Wir würden gerne von ihnen erfahren, wie sie über diesen Ort denken, den sie aufgrund ihres Alters nie anders wahrgenommen haben als er sich jetzt darstellt: kein Bahnhof, sondern ein großer Abenteuerspielplatz.

Auf der Mauer auf der Lauer

Nur 400 Meter entfernt steht, von Gleisen umschlossen, einer der besterhaltenen mittelalterlichen Wehrtürme von Tripoli, ja wohl des gesamten Nahen Ostens. Der Turm ist kein Turm im eigentlichen Sinne, sondern eine Art Würfel und fällt aufgrund seiner bemerkenswerten Form inmitten der Reste alter Wirtschaftsgebäude des ehemaligen Bahnhofgeländes auf. Die Steine der Außenmauern sind poliert und schließen quer gelegte graue Granitsäulen auf der gesamten Höhe ein. Die Verwendung antiker Säulen zur Verstärkung von Befestigungsanlagen jener Zeit ist auch andernorts im Libanon anzutreffen. Vormals war das Gebäude Teil einer Kette von Wehrtürmen, die sich vom nördlichsten Punkt in El Mina bis zur Mündung des *Abou Ali* erstreckten. Die Gelehrten streiten sich darüber, ob es nun sechs oder sieben Türme gewesen sind. Erhalten geblieben ist nur dieser eine. Wir stehen vor dem Eingang, zu dem eine kleine Treppe hinaufführt. Die gewölbte Pforte wird nach mamelukischer Bauart durch im Wechsel gesetzte weiße und schwarze Steine gekrönt. Ein schwerer Sturz über dem Tor sollte wahrscheinlich vor den Folgen eines Erdbebens schützen. Über dem Rundbogen ist ein derzeit zugehängter Schild platziert, auf dem ehemals zwei Löwen zu sehen waren, wie der Gelehrte und Reisende Johann Ludwig Burckhardt bei seinem Besuch von Tripoli vor mehr als 200 Jahren berichtete. Er entdeckte in den Gassen der Stadt ein altes Siegel des Grafen Raimund von Toulouse, der den Löwen in seinem Wappen trug. Demnach fiele der Bau des Turms ins 12. Jahrhundert. Andere sind der Auffassung, dass der Sultan von Ägypten und Syrien, Baibars I., der Auftraggeber dieses Bauwerkes gewesen sein muss. Auf seinen grausamen Vernichtungsfeldzügen gegen die christlichen Barone der Levante in den 60er und 70er Jahren des 13. Jahrhunderts trug er den doppelten Löwen auf seinen Fahnen. Er hatte entscheidenden Anteil am bald folgenden Untergang der Kreuzfahrerstaaten. Wir betreten den Wehrturm, der einen großen, gewölbten Raum beherbergt. Eine kleine Moschee lädt die Gläubigen zum Verweilen und Beten ein und ist möglicherweise der Grund, warum sich das Gebäude in einem gut erhaltenen Zustand präsentiert. Das Gras um den Turm steht kniehoch, aber Abfall liegt nirgends herum. Ein älterer Herr mit grauem schütterem Haar sammelt Papierreste und zerdrückte Plastikbecher mit Greifzange in einem Blecheimer. Er scheint seine Tätigkeit sehr ernst zu nehmen, was ob des wild umherliegenden Mülls kurz hinter dem umzäunten Bahnhofsareal wie die Arbeit des Sisyphos anmutet. Zeit zu gehen. Wir verlassen das Bahnhofsgelände und setzen unsere Fahrt zum Zentrum fort.

Der Dolch im Rücken

Unser Fahrer ist sichtlich beansprucht durch den Verkehr dieser Stadt, aber er möchte es sich nicht anmerken lassen. Immer wieder lächelt er uns aufmunternd zu und versucht, einen vermeintlich besseren, weil schnelleren Weg hinauf zur Zitadelle, unserem ersten Besichtigungsziel, zu finden. Statt sich in die Schlange der Hauptstraße einzureihen, fährt er eine Umgehung, die unten am Fluss *Abou Ali* entlangführt. Die Viertel an den Ufern rechts und links des Flusses sind offensichtlich sehr arm. Die Läden bieten hauptsächlich gebrauchte Bekleidung und Schuhe an, die höchstwahrscheinlich schon einmal einen Altkleidercontainer gesehen haben. Dazwischen befinden sich einfache Gewerke, wie eine Tischlerei und eine kleine Autowerkstatt, vor der mehrere schrottreife Autos auf ihre Wiederbelebung warten. Hier sieht es nach täglichem Ringen um ein dürftiges Auskommen aus.

Schließlich erreichen wir die Zitadelle. Sie ist strategisch so günstig gelegen, dass hier auch heute noch das Militär präsent ist. Die Soldaten, die vor der Festungsanlage stehen, blicken freundlich, aber wachsam. Mohammad parkt direkt neben einem Panzer und entlässt uns zur Besichtigung. Wir werden zunächst von dem Versprechen einer Aussichtsplattform angezogen und erklimmen Stufe für Stufe zum höchsten Punkt. Ein Soldat wässert den kleinen Kräutergarten in einem hinteren Teil der Burg, der als Stützpunkt für die Armee genutzt wird, während andere Soldaten rauchen und ihr Mittagessen einnehmen, aufs Handy schauen oder vor sich hin träumen wie schüchterne Schuljungen in der Pause. Es ist nicht einfach, den Weg in der weitläufigen Anlage nach oben zu finden. Torbögen müssen durchschritten, Treppen bestiegen und blind endende Räume wieder verlassen werden. Wer konnte ahnen, dass uns ein solches Labyrinth erwarten würde. Wir kommen langsam ins Schwitzen.

»Ich muss unweigerlich an die ungezählten Besichtigungen von Burgen und Schlössern mit meinen Eltern in der Kindheit denken«, stößt Uwe schnaufend hervor.

»Ungezählt?«

»Wenn Du wüsstest, Sachsen ist das Burgenland schlechthin. Fast kein Wochenende verging ohne den Besuch einer Burg. Dazu kamen die Besichtigungen während unserer Kurzurlaube in Thüringen.«

»Gibt's eine Burg, an die Du dich ganz besonders erinnerst?«

»Die eine gibt's nicht. Es sind mehr die kleinen Details, die die Erlebnisse mit meinen Eltern wachhalten. Die langatmigen historischen Ausführungen meines Vaters habe ich immer stoisch ertragen. An die ausgedehnten Wanderungen auf die Burghügel im Herbstlaub erinner' ich mich gern, auch an die geräuschlose Führung durch Schloss Heidecksburg in Filzpantoffeln oder die abenteuerliche Besteigung des Bergfriedes von Lobenstein, zu dem uns der abgeschliffene Garagenschlüssel meines Vaters als eine Art Dietrich Zugang verschaffte.«

Wir müssen loskichern. Über das Gespräch haben wir inzwischen die Aussichtsterrasse erreicht.

Von oben bietet sich ein unvergleichlicher Blick über Tripoli. Vom schneebedeckten Mount Liban im Osten bis zur Küste im Westen. Ein Meer von Quadern aus Beton und Stein in allen Farben des Sandes. Dazwischen ein paar Kuppeln und die dazugehörigen Minarette. Ganz vereinzelt ein paar alte Häuser, die sich mit ihren roten Zeltdächern wie Miniaturen dazwischen ausnehmen. Direkt vor uns liegt ein Haus, dessen letzte Etage nur ein Gerüst aus Eckpfeilern mit Querstreben ist. Statt Wänden und Wohnraum beherbergt die Skelettetage ein Dutzend Satellitenschüsseln für die darunter liegenden Wohnquartiere. Unweigerlich folgen unsere Augen dem Verlauf des Flusses *Abou Ali*, der sich bräunlich mitten durch die Stadt schlängelt. Er ist durch die Frühjahrsfluten aufgewühlt und führt viel Sediment mit sich. Auf der anderen Seite des *Abou Ali* können wir das Viertel *Dschabal Mohsen* ausmachen. Dort ist Klein-Syrien in Tripoli. Es ist die Enklave der Alawiten, jener schiitischen Religionsgemeinschaft, zu der auch der syrische Machthaber Assad gehört. Das Viertel stand wie die ganze Stadt unter dem Einfluss des Krieges, der im Nachbarland noch immer tobt. Kaum etwas hat die Menschen und die Bausubstanz in Tripoli so gebrandmarkt wie die Gefechte, die – befeuert durch den Konflikt in Syrien – 2012 ausbrachen. Alawitische Milizionäre aus *Dschabal Mohsen* lieferten sich heftige Kämpfe mit sunnitischen Kämpfern aus dem Stadtteil *Bab al-Tabbaneh*, den man am Fuß der Anhöhe sehen kann. Damals wie heute herrschte unter den Sunniten Hass auf das syrische Regime, das Tripoli zur Zeit der Besatzung brutal unter Kontrolle hielt. Seit 1975 stand der Libanon unter syrischer Besatzung, die erst 2005 nach den auf das Attentat an Ministerpräsident *Hariri* folgenden Demonstrationen der bürgerlichen Gruppen im Rahmen der sogenannten Zedernrevolution endete.

Hinter *Dschabal Mohsen*, etwas weiter im Norden befindet sich das Palästinenserlager *Baddawi* und noch weiter nördlich *Nachr el-Bared*. Beide Lager wirken heute mit jeweils ca. 30.000 Bewohnern wie selbstständige Kleinstädte. *Nachr el-Bared – Baddawi* – Tripoli, das war 1983 die Route der Vertreibung Yassir Arafats und seiner Gefolgsleute. Der damals 54jährige Vorsitzende der PLO hatte jahrelang der desolaten Situation seines Volkes, trotz aller Tief- und Rückschläge, die Stirn geboten – einschließlich zweifelhafter Entscheidungen – aber immer mit einer nicht unterzukriegenden Zuversicht. Noch kurz vor seiner Vertreibung aus dem Libanon hatte er gesagt: »Warum verzweifeln? Nach jeder Nacht kommt die Morgendämmerung. Der Nahe Osten ist ein Treibsandgebiet. Man weiß nie, wo nach dem Stillstand plötzlich neue ruckartige Bewegung entsteht. Aber sie kommt, dessen bin ich ganz sicher.« Im Libanon konnte er jedoch nicht bleiben und auf neue Entwicklungen warten. Arafat und mehrere tausend seiner Kämpfer mussten das Camp Nachr-el-Bared räumen. Sie verschanzten sich daraufhin im *Baddawi*-Lager, aus dem sie kurz darauf unter nicht nachlassendem Bomben- und Granathagel den letztmöglichen Rückzug in die Sackgassen des Stadtdschungels von Tripoli antraten, wo sie aufgegriffen und auf griechischen Schiffen außer Landes gebracht wurden.

Der Pilgerberg

Wir genießen noch immer das ausgebreitete Panorama zu unseren Füßen. Vom Meer lassen wir unseren Blick hinüber zur Altstadt von Tripoli schweifen. Sie ist im Halbkreis um die Zitadelle angelegt. Noch Mitte des 16. Jahrhunderts wurde zwischen der alten Stadt am Meer, El Mina, und der neuen Stadt der Türken, die ungefähr eine Stunde Fußmarsch landeinwärts liegt, unterschieden. Das alte Tripoli am Hafen und die neu entstandene Siedlung unterhalb des Kastells trennte weiterhin eine breite Ebene. Leonhard Rauwolf, ein deutscher Arzt, Naturforscher und Entdeckungsreisender, der in der Umgebung der Stadt nach unbekannten Pflanzen und Kräutern suchte, berichtete darüber, wie er bei der Durchquerung dieses flachen Sumpflandes von Schakalen angegriffen wurde. Im Jahr 1700 sprach auch der französische Kaufmann, Forschungsreisende und Altertumskundler Paul Lucas auf seiner Reise durch die Levante von einer unteren bzw. oberen Stadt. Die untere trat immer mehr in den Hintergrund, da der Seehandel über Tripoli nach Übernahme der Stadt durch die Osmanen zunehmend an Bedeutung verlor, während die obere Neustadt zu einem Handelsplatz und religiösen Zentrum wurde. Während der folgenden Jahrhunderte vollendete sich diese Entwicklung und der ursprüngliche neue Marktflecken der Kreuzritter wurde zur heute bekannten Altstadt. Katalysator für diese historische Entwicklung war die Errichtung der Zitadelle auf dem *Mons Peregrinus*. Der Name des Hügels verweist auf diejenigen, die die Burg errichtet hatten: die »Pilger«. Die Muslime nannten sie *Qalat Sandschil*, eine Verballhornung von »Saint-Gilles«. Der Graf von Toulouse, Raimund IV. von Saint-Gilles, beabsichtigte nach dem ersten Kreuzzug, der 1095 mit den Worten »Deus lo volt!« – »Gott will es!« durch Urban II. auf der Synode von Clermont seinen Anfang genommen hatte, eine eigene Grafschaft als Gegenpol zum bereits nördlich des heutigen Libanon bestehenden Kreuzfahrerstaat von Antiochien zu errichten. Zentrum der geplanten Grafschaft sollte Tripoli werden, das um 1100 noch im Besitz eines muslimischen Emirs war. Wiederholte Belagerungen brachten nicht das erhoffte Ergebnis, denn zu stark wurde die Stadt, das heutige El Mina, noch verteidigt. Der Bau der Burg, der in den letzten Monaten des Jahres 1103 begonnen wurde und bereits im Frühjahr des Folgejahres durch die Hilfe der Byzantiner beendet werden konnte, sollte den Eroberungsbemühungen Raimunds Nachdruck verleihen. Es dauerte noch bis zum 12. Juli 1109, bis Tripoli in die Hände der Franken fiel. Der Graf selbst sollte die Übergabe der Stadt nicht mehr erleben, denn er war bei einem der zahlreichen Sturmläufe verletzt worden, worauf er kurze Zeit später verstarb. Sein Sohn Bertrand übernahm das Erbe und brachte die väterliche Idee zur Vollendung. Ein neuer Staat war geboren, der 180 Jahre lang Bestand haben sollte: die Grafschaft Tripoli.

Beim Abstieg bewundern wir den guten Zustand der Burg. Sie wurde nach dem Untergang des christlichen Kreuzfahrerstaates mit dem Fall von Tripoli im Jahre 1289 durch die Angriffsbemühungen des mamelukischen Heeres unter Führung von Qalawun, dem Nachfolger Baibars I., stark beschädigt. Mit dem Befehl des Sultans, die kleine Siedlung der Franken unterhalb der Zitadelle zur Stadt auszubauen, wurden die Zerstörungen in den darauf folgenden Jahren schnell wieder beseitigt. Unter osmanischer Herrschaft zur Zeit Suleimans I., genannt der Prächtige, wurden weitere Befestigungs- und Ausbauarbeiten an der Burg vorgenommen. Diese trugen der wachsenden Bedeutung Tripolis als Residenzstadt eines Statthalters im türkischen Reich Rechnung. Eine Inschrift auf weißem Marmor oberhalb des Burgeingangs kündet von den Taten Suleimans. Zufällig entdeckt Anna, dass in eine der Treppenstufen drei Lilien eingraviert sind – wohl ein Relikt der fränkischen Tage in Tripoli. Ein kleines Museum lädt dazu ein, die verschiedenen Epochen anhand von Schautafeln, nachzuvollziehen. Uwe bleibt als »alter« Numismatiker an der umfangreichen und gut sortierten Münzsammlung des Museums hängen und entdeckt, dass in Tripoli zur Zeit der christlichen Grafschaft Golddinare geprägt wurden. Sie haben islamische und byzantinische Gestaltungselemente, während die Umschriften arabische Schriftzeichen tragen. Faszinierend. Während Uwe sich umsieht und feixend durch den Gesichtsausschnitt eines aufgestellten Pappritters blickt, versucht Anna Johann in der Babytrage zu stillen. Sofort wird sie von einer der Museumswärterinnen angesprochen. »Möchtest du dein Kind füttern?«, fragt eine Frau mit Hijab, die wir auf Mitte dreißig schätzen. Sie nimmt Anna fürsorglich am Arm hinter einen Empfangstresen, stellt ihr einen Stuhl an einen sichtgeschützten Platz und setzt sich selbst gegenüber. Eine zweite junge Frau mit Kopfbedeckung kommt hinzu und so sitzt Anna plötzlich in vertraulicher Frauenrunde beim Stillen und wird in bruchstückhaftem Englisch in ein Gespräch über das Füttern, Wickeln und Kinderkrankheiten vertieft. Müttersolidarität im Libanon.

Ali rennt

Beim Verlassen des Museums nähert sich uns ein älterer Herr, der in weißen Hosen und gelbem T-Shirt steckt, schlechte Zähne hat und eine große Plastiktüte in der Hand hält. Das T-Shirt spannt über einem kugeligen Bauch, darüber trägt er ein geöffnetes weißes Hemd. Seinen Kopf ziert eine rot-weiß karierte Schiebermütze. Er hat etwas Clowneskes und sieht mit seinen lustigen Augen und seinem Lächeln ein bisschen wie ein arabischer Dieter Hallervorden aus. Er stellt sich als Ali vor und möchte uns durch sein Viertel führen. Misstrauen beschleicht uns, ob wir seinem Angebot folgen sollen. Eigentlich kann man sich im Libanon bewegen, ohne dass man je aufdringliche Angebote erhält; weder von Händlern noch von vermeintlichen Touristenführern. Alle Gespräche, die entstehen, beruhen auf Gegenseitigkeit, Respekt und echtem Interesse und sind Ausdruck einer innigen Gastlichkeit der Menschen. Die Soldaten, die im Inneren der Zitadelle wachen, grüßen Ali wie einen alten Freund und auch die Damen im Museum halten einen kurzen Plausch mit ihm. Vielleicht ist er einfach ein extrovertierter bunter Vogel? Wir beschließen, dass wir – egal, wer genau Ali ist – Tripoli besser mit, als ohne ihn kennenlernen möchten und vertrauen uns seiner Führung an. Bevor Ali zwanzig Jahre lang in den Niederlanden gelebt hat, ist er hier in Tripoli aufgewachsen.

»Die Zitadelle war mein Spielplatz als kleiner und größerer Junge, denn mein Elternhaus stand da vorne«, er zeigt auf eine Gasse knapp unterhalb der Festung, »300 Meter von der Burg entfernt. Ich kenne jeden Winkel.« Das beweist uns Ali in der nächsten halben Stunde, in der er uns – obwohl wir schon einen Rundgang hinter uns haben – in ganz andere Winkel der wirklich großen und gut erhaltenen Festung führt. Ob Stallungen, Kapelle oder Friedhof, Ali hat zu jedem Stein der mächtigen Anlage eine kleine Geschichte parat und verblüfft uns ein ums andere Mal mit seinem profunden Wissen. Dann führt er uns durch die Gebäudereste nahe der über dem Flusstal aufragenden Ostmauer. Unser wandelndes Geschichtsbuch Ali bleibt vor einer in die Tiefe führenden Wendeltreppe stehen und fordert uns auf, mit ihm die 60 Stufen hinabzusteigen. Er lächelt dabei spitzbübisch und es sieht so aus, als müssten wir jetzt eine Mutprobe bestehen. Wir stellen uns ritterlich der Aufgabe und beginnen den Abstieg ins Dunkel des Ganges. Im Gehen erzählt uns Ali, dass die letzte fränkische Besatzung der Burg diesen Weg genommen haben dürfte, um vor den mamelukischen Angreifern zu flüchten. Es wurde kein Versuch unternommen, die eigentlich gut befestigte Zitadelle zu halten, da sie weit ab von den Rückzugsmöglichkeiten des Hafens in Tripoli lag. Die Verwunderung muss unter den Heerscharen Sultan Qalawuns gewiss groß gewesen sein, weder Mann noch Maus innerhalb der Gemäuer vorzufinden. Der unterirdische Gang soll in der Nähe des Löwenturms in El Mina wieder an die Oberfläche treten, ist jedoch heute auf weiten Strecken verschüttet. Wir sind inzwischen bei der 27. Stufe angelangt und haben vom Abenteuer genug. Da niemand hinter uns her ist, kehren wir um und nehmen laut keuchend den Rückweg.

»Jetzt gehen wir in das Herzstück von Tripoli«, verkündet Ali dann. Wir laufen die steile Straße, vorbei an dem Panzer neben unserem Wagen, hinab und machen unseren Fahrer mit der neuen Bekanntschaft und dem Plan vertraut, noch gemeinsam mit Ali die Umgebung der *Souks* und des historischen Viertels zu erkunden. Er verspricht, auf uns zu warten. Sicher. Mit fliegenden Schritten eilt Ali den Burgberg hinunter. Jetzt scheint er richtig in seinem Element. Bevor wir in die *Souks* gehen, möchte er mit uns noch in eine kleine Moschee gegenüber der *Alkhayyateen*-Karawanserei. Die Moschee ist eigentlich für Betende und Besucher gerade geschlossen, aber Ali kennt den Vorsteher und wird mit uns vorgelassen. Ob Bakshish den Besitzer wechselt? Jetzt enthüllt sich, was unser Guide die ganze Zeit in der Plastiktüte bei sich trägt. Darin liegen kuttenartige Gewänder mit spitzen Kapuzen, von denen er eines Anna zur Verschleierung aushändigt. Sie sieht aus wie eine Mischung aus Ku-Klux-Klan-Mitglied und Nonne. Uwe lacht. Ali lacht mit, »eine Freundin vom Theater schenkt mir immer kistenweise ausrangierte Sachen; wenn es Dir gefällt, darfst Du es gerne behalten, ich habe den ganzen Schrank davon voll.« Wir ziehen unsere Schuhe aus und betreten die *Al-Bourtasi*-Moschee. Sie ist nicht groß, aber ein wahres Kleinod mamelukischer Architektur. Wir stehen vor einem vortrefflich erhaltenen original byzantinischen Mosaik. Direkt daneben hängt eine große digitale Anzeigetafel, die für die Gläubigen in rot leuchtenden Ziffern die exakten Gebetszeiten des heutigen Tages anzeigt.

Ali ist schon wieder auf dem Weg nach draußen und langsam dämmert uns, dass Ali eine ganz persönliche Mission hat: Er liebt die Stadt seiner Kindheit und möchte diese Liebe teilen und uns in Lichtgeschwindigkeit für die versteckten architektonischen und historischen Schätze begeistern. Dabei schwingt in seinen Erklärungen auch eine große Portion Wehmut mit. Er wird nicht müde, die Diskrepanz zwischen dem alten Tripoli seiner Kindheit und dem gegenwärtigen zu betonen.

»Jeder Fleck ist zugebaut und ich ärgere mich über den Müll überall. Früher war hier alles penibel sauber. Jeder in der Nachbarschaft kannte die anderen und alle pflegten ihr Viertel gemeinsam. Heute ziehen Flüchtlinge, Gypsies und Arbeitslose hier durch und keiner fühlt sich verantwortlich. Sie hinterlassen die Straßen so, weil sie morgen schon wieder woanders sind. Tripoli ist die Mutter der Armen geworden.« Seine Augen blicken traurig, aber nicht resigniert. Es ist der Blick eines Menschen, dessen Hoffnung auf bessere Zeiten unerschütterlich ist. Neben Alis Geburtshaus, so wie vielerorts, sind Häuser eingestürzt. Häuserleichen, die aus den Bürgerkriegen, vor allem dem innerislamischen Konflikt zwischen Sunniten und libanesischen Alawiten herrühren. Trotzdem lassen Alis Erzählungen und seine sehnsuchtsvoll in die Vergangenheit blickenden Augen für uns die Schönheit und Einzigartigkeit dieser Stadt während unseres Rundgangs immer wieder auferstehen. Sie trotzen dem aktuellen Bild von Tripoli indem sie die einst wohlhabende und kosmopolitische Handelsstadt, die früher Provinzhauptstadt islamischer Großreiche war, heraufbeschwören; deren jüngere Geschichte alle vor Augen haben, weil sie weit weniger glorreich ist: Bürgerkrieg, syrische Besatzung, ein tristes Dasein im Schatten der Hauptstadt Beirut. Tripoli scheint in der öffentlichen Meinung trotz allen Potentials zum Niedergang verdammt zu sein. Sein Fluch, so schrieb es eine große deutsche Zeitung einmal, sei eine Mischung aus Wirtschaftsmisere und sozialer Not, Vernachlässigung, vergifteter Politik und einer unbestimmten Identität. Gegen dieses Urteil redet und rennt Ali an.

Wir bahnen uns weiter den Weg durch die *Souks*. Das heißt, Ali läuft in ungebrochenem Tempo voraus und wir hasten hinterher und sind jedes Mal dankbar, wenn er uns für eine Erklärung aufschließen lässt.

»Schaut Euch diese Wege und Rinnen an«, sagt er nun und deutet auf den Boden, »Tripoli ist eine der wenigen arabischen Städte, in denen man noch sehen kann, woher sich das Wort Souk ableitet. Es deutet auf den Ort hin, durch den das Vieh getrieben oder an dem es zusammengetrieben wurde.« Auch hier in Tripoli liegen wie anderenorts die einzelnen Gewerke traditionell beieinander, so gibt es den Souk der Schneider, den der Tischler, der Parfüm-, Gewürz- und Stoffhändler, Seifensieder, Töpfer, Goldschmiede, Obst- und Gemüsehändler. Das Angebot richtet sich an die Mehrheit mit geringem Einkommen.

Handwerk hat(te) goldenen Boden

Nabil hat erwähnt, dass es eine Seifensiederfamilie gebe, die das Handwerk in achter Generation seit 1804 betreibe. Die möchten wir ausfindig machen. Mit Ali ist das kein Problem. »Ah, Ihr meint Charkass«, nickt er wissend und ist auch schon wieder in Bewegung. Wir laufen zielstrebig durch den Bekleidungs-Souk, der hier in allen Farben und Formen BHs neben Hijabs, bodenlange Mäntel neben Nike Sweaters und Sandalen neben Sportschuhen anbietet. Alle Lädchen preisen ein nahezu identisches Sortiment an und wir fragen uns, wer das alles kaufen soll und nach welchen Kriterien man hier seinen Einkaufsort wählt. Bis zu hundert kleine Läden bieten je nach Gewerk ähnliche Waren nebeneinander feil. Mächtige alte Holztüren lassen ahnen, dass hier alles einst gut gesichert werden musste. Hinter den üppig verzierten und stabil gebauten Toren verbergen sich Innenhöfe. Plötzlich biegt Ali in einen dunklen Korridor ein, durch den eine steile Steintreppe in die erste Etage eines solchen Innenhofes führt. »Khan el-Misriyin«, Ali deutet auf den in zweistöckigen Arkaden angelegten Hof, »Hof der Ägypter aus dem 14. Jahrhundert«. Es duftet nach Blumen und Kräutern, und der Boden unter unseren Schuhen fühlt sich wie gewachst an. Bereits auf der Galerie stehen überall aufgestapelte Türme von Rohseifenstücken in verschiedenen Farben und Formen wie Kinderzimmerlandschaften herum. Dazwischen Tiegel, Körbe und Brettchen, Lappen und Seile, Werkzeuge, Plastiktüten und Papier. Fünf Schritte weiter und wir befinden uns auch schon im Hauptraum der Charkass-Manufaktur, der ob des schummrigen Lichts und der tiefen Gewölbe wie eine Höhle mit mehreren Nebenhöhlen anmutet, die über und über mit runden und eckigen Turmkonstruktionen aus Seifenstückchen auf alten Chemikalienkanistern, Tabletts und Körben gefüllt ist. Die Fenster sind mit zerschlissenen Stoffen gegen die Sonne verhängt. Mahmoud Charkass empfängt seine Kunden in grauem Anzug mit Krawatte. Er ist ein unscheinbarer, älterer, zurückhaltender Mann, der hier als letzter Seifensieder des Libanon das Geheimnis der traditionellen Seifenherstellung hütet. Denn obwohl Tripoli über Jahrhunderte hinweg für die Seifensiederei berühmt war, wird das Handwerk nunmehr nur noch von seiner Familie ausgeübt. Zu aufwändig, zu altmodisch und wenig profitabel mutmaßen wir, aber Mahmouds Augen und die seines Sohnes glänzen, wenn sie in Einwortsätzen auf Englisch die Abfolge der Fabrikationsschritte beschreiben. Die Vergangenheit von Tripoli ist ihre persönliche Zukunft, an die beide eisern glauben. Viele Ecken in der wenige Quadratmeter messenden Höhle sehen so aus, als hätte hier hunderte Jahre lang keiner die wie Fett glänzenden Seifenreste vom Boden aufgekehrt. Sie sind eins geworden mit den alten Steinen wie Stalagmiten. Überhaupt verraten nur die Dosen mit synthetischen Farbstoffen und die etikettierten Duftstoffe, dass wir uns hier gerade im 21. Jahrhundert befinden. Ansonsten sind Zutaten, Werkzeuge und Techniken die gleichen wie zu Urzeiten. Für die Herstellung der bekannten charkassischen Seifenkugeln braucht der

Seifensieder sowieso nur seine Hände. Lange rollt er dann gedankenverloren die Kügelchen und sein Gesicht wirkt zufrieden. Er macht den Eindruck, dass er nichts in der Welt lieber machen würde, als das Seifenhandwerk seiner Familie weiterzuführen, was er auch bestätigt. Gegenüber Ali fügt er auf Arabisch hinzu: »Nichts würde mich je von der Seifensiederei ab- und von Tripoli fortbringen. Nicht einmal die einschlagenden Granaten haben das in den Kriegsjahren vermocht.« Nichts zu kaufen beim Abschied käme einer tiefen Beleidigung gleich und so erstehen wir drei Seifenstücke, von denen eines die Form eines Vogels hat. Bestimmt fliegt Mahmoud in Gedanken auch manchmal draußen herum, aber am liebsten ist er hier zwischen seinen Seifen und insgeheim bewundern wir ihn für so viel Zufriedenheit und Einklang mit seiner Hände Arbeit.

Wie in vielen alten arabischen Städten befindet sich auch in Tripoli eine große Moschee inmitten der *Souks*, die *Mansouri*-Moschee. Bevor wir sie besichtigen, lotst Ali uns noch an der *Al Sa'eh* Bibliothek vorbei. Vor Jahrzehnten gründete Ibrahim Sarrouj, ein griechisch-orthodoxer Geistlicher, in der Nähe zur *Mansouri*-Moschee eine große Bibliothek mit arabischen, französischen, italienischen und englischen Büchern. Die Bibliothek stand jedermann offen. Sarrouj galt – obwohl Christ – als ein Kenner und Versteher des Islams. »Umso unverständlicher und schändlicher ist es«, sagt Ali sichtlich erregt, »dass 2014 unbekannte Islamisten die Bibliothek angezündet und dadurch fast die Hälfte des Buchbestandes vernichtet haben. Das war ein Anschlag auf eine offensichtlich friedliche und fruchtbare Koexistenz von Christen und Muslimen in unserer Stadt«. Das ist der traurige Teil der Geschichte. Der hoffnungsvolle setzt sich so fort: Infolge des Vorfalls schlossen sich junge Menschen aller Glaubensrichtungen zu der Bewegung »Kafana Samtan« zusammen, was frei übersetzt so viel wie »Genug geschwiegen« bedeutet. Sie sammelten mehr als 33.000 Dollar für die Restaurierung und Modernisierung der Bibliothek. Ali lächelt: »Das ist auch Tripoli. Wir lassen uns hier weder bange machen noch unterkriegen."

Dann endlich stehen wir vor der alten *Mansouri*-Moschee, dem ersten Gebäude, das unter mamelukischer Herrschaft in Tripoli erbaut wurde. Sie wurde ab 1294 in nur zwanzig Jahren rund um die alte

Kreuzfahrer-Kirche St. Mary errichtet. Der quadratische Bau erinnert uns an die zerstörte *Umayyad*-Moschee in Aleppo. Den Hauptgebetsraum verlassen wir durch den Ostausgang, der unmittelbar in die *Souks* führt, flankiert von schwarz-weißer mamelukischer Ornamentik. Sofort stehen wir inmitten der Händler und Waren des Lebensmittelsouks. Ein kleiner Junge verlässt mit uns die Moschee und trödelt über den Gewürzmarkt, während sein Vater zum Gebet zurückbleibt. Vor uns liegt ein Verkaufsraum, der eingelegte Weinblätter anbietet. Im hinteren Gewölbe werden die Blätter in meterhohen blauen Plastikfässern gelagert. Die Weinblätter sind zu fein-säuberlichen Pyramiden gestapelt. Wir lassen uns weiter von Stand zu Stand treiben. Ein Fleischhändler wühlt in einem Berg aus Tiergedärmen, zieht diese wie Fäden immer wieder nach oben und lässt sie in neuer Ordnung und Form auf den Teller gleiten. Stände, an denen Gemüse und Fisch in zusammengezimmerten Holzregalen angeboten werden, folgen darauf. Jede Tomate wird von den Kundinnen genauestens betrachtet, als handele es sich um die Bewertung kostbarer einzigartiger Ware. Dieses Verhalten wird besser verständlich, wenn man bedenkt, dass das durchschnittliche Wocheneinkommen eines Einwohners dieser Stadt nur 50 US$ beträgt und die Preise für Lebensmittel nicht deutlich unter denen in Deutschland liegen. Es wird um jeden Kunden lautstark geworben; der Preis ist jederzeit verhandelbar. Wie allerdings die Berge aus frischen grünen Bohnen, die derzeit Saison haben, ihre Käufer finden sollen, bleibt im Dunkeln.

Wir beschließen unseren kleinen Rundgang durch das Altstadtviertel und kommen am ehemaligen Gebäude der Regionalregierung vorbei. Es ist ein dreistöckiges osmanisches Haus mit bunten Fensterelementen. Ohne Hinweis wird man es kaum finden, so versteckt liegt es in einer ansteigenden kleinen Gasse unterhalb der Zitadelle. Wie ein Symbol für die Stadtgeschichte ist es von starkem Verfall gezeichnet. Aber auch hier wirft Ali den Schleier seines unbändigen Optimismus' über die Baufälligkeit: »Wenn man das alte Regierungsgebäude wieder renovierte, könnte es in seiner ganzen Schönheit zur Geltung kommen und ein Publikumsmagnet sein«, sagt er verträumt mehr zu sich selbst, als zu uns. Schnell ist er in der Realität zurück: »Was Ihr jetzt nach Eurer langen Tour durch Tripoli braucht, ist ein Teller *Hoummos* bei meinem Freund.« Ohne zu fragen setzt sich Ali neben unseren verdutzten Fahrer auf den Beifahrersitz und leitet ihn, unter Umgehung aller Verkehrsregeln, durch Tripoli. Wir sind uns sicher, dieser Tag wird für Mohammad als der mit den schrecklichsten Fahrerlebnissen in die Geschichte eingehen. Und das als Libanese. Während wir in dem von Ali vorgeschlagenen einfachen, aber sehr sauberen Lokal einkehren, um die Spezialität des Hauses zu probieren, hält Mohammad vor einem Parkplatz auf der Straße. Die nach Gutdünken des Parkwächters bemessene Gebühr drückt man diesem in die Hand; Parkuhren und andere Automaten sucht man außerhalb von Beirut vergeblich, lediglich Bankautomaten scheinen zu funktionieren.

Vor dem Restaurant steht ein verrostetes Ölfass. Das ganze Land ist voll davon. Sie sind Mülleimer, Tische, Aufbewahrungsbehälter, Hundehütten, Feuerstätten, Fahrbahnbegrenzungen, Werbeflächen und Blumenkübel. Ölfässer allerorts, deren Bestimmung durch die Menschen gewandelt wurde und gewandelt wird. Alles ist in Bewegung. Mal kommt der Wandel schleichend, mal überraschend. Tripoli hat eine viel zu lange Zeit der brennenden Ölfässer gesehen. Wir wünschen uns Vergissmeinnicht in die Ölfässer Tripolis: »Vergiss nicht, wer ich einmal war, und wer ich wieder sein kann«, sollen sie den Menschen über diese Stadt zuflüstern und ihre Herzen füreinander offenhalten.

Libanese, Retter in der Not

Der letzte Tag in Tripoli bricht an. Uns fällt es schwer, die komfortable Oase der Ruhe bei Nabil zu verlassen, doch der Frühlingstag lädt nochmal zum entspannten Bummeln und Entdecken ein. Unser Fahrer nimmt das Reisegepäck auf und wir starten zu Fuß. Punkt drei Uhr nachmittags soll er uns vor dem Uhrenturm Sultan Abdulhamid am Rande der Altstadt einsammeln. So weit, so gut. Der Pfefferminz-Tee zum Frühstück war duftend frisch und aromatisch, aber noch besser wäre jetzt ein heißer Espresso. Den bekommen wir gleich nebenan in einem der typischen kleinen libanesischen Cafés, die nur zwei Tische vor dem Lokal stehen haben. Einer ist für den Besitzer und seine Freunde und Bekannten reserviert, den anderen dürfen die Gäste benutzen. Zwei gepflegte ältere Herren in gebügelten Stoffhosen, Polohemden und Slippern sitzen bereits an dem einen Tisch. Einer der Männer stellt sich als der Inhaber vor und nimmt unsere Bestellung auf. Es vergeht, wie üblich im Libanon, keine Minute, und wir sind im Gespräch. Beide Herren waren – wie so viele Libanesen – während des Bürgerkrieges im Ausland und haben dort etwas Geld ansparen können. Der Besitzer des Cafés war in Australien; seine Kinder sind dort geblieben. Er hat es dort trotz der guten Lebensbedingungen nicht mehr ausgehalten. Der Wunsch, die Heimat wiederzusehen, war zu mächtig. Also ging er wieder nach El Mina zurück, dem Viertel seiner Kindheit und Jugend. Beide berichten bedrückt von den rückläufigen Zahlen an Christen in Tripoli; es sollen nur noch 5.000 sein. Sie fühlen sich von den Muslimen in ihrer Stadt überrannt und glauben, dass es in 200 Jahren aufgrund der Bevölkerungsentwicklung im gesamten Staat keine Christen mehr geben wird. Sein Freund stöhnt auf und sagt: »Der gute Libanon beginnt in Anfeh und endet in Beirut.« Nur Meinung zweier verbittert wirkender älterer Männer? Oder Realität? Wir bedanken uns jedenfalls höflich für die Gastfreundschaft und schlendern weiter durch El Mina auf die Promenade zu.

Dort soll sich, so wurde uns gesagt, direkt am Meer ein großes Antiquitätengeschäft befinden. Wir sind zwei Schatzsucher aus einer alten Zeit, in der Kleinode aus fernen Ländern voll Achtsamkeit aus Koffern, Taschen und Rucksäcken hervorgezaubert wurden, nicht wie heute üblich mit einem Klick bei Amazon gekauft und am nächsten Tag mit dem gelben Wagen gebracht werden. In der Hoffnung auf solche Entdeckungen betreten wir mit einem »Sesam öffne dich« den schummrigen Laden. Die Familie – oder sollte man besser sagen der Clan – ist hinter der Eingangstür rechts in einem Raum versammelt und raucht. Vor jeder Person steht eine andersfarbige Shisha. Man sitzt sich, auf zwei Sofas verteilt, gegenüber. Wir zählen sechs Frauen und zwei reichlich beleibte Männer. Eine in Hijab verhüllte Frau mittleren Alters führt die Kundengespräche. Dabei fallen uns ihre teuren aufgespritzten Lippen auf. Wir wollen mit ihr verhandeln, denn wir haben uns zwischen all den Möbeln und Lampen, dem Geschirr und den Spiegeln in einen kleinen antiken Beistelltisch mit handbemalter Keramikplatte verliebt. Zur Preisermittlung verschwindet sie ins »Raucherzimmer«, um ihren Ehemann auf dem Sofa zu konsultieren. Dreimal muss sie hin- und herspringen, bis der Preis schließlich fixiert ist. Er hat das letzte Wort. Ein orientalisches Klischee muss schließlich gepflegt werden. Der schon etwas ramponierte Tisch wird mit Schnüren notdürftig verpackt, denn er muss unsere weitere Reise durchs Land noch überstehen. Wegen des guten Geschäfts wird obendrein ein Taxi für die Weiterfahrt ins Zentrum organisiert. Ein Winken zurück und schon braust das Taxi mit uns davon. Wir lassen uns bis zu einer Straße unterhalb der Zitadelle bringen. Uwe macht etwas Hand-Fuß-Kommunikation mit dem ausschließlich arabisch sprechenden Fahrer. Dieser gibt uns mit einer Geste zu verstehen, dass der Lärm und das Chaos der Stadt manchmal seinen Kopf zerspringen ließen. Das hält ihn aber keineswegs davon ab, die Klimaanlage ausgeschaltet und die Fenster heruntergedreht zu lassen. Stressverarbeitung auf Libanesisch.

Die Zeit in der Altstadt vergeht viel zu schnell. In den *Souks* der Tischler und Polsterer kann man den Handwerkern direkt bei der Herstellung und Reparatur der Möbelstücke über die Schultern schauen. Die Kunden in Tripoli scheinen dunkel gebeiztes, schweres Holz zu lieben. Die Leichtigkeit des westlichen Scandi-Stils ist hier nicht erwünscht. Barocke Polstermöbel werden mit glänzenden Samtstoffen überzogen und teilweise mit Silber- und Goldglanz übersprüht. Warum nicht? Unter die Handwerkerarbeiten haben sich aber auch Billigmöbel aus China und viele Secondhand-Artikel geschlichen. Genug gesehen für heute. Es ist auch beinahe schon drei Uhr. Wir spazieren in Richtung des fünfeckigen *Al-Manchieh*-Parks, an dessen Südseite sich der besagte Uhrenturm befinden soll. Er ist als eine Replik des Beiruter Vorbilds genau 25 Meter hoch und ein beliebter Treffpunkt, dürfte also kaum zu übersehen sein. So sollte man zumindest denken, doch unser Fahrer steht nicht am verabredeten Ort. Wir laufen mehrmals um den Park und haben dabei nur weiße viertürige »Japaner« im Fokus. Von unserem Fahrer ist weiterhin nichts zu sehen. Nervosität macht sich schleichend breit. Wir sprechen einen Großvater mit Enkel auf der benachbarten Parkbank an, ob es irgendwo WIFI gebe. Er nickt und führt uns zu einem kleinen Caféwagen direkt neben dem Turm. Der Besitzer spricht Englisch und nimmt Anna ihr Handy aus der Hand. Nur keine Panik! Er sucht bloß sein WLAN heraus und tippt sein Passwort ein. So finden wir zwar die Nummer unserer heutigen Unterkunft, aber uns fehlt ein Telefon, denn ein einziger kurzer Anruf vom eigenen Mobiltelefon kann schnell 70 Euro und mehr kosten. Ein weiterer Retter in der Not ist zur Stelle. Ein Freund des Cafébesitzers springt herbei und lotst Anna zu einem Mini-Kasten in der Parkmauer. Darin befindet sich ein klobiges altes rotes Münztelefon. Es gibt sie also doch noch. Er besorgt bei einem alten Mann, der anscheinend nur zu diesen Zweck daneben sitzt, Wechselgeld in Form von 500er Münzen. Die Verbindung steht und die Rezeption unserer künftigen Unterkunft in Douma kann den Fahrer instruieren. Wir atmen auf und sind richtig angerührt von so viel Hilfbereitschaft. In Erwartung unseres Gefährts haben wir unverhofft reichlich Zeit, um uns über einen Fahrer am Taxistand des Uhrenturms zu amüsieren. An einer Schlaufe seiner Jeans baumelt ein großer Karabiner-Schlüsselbund, der uns beide an einen Lehrer unserer Schulzeit erinnert. Über seinen Bauch spannt sich ein weißes Schiesser-Feinripp-Hemd. In größeren Abständen zieht er einzelne Kleenex-Tücher aus einer Box und poliert damit nach zartem Anhauchen verschiedene Stellen auf Motorhaube und Dach seines zerkratzten alten Benz.

Anna lacht auf. »Auf dem silbergrünen Benz meines Großvaters durfte auch kein Staubkörnchen zu finden sein. Auf der Hutablage lagen bestickte Kissen und die Sitze waren mit Lammfellen bezogen. Opa liebte diesen Benz, den er von seiner Firma »Aral« gestellt bekam«.

»Dieses Modell inspiriert anscheinend seine Liebhaber zu allen Zeiten.«

»Ja, wenn die Männer ihre Frauen mal so pflegen würden wie ihre Autos«, scherzt Anna, »nichts geht doch über ein klassisches Statussymbol«.

Der Herr widmet sich immer noch mit Inbrunst derselben Stelle auf seinem Fahrzeug. Auf dem Kühlergrill ist ein verchromtes Hufeisen mit Westfalenpferd montiert. Doch das Allerschönste an diesem Fahrzeug klebt auf der Rückscheibe: Ein Herz für Kinder!

Die Flucht

Die Familie hat es beschlossen. Er soll es wagen. Es ist seine Chance. Heute Nacht wird ein Nachbar ihn holen. Es gibt einen Weg nach draußen. Der Kessel hat ein Loch, sagen sie. Und es stimmt, am Morgen ist er auf dem Weg nach Homs. Zusammen mit einem Jungen, den er aus Schulzeiten kennt. Schulzeit. Friedenszeit. Lange her. Gemeinsam mit sechs anderen kauern sie hinten auf einem Pickup und fahren gen Süden. Der Libanon ist das Ziel. Dort ist man in Sicherheit. Am nächsten Tag erwacht Baschar, als sie schon in der Bekaa-Ebene sind. Keine Zurückweisung an der Grenze, keine Schüsse. Sie sind einfach da. Und viele mit ihnen. Das fruchtbare Tal ist hier im Norden eine einzige Zeltstadt. Ein anderes Elend. Keine Bomben, aber Matsch und Hunger. Plötzlich denkt Baschar: Nein, es muss weitergehen. Für hundert Dollar wird er nach Beirut mitgenommen. Das ist die Hälfte seines Fluchtkapitals. Die Lichter der Großstadt lassen in seinem Kopf die Leuchtraketen steigen. Das Geknatter übermotorisierter Autos löst Schüsse in seinem Körper. Er sehnt sich nach Aleppo, in das Aleppo ohne Trümmer und Leichen. Er fühlt sich kaum noch. Jemand klopft ihm auf die Schulter. »Wir sind da. Du kannst da drüben übernachten.« Ein großer Pappkarton und über ihm der Himmel Beiruts.

QADISHA – Der Grand Canyon der Klöster

Die himmlische Garage

Wir sind in Douma. Die Schauer bringenden Wolken des Vorabends haben sich verzogen und wir blicken beim Öffnen der Fensterläden auf eine sonnenbeschienene Bergidylle. Nur die Vegetation und die byzantinisch anmutenden Kuppeln der Kirchen verraten, dass wir nicht in den deutschen Voralpen gelandet sind. Der Blick ist bis zum nahen Meer freigegeben, vereinzelte Schönwetterwolken bilden den oberen Rahmen. Dieser Tag muss einfach gut werden. Wir treten durch die hölzerne Tür des Hauses. Die auf welligem Terrakottaboden stehenden Pfützen bestreiten ihren hoffnungslosen Kampf gegen die hier schnell aufsteigende Sonne. Hinter dem mit Rosen umrankten Torbogen des Anwesens wartet schon unser Fahrer Robin für die heutige Tour auf uns. Wir freuen uns ihn wiederzusehen. Ein uns bereits bekanntes Gesicht bedeutet eine Konstante im täglichen Wechsel von Personen und Orten auf dieser Reise. Heute wollen wir das nahe gelegene *Wadi Qadisha* erkunden. Die zahlreichen Klöster gaben ihm den Namen »Heiliges Tal«. Wegen seiner Abgeschiedenheit diente es vor allem in spätrömischer Zeit verschiedenen religiösen Gemeinschaften und Kirchen als Rückzugsort vor Verfolgung oder Gewalt, der vor allem die christlichen Gemeinden des Libanon immer wieder ausgesetzt waren. Dieser Ort bot den Gläubigen die Gelegenheit, durch Errichtung von heiligen Stätten und Einsiedeleien der wahren Natur Christi näher zu kommen. Aber auch muslimische Eremiten wurden gerne aufgenommen, wie zahlreiche Quellen belegen. Doch nicht nur Einblicke in das klösterliche Leben der maronitischen Mönche, die Ende des 17. Jahrhunderts mit *Mar Lishaa* den ersten Orden gründeten, hat dieses Tal zu bieten. Das *Qadisha*-Tal kann man aufgrund seiner Gesamtlänge und Tiefe durchaus als den Grand Canyon des

Libanon bezeichnen. Gleich Fingern einer Hand zweigen zahlreiche, kaum zugängliche Nebentäler vom tief eingeschnittenen Haupttal nach Norden und Süden ab. Das reichliche Nass der vielerorts emporschießenden Quellen stürzt über Gischt aufschäumende Wasserfälle nach unten und speist den Strom des *Abou Ali*, der unweit der Kreuzfahrerburg von Tripoli das Meer erreicht. Die Unzugänglichkeit der Schluchten und das Mikroklima des Tales haben ein einzigartiges Naturpanorama erschaffen. Ortsnamen wie Ehden, das oberhalb des *Wadi Qadisha* liegt, erwecken Assoziationen an ein biblisches Paradies.

Mit Tausendundeinem Gedanken an das Tal verlassen wir Douma und kommen auf die Richtung Batroun führende Straße. Wir überqueren nach wenigen Kilometern den *Nahr el-Jaouz*, der die Früchte einer ausgedehnten Gewächshaussiedlung nährt. Einem Schachbrettmuster gleich liegen die folienbespannten Häuser in Gruppen dicht an dicht und bedecken das Tal in ganzer Breite. Vor Metrit, einem kleinen von Christen bewohnten Dorf des Distrikts, biegt die Route rechts ab und wird jetzt vom Achat der Berge begleitet. In riesigen Bändern wechseln sich das ausgewaschene bunte Sediment der Berge und das satte Grün der Pflanzenwelt ab. Wir überqueren den Fluss *Abou Ali* und können zum ersten Mal zu beiden Seiten der Straße einen kurzen Blick auf die gestaltenden Kräfte der Wasser des Tales erhaschen. Unvermittelt verlassen wir die Straße und fahren, an den Berg geschmiegt, zum Grund des Tales. Robin bringt ohne Vorankündigung den Wagen fast zum Stehen, so dass wir unsere Blicke von den Abgründen der Schlucht abwenden und nach vorn schauen müssen. Vor uns klafft, frisch aufgebrochen, ein Loch im Asphalt, das fast die halbe Fahrbahn einnimmt. Ein dünnes rot-weißes, an Metallstangen befestigtes Absperrband sorgt nicht gerade für Beruhigung bei den Insassen des Wagens. Auslöser des Bergsturzes war der letzte Winter. Er war ungewöhnlich kalt, regenreich und lang, erfahren wir. Die Bilder der zugeschneiten und mit Schlamm überfluteten Camps mit syrischen Flüchtlingen in der *Bekaa*-Ebene kommen bei diesen Worten unweigerlich in Erinnerung. Den Mönchen der vergangenen Jahrhunderte wird die Unpassierbarkeit ihrer Zufahrtswege dagegen nur recht gewesen sein, sorgte sie doch für die von ihnen gewünschte

Ruhe zur Meditation und Hingabe. Wir umkurven im Schritttempo den Krater und finden wenig später schließlich unser Ziel: *Quazhaya.*

Das Kloster liegt in einem der zahlreichen kleinen Nebentäler. Es ist eines der ältesten Klöster im *Qadisha*-Tal, seine Existenz ist seit dem 11. Jahrhundert sicher belegt. Bereits hundert Jahre später war es Sitz des maronitischen Patriarchen. Mit uns erreicht gleichzeitig ein Mönch in seinem Wagen das Kloster. Er hat es offenbar sehr eilig, seine Arbeits- und Wohnstätte zu erreichen, denn auch er beherrscht die Kunst des Hupens. So schnell wie er an uns vorbeiprescht, ist der Mönch nebst seinem Gefährt plötzlich wie vom Erdboden verschluckt. Alles scheint an diesem Ort möglich zu sein. Die Auflösung des vermeintlich übernatürlichen Phänomens erfolgt kurz darauf. Das Verschwinden hat irdische Gründe. Der Wagen, ein penibel gepflegter Mercedes-Benz älterer Bauart, wurde nur in einer in die Felswand eingearbeiteten Höhlengarage abgestellt. Wo früher die kostbaren Lasttiere der ersten Einsiedler standen, bringt heute der Mönch sein liebstes Transportmittel zur Ruhe. Recycling auf libanesische Art. Dem gewienerten Fahrzeug entsteigt ein maronitischer Mönch höheren Alters. Auf seinem schwarzen Cassock prangt ein gewichtiges silbernes Kreuz. Sein sonnengegerbtes faltiges Gesicht steckt unter einer einfachen Kappa und wird von einem üppig gewachsenen graumelierten Bart verziert. Er trägt mit Ernst seine Rechtgläubigkeit wie eine Monstranz vor sich her und würdigt die vereinzelten Besucher keines Blickes. Vielmehr scheinen seine Augen einen für uns unsichtbaren inneren Horizont abzusuchen. Das Vakuum der ausbleibenden Einladungsgeste füllend, gehen wir am Kloster vorbei tiefer in das Tal unterhalb der sich langsam über unseren Köpfen auftürmenden Sakralbauten der Anlage. Beide Seiten des Tales sind überzogen mit Terrassenfeldern, die von einem höheren Standpunkt aus betrachtet wie Treppenstufen eines hier lebenden Riesen anmuten. Wer möchte nicht ob der gewaltigen Kulisse des Tals an die Existenz hier lebender Fabelwesen glauben? Der Eingang zu diesem riesigen Garten wird von einem überwucherten verrosteten Tor bewacht. Wird man es öffnen können? Wider Erwarten gibt die Klinke dem sanften Druck der Hand nach. Wir fühlen uns ein bisschen wie Mary Lennox, denn es eröffnet sich uns ein verwunschener Hain aus Nuss-, Oliven- und

Lorbeerbäumen. Zwischen all den Gehölzen, die vom ersten zarten Grün des Jahres betupft sind, wildern Gras, Raps, Kräuter, Margeriten und Storchenschnabel. Grünes Hoffnungsglück.

Nach wenigen Metern Wegstrecke dringt ein anschwellendes Rauschen und Donnern an unsere Ohren. Wir nähern uns dem *Abou Ali*, der sich hier seinen Weg über meterhohe Gesteinsblöcke und knorrige Baumskelette im zerriebenen Muschelkalk des Flussbettes bahnt. Felsritzen und Büsche der Uferböschung halten Plastikflaschen und Metallbüchsen gefangen und verhindern ihre Weiterreise Richtung Meer. Der Müll scheint seinen Weg von den urbanen Zivilisationszentren der Küste bis hier herauf in die letzten Winkel des Mount Liban gefunden zu haben und zu diesem Land wie die allgegenwärtige Nationalflagge zu gehören. Wir überqueren eine alte Steinbrücke, die sich über den quicklebendigen Bach spannt, die Wasser der Schneeschmelze des ausklingenden Winters unter sich. Ein vom wuchernden Grün verschiedener Stauden und Gräser bedeckter kleiner Stichkanal versucht, sich unseren forschenden Blicken zu entziehen. Er führt vom Fluss geradewegs in Richtung der Terrassenlandschaft und versorgt die Gehölze und andere Nutzpflanzen ganzjährig mit frischem Quellwasser. Die Überbleibsel der zu den Feldern führenden alten Rinnsteine sind nur noch zu erahnen und längst Teil der Geschichte dieses Tales geworden. Heute werden die Obstbaumhänge durch ein zeitgemäßes Bewässerungssystem optimal versorgt. Der Segen für ein gutes Gedeihen der Pflanzen in den Gärten des Klosters ist dabei gewiss und kostenlos. Wir schlendern weiter und lassen uns vom Moment überwältigen. An einer Stelle ist die tiefe rotbraune Erde frisch umgepflügt. Man kann den einfallenden Frühling förmlich riechen. Kleine Feigenfrüchte hängen bereits an den Bäumen, die Apfelbäume stehen im schönsten Zartrosa und der blühende Lorbeer duftet. Nebel hängt noch im Tal, als plötzlich die Sonne durch den milchigen Dunst bricht und unseren Blick auf das sich unter die Felswand duckende Kloster freigibt. Hier Welt, da Gott. Wir werden organischer Teil eines mystischen Ortes, an dem scheinbare Gegensätze zu einem harmonischen Ganzen zusammengeführt werden.

Jetzt heißt es, sich davon loszureißen. Wir möchten nach unserem romantischen Naturerlebnis den Klosterkomplex besichtigen. Beim

Aufstieg entdecken wir, dass unsere *Via monasteria* durch diesen Obst- und Nutzgarten Teil einer Route sein muss, die zum ausgedehnten und vielgliedrigen Wandernetz des *Qadisha*-Tals gehört. An einigen Stellen sind gut sichtbar weiß-lilafarbene Markierungen an Baumstämmen und Wackersteinen angebracht. So führt ein kleiner Pfad hinunter in das westlich gelegene Dorf Fraydiss, in dem man noch das Handwerk der Bastmattenherstellung pflegt. Richtung Süden erhebt sich in Serpentinen eine kleine Straße aus dem Nebental auf das Hochplateau. Auf dieser ist nach einer halbstündigen Wanderung das Kloster *Saydet Hawqa* erreichbar. Dort kann man von Pater Dario, dem letzten im *Qadisha*-Tal noch lebenden Einsiedler, Wissenswertes zu seinem Leben und zur Chronik des Klosters erfahren.

Der Libanon liegt in Brasilien

Unser Blick fällt ein letztes Mal auf das Tal des *Abou Ali*. Dann betreten wir ein kleines, zum Kloster gehörendes Museum. Hier steht eine Druckerpresse aus dem 19. Jahrhundert. Sie soll an die Errichtung der ersten ihrer Art in der arabischen Welt im Jahr 1585 erinnern. Das Buch der Psalmen wurde hier Anfang des 17. Jahrhunderts auf Syrisch gedruckt. Neben verschiedenen, in Vitrinen zur Schau gestellten liturgischen Gegenständen kann man auch einen durch König Ludwig IX. gestifteten Bischofsstab aus dem 13. Jahrhundert bewundern. Das Ende der Ausstellung bildet eine mit Alltagsgegenständen vergangener Epochen vollgestopfte Höhle. Wer kann die mannshohen Rosenkränze aus geschnitztem Zedernholz getragen haben? Im Museumsshop kann man Literatur zur Klostergeschichte und zum Leben von *Al-Hardini* erwerben. Dieser maronitische Mönch stammte aus Batroun und wurde im Kloster *Quazhaya* zum Priester geweiht. Er war der theologische Lehrer von *Charbel Makhlouf* und wurde 2004 von Papst Johannes Paul II. heiliggesprochen. *Al-Hardini* ist genauso wie sein geistiger Ziehsohn im Libanon allgegenwärtig. Sein Konterfei lächelt von Autoscheiben und Votivtafeln. Ungeachtet des Kitsches im Shop lassen wir uns von der Spiritualität des Ortes anstecken, erwerben einen *Al-Hardini*-Sticker für unseren Bulli zuhause und erhoffen uns Schutz und Geleit. Schaden kann's nicht.

Wir treten aus dem Dunkel des Museums und gelangen über wenige Treppenstufen durch einen Torbogen vor die Klosterkirche, die in eine Felsenhöhle gebaut ist. Die schmucke Fassade nimmt Elemente der osmanischen Sakralarchitektur des 16. Jahrhunderts auf. In der hellen Front befindet sich ein rechteckiger Rahmen, der eine spitzbogen-umkränzte kleine Tür zum Innenraum beherbergt. Ein mehrsäuliger Bogengang ist dicht davor platziert. Obenauf thront ein Ensemble aus drei kuppelbesetzten Bögen. Die Proportionen der einzelnen Elemente zueinander werden von den beengten Platzverhältnissen des Felsenortes bestimmt. Sie müssen die Baumeister vor gewaltige Herausforderungen gestellt haben. Das Wasser sickert aus darüber liegendem Gestein, läuft über die Fassade herunter und lässt Moose und Flechten an winzigen Vorsprüngen der Quader ergrünen. Aus der Kirche dringt der dünne Gesang des laufenden Gottesdienstes. Wir betreten die Felsenkirche, in der sich Mauerwerk mit Naturgestein an Wänden und Decke abwechseln. Über dem Altar hängt das Bildnis von Antonius dem Großen unter einer Halbkuppel. Der Heilige ist an dem T-förmigen Kreuz zu erkennen, auf das seine rechte Hand gestützt ist. Antonius lebte im 3. Jahrhundert in Ägypten und gilt in der Ostkirche als der Begründer des christlichen Mönchtums. Auch er wählte, wie so viele Mönche des *Qadisha*-Tals, zeitweilig ein Leben als Einsiedler. Wir schauen uns im Inneren der Kirche um und können nur wenige Gläubige zählen, was nicht verwundert, denn zu abgeschieden liegt das Tal von *Quazhaya*. Wer kommt schon in diesen letzten Winkel des Libanon? Denken wir. Beim Verlassen des Gotteshauses werden wir eines Besseren belehrt, denn der Vorplatz hat sich inzwischen gefüllt. Um einen kleinen achteckigen Brunnen haben sich laut schnatternde Touristen geschart. Die Physiognomien der Menschen tragen libanesische Züge, aber irgendwie auch wieder nicht. Ein Mann tritt aus der vielköpfigen Gruppe heraus und spricht Uwe freundlich an.

»Können Sie ein Foto von uns bitte machen?«

»Selbstverständlich«.

Die Gruppe möchte vor dem pittoresken Kirchenportal aufgenommen werden und wird dafür durch ein paar schnelle Handbewegungen von Uwe dirigiert. Cheese! Bilder von lachenden Touristen. Aus dem Stimmengewirr sind vereinzelt portugiesische Wörter zu vernehmen.

»Woher sind Sie angereist?«

»Wir sind alle aus Sao Paulo«, berichtet er.

»Was hat Sie denn aus dem fernen Brasilien hierher in den Libanon verschlagen? Oscar Niemeyer?«.

»Wir sind auf den Spuren unserer libanesischen Wurzeln. Hunderttausende von Libanesen sind seit dem Ende des 19. Jahrhunderts nach Brasilien emigriert. Jeder Einzelne aus unserer Gruppe hat Vorfahren im Libanon. Unsere Großeltern oder Eltern sind in den Städten und Dörfern dieses Landes aufgewachsen.«

Wir sind überrascht. Darüber war uns nichts bekannt.

»Was war geschehen?«, möchte Anna wissen.

»Es sind immer die gleichen Gesetzmäßigkeiten, die zum Verlassen der Heimat führen. Gewalt, Krieg und Hunger trieben auch die Menschen des Libanon nach Brasilien. Sie kamen in drei großen Wellen nach Südamerika. Erst waren es christliche Maroniten Ende des 19. Jahrhunderts. Die nächste große Auswanderungsbewegung fand zwischen den beiden Weltkriegen statt. Schließlich flohen viele Menschen noch einmal vor den Folgen des libanesischen Bürgerkrieges nach Brasilien. Man schätzt, dass bis zu 10 Millionen Brasilianer libanesische Wurzeln haben.« Er hält kurz inne in seinen lehrreichen Ausführungen und fragt uns schlagartig: »Kennen Sie Michel Temer?«.

Wir müssen eine gefühlte Ewigkeit in unseren Gedanken kramen. »Ein brasilianischer Präsident?«, wispert Anna zögerlich, halb Frage, halb Antwort.

»Ja«, sagt er hocherfreut, »Temer war der vorherige Staatspräsident Brasiliens und übernahm 2016 von Dilma Rousseff die Regierungsgeschäfte nach ihrer Suspendierung. Seine Eltern wanderten zur Zeit des französischen Mandats 1925 aus. Sie stammten aus dem Dorf Btaaboura, das zwischen Batroun und Anfeh im Vorgebirge des Mount Liban liegt. Wir haben es gestern besichtigt«. Er macht eine kurze Pause, die Uwe für eine letzte Frage nutzen will, denn seine Begleiter fangen schon an, ihn ungeduldig zu sich zu winken.

»Gibt es für Sie auch einen Erinnerungsort im Libanon, den sie unbedingt besichtigen möchten?«

»Schauen Sie sich uns an«, beginnt er seine abschließenden Worte, »Nachfahren libanesischer Auswanderer. Manche von uns sind während des Bürgerkrieges selbst emigriert. Die Bilder der Heimat haben wir alle nie aus unseren Köpfen bekommen, sei es durch die Erzählungen der Vorfahren oder durch unser eigenes Leben im Libanon. Es scheint das Schicksal des libanesischen Volkes zu sein, sein Land über Generationen hinweg verlassen zu müssen. Auch wir müssen dieses Los tragen. Wir gehen, um immer wiederzukehren. Alle Wege führen aus und in den Libanon«. Er lächelt uns jetzt mit brasilianischem Charme an, wünscht uns noch eine gute Reise und wird kurz darauf von der wartenden Menge geschluckt. Nachdem der Letzte der Gruppe die Kirchentür hinter sich geschlossen hat, wird es schnell still um uns. Wir übergeben das Kloster wieder seinen Mönchen und wenden uns dem Ausgang zu.

Immer wieder finden sich im verwitterten porösen Gestein kleine Nischen, in denen Alpenveilchen ihre Heimat gefunden haben. Fast wären wir an dem unscheinbaren Zugang zu einer Grotte vorbeigegangen. Hinter dem niedrigen Eingang öffnet sich ein großer Höhlenraum, der mit Altar und Bänken bestückt ist. Der Altar ist durch dutzende Kerzen hell erleuchtet. In die Rahmen von Heiligenbildchen haben Besucher Passbilder von Familienmitgliedern geklemmt. Für sie wird um himmlischen Beistand gebeten. Es erschließt sich uns nicht, warum über dem Altar und an den Felswänden Eisenketten mit Fußfesseln hängen. Unsere Mutmaßungen darüber werden unterbrochen, als ein junger Mann die Grotte betritt und zielstrebig zum Altar schreitet. Er kniet davor nieder, küsst diesen wiederholt und fängt an zu beten. Vielleicht gilt seine Fürbitte einem kranken Menschen. Früher kettete man hier Menschen mit einer Geistesstörung an die Felswand, um sie zu therapieren. Wir ziehen uns zurück, verwundert über einen Glauben, dessen Kitsch und Inbrunst als Ausdruck tiefer Religiosität uns moderne evangelische Christen aus Mitteleuropa ratlos hinterlässt.

Geheimnis gelüftet: Wo Karl May wirklich war

Wir verlassen das Kloster *Quazhaya* und kehren zur Hauptroute zurück. Die Straße ist übersät mit Schlaglöchern und führt durch eine Reihe von Ortschaften, die einem Zickzack-Kurs oberhalb des *Qadisha*-Tals folgt. Auf der gegenüberliegenden Seite des Canyons schaut man geradewegs auf Dörfer, die – Adlerhorsten gleich – auf winzigen freien Flecken des schroffen Gebirges thronen. Unser Blick wendet sich unweigerlich dem Mount Liban zu. Das Weiß der schneebedeckten Berge wird vom Blau des Himmels und dem Ocker der Geröllfelder begrenzt. Was für ein Farbspiel! Noch etwas tiefer gelegen entdecken wir das Grün der alpin anmutenden Hänge und Almmatten. Darauf sind die leuchtenden Tupfen der blühenden Obstbäume und das Rot der Dachschindeln gestickt. Nach kurzer Strecke erreichen wir die kleine Stadt Ehden. Ein paar in die Jahre gekommene 3- und 4-Sterne Hotels säumen die Hauptstraße und versuchen mit viel Reklame Touristen anzulocken. Das Paradies auf Erden? Womöglich für alle, die Gefallen an Wandertouren im nahegelegenen Naturschutzgebiet »Horsh Ehden« finden. Dort kann der Besucher auf mehreren markierten Strecken unterschiedlicher Länge nicht nur eine einzigartige Biodiversität mit seltenen Tier- und Pflanzenarten, sondern auch einen Restbestand an Zedern bestaunen. Mit etwas Glück bekommt man sogar die Streifenhyäne zu Gesicht oder zumindest ihr abendliches Knurren und Kreischen zu hören.

In einem großen Bogen wendet sich die Straße hinter Ehden ihrem östlichsten Punkt oberhalb des *Qadisha*-Tales zu, dem Ort Bischarre. Er liegt auf knapp 1500 Metern Höhe und ist Ausgangspunkt der serpentinenreichen Strecke über den *Bekaa*-Pass. Ihre Abgeschiedenheit im Schatten des Libanongebirges machte die Stadt im Bürgerkrieg zum Zentrum des christlichen Widerstandes gegen linksgerichtete und islamistische Kräfte. Zu den ehemaligen Führern der christlichen Miliz »Libanesische Kräfte« gehörte Samir Geagea, dessen Familie aus Bischarre stammt. Er war der einzige Anführer aller Milizen, der im Rahmen eines Verfahrens im Nachkriegslibanon erst zum Tode und dann zu einer lebenslangen Haft verurteilt wurde. Im Rahmen der Zedernrevolution 2005 wurde ihm seine Haftstrafe erlassen. Bis auf vereinzelte Flaggen und Symbole der Libanesischen Kräfte ist von diesen Zeiten hier und heute nichts mehr zu sehen. Im Gegenteil, Bischarre ist ein überschaubares verschlafenes Nest, an dem die Zeit vorbeigezogen zu sein scheint, augenfälliger als an anderen touristischeren Orten der Region, wie zum Beispiel dem gerade durchfahrenen Ehden. Wer allerdings erwartet, noch eines der von Theodor Kotschy 1864 auf seiner Reise über den Mount Liban beschriebenen, mit »Erdterrassen« gedeckten Häuser anzutreffen, wird enttäuscht sein. Diese sucht man vergebens. Auch andere Libanonreisende erwähnten die im ländlichen Raum zur osmanischen Zeit häufig gebauten Häuser, auf deren Dächern die Menschen regelmäßig die ausgelegte Erde festtreten mussten. Stapfende Erwachsene auf Hausdächern – was für eine Vorstellung!

Von Bischarre aus führen mehrere Pfade hinunter ins *Qadisha*-Tal. Einige sind auch beschildert. Wir beginnen unseren Abstieg an der Straße nach Tannourine direkt unterhalb der Kathedrale *Mar Saba*. Schon nach wenigen Metern Wegstrecke öffnet sich die eng geschnittene Schlucht. Wir verharren, staunen und können uns nicht satt sehen. Uns bietet sich ein atemberaubendes Naturschauspiel. Die fast senkrecht nach unten stürzenden Felswände sind mit Moosen und Gräsern begrünt. Sie werden vom Schmelzwasser und unzähligen Quellen des dahinter liegenden Gebirges genährt. Das Nass zwängt sich durch steinerne Ritzen und Spalten, um sich dann gesammelt mit einem permanenten Rauschen in den Talgrund zu ergießen. Durch ein Drehen um die eigene Achse kann man zum Komponisten werden, denn aus den unterschiedlichen Tönen der einzelnen Wasserfälle und Katarakte entsteht eine kleine Wassermusik. Obwohl genug Wasser vorhanden ist, können nur auf den Hängen am Fuß der Felswand Kiefern und Eichen ihren Platz verteidigen. Als dünnes grün-blaues Band schimmert am tiefsten Punkt des Canyons der *Abou Ali* zwischen der üppigen Vegetation hindurch und fängt alle Wasser des Tales ein. Was für eine Szenerie! Man wird unweigerlich an die Karl-May-Filme der Kindheit erinnert. Oder um es mit der Poesie eines Khalil Gibran zu sagen: »Die Natur reicht uns die Hand der Freundschaft, sie lädt uns ein, damit wir uns an ihrer Schönheit erfreuen; doch wir fürchten ihre Stille und fliehen in die Städte, wo wir uns zusammendrängen wie eine Herde Lämmer beim Anblick des Wolfes«. Gibran stammte aus Bischarre und fand auch dort seine letzte Ruhestätte. Der Nationaldichter des Libanon wuchs in einer maronitischen Familie auf und wanderte Ende des 19. Jahrhunderts mit zwölf Jahren in die USA aus. Seine akademische Ausbildung in Kunst und Literatur erhielt er während seiner Wanderjahre im Libanon und in Paris. Er widmete sich zeitlebens der Erneuerung der arabischen Literatur und der Versöhnung der Kulturen. In zahlreichen seiner Werke bewies er seine Qualitäten als Maler. So illustrierte er auch sein wohl bekanntestes Werk, *Der Prophet*. Dieses Buch besticht durch seine bildlich-malerische Sprache und lässt den Leser auf den Grund der Seele reisen. Der Prophet *al-Mustafa* spricht bei seinem Abschied ein letztes Mal zu seinen Zuhörern, den Einwohnern von Orfalis, über die Grundelemente menschlichen Fühlens: von Freude, Liebe, Schönheit und Schmerz. Die Worte des Propheten bewegen die Menschen, denn sie sprechen ihnen direkt aus dem Herzen. Die Sprache von Khalil Gibran ist von mystischer Tiefe und es liegt nahe, dass die Bilder seiner Kindheit und Jugend vom *Qadisha*-Tal für sein philosophisches Denken und seine Spiritualität prägend waren. Wir können uns jedenfalls diesem Zauber der Schöpfung nicht entziehen. Wie muss es erst den Menschen in Gibrans Zeiten ergangen sein?

Wir suchen unseren immer tiefer ins Tal hinabführenden Weg zwischen all den blühenden und sprießenden Pflanzen. In einem Meer gelber Margeriten baden, neben mannshohem Schierling stehen, auf Felsgraten über dem Abgrund balancieren oder nach urzeitlicher fossiler Flora suchen – all das ist hier auf einer Wanderung im *Qadisha*-Tal möglich. Auf alten Terrassen entdecken wir Maulbeerbäume, die dem Niedergang der Seidenraupenzucht und der Axt entgangen sind. Wilde Möhren, Wicken und Klee wetteifern um die attraktivsten Plätze auf Wiesen und Felsvorsprüngen. Aus winzigen, von Wind und Wetter geformten Mulden im Gestein recken sich verschiedene Sukkulenten dem Licht entgegen. Der Duft von Frühlingsblumen und feuchter Erde umweht uns. Über unseren Köpfen tobt ein ständiges Wechselspiel aus Sonne, Nebel und Wolken. Kostenloses Naturtheater. Wer des Lärms und Gedränges der Stadt überdrüssig ist und stattdessen Ruhe und Einsamkeit sucht, ist hier genau richtig. Ein Gefühl von Einsiedelei. Nach einer Stunde Wanderung treffen wir auf den Fluss. Im Restaurant *Al Zaytouni* kann man sich mit libanesischer Küche für den anschließenden Weg zum Kloster *Mar Elisha* stärken. Man muss schon zweimal hinschauen, um es zu erspähen, denn es fügt sich ganz in die Felswand ein. Wir beenden unser Abenteuer schließlich und kehren schwitzend zum Startpunkt zurück.

Die Zedern des Herrn

Wieder zurück im Ortskern von Bischarre nehmen wir das aus einfacher, aber guter libanesischer Kost bestehende Mittagessen ein. Es bedient uns eine jüngere Asiatin. Im Hintergrund läuft auf großflächigem Bildschirm eine arabische Gameshow, die zwei ältere Paare in den Bann zieht. Mittlerweile ist die Temperatur auf frostige 3°C gefallen und es setzt ein leichter Nieselregen ein, so dass wir länger als geplant in dem Imbiss verweilen. Die vielen gemeinsamen Stunden im Auto haben zwischen uns und unserem Fahrer Robin eine gewisse Vertrautheit entstehen lassen, so dass wir inzwischen über familiäre Themen reden und nun bei der Begutachtung der Familienfotos angekommen sind. Robin zeigt uns mit einem gewissen Stolz ein Video der Hochzeitsfeier seiner Schwester. Wer kann schon in Deutschland behaupten, bei einem solchen Anlass 2000 Gäste begrüßt zu haben? Unsere großen Augen und staunenden Blicke scheinen ihn in seiner Ansicht zu bestärken, dass dies die einzig wahre Form des Feierns ist.

Zu Kaffee und Süßgebäck schwören wir uns auf die nächste Etappe der Reise ein: die Zedern des Herrn, *Arz ar-Rabb*. Gott selbst soll sie gepflanzt haben. Beim Verlassen des Lokals empfangen uns böiger Wind und starker Regen und wir springen überstürzt ins Auto, das uns zum Zedernwald von Bischarre bringen soll. Ein zappeliger Molch auf der Rückbank, der unbemerkt als Anhalter auf einem unserer Rucksäcke mitgekommen ist, bringt uns die heutige Wanderung im *Qadisha*-Tal erneut in Erinnerung. Das Wahrzeichen der Stadt, die Kathedrale *Mar Saba*, verschwindet langsam unterhalb der Straße im aufziehenden Nebel. Es bildet sich die perfekte Kulisse für die Besichtigung der Zedern. Auf kurvenreicher Strecke quält sich unser japanisches Gefährt älterer Bauart brüllend weiter nach oben Richtung Pass. Wir beten, dass es nicht hier und heute sein Leben aushauchen wird. Robin erahnt unsere durch fragende Blicke angedeuteten Bedenken bezüglich der technischen Möglichkeiten des Autos, doch er lächelt sie weg. Die größer werdenden Löcher im Asphalt erinnern eher an eine Passstraße am Hindukusch. Unser Fahrer nimmt's sportlich und übt sich im Autoscooter. Die nahe dem Ort noch im Nebel zu erahnenden Terrassen mit Obst- und Nussbäumen verschwinden unversehens und die Sichtweite reduziert sich bis auf wenige Meter. Gäben die tiefhängenden Regenwolken den Blick Richtung Osten frei, so böte sich dem Betrachter das Bild eines großartigen Amphitheaters. Doch kein Mensch ist der Erbauer eines solchen Bauwerks gewesen. Die Naturkräfte längst vergangener Erdzeitalter formten einen halbrunden Bergkessel, der bis zu den höchsten Gipfeln des Libanongebirges, mehr als 1000 Meter über Bischarre, ansteigt. So konnte sich über die Jahrtausende, von drei Bergketten und dem schwer zugänglichen *Qadisha*-Tal geschützt, ein kleiner Zedernhain halten. Einst bedeckten ausgedehnte Wälder mit mächtigen Zedern die regen- und schneereichen Westhänge des Gebirges. Doch schon zu spätantiken Zeiten begann der Raubbau an dem kostbaren Naturprodukt Zedernholz, das wegen seiner Härte und seines wohltuenden Duftes geschätzt wurde, und leitete das Verschwinden der Zeder am Mount Liban ein. Das Wissen um die wenigen Gebiete mit Zedernbewuchs brachten schon die Reisenden vergangener Jahrhunderte mit ins Land. So beschreibt Johann Heinrich Mayr in seinem Buch von 1819 genau diesen Zedernwald, einschließlich Ausdehnung und Anzahl der Nadelbäume: In einer Viertelstunde sei er schon umwandert und seine Stämme trügen die Initialen früherer englischer Reisender. Trotz all dieses Vorwissens, das den heutigen Touristen aus unzähligen versprengten Textquellen des Internets entgegenspringt, hat sich in unseren Köpfen vor Antritt dieser Reise eine romantisierende Vorstellung eines dicht bewachsenen, ursprünglichen Waldes an den Hängen des Mount Liban gebildet. Wir sollen nicht enttäuscht werden.

Unvermittelt hält unser Fahrer und zeigt auf die graue Waschküche jenseits des rechten Straßenrandes. Für ihn scheint es selbstverständlich zu sein, was dort unterhalb des Hanges liegt. Wir wischen mit klammen Fingern die beschlagenen Autoscheiben klar. Und tatsächlich, da stehen sie, die Zedern des Herrn. Wie auf einer Schwarz-Weiß-Fotografie erheben sich aus der hellen Schneelandschaft die dunklen sanften Baumriesen. Je mehr sich unsere Augen den trüben Lichtverhältnissen des in Nebel eingetauchten Ortes anpassen, desto mehr erfassen wir die Szenerie. Wir sind überwältigt. Wohl deshalb spüren wir kaum die inzwischen auf unter 0°C gesunkenen Temperaturen. Selbst ein kleiner Zedernwald kann eine Droge sein, die langfristigen Effekte sind aber weniger gravierend, sie steigern nur das Verlangen, dieses beispiellose Fleckchen Erde wiedersehen zu müssen. Dosis-Wirkungsbeziehung.

Wir passieren ein Kassenhäuschen, das von vier palavernden, jetzt ob der schlechten Witterung zur Untätigkeit verdammten Männern besetzt ist. Die Eintrittskarten kosten nicht viel und werden mit großer Theatralik überreicht. Das Areal ist umfriedet, da das Wäldchen streng geschützt und Teil des UNESCO-Welterbes ist. Nach wenigen Treppenstufen beginnt ein gut ausgebauter und gesicherter Pfad. Wir sinken tief in die fruchtbare rote Erde des Weges ein, die durch die einsetzende Schneeschmelze matschig geworden ist. Zu beiden Seiten türmen sich die Schneemassen hüfthoch auf. Wenige Nadeln, die von den nur sehr langsam wachsenden Zedern spärlich und fast widerwillig abgeworfen werden, liegen auf der weißen Fläche verstreut wie kleine Insekten. Einige Zedern wurden ihrer größten und somit ältesten Äste durch menschlichen Zugriff beraubt. Als wir den Wald verlassen, wird der Ranger im Häuschen Zeuge unserer Diskussion über den seltsamen Beschnitt einiger Exemplare im Wäldchen. In gutem Englisch schaltet er sich fachmännisch ein: »Diese rigorosen Maßnahmen mussten ergriffen werden, um die Bäume zu erhalten«.

»Warum?«.

»Weil eine Pilzart wegen der schneearmen und viel zu trockenen Winter der letzten Jahre der Zeder arg zugesetzt hat. Dieser Baum kann tausende Jahre alt werden. Zwei Exemplare sollen über 6000 Jahre alt sein«, sagt der ältere Herr voller Eifer. In dem Wissen, dass neuere Untersuchungen von einem weitaus geringeren Alter ausgehen, lassen wir seine Aussage stehen.

Wir treten aus dem göttlichen Hain und kehren auf den irdischen Dorfweg zurück, auf dem inzwischen das Wasser in Rinnsalen den Weg ins *Qadisha*-Tal sucht. Wie übermütige Kinder springen wir über unzählige Pfützen. Zu beiden Seiten der Straße reihen sich Blechhäuschen wie Schießbuden auf einem Jahrmarkt aneinander. Die meisten sind aufgrund der Jahreszeit noch geschlossen. In einigen der geöffneten werden die üblichen Libanon-Souvenirs, Schlüsselanhänger, Magneten und Postkarten feilgeboten, während andere versuchen, ihre Kunden mit Schnitzereien aus Zedernholz anzulocken.

»Lass uns die Schnitzarbeiten ruhig mal ansehen«, schlägt Anna vor. »Als Kind bin ich in den ersten zehn Jahren mit meinen Eltern jedes Jahr ein- bis zweimal nach Sankt Johann in Südtirol gefahren. Dort gab es einen »Schnitzer«, wie wir Kinder ihn nannten, ein wortkarger, aber freundlich blickender Mann, der uns jedes Mal ein kleines Holzfigürchen schenkte. Mein Bruder und ich liebten es, ihm einige Stunden bei seiner mühevollen Arbeit zuzusehen, so dass wir der Wanderpause in seiner urigen, nach Holz duftenden Werkstatt immer entgegenfieberten.«

Woher hier die Käufer für diese Andenken kommen sollen, bleibt ungewiss, denn wir sind die einzigen Touristen weit und breit. Unterhalb einer mächtigen alten Zeder werden wir von einem freundlich lächelnden Herrn, der sich später als Samir aus Bischarre vorstellt, an seinen Stand gewinkt.

»Wo kommt Ihr her?«.

»Aus Münster in Deutschland«, antworten wir im Chor. Der Auftakt eines Gespräches, wie man ihn in jedem touristisch erschlossenen Teil der Erde erleben könnte. Ein Lachen geht über sein Gesicht. »Ich kenne Deutschland sehr gut«, erwidert er. Diesen Satz hört man sehr oft im Libanon. Aber dann wird das Gespräch schnell persönlich.

»Woher kennen Sie Deutschland so gut?«, möchte Uwe wissen.

»Mein Sohn studiert an der Freien Universität in Berlin Ingenieurwissenschaften und möchte dort seinen Abschluss machen«.

»Wird er denn nach dem Studium wieder zurückkehren?«

In Tripoli haben wir erfahren, dass inoffiziellen Angaben zufolge viermal mehr Landsleute außerhalb der Grenzen des Libanon leben. Gründe für einen Verbleib im Ausland gab und gibt es genug. Samir hebt die Hände vielsagend zum Himmel, »Er möchte schon in seine Heimat zurückkommen, aber die Jobs im Libanon sind rar und die wirtschaftliche Lage ist derzeit schlecht. Gott allein weiß, wie es hier weitergehen wird«. In seinen Worten schwingt der ewige Optimismus der Libanesen. Wir beschauen jetzt genauer die dargebotenen Waren seines Standes. Unserem Einwand, dass es kaum noch Zedern im Libanon geben müsste angesichts der vielen geschnitzten und gedrechselten Produkte, begegnet er mit den Worten, dass viele der Händler in der Tat gefälschte Erzeugnisse aus Kiefern- oder Kirschholz feilböten. Er ergreift kurzerhand einen hölzernen Schlüsselanhänger und brennt mit einem erhitzten Lötkolben in Sekundenschnelle Annas Namen kunstvoll darauf.

»Ein Geschenk für Dich«, sagt er und übergibt sein kleines Kunstwerk. Er umfasst freundschaftlich unsere Schultern.

»Ihr müsst nichts kaufen, aber schaut Euch nur in Ruhe meine Waren an. Sie sind alle aus echtem Zedernholz gefertigt. Riecht daran. Der Duft der Zeder ist unverwechselbar. Er hilft auch bei asthmatischen Beschwerden und Rheuma. Ihr könnt das Holz im Raum bei Euch zuhause aufhängen«, erläutert er und hält uns eine aus einer Baumscheibe geschnitzte Zeder vor die Nasen. Wir atmen tief ein und möchten seinen Worten gerne Glauben schenken. Es mag an unseren bisher ausschließlich positiven Erlebnissen im Libanon, dem erlebnisreichen Tag im *Qadisha*-Tal oder den warmherzigen Worten Samirs liegen, irgendwie wirkt der Duft schon in uns, denn wir erwerben für 10 Dollar eines der kleineren Schnitzwerke mit den stilisierten Umrissen unseres Reiselandes.

»Wo seid Ihr gerade untergebracht?«, fragt uns der Künstler beim Einpacken unseres Mitbringsels.

»Wir wohnen derzeit in Douma«, erzählt ihm Anna und verschweigt auch nicht die beträchtlichen Kosten für eine Übernachtung. Seine Augen weiten sich.

»Ihr könnt bei mir für 20 Dollar pro Nacht eine Unterkunft bekommen.« Wir freuen uns über sein gut gemeintes Angebot und entgegnen höflich, darüber nachdenken zu wollen. Dann verabschieden wir uns von Samir, der in unseren Gedanken unweigerlich mit diesem Tag und Ort verbunden sein wird.

Nur wenige Meter weiter findet unser Spaziergang ein Ende. Ein Wald aus Schildern weist auf nahegelegene Restaurants, Herbergen und Resorts des winzigen Ski- und Wandergebiets hin. Sie alle bewerben ihre Dienste mit der Zeder im Namen und hoffen dadurch vielleicht auf mehr zahlende Kundschaft. Der immer dichter werdende Nebel stoppt unsere Ambitionen auf eine weitere Erkundung der Umgebung. Die Weiterreise über den *Bekaa*-Pass in die hinter dem Mount Liban gelegene fruchtbare Ebene findet hier und heute aufgrund der schlechten Witterung sowieso ihr Ende.

Der Regen ist inzwischen auf unserem Rückweg nach Douma zum ständigen Begleiter geworden und peitscht unbändig an die Scheiben des Wagens. In Hadath biegen wir Richtung Tannourine ab. Die Straße klettert, als wir uns den Hängen des Mount Liban nähern, stetig nach oben. Als wir kurz vor Harissa das Zedern-Naturreservat streifen, setzen unerwartet starke Hagelschauer ein. Das Grün der Berghänge und Wiesen ist dem Weiß einer geschlossenen Schneedecke gewichen. Aus unseren Gesichtern weicht zunehmend die Zuversicht. Es blitzt aus schneegeladenen Wolken, das schwarze Band der Straße ist inzwischen komplett verschwunden und die Sicht beträgt weniger als fünf Meter. Der Winter hat uns wieder. An den Schweißperlen auf Robins Stirn ist zu abzulesen, dass er seinen Sommerreifen die Abfahrt nach Tannourine nicht zutraut. Wir haben unterdessen den höchsten Punkt der Strecke erreicht. Der Schnee liegt knöcheltief auf dem Weg! Unser Fahrer bedeutet uns, dass wir wegen des Schneesturms im Auto übernachten müssen, wenn wir nicht sehr schnell die Höhe verlassen können. Welche Warnungen haben uns aus dem Freundes- und Familienkreis auf diese Reise nicht begleitet? Wer hätte gedacht, dass die Gefahren auf diesem Pass und nicht an der syrischen Grenze lauern? Robin muss unser Entsetzen bemerkt haben, denn er gibt alles und schlittert weiter im Stop-and-Go die Serpentinen hinunter. Nach einer gefühlten Ewigkeit wird aus Schnee Matsch, aus Matsch Regen. Die Stimmung im Auto wird merklich besser. In Douma lacht die Sonne schon wieder. Frühlingslaunen am Mount Liban.

MITTE BEIRUT – Kämpfer und Leuchttürme an der Damaskus Street

Ich hupe, also bin ich

Es ist Abreisetag. Zwei Fahrer stehen vor der Tür. Einer von ihnen erwartet zwei Deutsche, die er nach Byblos fahren will aber da wollen wir nicht hin. Der andere möchte irgendwen nach Beirut fahren, weiß aber nicht, welcher Nationalität sein Kunde ist. Schließlich klärt sich alles auf. Die zwei erwarteten Deutschen sind ein schwules walisisch-irisches Pärchen und wir sind die Menschen ungeklärter Herkunft, die nach Beirut gebracht werden sollen. Afif, ein betagter, schmalgesichtiger Herr mit breitrahmiger schwarzer Hornbrille vor munteren Augen spricht nur Arabisch und ein bisschen Französisch. Als erste Amtshandlung holt er einen Schwung CDs hervor, die er wie ein Kartenspieler in seiner Hand auffächert. »Allemand?«, fragt er. Wir bejahen. Zielsicher greift er nach Bonnie M., die uns dann, einschließlich Jingle Bells, für die gesamte Fahrt in Dauerschleife begleitet. Dazu hupt er reflexartig in jedweder Situation. Er beherrscht die gesamte Klaviatur dieser Form der Straßenmusik.

Über die Hintergründe des Hupens stellen wir im Laufe der Fahrt mehrere Thesen auf und entwickeln sechs Kategorien:

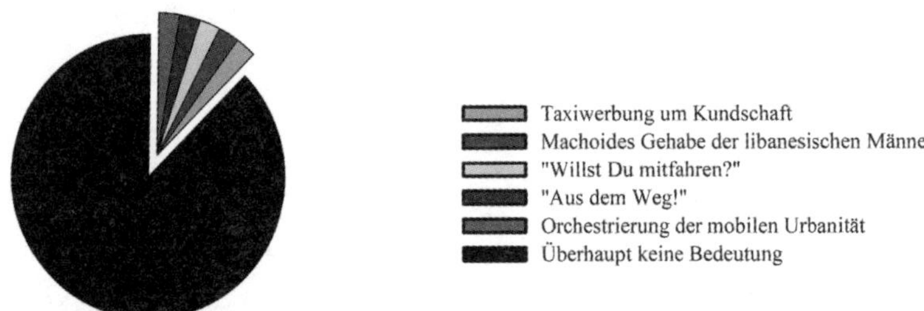

Serpentinenreiche Straßen führen höher in die Berge; wir fahren über kleine Dörfer, vorbei an Steinbrüchen und Steinmetzbetrieben. Unser Fahrer verlässt sich nicht nur auf sein Handy, auf dem er google maps aufgerufen hat, er klammert sich förmlich an sein Mobiltelefon und lässt es auch in den schärfsten Kurven nicht aus den Augen, sondern dreht es, deren Verlauf entsprechend dicht vor seinen Augen mit. Trotzdem kommen wir für unser Dafürhalten immer weiter ab von der Richtung, in die es eigentlich gehen müsste. Wie aus dem Boden gewachsen, erscheint vor uns ein Steinmetzbetrieb am Ende einer Sackgasse. Afif ist aufgeregt, er starrt auf sein Handy und wendet dann unwirsch. Als nächstes hält er vor einem kleinen unscheinbaren Weingut, das aus einem modernen Betonbau in der Größe eines Einfamilienhauses und einer überschaubaren Anzahl von Terrassen mit Weinstöcken besteht. Seine Augen blicken hastig vom Handy zum Horizont hin und her. Irgendwo auf den kurvenreichen Bergstraßen muss er sich verfahren haben. Nur wo? Wir verlassen das Auto, um uns kurz die Beine zu vertreten. Afif scheint darüber sehr erleichtert und läuft in strammen Schritten zielstrebig auf einen Weinberg zu. Dort steht er nun mit Blick ins Tal und beginnt umständliche gymnastische Übungen auszuführen. Wir können uns ein Lachen nicht verkneifen. Mit ernster Miene kommt er zu uns zurück. »Pour coeur, fürs Herz«, sagt er zufrieden und bedeutet uns, wieder im Auto Platz zu nehmen. Wir sind nicht sicher, ob er den Weg zu unserer nächsten Unterkunft in Beirut überhaupt kennt und telefonieren mit seinem Chef in der Zentrale. Der spricht – Gott sei Dank – Englisch und versichert uns, dass Afif wisse, wo er hinmüsse. Von dem Steinmetzbetrieb und dem kleinen Weingut in den Bergen sagen wir lieber nichts. Afif spricht ausführlich mit der Leitstelle und seinem konzentrierten »Aha« entnehmen wir, dass er Wegbeschreibungen auf Arabisch erhält. Jedenfalls gelingt es ihm, die Schnellstraße nach Beirut zu finden. An ihr reihen sich immer wieder die gleichen Gewerbe aneinander: Autoreparaturwerkstätten, Fitnessstudios, Imbissbuden, Obst und Gemüsestände. Zwischendurch kann man Reste der abgerissenen Zugstrecke, Stahlkonstruktionen und monströse Betongerippe erkennen. Der Abschnitt zwischen Straße und Strand, der eigentlich schönste Riviera sein sollte, ist chaotisch und lässt dem Auge keine

Ruhe. Eine Kranvermietung liegt neben einer Schotterhalde, Autoreifen lagern neben Müll. Die ausgedehnte Bucht zwischen Jounieh und Beirut ist mit Häusern gleich Dominosteinen bebaut. In Fahrtrichtung erhält man einen atemberaubenden Blick auf die *Corniche* und Skyline von Beirut. Die Küstenstraße ist mit Beach Resorts gesäumt, von denen nur wenige westlichem Standard entsprechen. Wir fahren auf dem letzten Stück der Schnellstraße, das bis nach Beirut hineinführt. Eine Blechlawine wälzt sich mal fünf-, mal siebenspurig im Schneckentempo Richtung Zentrum. Schlussendlich, wir glauben es selbst kaum, sind wir da.

Ein fremdes Leben

Achrafieh. Selim Bustros Street. Ein Vorkriegsbau. Im Erdgeschoss stehen fünf unterschiedliche Firmen auf einem Schild. Ob sie alle dort ein Büro oder nur einen Briefkasten haben, wissen wir nicht. Darüber unscheinbar ein einziger Name: Azaar. Das muss Jamil sein, bei dem wir für die nächsten Tagen unterkommen. Auf unser Klingeln öffnet sich die schwere gusseiserne Tür und wir steigen die Treppen hoch. In der ersten Etage ist das Schlüsselloch so groß, dass man eine Faust hindurchstrecken kann; die Wohnung ist unbewohnt. In der dritten Etage schließlich öffnet uns ein sympathischer Herr fortgeschrittenen Alters mit einer schwarzgeränderten runden Brille die Tür und stellt sich warmherzig als Jamil vor. Wir betreten ein in die Jahre gekommenes, großes Wohnzimmer, das mit orientalischen Teppichen ausgelegt ist. Die Wand zieren Nachbildungen von Mosaiken aus Bagdad, davor Sechziger-Jahre-Möbel voll mit Nippes. Von den mit floralen Mustern bemalten Decken hängen Kronleuchter. Die Balkontür ist geöffnet; ein kühler Wind weht durch den Raum, der wie ein Museum erscheint. Jamil bietet uns Tee an und kann seine Augen nicht von Johann lassen. Er nennt ihn einfach Jonathan und wird nicht müde, ihn mit »Hello, hello, hello, yes Jonathan« anzusprechen. Er erzählt uns von seinem Neffen, der in Kanada lebt und ebenfalls gerade ein Kind bekommen hat. Sein Verwandter wird in ein paar Tagen, nach unserer Abreise, zu Besuch eintreffen. Unser Zimmer ist schlicht, mit viel rotem Dekor eingerichtet und geht auf eine Loggia hinaus, die derart mit Topf- und Hängepflanzen begrünt ist, dass man sich den Ausblick fast freischieben muss. Von der Straße hallt der Lärm nach oben. Die gegenüberliegende Häuserfront beherbergt im Parterre einen Blumenladen, der mit Kunstblumen seine Kunden anzulocken versucht. Zu beiden Seiten des Hauses wechseln sich schwindelerregend hohe Neubauten mit Altbauten aus den 30er Jahren ab. Die Nacht fällt auf diesem Breitengrad schnell über das Häusermeer herab, aber Ruhe will sich in der schmalen Durchgangsstraße nur schwer einstellen. Dafür sind jetzt einzelne Stimmen zu hören, die am Tag durch das Pochen und Hämmern des Autoverkehrs übertönt werden. Zwei ältere Herren gestikulieren an einem Hauseingang, aus einem Fenster ertönt leise klassische Musik und eine Gruppe junger Männer versucht den Autoverkehr durch lautes Schimpfen und Fluchen zu regeln. Wer soll bei diesem Getöse hinter den klapperigen Fenstern spartanischer Bauart seine Nachtruhe finden? Wir liegen Stunde um Stunde wach, zumal das Röhren übermotorisierter Porsche und das ewige Knattern der Mopeds die Ruhesuchenden nicht verschont. Irgendwann werden wir dann aber doch vom Schlaf übermannt.

Am nächsten Morgen erwartet uns nicht nur ein typisch libanesisches Frühstück aus Fladenbrot, *Labneh*, *Za'atar* und Orangensaft, sondern auch ein höchst gesprächsbereiter und auf Gesellschaft wartender Gastgeber, der am Kopf des Frühstückstisches thront. Obwohl wir uns die Unterkunft über ein spezialles Internetportal gerade deshalb ausgesucht haben, weil wir mit Ortsansässigen und Zeitzeugen ins Gespräch kommen wollen, sind unsere Zungen im Gefühl der halb durchwachten Nacht etwas schwer. Das macht nichts, denn Jamil ist bereit, auch ohne unsere aktive Beteiligung über sein Land, dessen Politiker und dessen Bevölkerung zu sprechen, als er unser Interesse spürt.

»Das Problem unseres Landes ist, dass wir nur der Ball in einem großen Spiel sind und selber nicht Spieler«, sagt er, und meint damit vor allem die USA und den Iran. »Der Libanon, isoliert betrachtet, ist kriegsmüde. Alle Menschen möchten hier friedlich zusammenleben. Aber von außen wird an uns gezerrt und die Politiker lassen sich in die Interessenkonflikte hineinziehen. Sie sind sowieso korrupt. Korruption ist eines unserer größten Probleme.« Ein Schatten fällt über sein Gesicht. »Ich habe nie den Beruf ausüben können, für den ich studiert habe. Als ich vor dem Krieg ins Ausland geflohen bin, musste ich andere Jobs machen. Dieser lange Krieg hat mir den Großteil meines Lebens, wie ich es mir mal erträumt hatte, genommen. Jede Familie hatte Verluste zu beklagen. Ich bin der einzige meiner Familie, der überhaupt wieder hier lebt. Beirut vor und nach dem Krieg – kaum vergleichbar.« Er klingt bitter und traurig. Es ist nicht das erste Mal, das ein Herr der Generation, die das Land noch vor dem Krieg kannte, so redet. Auch Ali in Tripoli war von der gleichen Sehnsucht nach dem Libanon seiner Kindheit befallen. Wir überraschen Jamil mit der Ankündigung unseres Tagesprogrammes. Nein, wir haben kein Museum und kein libanesisches Restaurant auf unserer Agenda, sondern bloß einen ausgedehnten Spaziergang entlang der Damascus Street.

Die andere grüne Grenze

Während der meisten Jahre des Bürgerkrieges zwischen 1975 und 1990 folgte die sogenannte Grüne Linie dem Nord-Süd-Verlauf der Damascus Street, vom Platz der Märtyrer im Norden aus acht Kilometer bis in den Süden Beiruts. Ursprünglich war es die Demarkationslinie zwischen Christen im Osten und Muslimen im Westen. Aber im Verlaufe des Krieges trennte die Damascus Street auch Sunniten von Schiiten. Der ganze Krieg war geprägt vom Versuch der verschiedenen Gruppen, einer Identität auch ein Stück Boden, ein Stück Heimaterde, zuzuordnen und die Identität damit zu sichern. Eine »grüne« Linie wurde die Damascus Street im Endeffekt durch die Aufgabe der Häuser und den Einzug der Natur auf diesem gefährlichen Streifen.

»Das erinnert mich an die Situation an der alten Zonengrenze zwischen der DDR und der BRD«, meint Uwe.

»Inwiefern findest Du das vergleichbar?«, fragt Anna zweifelnd.

»Hier an der Damascus Street wollte zwar niemand die »Grenze« überqueren, aber beide Lager standen sich wie die politischen Systeme von Ost und West unversöhnlich gegenüber. Beide Grenzen zu überqueren, war ein Spiel auf Leben und Tod. Dennoch wagte mein Vater Anfang der fünfziger Jahre mehrmals mit seiner Mutter den Weg durch den unwegsamen Harz in den Westen, um seinen Vater in Dortmund zu besuchen.«

Heute ist die Gegend rechts und links der Damascus Street ein gutbürgerliches Viertel mit dem typischen Mix aus Wolkenkratzern, Häusern der 30er Jahre und wenigen Stadthäusern aus osmanischer Zeit. Auch wenn das Stadtbild im Vergleich zu den neunziger Jahren durch flächendeckende Sanierungen und Neubauten optisch wieder an Normalität gewinnt, so ist es doch immer noch von den zahlreichen Ruinen, Baustellen und der Uneinheitlichkeit der Bebauung geprägt.

Wir biegen auf die Damascus Street ein und müssen zunächst auf der vielbefahrenen Straße laufen, denn der Bürgersteig ist mit noblen Autos zugeparkt. Neben einem gemütlichen Café steht ein Haus mit Einschusslöchern. Ein Balkongeländer ragt wie ein abgerissener Arm heraus. Alte, zerstörte Häuser neben Neubauten. Die jüngere Geschichte der Kriegsjahre ist zwar nicht mehr allgegenwärtig, aber noch gut sichtbar. An einer Straßenkreuzung liegt *Beit Beirut*, das »Haus Beiruts«. In den 20er Jahren wurde das architektonische Kleinod aus ockergelbem Sandstein von Yusuf Aftimos für die Familie Barakat errichtet. Indem der Architekt, der bereits für Sultan *Abdulhamid II.* gearbeitet hatte, einen Schacht in der Mitte des Gebäudes frei ließ, erreichte er, dass beinahe jeder Raum auf zwei Straßen blickte. Die Cocktailempfänge bei den Barakats waren legendär. Hier traf sich die High Society. Auch die Hochzeit von Paul Barakat sollte am 14. April 1975 ein rauschendes Fest in diesem einzigartigen Stadthaus werden – genau einen Tag nach dem »Bus-Massaker«, das heute als der Beginn des Bürgerkrieges im Libanon betrachtet wird. Viele der Gäste konnten aufgrund des Gewaltausbruchs in den Straßen nicht teilnehmen und Pauls Braut heiratete in einem Kleid, das für eine Brautjungfer vorgesehen war, weil es nicht mehr möglich war, die Straßen bis nach Jounieh zu befahren, um ihr prächtiges Brautkleid abzuholen. Schon acht Wochen später waren die Straßenkämpfe so heftig, dass die Barakats für immer ihr schönes Haus verließen. Es wurde aufgrund seiner besonderen Architektur und der vielen Fenster zur ersten Adresse für Scharfschützen und diente ihnen mit seinen 24 »Schießscharten« fünfzehn Jahre lang als todbringendes Versteck. Heute ist es ein Museum, leider mit willkürlichen Öffnungszeiten. Das Haus ist innen wie außen über und über mit Bürgerkriegsnarben übersät. Man schaut auf hunderte, wenn nicht tausende Einschusslöcher. Wäre das Haus eine Theaterkulisse, würde man meinen, die Bühnenbildner hätten es mit der Anzahl der Löcher arg übertrieben. Aber die Realität und Authentizität der Zerstörung lässt nur umso mehr erahnen, welche brutalen barbarischen Zeiten die Damascus Street gesehen hat. Betrachtet man alte Fotos dieser Gegend, stellt man fest, dass in den achtziger und neunziger Jahren beinahe alle Häuser hier so aussahen. Das Haus könnte ein eindrückliches Mahnmal für die junge Generation sein, für die jetzt Unter-Dreißigjährigen, die keine Erinnerungen mehr an diese schreckliche Epoche des Libanon haben. Es ist zu hoffen, dass der Gouverneur, dem das Museum untersteht, einen regelmäßigen Betrieb für Ausstellungen aufnimmt, damit das Grauen nicht vergessen wird.

Ein paar Schritte weiter flüchten wir uns vor den Eindrücken und der hellen Sonne in eine Filiale der Imbisskette Marrouche. Auf den sechs Quadratmetern arbeiten vier Männer. Außer der Theke und einem Kühlschrank mit Lipton Ice Tea, 7up und Pepsi gibt es kein Interieur. Während wir stehend auf unsere Hähnchen- und Kebbeh-Sandwiches warten, spricht der Kassierer uns an.

»Kommt ihr aus Deutschland?« fragt er. Wir nicken. »Wie hat Deutschland es geschafft, sieben Millionen syrische Flüchtlinge aufzunehmen?«, fragt er unvermittelt, ohne dem Gespräch den üblichen Smalltalk-Vorspann zu gönnen. Fast beschämt geben wir zu, dass es nicht sieben Millionen, sondern etwa ein Zehntel davon seien und damit gerade mal halb so viele wie der Libanon aufgenommen hat. Das Flüchtlingsthema in seinem Land liegt ihm offenbar sehr am Herzen.

»Das Stadtbild hat sich wegen der vielen syrischen Flüchtlinge überall verändert. Ihre Anwesenheit ist für uns nicht gut.«

»Warum nicht?«

»Sie machen unsere Arbeit für weniger Geld. Viele Libanesen sind aus diesem Grund schon arbeitslos geworden.«

Wie vielen anderen bereiten ihm die 1,5 Millionen syrischen Flüchtlinge Sorgen, weil sie mit der arbeitenden Unterschicht um die gleichen Jobs konkurrieren. Diese Sorge hat auch Robin, unser Fahrer, geäußert. Die Syrer dürfen hier arbeiten, sprechen Arabisch und drängen auf den Arbeitsmarkt. Wie es der Zufall will, bekommen wir einige von ihnen auf der großen Kreuzung direkt gegenüber dem Imbiss zu Gesicht. Eine ganze Familie hält sich mitten auf der Damascus Street auf und versucht, Taschentücher an die Fahrer anhaltender Autos zu verkaufen. Auf dem Mittelstreifen sitzt eine Mutter mit Säugling, der in Decken gewickelt ist. Drei Kinder im Vorschulalter springen zwischen Mittelstreifen und Fahrbahn hin und her, als hätten sie nie von den Gefahren des Straßenverkehrs gehört. Während der zehn Minuten, in denen wir unsere Sandwiches essen, kauft ihnen niemand etwas ab. Obwohl wir nur fünf Meter von ihnen entfernt sitzen, kommen wir offenbar als Kunden nicht in Frage. Sind wir als Touristen auf der Durchreise erkennbar? Hält unser Baby in Annas Armen die Flüchtlinge davon ab, uns anzusprechen? Ist die Kraft zur bloßen Überquerung der Straße nicht groß genug? Wir werden es nie erfahren. Doch die Bilder dieser Begegnung bleiben in unseren Köpfen hängen und wirken nach. Das Flüchtlingsthema hat seit dem Beginn des Bürgerkrieges in Syrien nicht nur die Gemüter im Libanon, sondern in ganz Europa beschäftigt. Wir Deutsche ringen noch immer mit den sozialen und ökonomischen Folgen der Flüchtlingsströme des Sommers 2015 und suchen verzweifelt nach dem goldenen Weg einer erfolgreichen Integration. Der Begriff der Willkommenskultur verkam mit dem politischen Versagen und dem Aufkeimen rechtsextremistischer Kräfte mehr und mehr zum Unwort. Darunter verschlossen sich zunehmend die Herzen der Deutschen vor dem Leid der syrischen Flüchtlinge. Als einem von 50.000, die im Sommer 1989 aus der ehemaligen DDR über die ungarisch-österreichische Grenze in die Bundesrepublik geflüchtet sind, geht Uwe die Situation der Syrer besonders nahe. Auch damals folgte der ersten Euphoriewelle unter den Eindrücken des Mauerfalls eine langanhaltende Katerstimmung. Die Ressentiments und teilweise offenen Anfeindungen in den 90er Jahren trotz gelungener »Ost-West-Integration« sind Menschen mit DDR-Biographie durchaus noch im Bewusstsein.

Vergessenes Leuchten im geheimen Garten

Entlang der Green Line laufen wir Richtung Nordosten. Irgendwo hier in einer kleinen Parallelstraße zur Damaskus Street soll das Corm House stehen. Charles Corm, das war nur ein Name unter vielen, der bei unserer Recherche unter dem Wikipedia-Eintrag »Libanesische Persönlichkeiten« gelistet war. Aus der Fülle religiöser Führer und Politiker stach er jedoch hervor, trug er doch den Zusatz »Industrieller, Dichter, Philanthrop«. Das klang faszinierend und so kam es, dass wir über den wegweisenden Erbauer dieses Hauses, den großen libanesischen Humanisten und Philanthropen Charles Corm, eine Beachtung verdienende Biographie lasen, die uns tief in das Leben der libanesischen Intellektuellenschicht der Vorkriegsjahre eintauchen ließ.

Mobile Daten mit deutschem Handy im Libanon sind nicht bezahlbar und so laufen wir auf der Suche »old school« mit Faltkarte durch die Seitenstraßen der Damascus Street in der Nähe der St. Joseph University und des Lyceé franco-libanaise. Nachdem wir drei Beiruter vergebens nach dem Corm Building gefragt haben – offensichtlich kann heute kaum noch jemand Karten lesen – hilft uns unerwartet ein Soldat an einem Wachposten weiter, indem er uns, unter Aufgabe der gewohnten Distanz, freundlich den Weg beschreibt. Wir folgen seiner Beschreibung. Wieder nichts. Denn das markante, stufenförmig gebaute Gebäude ist von der Seite nicht gut sichtbar, und wir entdecken es erst, als wir ihm gegenüber stehen. Wie eine Miniaturausgabe des Empire State Building mutet das früher »Maison Blanche de Beyrouth« genannte Haus von Charles Corm – in neuem weißen Anstrich strahlend – in der Frühlingssonne an. Ein Leuchten zwischen all den sandfarbenen Gebäuden. Inmitten der damals unbewohnten Seite des Beiruter Osthügels, auf den Oliventerrassen, baute Charles Corm in den zwanziger Jahren ein achtgeschossiges Haus aus Stahlbeton in der Einöde. So etwas hatte es noch nie gegeben. Die Einwohner Beiruts, die bis dahin nur Stein und Mörtel gekannt hatten, hielten das Gebäude für einen Auswuchs der Exzentrizität Corms. Einst erstreckte sich der Park um das Gebäude sogar bis zur Damascus Street, damals die Hauptverbindung zwischen

Damaskus und Beirut, zwischen ländlicher Provinz und Hafenstadt mit Blick nach Europa, eine Landbrücke zwischen Ost und West. Es war kein Zufall, dass Corm sein Haus wie einen Leuchtturm an diese Verbindungsstrecke setzte. Eine naheliegende Assoziation, denn das Haus wurde bei Nacht angestrahlt. Im imposantesten Gebäude der Beiruter »Skyline« wurden nicht nur die Geschäfte des ersten und einzigen Fordhändlers der Levante abgewickelt. Hier schriftstellerte er und organisierte Wohltätigkeitsveranstaltungen. Sein Haus wurde über Landesgrenzen hinaus zum bekannten Treffpunkt und zur intellektuellen Ideenschmiede. Mehr als dreißig Jahre lang hielt Charles Corm wöchentliche »Amitiés Libanaises«, regelmäßige Treffen in seinem Wohn- und Geschäftshaus ab, die selbst F. Scott FitzGerald anzogen, sowie auch israelische Intellektuelle und Dichter. Trotz der brodelnden Animositäten zwischen Muslimen und Juden war in den humanistischen Zirkeln, die bei Charles Corm verkehrten und politischen, ethnischen, religiösen, kulturellen und nationalen Grenzen keine Beachtung schenkten, Platz für jeden. In diesem intellektuellen Schutzraum entstanden in anderen Zusammenhängen undenkbare Freundschaften, wie zum Beispiel zwischen dem arabischen Nationalisten und libanesischen Autor Amin Rahini und dem jüdisch-israelischen Diplomaten Eliahu Epstein (später Eilat). Für Intellektuelle, Künstler und Persönlichkeiten des öffentlichen politischen und kulturellen Lebens waren diese Treffen bei Corm ein ausgemachtes Reiseziel.

Vor dem Hintergrund der angespannten Lage im Nahen und Mittleren Osten in den letzten Jahrzehnten ist Charles Corm in unseren Köpfen die Personifizierung dessen geworden, was im Libanon auch hätte entstehen können als Vorbild für die gesamte Region: Ein liberales, aufgeklärtes, tolerantes, pazifistisches Land, das aller »Orthodoxie« und allem Fundamentalismus trotzt, dessen Volk sein humanistisches Gesicht bewahrt und sich auf seine phönizischen Wurzeln besinnt. Denn in Charles Corms Augen waren das phönizische Erbe und die ihm immanente Idee des Umgangs mit der Menschheit sehr wertvoll. Der Poet Jean Lois Vaudoyer hat die Phönizier einmal so beschrieben: »Die Phönizier dominierten alle Meere, sie etablierten ihre Handelsposten entlang all der feinsten Küsten.

Sie kamen, sie gingen, sie kamen wieder. Aber sie sind dabei niemals verroht, haben niemals kolonisiert, und niemals andere Völker unterworfen. Sie haben die Welt durch kulturelle Verführung erobert. Sie waren Seefahrer, Lehrer, Händler, Propheten und Poeten. Sie waren pazifistisch, vielseitig, anpassungsfähig und elegant.«

Charles Corm hatte einen Libanon in der Tradition dieses Volkes vor Augen und sein ganzes Leben zeugt von seinem Humanismus, seiner Offenheit und Menschenliebe. Wir stehen voller Ehrfurcht vor dem Haus dieses einzigartigen Mannes, das bis 1968 der einzige Wolkenkratzer in Beirut blieb, und das aufgrund seiner Bauweise sogar das große Erdbeben im Jahr 1956 überstand, das große Teile Beiruts in Schutt und Asche legte. Nur innen hat es in den folgenden Kriegsjahren arg gelitten. Es ist fast metaphorisch, dass ein Großteil der Bücher aus Corms Bibliothek, eine alte Stradivari und viel Mobiliar im kalten Winter 1979, als die Green Line zwischen den verfeindeten Lagern am Corm House entlang verlief, verfeuert wurde, um die Kämpfer auf beiden Seiten vor dem Kältetod zu schützen.

Unter der Klingel an der kleinen Tür links vom Haupteingang steht in Großbuchstaben CORM. Bevor Anna lange nachgedacht hat, drückt ihr Finger auch schon auf den Knopf. Wahrscheinlich wird die Tür sowieso verschlossen bleiben, denn wir wissen, dass das Haus zumindest momentan nicht bewohnt ist. Doch schon öffnet sich die Tür und eine Frau in den Vierzigern mit blond gesträhnten Haaren und barschem Auftreten schaut uns skeptisch und überrascht, zumindest aber ein wenig genervt an.

»Hallo«, sagt Anna leise und sichtlich beeindruckt von der Erscheinung, »ich habe die Biographie von Charles Corm von Herrn Salameh gelesen und würde zu gern mal das Haus sehen.« Bei diesen Worten löst sich schlagartig die versteinerte Miene der Frau in Erstaunen und Wohlgefallen auf. »Sie haben die Biographie von Charles Corm gelesen? Wo kommen Sie her?«

»Aus Deutschland.«

»Kommen Sie rein«, sagt sie nun ihrerseits sichtlich beeindruckt, »es wird gerade alles renoviert, hier entsteht ein Kulturzentrum. Eigentlich empfangen wir keine Besucher, aber Sie können wenigstens den Garten besichtigen.«

Dankbar gehen wir durch das Haus hindurch in den Garten. Alte Bäume und üppige Büsche bilden eine weitläufige, unerwartete, rauschende grüne Oase mitten in der Steinwüste Beirut. Wir laufen über einen mit kleinen Kieselsteinen ausgestreuten Weg und versuchen uns vorzustellen, wie hier von den zwanziger bis in die sechziger Jahre des 20. Jahrhunderts die Dichter und Denker, die Politiker und Tycoons mit Drinks in der Hand wandelten und diskutierten.

»Ich gehe über den selben Flecken Erde wie Scott FitzGerald und Charles Corm«, bemerkt Anna gerührt. Wir sind gerade im Begriff ein Erinnerungsfoto zu machen, als der Cerberus des Hauses, an der Gartentür erscheint und ruft: »Der Sohn von Charles Corm möchte Sie sprechen!« Ein sportlich elegant gekleideter, älterer Herr, der Charles Corm wie aus dem Gesicht geschnitten ist, kommt aus einem büroähnlichen Zimmer auf uns zu und stellt sich als David Corm vor. Seine Erscheinung ist bestimmt und würdevoll. Er tritt als perfekter Geschäftsmann auf. Seine dunklen Augen funkeln wohlwollend, lebenslustig und neugierig den unangekündigten Besuchern seines Elternhauses entgegen. Zu unserer Überraschung spricht er uns in perfektem Deutsch an. Er bietet uns Kaffee und Kekse an, und dann sitzen wir zusammen und lauschen den offenen und klugen Worten eines Mannes, der zehn Jahre seines Lebens in Karlsruhe verbracht hat, wo er Architektur studierte und anschließend angestellt war. Er bezeichnet sie als die schönsten seines Lebens. Wenn er von Deutschland spricht, leuchten seine Augen noch mehr. Nun, in hohem Alter, ist er nicht nur ein geschätzter Architekt, der Projekte im ganzen Libanon entwickelt hat, sondern er steht gleichzeitig vor der Aufgabe, das architektonische, literarische und kulturelle Erbe seiner Familie zu verwalten.

»Jede Generation hier hatte ihren Krieg«, sagt er nachdenklich, »aber seit dem letzten sind die meisten meiner Landsleute nur am Geld interessiert; es fehlen uns die Visionäre. Mein Vater war nicht nur ein Denker und Poet, er war auch ein Realist. Er hat zu uns Kindern immer gesagt: 'Wir stammen von Kain ab, was erwartet ihr?' Aber mit einer klassischen Ausbildung, wie er und auch wir Kinder sie bei den Jesuiten erhalten durften, kann man eine Zivilgesellschaft formen. Trotzdem: Die Decke der Zivilisation ist dünn!« Herr Corm lässt durch seine Sekretärin einige Bücher für uns herbeibringen, darunter eine Geschichte des Libanon, geschrieben von Charles Corm. Die ganze Familie besitzt eine humanistische Bildung, die ihresgleichen sucht, alle schreiben und veröffentlichen und versuchen mit ihren Möglichkeiten das Erbe des Vaters fortzuführen.

»Leider sind heute nur wenige an einem intellektuellen Diskurs interessiert«, sagt David Corm, »es geht nur noch darum, was du besitzt, Apartment, Auto, Geld. So wird es uns nicht gelingen, den Libanon vorbildlich zu gestalten, aber wir geben nicht auf. Das Kulturzentrum, die Veröffentlichung weiterer Bücher meines Vaters, die Gründung einer Stiftung, all das sind Wegbereiter.« Der Bruder von David Corm und ein weiterer Geschäftsmann betreten das Haus. Vertragsunterzeichnung für das Kulturzentrum. Zeit für ein Erinnerungsfoto und eine herzliche Verabschiedung, verbunden mit der Einladung zu einem Wiedersehen, nimmt sich David Corm dennoch, auch wenn die anderen warten müssen.

Draußen auf der Straße stehen wir wieder in der spätnachmittäglichen Frühlingssonne, die jetzt den »Leuchtturm« der Corms von der anderen Seite aus erhellt. Auch wir haben Erhellung in dieser kurzen Stunde gefunden, während David Corms unaufgeregtem, unpolitischen, aber tief aus dem Herzen kommenden Plädoyer für Bildung und Humanismus. Wir sind ein wenig berauscht von den Worten dieses Zeitzeugen, der weder aus einer religiösen noch aus einer politischen Motivation heraus zu uns zu gesprochen hat. Seine Offenheit und Neugier sind unsere Inspiration. Eine Begegnung und Gespräche dieser Art sind woanders schwer vorstellbar. Doch im Libanon können sie einem zu jeder Zeit und an jedem Ort widerfahren. Wer Reisen im Sinne von Begegnungen begreift, ist hier am Ziel, wenn er unterwegs ist. Als Uwe noch ein Foto vom Corm House macht, wird sofort von Militärpolizisten in Zivil angesprochen. Nachdem er das Objekt seiner Aufnahme genannt hat, sind sie einverstanden und lassen uns ziehen. Das Fotografieren von Soldaten sowie militärischer und politischer Einrichtungen ist im Libanon verboten. Das Militär in den Straßen kontrolliert streng, ist jedoch immer zum Dialog bereit. Während unserer gesamten Zeit im Libanon sind wir im Bemühen unsere Erlebnisse festzuhalten bestimmt ein Dutzend mal angesprochen worden, aber immer war ein Foto nach dem persönlichen und erklärenden Gespräch möglich. Auch in den Reihen des mit viel Macht im Inneren ausgestatteten Militärs macht sich der vernünftige Blick für Verhältnismäßigkeit bemerkbar. So kommt es, dass die Armeepräsenz kein Unbehagen auslöst, sondern ein Gefühl des Alltäglichen.

Das große Erbe

Der Tag ist noch nicht zu Ende. Weiter geht's in Richtung Nationalmuseum, das maßgeblich von der Corm-Familie ausgestattet wurde. Eine Brachfläche neben moderner Architektur, moderne Architektur neben zerschossenen Häusern, streunende Maikätzchen und dann ein überaus gepflegter monumentaler Sandsteinbau, der das Nationalmuseum beherbergt. Wegen unseres ungeplanten Aufenthalts bei den Corms kommen wir kurz vor der Schließungszeit an. Wir spurten die großen Treppen zum Eingang empor. Ein junger Libanese, der als Security und Kartenkontrolleur fungiert, bemerkt unseren zögerlichen Blick ob der vorangeschrittenen Zeit und der lediglich verbleibenden zwanzig Minuten und ermuntert uns überschwänglich, das Museum ohne Zahlung des Eintrittsgeldes zu betreten. Er möchte, dass wir noch etwas zu sehen bekommen und verbindet das Aufhalten der Tür gleich mit einer Empfehlung der besten Exponate. Erfreut über so viel Flexibilität und Begeisterung folgen wir der Einladung und finden ein bestens ausgeleuchtetes, sehr modernes Museum vor, das die Ausstellungsstücke sehr gekonnt und stilvoll in Szene setzt. Beim Hinausgehen freut sich der junge Mann über unsere leuchtenden Augen. »Did you learn something interesting?«, fragt er uns erwartungsvoll. Wo anfangen, wo aufhören?

Bildung hat eine lange Tradition im Libanon. Vor 1860 hatten das Gebiet des Libanongebirges und Beirut ein System christlicher Grundschulen, das im gesamten osmanischen Nahen Osten seinesgleichen suchte. Zwischen 1860 und 1890 entwickelte sich das Bildungssystem durch die Etablierung weiterführender Schulen und Universitäten rasant weiter. Der Großteil der Bildungsgrundlagen und des Fortschritts ging auf die maronitischen und griechisch-orthodoxen Schulen und französische Missionare, vorwiegend Jesuiten und Lazaristen, zurück, während der Zugang der Muslime zur Bildung durch osmanische Grundschulen erst seit Mitte des 19. Jahrhunderts möglich war. Im Jahre 1890 besuchten mehrere zehntausend Schüler aus dem gesamten Gebiet des heutigen Libanon christliche Schulen.

1866 hob Daniel Bliss, ein Amerikaner, das syrisch-protestantische College, heute die American University of Beirut, aus der Taufe. Die Gründung dieser ersten »Mini-Universität« spornte die französischen Jesuiten 1881 an, eine Parallelinstitution zu etablieren, die L' Université Saint-Joseph, die 1888 sogar die erste medizinische Fakultät des modernen Libanon eröffnete. Auf unserem Rückweg vom Nationalmuseum laufen wir nicht nur am Gelände des heutigen medizinischen Campus an der Damascus Street vorbei, sondern erfahren auch, dass an der gleichen Straße bereits mit einem Neubau des medizinischen Campus begonnen wurde, der eine Medizinerausbildung auf höchstem Niveau sichern soll. Wer darf hier studieren? Verbleiben die Absolventen im Land? Uwe würde – als ein in der Medizin tätiger Hochschullehrer – gerne mehr über das Studium an dieser Fakultät erfahren. Die Universität hat immer ein Auge nach Europa gerichtet und seit 2003 das ECTS-System der europäischen Hochschulen (European Credit Transfer System zur Vereinheitlichung der Studiengänge), das im Rahmen des Bologna-Prozesses eingeführt wurde, etabliert. Auf dem Campus befindet sich mit dem »MIM« eine der neuesten wissenschaftlichen Erfolgsgeschichten des Libanon. Das Museum beherbergt seit 2013 eine der größten privaten Sammlungen von Mineralien und Fossilien weltweit. Sein Gründer, Salim Eddé, hat wie die Gründungsväter der Universität sein Leben lang nach Europa geschaut. Er hat einen Ingenieursabschluss an der École Polytechnique in Frankreich erworben und betreibt heute mit der Murex-Gruppe die zweitgrößte Software-Firma Frankreichs. Uwe ist fasziniert.

»Ich möchte unbedingt in das Museum und mit eigenen Augen sehen, was Salim Eddé an Exponaten auf der riesigen Ausstellungsfläche aus der ganzen Welt zusammengetragen hat.«

Anna ist zögerlich und verwundert.

»Meinst Du wirklich? Wir haben so viel auf der Agenda und sind doch jetzt wirklich nicht zum Mineralienbestaunen hierher geflogen.«

»Na, du weißt ja, dass ich beinahe Geologe geworden wäre. Das ergibt sich fast zwangsläufig, wenn man in einer Bergstadt aufwächst und Geologen zum Freundeskreis der Eltern zählen. In Freiberg stößt man gewissermaßen mit jedem Schritt auf untersuchungswertes Gestein und Mineralien. Ich war als Kind auf unzähligen Halden, habe die gefundenen Mineralien bestimmt und meine eigene Sammlung angelegt. Von daher bewundere ich jeden, der es schafft, so zielstrebig und mit Ausdauer Fundstücke zusammenzutragen. Mit der Sammlung lässt er das libanesische Volk an seinem Erfolg teilhaben, indem er ihre Augen für die Schöpfung öffnet und ihnen Kategorien der Natur zugänglich macht.«

»So habe ich das noch gar nicht gesehen.«

»Jenseits des Schatzsucherfiebers habe ich immer die Schönheit und Ästhetik der Mineralien geliebt. So richtet man den Blick auf jene Welt, auf der wir mit unseren Füßen stehen und die unserem Blick doch oft verborgen bleibt. Eddé holt sie hervor und legt sie vor seinen Mitmenschen aus.«

Heute erfüllt sich Uwes Wunsch nicht. Die Türen sind verschlossen.

Die Abendsonne verleiht den Häusern an der Damascus Street einen warmgelben Anstrich, von dem sie am Mittag noch nichts wussten, als sie in gleißendes Licht getaucht waren. Was könnte es Schöneres geben, als den Tag im *Al-Falamanki* an der Damascus Street ausklingen zu lassen, inmitten von Einheimischen aller Altersklassen. Wir haben inzwischen das Gefühl dazuzugehören. Draußen, etwas von der Straße zurückgesetzt, stehen auf einer weitläufigen Terrasse tiefe Sessel und Sofas unter Bäumen. Pärchen, Freundinnen, Freunde, Familien – alle treffen sich hier, um entspannt Shisha zu rauchen und vielleicht danach etwas zu essen. Von überall eilen Kellner mit glühenden Kohlen herbei, um das Blubbern in den Glaskolben in Gang zu halten. Es riecht nach Apfel, Kirsche und Pfirsich. Zigaretten sieht man hier kaum, auch viele Damen halten gedankenverloren und grazil ihre Shisha-Schläuche in der Hand. Drinnen erwarten rustikale Tische ihre Gäste. Uwe wird bereits beim Betreten des Lokals von einem älteren Herrn, der hier seine Backgammon-Runde abhält, in ein Gespräch verwickelt. Ohne viel Vorgeplänkel hört er sich mit leerem Magen durch eine typisch libanesische Familiengeschichte. Der Sohn des Backgammon-Spielers hat eine Norwegerin geheiratet, daher leben sie in Skandinavien. Sie kommen selten zu Besuch. Es schwingt immer ein wenig Wehmut, aber auch viel Stolz mit, wenn die Vitae der Kinder im Ausland beschrieben werden. Inmitten des ganzen Essens, der Spieler an den Tischen, der großen Fernseher, der Shishas und der angeregten Gespräche ist Johann wie immer ein Magnet. Bis in die Küche spricht sich der Besuch des kleinen Knaben mit seinen blauen Augen und blonden Haaren herum, so dass selbst die Köchin herbeieilt, um ihn auf ihrem Arm zu wiegen. Erst als sie mit ihm in der Küche verschwindet, wird es ihm zu libanesisch für heute. Nach einem traumhaften Abendessen hüpfen wir froh gelaunt im leichten Frühlingsregen nach Hause.

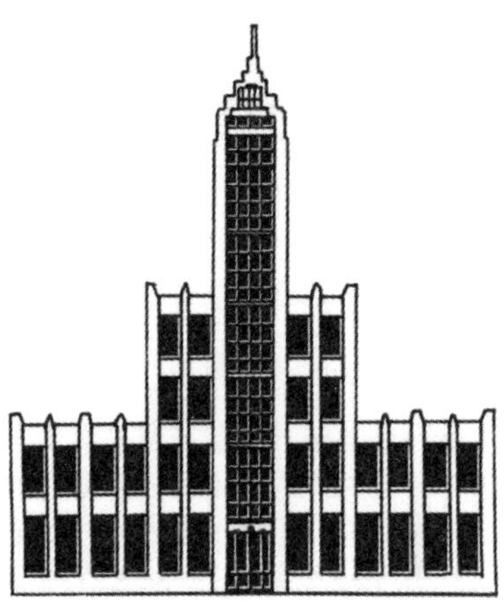

Die Liebe

Seit zwei Wochen wohnt Baschar bei Aline. Sie ist ihm einfach über den Weg gelaufen, an der Tankstelle, wo er mit zwei anderen syrischen Jungs die Autos wäscht. Aline ist anders als die syrischen Mädchen. Als sie an einem Morgen ihren Ford betankt, um zu ihren Eltern ins Chouf zu fahren, fragt sie ihn, wo er her sei. »Aus Aleppo.«, antwortet er einsilbig. Darauf sie: »Morgen Abend treffen wir uns mit ein paar Leuten bei mir, da ist auch jemand aus Aleppo dabei. Komm doch dazu.« Sie gibt ihm ihre Adresse. Er mag keine Frauen, die fremde Männer anreden und einladen. Huren. Aber irgendetwas ist jetzt anders. Aline ist hübsch. Aline ist Libanesin. Aline hat eine Wohnung in Beirut, in die sie einladen kann. Er wäre verrückt nicht hinzugehen. An dem Abend bei Aline vergisst er zum ersten Mal die blutigen Körper und hört keine Gewehrsalven. Der Junge aus Aleppo ist nicht gekommen. Egal. Er fühlt sich so leicht. Aline mag ihn, das kann jeder sehen. Er mag Aline, sie ist zu allen nett. Keine Hure. Jeder hat etwas zu essen mitgebracht. Es schmeckt köstlich. Ein wenig so wie er es aus seinem alten Leben kennt. Baschar rührt sich den ganzen Abend nicht vom Sofa. Er möchte anwachsen. Der Abend soll nicht enden. Als alle gehen, schafft er es nicht aufzustehen. Aline sieht ihn freundlich an, bringt ihm eine Decke und ein Handtuch und verschwindet wortlos im Bad. Sein Herz zerspringt und sein Kopf dreht sich. Er muss heute nicht mehr zurück in den Gestank und den Lärm des Lagers. Bevor er einschläft, sieht er noch wie Aline ins Nebenzimmer huscht und das Licht löscht. Als er am nächsten Morgen erwacht, ist Aline nicht mehr da, aber sie hat ihm den Wohnungsschlüssel auf den Tisch gelegt. Baschar verlässt die Wohnung nicht. Andere sollen die Autos waschen. Nach drei Stunden traut er sich zu duschen. Mit dem warmen Wasser fließen endlich die Tränen. Schmerz aus sechs Jahren. Den Rest des Tages sitzt er auf dem Sofa und wartet. Als sich der Schlüssel im Schloss dreht, ist er immer noch wie gelähmt. Aline setzt eine Tasche mit Gemüse und Fleisch ab und lässt sich neben ihm nieder. »Ich hatte gehofft, dass Du da bist«.

BEKAA – das letzte Tal Europas

Ein Grand Hotel ohne Gäste

In Serpentinen kriecht die Schnellstraße, die von Beirut nach Damaskus in Syrien führt, über Aley nach Sofar hoch. Das Auge gleitet über das übliche Ensemble von Geschäften, die im unteren Teil zwei- bis dreigeschossiger Gebäude untergebracht sind: Steinmetze, Tante-Emma-Läden, Eisenwaren- und kleine Imbissgeschäfte. Sie reihen sich in schier endloser Wiederholung des gleichen Angebots aneinander. Mit dem Meer im Rücken lassen wir mit jedem Höhenmeter Beirut und alles Laute, Großstädtische weiter hinter uns.

In Ain Sofar, dem kleinen 3000-Seelen-Dorf, ist plötzlich alles anders. Ohne Vorankündigung fahren wir nun auf einer Allee ohne Geschäfte, dafür ist sie mit wunderschönen alten Platanen gesäumt. Erst jetzt fällt uns auf, dass in städtischen Gebieten des Libanon ansonsten kaum große Bäume stehen. Die Bürgersteige hier sind sauber und trennen schöne Häuser und Villen von der Straße. Wir staunen noch über so viel europäische Dörflichkeit, als wir rechter Hand der Straße unvermittelt das Hotel sehen, von dem wir vorher so viel gelesen und geträumt haben: Das Grand Hotel Sofar. Viele Grand Hotels der Welt versuchen heute ihre Gäste mit einer Erinnerung an den Charme von gestern zu locken und verkaufen ihnen ein Abziehbild des Glamours vergangener Zeiten. Nicht so in Sofar. Als wir aussteigen, ist es ob des frühen Morgens noch sehr kalt. Kein Wunder, liegt doch Sofar mehr als 1.300 Meter über dem Meeresspiegel. Das Hotel ist eigentlich nur noch ein 100 Jahre altes Skelett aus Fensterbögen und majestätischen Mauern, durch das der Wind schon so viele Jahre die Geschichten von Verfall und Bürgerkrieg getragen hat, dass wir uns nicht sicher sind, ob dem Haus noch bessere Zeiten erinnerlich sind. Der Putz der Decken ist ab, die Türen fehlen, Wasser läuft die Wände herunter. Die ausladenden Treppen, auf denen bestimmt schon viele schöne und teure Roben Stufe für Stufe die Füße ihrer Trägerinnen umspielt haben, sind beschädigt und fragil. Die Kronleuchter der hohen Decken sind längst abgeschraubt oder heruntergefallen, der Garten verwildert.

Wir schließen die Augen und stellen uns vor, wie in den Jahren zwischen 1920 und 1960 diejenigen, denen Vermögen und gesellschaftlicher Stand es erlaubten, hier verweilten, um der Hitze Beiruts oder arabischer Städte zu entfliehen. Sommerfrische Sofar. Der Zug brachte die Gäste direkt von Beirut oder Damaskus hierher. Wenige hundert Meter weiter, auf der gegenüberliegenden Straßenseite kann man heute noch den verrosteten Wassertank und das Gerippe des kleinen Bahnhofs sehen, an dem das Urlaubsgepäck samt seinen Besitzern eintraf, um dann von dem hoteleigenen Service abgeholt zu werden. Es ist ein hübsches tiefgelbes Häuschen, vor dem noch die gusseisernen Skelette zweier Bänke angeschraubt sind, die hier zum Verweilen oder Warten einluden. Vielleicht auf einen Freund, einen Geschäftspartner oder die Liebhaberin, die mit dem Zug aus Beirut anreisen sollten? Wer hier eintraf, war sich sicher unter Gleichen zu sein, angeregte Gespräche zu führen, rauschende Feste zu feiern, lauschige Abende zu verbringen. Ein Stelldichein der High Society mit Blick über die voralpine Landschaft. Trockene Sommer, guter Wein, Klaviermusik unter Kronleuchtern und ein Garten zum Lustwandeln.

Aber nicht nur feierlich, sondern auch offiziell und politisch ging es in diesem Haus zu. Im Juli 1947 traf sich hier der UN-Sonderausschuss zur Frage Palästinas (UNSCOP) mit den Delegierten arabischer Staaten. Einige Wochen später kamen sie auch im Grand Hotel im benachbarten Aley zusammen, um die Zukunft eines geplanten Staates Palästina mit der Arabischen Liga zu beraten. Diese Grand-Hotel-Gespräche mündeten Ende 1947 in die Resolution 181, den UN-Teilungsplan, mit dem das britische Mandat beendet und die Teilung in zwei separate Staaten, Palästina und Israel, vorgeschlagen wurde.

Die Weltpolitik ist hier längst nicht mehr zuhause, aber die Libanesen zieht es im Sommer noch immer nach Sofar. 15.000 Menschen verbringen hier ihre Ferien, abseits von Lärm und Hitze in den Städten.

»Schade, dass bisher noch niemand das Geld, den Mut und die Geduld hatte, das Hotel wiederzubeleben«, meint Anna.

»Es wurde eine Zeitlang als Kunstgalerie genutzt. Aber jetzt hört man, dass es einem Armenier gehöre, der diese Art von Betrieb wiedereingestellt habe«, berichtet Robin. Ist es Zufall? Aber in diesem Moment kommt ein Mann in rotkariertem Fendi-Hemd, dreckigen Händen und abgebissenen schwarzen Fingernägeln die rechte Treppe hinunter und verbietet uns im Namen des Eigentümers, Fotos vom Inneren des Hotels zu machen. Er versichert uns glaubhaft, dass er persönlich in große Schwierigkeiten geraten würde, für den Fall, dass Fotos im Netz auftauchten. Wir beruhigen ihn und atmen noch ein letztes Mal mit Blick auf die beiden Treppen der Empfangshalle die kühle Luft des Grand Hotels ein, in der kein bisschen Zigarrendunst mehr hängt, und kehren dann diesem Kapitel der Geschichte den Rücken in der Hoffnung, dass wir eines Tages erneut hier stehen werden. Dann vielleicht zu Klaviermusik und Wein unter frischem Putz.

Das Licht des Tages bringt die Wahrheit

Dann liegt sie vor uns. *El Bekaa*, die Spalte, das Tal, die Ebene. Es ist so diesig an diesem Morgen, dass wir nur erahnen können, wo das Plateau durch das Libanongebirge auf der einen Seite und den Antilibanon auf der anderen Seite begrenzt wird. Nur der Schnee auf dem Libanon hebt sich in der Höhe leuchtend weiß von dem grau-grünen Landschaftsbild ab. Meter für Meter fahren wir auf einer stellenweise vermüllten Bergschnellstraße talabwärts in die Ebene. Eigentlich gibt es für jede Richtung nur eine Fahrspur, aber die Autofahrer auf der Gegenseite werden vom Meer angezogen und die auf unserer Seite streben beharrlich in das Tal und so ergibt es sich, dass man die Straße eigenmächtig auf vier Spuren erweitert und das Modell einer Autobahn praktiziert. Wir prüfen gerade unsere Nerven dahingehend, ob das ein haltbarer Zustand für die nächsten Kilometer sein kann, als ein Verkehrsschild uns daran erinnert, dass es von hier aus noch 35 Kilometer zur »frontière syrienne« seien. Die syrische Grenze.

Die Linie, die in den vergangenen acht Jahren viel Leid und Migration gesehen und deren Überwindung durch Kriegsflüchtlinge auch den Libanon nachhaltig verändert hat. Überall rechts und links der Schnellstraße findet sich dichte Besiedlung. Überhaupt, von einer fruchtbaren, einsamen, landwirtschaftlich geprägten Idylle ist hier nichts zu sehen. Eigentlich sieht es entlang der Schnellstraße genauso aus wie im Großraum Beirut. Die Bebauung reißt nicht ab und nur die Ortsschilder verraten, dass man sich in der nächsten Stadt oder im nächsten Regierungsbezirk befindet. Anna blickt etwas enttäuscht.

»Ich hatte es mir hier viel einsamer und ländlicher vorgestellt«, sagt sie. »Anstatt Äckern und kleinen Dörfern sehe ich überall nur das gleiche städtische Angebot, die gleichen Werbetafeln, dieselbe Geschäftigkeit.« Uwe schmunzelt.

»Dann geht es dir wie Karl Theodor Rückert, einem deutschen Theologen und klassischen Philologen. Der befand schon in seinem 1881 veröffentlichten Reisebericht, dass die *Bekaa* doch sehr viel bevölkerter sei, als er angenommen habe.«

Der goldene Wein

Unvermittelt kündigt ein großes Schild in Jdita das Weingut »Domaine des Tourelles« an und lädt zu Besichtigung und Weinprobe ein. Haben wir etwas verpasst? Bis zu diesem Ort waren weder Hänge noch Felder mit Weinstöcken auszumachen. Dabei wird doch die *Bekaa* als der Weinkeller des Libanon bezeichnet. Auf rund 30.000 Hektar Land werden pro Jahr acht Millionen Flaschen Weißwein, Rotwein, Rosé, Süßwein und Arak abgefüllt. Das ist immerhin ein Viertel der Anbaufläche des Bordeaux. Doch hier ist in der Tat ein Hotspot an Weingütern. Sie liegen alle in einem Halbkreis von nur 10 Kilometern südlich von Jdita. Die alte Garde, mit den Weinkellern der »Domaine des Tourelles« und des »Chateau Ksara« sowie die jungen Wilden, mit »Massaya« und »St. Thomas«. Die kleineren, oftmals noch inhabergeführten Weingüter zeichnen sich durch eine hohe Qualität aus und schicken sich an, die arrivierten Platzhirsche zunehmend in Bedrängnis zu bringen. Das Klima des Tals bietet ideale Voraussetzungen für die Produktion von Spitzenweinen. Der optimale Mix aus Terroir, Bodenqualität und Klima ist in der *Bekaa* gegeben.

Schon die Phönizier brachten Kenntnisse über den Anbau und die Herstellung von Wein in den Libanon. Historische Quellen ugaritischer Keilschrifttexte belegen, dass seit dem 3. Jahrtausend v. Chr. der Weinanbau hier betrieben wurde. Auch zu biblischen Zeiten wurden die Weine des Libanon hoch gehandelt: »Und sie sollen wieder unter einem Schatten sitzen; von Korn sollen sie sich nähren und blühen wie der Weinstock; sein Gedächtnis soll sein wie der Wein am Libanon.« (Hosea 14,8). Europäische Forschungsreisende des 18. und 19. Jahrhunderts, wie Johann Heinrich Mayr, priesen immer wieder die Vorzüge des libanesischen Weines, der wegen seiner Süße und hochgelben Farbe »vin d'or«, goldener Wein, genannt wurde. Diese Eigenschaften erhielt er durch mäßiges Kochen. Russegger beschreibt 1835 den Weinanbau als einen agrarwirtschaftlichen Zweig mit großem Potenzial: »Ein sehr wichtiger Zweig des Erwerbes kann auch einst der Weinanbau, besonders im Libanon, werden«.

Die Visionen eines Russegger wurden schon bald Wirklichkeit, denn 1857 begann der moderne kommerzielle Weinanbau in der *Bekaa* durch Jesuitenmönche in Ksara. Schon kurze Zeit später folgte die Gründung des Gutes »Domaine des Tourelles« durch den französischen Abenteurer François Eugène Brun, dessen gerahmtes Foto uns beim Betreten des kleinen Museums sofort auffällt. Hier werden wir auch von einer jungen Frau begrüßt, die uns zu einer kurzen Führung und Verkostung einlädt. Wir nehmen ihr Angebot an und erfahren, dass die Geschichte des Weinguts 1860 begann, als der 24-jährige französische Militäringenieur Brun als ein Glücksritter in den Libanon kam, um an der neuen Straße zwischen Beirut und Damaskus zu arbeiten. Er wurde zusammen mit einem Freund in Marseilles von einem Herrn Ziller, dem Chefingenieur des Projektes, rekrutiert. Als sich das Bauprojekt dem Ende zuneigte, verschlug es den jungen Mann ins dörfliche Chtoura, in das er sich sofort verliebte. Kurz nachdem er in der *Bekaa* ankam, war Brun in eine Tragödie involviert, die sein Leben für immer verändern sollte. Sein ehemaliger Chef lebte zu dieser Zeit mit seiner Frau in einem Häuschen, das direkt neben dem heutigen Hauptsitz des Weingutes lag. Ziller wollte wegen des Heilklimas von Chtoura seine Tuberkulose auskurieren. Der Ingenieur wurde eines Nachts im Schlaf von Dieben ermordet, die in den Besitz der prall gefüllten Gehaltskasse kommen wollten. Als Zillers Ehefrau in die Schweiz zurückkehrte, ergab sich auf einmal die Gelegenheit, das Häuschen mit dem benachbarten Weinfeld zu kaufen. Brun zögerte nicht lange und legte somit im Jahre 1868 den Grundstein für die »Domaine des Tourelles«. Die Anstrengungen zum Auf- und Ausbau des Weingutes zahlten sich langsam für ihn und seine Frau Valérie aus, denn er erntete auf internationalen Messen viel Anerkennung für die Qualität seiner Weine.

Unser Guide fährt mit dem Auf und Ab der Familiengeschichte fort, die eng mit dem Zeitgeschehen verbunden ist. Berichte über persönliche Schicksale, wie die Krankheit und den Tod von Familienangehörigen und über wirtschaftliche Depressionen, wie in der Zeit des libanesischen Bürgerkrieges, streifen unsere Ohren. Dazu spickt sie ihren Vortrag mit kleinen Anekdoten aus dem Leben von Pierre Brun, dem 1920 geborenen Enkel, der das Weingut weiter ausbaute und durch schwierige Zeiten des Umbruchs führte. Er soll ein verschwiegener, aber auch exzentrischer Mann gewesen sein. Nach dem zweiten Weltkrieg, vor allem in den Sechzigern, profitierten er und seine Weine vom sogenannten goldenen Zeitalter im Libanon. Die Chancen waren riesig und mussten sprichwörtlich nur von der Straße gepickt beziehungsweise aus den Trauben gepresst werden. Bis zum Ausbruch des Bürgerkrieges in der Mitte der 70er Jahre hatte der Wein einen Anteil von 80% an der Gesamtproduktion, der Rest entfiel auf den Arak. Da die Kultivierung des Weins mehr Anstrengungen erfordert und der Bedarf in den Kriegsjahren nahezu auf null sank, entschied Pierre Brun, das Gut mehr auf die Herstellung des Araks auszurichten. Heute wird der auf 50 Hektar Land gewonnene Wein wieder in 350.000 Flaschen abgefüllt. Cabernet Sauvignon, Syrah, Cinsault, Chardonnay, Muscat und Carignan wachsen vorzüglich auf den Anbauflächen des Weingutes in der *Bekaa*.

Wir sind auf unserem Rundgang, der auch durch eine alte Halle mit Weinpressen, Bottichen und Werkzeugen führt, inzwischen in einem Bereich mit einer großen Abfüllanlage »made in Germany« angelangt und erfahren, dass trotz des Endes der Familiengeschichte mit dem

Tod von Pierre Brun im Jahr 2000 der bekannte Brun-Arak ein Verkaufsschlager geblieben ist. Zeugnis davon geben die im Sekundentakt wie Zinnsoldaten aus der Anlage herausmarschierenden Flaschen. Fünf asiatisch aussehende Mitarbeiter überwachen die Maschinen. In dem Raum stapeln sich die Kisten mit dem Gebräu über und über. Der Arak hat in den letzten Jahren eine Renaissance erlebt und entwickelt sich im gesamten Nahen Osten immer mehr zum Modegetränk unter jungen Leuten, werden wir aufgeklärt. Gut fürs Geschäft, schlecht für die Leber. Nach der dreifachen Destillation des Weines reift nach Zugabe von Anisfrüchten der Arak weitere fünf Jahre in großen Tonkrügen. Es ergießt sich 53%-iger Alkohol mit einem samtenen und runden Geschmack in die Kehlen der »Durstigen«. Die Tonkrüge sind alle mit einer kleinen grünen Schiefertafel versehen, auf der das Herstellungsdatum mit Kreide geschrieben steht. Der Inhalt der Gefäße wird nur von einem dünnen weißen Leinendeckchen geschützt. Ob die angenähte gelbe Häkelborte für die Qualität des Araks wichtig ist? Wir stehen im einfallenden Licht und werden auf die Fotografien an den Wänden aufmerksam. Angesprochen auf die Fotos, erklärt uns die Führerin, dass darauf der Produzent der Tonkrüge aus dem Norden des Libanon abgelichtet sei. Er fertige als Letzter im Land die Krüge in einem einzigartigen Prozess. Gefäße aus China wären bestimmt billiger, doch für die Inhaber der »Domaine des Tourelles« sind diese hier die letzte Zutat für die Spitzenqualität des Produktes. Der Rundgang ist zu Ende und wir werden zur die Degustation in den Garten des Anwesens gebeten. Wohl bekomm's!

Die Saubermänner von Zahle

Am Osthang des *Dschebel Sannin*, der die *Bekaa*-Ebene im Westen begrenzt, liegt Zahle, die Hauptstadt der Provinz *Bekaa*. Kurz bevor wir die ersten Häuser von Zahle erblicken, liest Anna aus Rückerts Beschreibung vor: »Es war ein überraschend schöner Anblick. Zahle zählt 10.000 fleißige christliche Einwohner. Deren säuberliche orientalische und europäische Häuser zogen sich amphitheatralisch die Abhänge der Bergschlucht hinab. In der Tiefe floss der Bach *Berdouni*, ein Geschenk des 9000 Fuß hohen *Sannin*. Derselbe war begleitet von schlanken Bäumen und lieblichem Grün.«

Tatsächlich, das alte Zahle liegt pittoresk auf zwei Hängen, rechts und links des *Wadi Berdouni*. Der Ort hat viele Schriftsteller und Poeten hervorgebracht, und wir meinen zu fühlen, welche Inspiration diese einmalige doppelte Hanglage versprüht. Vom Appetit getrieben, finden wir schnell im Norden der Stadt den milchig-grünen *Berdouni*, nun im Frühling mehr ein rauschender Fluss als ein Bach, der durch das *Wadi El-Aarayesh*, das Tal des Weins, fließt. Zu beiden Seiten des Flusses reihen sich Restaurants mit regionaler Küche aneinander. Wäre man hier mit verbundenen Augen hergebracht worden, man könnte sich kaum entscheiden, ob man in einer verstaubten Version der italienischen Riviera oder mitten in der deutschen Provinz stünde. Die meisten Restaurants haben auch große Außenterrassen direkt am Fluss. Ein Restaurant ist in den überhängenden Felsen gleich einer Grotte eingerichtet. Wir sind die einzigen Gäste und es scheint, dass wir uns den Tag des Frühjahrsputzes für unseren Besuch auserwählt haben und die Bewohner Zahles immer noch so reinlich sind, wie sie vor knapp 150 Jahren beschrieben wurden. In allen Restaurants stehen unzählige Kellner in voller Montur. Aber anstelle von Tellern mit Speisen und Tablettes mit Getränken tragen sie Wasserschläuche, Schrubber, Schwämme und Seife. Die Tische und Stühle werden wie dreckige Kinder eingeseift und geschrubbt, dass der Schaum sich türmt. Einer wässert, ein Zweiter scheuert, ein Dritter spült den Schaumstrom direkt von der Restaurantterrasse in den *Berdouni* und ein Vierter und Fünfter wienern anschließend die Möbel trocken. Das Kinderkarussell neben dem Restaurant steht noch in Winterstarre, aber kulinarisch dürfen wir die Saison eröffnen und werden von der riesigen Kellnerschar umsorgt. Statt der auf der Karte angepriesenen Frösche und Wildvögel, bestellen wir uns lieber einen Reigen typischer *Mezze*, die zum Abschluss unaufgefordert mit Unmengen von Obst und kandierten Früchte ergänzt werden. Auf dem WC bekommen wir von der Toilettendame die Papiertücher zum Abtrocknen der Hände persönlich angereicht. Heute durften wir uns wie Könige fühlen, bevor demnächst Scharen von Tagesausflüglern und Urlaubern hier einfallen und das Rauschen des *Berdouni* mit ihrem Stimmengewirr besiegen werden.

Grenzland

Gestärkt brechen wir Richtung Baalbek auf. Die Dörfer an der Hauptstraße fügen sich zu einer endlosen Schlange von armseligen Geschäftsansiedlungen, in denen Autoreifen, alte Möbel, Plastikartikel, Bataillone von rosafarbenen Plastikrädern oder Chipstüten auf Käufer warten. Das Verschwinden jedweder lateinischen Schrift und das Fehlen von Werbeplakaten zeigen an: wir fahren fortan durch Hisbollahland. Die Laternenmasten sind mit grünen Sternen und Koranworten geschmückt, Plakate von Märtyrern, die im Kampf für die Hisbollah gefallen sind, zieren jedes Dorf. Die Gesichter dieser Kämpfer sind stark nachbearbeitet. Sie könnten allesamt aus Hollywoodfilmen stammen und der aktuelle Frauenschwarm sein. Immer wieder tauchen kleine Zeltstädte mit Flüchtlingen auf, mal nah an der Hauptstraße, mal weiter weg auf Feldern. Aus der Ferne nehmen sie sich wie eine bunte Sammlung von Pappschachteln aus. Kommt man näher, erkennt man Behausungen, die aus riesigen alten mit Autoreifen befestigten Werbebannern errichtet sind. Menschen in Schokoriegelbildern ohne Schokolade, in Festivalankündigungen ohne Aussicht auf Karten. Hier, zwischen Verzweiflung und Fanatismus haben die Checkpoints der libanesischen Armee, die man immer schon von weitem an den rot und weiß bemalten Betonblöcken erkennt, deren Mitte die Zeder ziert, beinahe etwas Beruhigendes und Vertrautes. Sie sind gut besetzt, so nahe der syrischen Grenze. Kaum 10 Kilometer Luftlinie trennen Baalbek und Syrien. Kontrolliert werden vor allem junge Männergruppen auf Waffen, Rauschgift und Menschenhandel. Die libanesische Armee hat viel zu tun. Daher hat sich eine Autoschlange gebildet. Sie gibt einem abgemagerten syrischen Mann undefinierbaren Alters die Gelegenheit, an den Autofenstern zu betteln. Er kommt auch zu uns. Robin möchte ihm die Tüte Nüsse, die wir eben noch im Fahrgastraum herumgereicht haben, schenken. Der Mann lehnt ab und sagt ausdruckslos: »Womit soll ich die denn essen?« Er ist so zahnlos wie unser Baby. Dann sind wir an der Reihe. Ein kurzer sachlicher Blick, ein Nicken und wir fahren weiter.

Baalbek – wo Kaiser zelten

Es ist schon viel geschrieben worden zu diesem prächtigen Ensemble aus vorchristlicher Zeit. Beinahe jeder Reisende, der es vom Meer über den Libanon oder von Damaskus über den Antilibanon geschafft hat, ob zu Fuß, zu Pferde oder auf Eseln kam nicht umhin, dieses Wahrzeichen zu besuchen. In seinem Reisetagebuch »Die Arglosen im Ausland« über seine Fahrt durch den Nahen Osten 1867 beschreibt Mark Twain überschwänglich die Pracht der Tempelanlagen von Baalbek, die inmitten der »vulgären« Umgebung der syrischen Dörfer fremd und verlassen erscheinen. Über die Zustände im osmanischen Reich hatte Twain im Allgemeinen nicht viel Gutes zu berichten. Er benannte schonungslos die Armut und den Dreck im Gegensatz zu vielen anderen Autoren seiner Zeit, die seiner Ansicht nach die Sitten und Gebräuche viel zu positiv bewerteten. Am Ortseingang von Baalbek hält Robin zunächst an einem alten Steinbruch. Darin ist liegend der »Stein der schwangeren Frau« zu besichtigen. Ein gigantischer, quaderförmiger Monolith, der bereits auf drei Seiten bearbeitet, aber auf der vierten nie vom Boden gelöst wurde. Er ist 20 mal 4 mal 4 Meter groß. Diese Steinmasse lässt erahnen, was für eine unvorstellbare Energie und Zeit die Menschen aufgebracht haben müssen, um die nahen Tempel zu erschaffen. Twain empfand die Szenerie, als hätten Riesen aus einer alten vergessenen Welt den Giganten aus Stein dort gelassen, um nach Tausenden von Jahren wieder zurückzukehren. Der gewaltige Block wurde noch immer nicht abgeholt. Neben dem Areal ist ein kleiner Souvenirladen. Der Inhaber hat Robin, der mit dem schlafenden Johann im Auto geblieben ist, aus Gastfreundschaft unaufgefordert mit frischem Kaffee versorgt. Er verkauft ein paar handwerklich einwandfrei gearbeitete Repliken antiker Fundstücke aus der Region und Uwe ersteht eine kleine Venusbüste. 200 bis 300 Touristen kämen pro Tag, erklärt uns der Mann und legt Anna ein bunt gemustertes Tuch um den Kopf, das sie an die Arafat-Tücher erinnert, die Anfang der neunziger Jahre eine Zeitlang bei Mitschülern beliebt waren. Mehr Ausdruck pubertärer Rebellion, denn politischer Geisteshaltung. Das kleine Schild verrät, dass sie in Syrien gewebt wurden. Wir sind dem kriegsgebeutelten Land so nah und doch so fern. Das Tuch kommt mit. Die genannten Touristenzahlen erscheinen uns unglaubwürdig, denn in der halben Stunde, in der wir uns die Liebesschwüre auf der Rückseite des Monolithen betrachtet und einen untauglichen Versuch, die Ausmaße dieses Steines zu erfassen unternommen haben, sind wir die einzigen geblieben. Ein paar hundert Meter weiter parken wir schließlich bei den Tempelanlagen von Baalbek. Sie liegen direkt neben den Wohnhäusern des heutigen Ortes, einer 80.000-Einwohner-Stadt, überwiegend schiitisch und Hisbollah-nah. Die Armut in den Häusern, die an die Tempelanlagen grenzen, ist nicht zu übersehen. Kaum unverschleierte Frauen, viele kleine Kinder, Kabel und improvisierte Abgasrohre, die aus Hauswänden hervorschauen. Auf den Straßen sind die Autos noch älteren Datums als die in Beirut. Hier sind einige Kinder nicht in der Schule, sondern versuchen auf der Straße, Wasserflaschen und Knabbereien zu verkaufen. Aus Beirut kommend, sehen wir hier einen weiteren Libanon: den der schiitischen Armut und Perspektivlosigkeit, der die Hisbollah zur Regierungspartei gemacht hat.

Direkt hinter dem Parkplatz liegt das berühmte Hotel Palmyra. 1874 von einem griechischen Unternehmer erbaut, war es vor Inbetriebnahme der Eisenbahn nicht nur ein idealer Zwischenstopp auf der Reise zwischen Damaskus und Beirut Richtung Norden, sondern auch die erste Adresse für viele, die Rang und Namen hatten: Unter ihnen Charles de Gaulle, Gustave Flaubert, Mustafa Kemal Atatürk, der irakische König Faisal und der jordanische König Abdullah I. Im Safe soll das goldene Gästebuch liegen, in dem sich viele bekannte Persönlichkeiten verewigt haben. Durch die Nähe zu den Ruinen und das dort jährlich stattfindende Musikfestival kamen in den Sechzigerjahren Jazzgrößen wie Ella Fitzgerald, Nina Simone und Miles Davis nach Baalbek, um dort aufzutreten. Auch sie übernachteten selbstverständlich im Hotel Palmyra. Männer in Smokings und Frauen in eleganter Abendgarderobe reisten extra aus Beirut an. Diese glanzvollen Zeiten sind lange vorbei. Über einen versteckten Innenhof erreichen wir die Eingangstür des Hotels, das seit seiner Eröffnung nicht einen Tag geschlossen war. Wir möchten einen Blick in dieses Haus der Geschichten erhaschen und vielleicht auf Ahmed Kassab treffen, der seit 1954 hier arbeitet. Die Eingangshalle sieht aus wie vor vielen Jahrzehnten, nichts verrät auf den ersten Blick den Flug der Zeit. Wir halten Ausschau nach den älteren Herren, die hier zum Inventar gehören sollen, aber uns empfängt nichts als Stille. Nachdem wir einige Minuten den Geruch vergangener Zeiten eingesogen und uns von dem morbiden Charme haben in den Bann ziehen lassen, entscheiden wir uns für das Sonnenlicht und nun endlich einen Besuch der Ruinen.

Noch immer lockt das archäologische Areal Forscher aus aller Welt an. Die Geschichte der Ausgrabungen ist eine deutsch-osmanische Freundschaftsgeschichte. Als der letzte deutsche Kaiser, Wilhelm II. im Jahre 1898 zusammen mit seiner Frau Auguste Viktoria seine zweite Orient-Reise antrat, lag auch Baalbek auf seiner Route. Nachdem sie im Hafen von Beirut eingelaufen waren, nahmen sie, wie sich aus dem offiziellen kaiserlichen Reisebericht ergibt, die Libanonbahn Richtung Damaskus mit erstem Stopp in Aley. Danach ging es weiter in die *Bekaa*-Ebene und über Muallaqa bei Zahle Richtung Damaskus, wo Wilhelm nicht nur dem Grab Saladins die Ehre erwies und ihm einen neuen Sarkophag stiftete, sondern sich auch zum Freund der Muslime ausrief. Mit einem Sonderzug machte sich das Kaiserpaar auf den Rückweg. Da die Schmalspurbahn von Rajak nach Homs noch nicht existierte, musste der Weg nach Baalbek ab Rajak mit einem Fuhrwerk zurückgelegt werden. Dies sei »en grande pompe« erfolgt, wie die französischsprachige Zeitung *Hadikat-el-Akhbar* am 17. November 1898 berichtete. Nachdem die Reisenden am Abend in Baalbek eingetroffen waren, verbrachten sie die Nacht im eigens für sie inmitten der römischen Ruinen errichteten Zeltlager. Am nächsten Morgen besichtigten sie die Reste der Tempel und weihten zwei Marmortafeln ein, die wegen des damals dort befindlichen Schuttberges heute einige Meter über dem Boden an einer Seitenwand des Bacchus-Tempels hängen. Die Nacht in den majestätischen Ruinen zeigte schnell Wirkung. Schon wenige Wochen nach seiner Rückkehr in die Heimat sandte der Kaiser erstmals deutsche Archäologen unter der Leitung von Otto Puchstein nach Baalbek, die noch Ende 1898 mit der Beseitigung von Schutt und ersten Ausgrabungen begannen. Mit Puchstein stand dem Ausgrabungsteam ein

Mann vor, der bereits eine steile Karriere als Archäologe und Altphilologe hingelegt hatte. Der Erfolg der Arbeit in Baalbek qualifizierte ihn auch für die Ausgrabungen im innersyrischen Palmyra, der antiken Oasenstadt, die rund ein Jahrhundert später, im Zuge der Eroberung des IS im Jahr 2015, teilweise gesprengt wurde. Puchstein leitete jedoch nicht nur Ausgrabungen in der Levante, sondern war auch Mitbegründer des Pergamonmuseums in Berlin und leistete einen gewichtigen Beitrag zur Entzifferung der hethitischen Keilschrift. Er gehörte zur Crème de la Crème europäischer Archäologen seiner Zeit. Die deutschen Archäologen legten durch ihr systematisches Vorgehen zum ersten Mal weite Teile des Tempelkomplexes frei. Größe und Erhaltungsgrad der einzelnen Tempel sprengte jegliche Vorstellungskraft der Wiederentdecker. Französische und libanesische Archäologen setzen in den nächsten 50 Jahren die Arbeit der Deutschen fort. Dabei standen jetzt vor allem Rekonstruktionen im Blickpunkt des Interesses. Durch das unschätzbare Werk aller Teams wurde schließlich klar, dass Baalbek eine der größten und besterhaltenen römischen Tempelanlagen besitzt. Als Johann Heinrich Mayr Anfang des 19. Jahrhunderts nach Baalbek kam, rief er voller Bewunderung: »O, und wieder O, entfuhr mir unwillkürlich, so wie ich näher dem Orte kam, wo vielleicht die schönsten Ruinen der Welt sind…, und man erkennt noch in den Überbleibseln dies Wunder der alten Welt.«

Zeit fürs Staunen. Wir wollen Eintrittskarten für die Besichtigung der Ruinen kaufen und stehen Schlange. Das ist neu und ungewöhnlich für den Besuch einer kulturhistorischen Stätte im Libanon. Hier hatten wir nach den Warnungen des Auswärtigen Amtes und den medialen Horrormeldungen über die Zustände in der *Bekaa*-Ebene keine bis wenige Touristen erwartet. Die Menschen sprechen Arabisch, Französisch und vereinzelt auch Englisch. Deutsch ist nicht zu vernehmen. Eine Gruppe älterer Franzosen, von denen jeder einen Reiseführer in den Händen hält, versperrt uns den Weg auf dem großen Platz vor den Propyläen, einer langgestreckten Halle, durch die man in den sogenannten Hexagonalhof gelangt. Wir müssen vom Zentrum des Raumes aus zweimal hinschauen, um die Geometrie des Baus zu erkennen, dessen Funktion bis heute nicht geklärt ist. Nach dem Durchschreiten eines weiteren dreigliedrigen Tores stehen wir im fast quadratischen fußballfeldgroßen Altarhof des Heiligtums, das symmetrisch um eine Längsachse angelegt und insgesamt fast 300 Meter lang ist. Der Altarhof wird U-förmig auf drei Seiten von Säulenhallen umgeben. Auf der nördlichen Seite stehen und sitzen die Besucher auf den Simsen der Mauerdurchbrüche und lassen sich gut inszeniert vor der beeindruckenden Kulisse der schneebedeckten Gipfel des Libanongebirges ablichten. Zu antiken Zeiten standen in den Apsiden Statuen und Bildnisse. Der gesamte Altarbereich senkt sich wie ein großes Bassin gegenüber den äußeren Säulenhallen wenige Stufen ab. Gleich Wasserbällen und Luftmatratzen verteilen sich hunderte Trümmer und Fragmente der alten Bausubstanz auf dem Areal. Kinder führen die Artefakte einem neuen Zweck zu und beklettern, umlaufen und durchkriechen die Elemente auf dem schönsten Spielplatz der Welt. Niemand springt herbei und schimpft. Was soll schon passieren? Auch unsere sechs Kinder hätten hier ihre wahre Freude. Viele Verstecke und ein Kletterparcour für Anfänger und Profis.

Seit dem Abschluss der Arbeiten am Jupiter-Heiligtum im 3. Jahrhundert n. Chr. stehen die Überreste fast unverändert. Die Zerstörungen sind nicht menschengemacht, sondern höchstwahrscheinlich durch ein Erdbeben im 6. Jahrhundert n. Chr. bedingt. Durch die Nutzung des Tempelkomplexes als Palastanlage durch die Ayyubiden ab dem 12. Jahrhundert blieb der Bestand bewahrt. Nur zwei Moscheen wurden von islamischen Herrschern in den Bau integriert. Die größten Zerstörungen erlitt der Jupitertempel, der vor uns auf einem kleinen Plateau liegt.

Wir besteigen eine große Freitreppe, auf der Familien ein Picknick einnehmen, Paare Selfies knipsen und die Älteren die Frühlingssonne genießen. Von ehemals neunzehn riesigen Säulen in der Längsachse thronen noch sechs über dem gesamten Gelände. Sie sind derzeit eingerüstet und warten auf Restaurierung. Der Hauptraum des antiken römischen Tempels, die Cella, ist verloren gegangen. In ihr stand einst die dem Gott Jupiter Heliopolis geweihte Statue. Als römische Kolonisten zu Zeiten von Kaiser Augustus in die Stadt kamen, standen noch keine Sakralbauten auf dem alten Siedlungshügel. Die Römer behielten den griechischen Namen, Stadt der Sonne, bei. Seit dieser Zeit verbreitete sich von hier aus der Kult des einheimischen Baal über das ganze römische Reich. Als Baal wurde der oberste Gott des örtlichen Pantheons im syrisch-levantinischen Raum bezeichnet. Er hatte einen höheren Rang als der griechisch-römische Sonnengott. Deshalb zog man es vor, ihn Jupiter von Heliopolis zu nennen. Der Stellenwert dieser Gottheit wird daran erkennbar, dass selbst römische Kaiser den Orakelspruch des Gottes einholten. Er wurde als ein junger, bartloser Mann in langem, panzerartigen Gewand dargestellt, der zwei Stiere neben sich hatte, in der rechten Hand eine Peitsche schwang und in der linken Blitz und Ähren hielt. Auch Merkur und Venus wurden zusammen mit Jupiter in demselben Heiligtum verehrt. Der Tempelbau wurde unter Kaiser Antoninus Pius (138 – 161 n. Chr.) begonnen und unter seinen Nachfolgern bis zum Anfang des 3. Jahrhunderts n. Chr. vollendet.

Wir versuchen uns in der Vermessung und schreiten die gewaltigen Ausmaße des Tempels ab. 100 x 50 Schritte ergibt unsere kleine archäologische Feldforschung. Wer wissen möchte, wo die monströsen monolithischen Steinquader verbaut wurden, wird unterhalb des ehemaligen Jupitertempels fündig. Der Tempel sollte ursprünglich von einem Podium umgeben werden. Die Arbeiten dazu wurden nie fertiggestellt, doch drei je 800 Tonnen schwere Steine sind noch vorhanden und wurden als sogenannte Trilithon berühmt. Wir stehen zwischen den Säulen der Ruine und schauen auf einen weiteren, in südöstlicher Richtung stehenden Tempel, der dem Bacchus geweiht war. Er ist in der Form eines Peripteros errichtet. Bei diesem Bautyp ist die Cella von einem durch einen Säulenkranz begrenzten Umgang umgeben. Sein Erhaltungsgrad ist fantastisch. Man könnte meinen, er würde seiner Bestimmung gemäß noch immer genutzt. Der englische Schriftsteller und Bischof Richard Pococke beschrieb auf seiner Reise durch das osmanische Reich Mitte des 18. Jahrhunderts als Erster ausführlich die Architektur und den Erhaltungszustand des Bacchustempels. Man weiß nicht genau, ob der Tempel auch ursprünglich dem Gott des Weines gewidmet war. Die Dekoration am großen Portal, das wir inzwischen nach einer Trainingseinheit über Dutzende von Treppen erreicht haben, deutet darauf hin. Weinreben, Mänaden und Satyre sind von unten auszumachen. Durch das offene Satteldach fällt das warme Tageslicht in den Innenraum. Hier umläuft eine Reihe von Sitzstufen das Fundament des Tempels, auf denen müde Besucher Platz genommen haben. Eine libanesische Schulklasse ist auf Bildungstour und der Guide hat alle Mühe, die Aufmerksamkeit seiner Hörerschaft hoch zu halten. Plötzlich treten vier Mädchen aus der Gruppe heraus und möchten ein Foto mit Anna machen. Den Grund verraten sie uns nicht, aber ihre mädchenhafte Fröhlichkeit und ihr Gelächter sind ansteckend, hier in der »Stadt der Sonne«. Wir springen die große Freitreppe an der Vorderseite vergnügt wieder hinunter und schlendern in Richtung des Ausgangs. Wer Ausdauer und Interesse mitbringt, kann den Besuch der Tempelanlage mit der Besichtigung des runden Venustempels vor den mittelalterlichen Befestigungsmauern abschließen.

Ob mit oder ohne Venustempel, man möchte den Menschen in Europa zurufen: »Vergesst Rom! Kommt nach Baalbek! Die Ruinen sind prächtiger und überwältigender und guten Kaffee gibt's hier auch, für weniger Geld.«

Die Duftmarken der Hisbollah

Über unserem Tempelwandeln ist es Nachmittag geworden. Die Steine leuchten nun goldfarben und heben sich wie die Theaterkulisse von Riesen vor der wunderschönen Landschaft ab: Dem Libanongebirge zur einen, dem Antilibanon, auf dessen Rücken Syrien beginnt, zur anderen Seite. Eigentlich möchten wir einfach nur zwischen den Tempeln im Gras liegen, verweilen und träumen. Im Gegensatz zum überfüllten Forum Romanum in Rom ginge das hier sogar, aber wir wissen, dass Robin draußen auf uns wartet und so streben wir dem Ausgang zu.

»Hat es Euch gefallen?«, fragt er uns beim Hinaustreten. »Ja«, sagt Uwe, »ich hätte nicht gedacht, dass mich ein Ensemble aus römischer Zeit noch so sehr beeindrucken würde. Es ist anders als bei historischen römischen Stätten in Europa, die ich kenne. Die Lage am Rande des Libanon, umgeben von Natur, mit dem armen Baalbek daneben und das Wissen, dass zehn Kilometer weiter ein Krieg tobt im Angesicht dieser Prachtkulisse hat mich aufgewühlt.«

Robin ist überrascht von dieser Antwort und hält kurz inne, um nachzudenken. Dann sagt er: »Die meisten Menschen, die ich hierher fahre, sind überwältigt von der schieren Größe der Anlage. Aber du, Uwe, fühlst schon wie ein Libanese. Du siehst die Pracht, spürst die Anmut und Geborgenheit der Gebirge, kennst die Armut der anderen und hast den Krieg im Bewusstsein. Das ist sehr libanesisch. Uns alle eint der Wunsch nach Frieden und wir alle lieben die Gebirgszüge und dann sind wir natürlich ein bisschen stolz auf die historischen Orte, die hier liegen.«

So falsch ist manchmal der erste Eindruck von einem Menschen und so groß die Möglichkeit, dass sich das Bild über die Tage wandeln kann. Als Robin uns das erste Mal in Beirut abholte, sah er aus wie ein schüchterner 15-Jähriger, der sich nicht sicher ist, ob seine Eltern ihm nicht ein bisschen viel zugetraut haben, indem sie ihn hier Ausländer herumführen lassen. Wir haben seine Bescheidenheit und Nachdenklichkeit falsch gedeutet. Wie ist er uns mit seinem Wissen über die Orte seines Landes, seine ehrlichen Gedanken, seiner Umsicht, Ruhe und Güte ans Herz gewachsen.

Auf dem Weg zum Parkplatz haben zahlreiche Souvenirhändler ihr Angebot unter Sonnenschirmen ausgebreitet. Hier gibt es alles an klischeehaften Andenken, was das Touristenherz für die Daheimgebliebenen oder sich selbst begehren könnte. Arafat-Tücher, Bauchtanzschals und Hisbollah-T-Shirts. Die gelben Shirts mit dem grün aufgedruckten Symbol werden uns für zehn Euro angepriesen. Über dem ausgestreckten Gewehr wird Sure 5:56 zitiert: »Die Partei Gottes sind die Obsiegenden« und unter dem Symbol steht geschrieben: »Der islamische Widerstand im Libanon«. An der Frage, ob es vertretbar ist, zum Andenken ein Hisbollah-T-Shirt zu kaufen und damit entweder die Organisation selbst oder einfach nur den in Armut lebenden Verkäufer zu unterstützen, mögen sich andere Familien müde diskutieren. Wir erstehen jedenfalls ein unverfängliches, lediglich kitschiges Bauchtanztuch für unsere Vierjährige und gehen weiter. Müde von Sonne und Hitze steigen wir ins Auto und fahren auf die Hauptstraße zurück. Uwe wäre gern noch weiter nach Norden in die *Bekaa*-Ebene hineingefahren, aber als Eltern beherzigen wir die Reisewarnungen zumindest für diesen gebirgigen, an Syrien angrenzenden Teil der *Bekaa* und nehmen Kurs gen Süden.

»Möchtet Ihr noch kurz in einem Café einkehren?«, fragt Robin, »das ist hier nicht Beirut, viel gibt es nicht, aber ich kenne eine kleine Patisserie, die ganz nett ist.« Die Aussicht auf etwas anderes als autowarmes Wasser überzeugt uns und Robin fährt einen Schlenker zur Patisserie *Al-Jawhari*. Wir bestellen Limonade und kleine Gebäckstückchen mit Pistazien. Vom Tisch nebenan klingt aus dem arabischen Stimmengewirr deutlich für uns vernehmbar ein messerscharfes Oxford-Englisch hervor. Wir müssen nicht angestrengt lauschen, um zu hören, was James, geschätzt Mitte zwanzig und nach dem Akzent zu urteilen gebildet und aus gutem Hause, seiner Freundin über seinen Tagestrip nach Mleeta zum Kriegsmuseum der Hisbollah berichtet, den er unternommen hat, während sie für ihre Abschlussprüfung gelernt hat. James hat heute wohl das einzige von einer durch die USA und Israel als terroristische Vereinigung eingestufte Gruppe erbaute und geführte Freilichtmuseum der Welt besucht. Ob er die 120 Kilometer und zweieinhalb Stunden Autofahrt von Baalbek nach Süden aus Neugier, Sensationslust oder Sympathie auf sich genommen hat – über die Motivation seines Besuchs verrät die Mischung aus Erregung, Heiterkeit und Geringschätzigkeit, die seine Stimme und Erzählung färben, nichts. Auf einem Hügel thronend hat sich ihm das Areal mit einem modernen einstöckigen Gebäude mit schrägen Flächen, das auch als Hülle eines Kunstmuseums in Kopenhagen oder Oslo stehen könnte, präsentiert. In der Mitte befindet sich ein Brunnenplatz, und von Israel eroberte Panzer werden als Dekoration ausgestellt. Den Film, den er zunächst im Kinosaal zur Einführung gesehen hat, entlarvt er gegenüber seiner Freundin zu unserer Erleichterung eindeutig als Propaganda. Der Film erzählt die Hisbollah-Version des Krieges, der demnach 1982 begann, als Israel in den benachbarten Libanon einmarschierte, um Jassir Arafats PLO sowie Truppen des syrischen Machthabers Hafiz al-Assad zu vertreiben. Im Anschluss besetzten israelische Truppen gemeinsam mit ihren libanesischen Verbündeten den Süden. In dieser Zeit entstand aus verschiedenen schiitischen Milizen die Hisbollah, die einen Guerillakrieg aufnahm. James zeigt sich erstaunt, wie professionell der Film gemacht ist, obwohl dieser den Konflikt mit Israel zu einem heroischen Kampf zwischen Gut und Böse, zwischen jungen Libanesen und der Kriegsmacht Israel, stilisiert. Das Zentrum des libanesischen Widerstands befand sich genau dort, wo nun das Museum steht, auf einem bewaldeten Hügel, weniger als zwanzig Kilometer von der israelischen Grenze entfernt. Mit pathetischer Musik, persönlichen Worten Hassan Nasrallahs an das Publikum und seinem Lob der Tapferkeit der Widerstandskämpfer geht der Film zu Ende und hinterlässt James, der als einziger Besucher allein im Kinosaal gesessen hat, mit Gänsehaut und einem leichten Gefühl des Ekels zurück. Seine Freundin fühlt sich bestätigt und wirft ihm vor, mit seinem Besuch eine terroristische Vereinigung unterstützt zu haben. James wirkt jetzt fast kleinlaut. Von der Ausstellungshalle, die er nach dem Film besucht hat, berichtet er nur noch bruchstückhaft. Hinter Glaswänden hat er Waffen und Ausrüstungsgegenstände gesehen, die von den Israelis zurückgelassen wurden. Sturmgewehre, Helme, Raketenwerfer. Von der eigentlichen Hauptattraktion mag er kaum noch berichten. Auf einer 3.500 Quadratmeter großen Außenfläche liegen zerstörte Panzer, Trümmerteile und Stacheldraht, umgeben von einem Fußgängersteg, der spiralförmig in die Tiefe führt. Ein Strudel der Zerstörung. Das Kanonenrohr eines Panzers ist verknotet. In der Mitte der makabren Installation liegt ein Grabstein mit Davidstern. James Freundin steht auf und winkt ab, sie will nichts mehr weiter hören. Das ist ein Teil des Libanon, für den sie nicht angereist ist und der nichts mit dem hippen Beirut zu tun hat, wohin sie morgen nochmals für zwei Tage reisen, um zu feiern und von dort aus wieder den Rückflug anzutreten. Da passt die Hisbollah nicht ins Bild. Die seit 1982 aus dem Untergrund operierende paramilitärische Organisation entstand durch den Zusammenschluss verschiedener schiitischer Gruppen im Widerstand gegen die damalige israelische Invasion. An ihrer Spitze standen und stehen schiitische Gelehrte; als oberste geistliche Autorität wird der Revolutionsführer im Iran, Ajatollah Sejjed Ali Chamene'i angesehen. Generalsekretär und Oberbefehlshaber der Hisbollah-Milizen ist Hassan Nasrallah. Die Hisbollah ist ein starker Machtfaktor, sitzt im Parlament und kontrolliert den Süden des

Landes, den syrischen Grenzstreifen, die *Bekaa* und schiitische Viertel im Süden Beiruts. Soziale Einrichtungen werden von ihr gefördert, was den Rückhalt in der Bevölkerung wachsen lässt. Die Familien der Hisbollah-Kämpfer bekommen ihre Gesundheitsleistungen, Krankenhausaufenthalte und ähnliches von der Organisation bezahlt. Das Kriegsmuseum der Hisbollah und Beirut zeugen von zwei antagonistischen libanesischen Identitäten, sie illustrieren eindrücklich die jahrzehntelange Zerrissenheit der Nation. An einem Ende die schiitische Miliz, die aus dem Libanon eine Bastion an vorderster Front des Kampfes gegen Israel und die USA machen möchte und am anderen Ende die Menschen, die sich den Libanon als »Riviera« mit Beirut als kosmopolitischem, wirtschaftlichem, kulturellem und intellektuellem Zentrum des gesamten Nahen und Mittleren Ostens ersehnen. Das Pärchen bezahlt und wir nehmen dies zum Anlass aufzubrechen und uns weiter Richtung Süden fahren zu lassen.

Die Saat geht auf

Wir passieren Felder, auf denen Gerste und Kartoffeln angebaut werden. Auch Tomaten werden hier und da gezogen. Aber eine Pflanze sehen wir nicht, die es eigentlich überall in der *Bekaa*-Ebene geben soll: Hanf. Keine andere Pflanze hat die Geschichte der Levante und seiner Bewohner mehr geprägt. Ohne den Konsum des aus der Hanfpflanze gewonnenen Harzes, des Haschischs, – was auf Arabisch Gras bedeutet – wäre die politische Landschaft von heute möglicherweise eine andere. Die Assassinen, die Bezeichnung ist eine Verballhornung des Wortes »Haschisch«, stürzten sich nach umfänglichem Gebrauch des Rauschmittels auf ihre Opfer. Den »Haschaschinen« wurden als Belohnung paradiesische Zustände nach ihrem Tod versprochen. Man geht davon aus, dass das Zentrum der Assassinen-Herrschaft im westsyrischen *Ansariyeh*-Gebirge lag. Es liegt nahe, den Bezugsort ihrer wichtigsten Droge in der nur wenige Kilometer weiter südlich gelegenen *Bekaa* zu suchen. Der sogenannte Alte vom Berge, *Sinan Ben Salman*, war ein Ismailit und der Anführer der terroristisch agierenden Truppe gedungener Mörder. Der Höhepunkt ihrer Macht fiel mit der Zeit des Kreuzfahrerstaates in der Levante zusammen. Zahlreiche christliche Herrscher fielen ihren Dolchen zum Opfer. Selbst Sultan Saladin war nicht vor ihnen sicher. Erst die Mongolen machten im 13. Jahrhundert dem Spuk ein Ende. Der Mythos der Assassinen lebt jedoch bis heute fort.

»Wir haben viel über die geduldeten, aber illegalen Hanf-Plantagen in der *Bekaa* gelesen«, versucht es Uwe vorsichtig. Robin nickt wissend und unaufgeregt, »Ja, ja, die sind überall. Ich glaube im Moment steht der Hanf bloß nirgends hoch. Er ist gerade erst ausgesät worden. Aber wenn ihr wollt, fahre ich für euch von der Hauptstraße ab und wir kurven ein bisschen über die Felder und Dörfer.« Wir sind einverstanden. Sobald wir von der Hauptstraße abfahren, ergibt sich doch noch das Bild, das wir eigentlich von der *Bekaa* im Kopf hatten. Es wird ländlicher, einsamer und zersiedelter. Nur ein paar Erntehelfer auf weiten Feldern. *El Bekaa*. Jetzt im Abendlicht ist sie schließlich doch viel mehr als irgendeine Ebene. Sie ist nicht nur das weite fruchtbare Land zwischen dem Libanongebirge und dem Antilibanon. Egal in welche Richtung man den Blick hebt, zeichnen sich am Ende der Weite am Horizont die Berge ab. Zwei schützende Riesen, die ein kleines Paradies bewachen. Die Farben sind warm und intensiv. In alten Reiseberichten hieß es: »Wo anders fände ich eine solche majestätische Umgebung der Gebirge. Wo anders ein solch majestätisch schönes Tal.« Uns scheint es wie ein Haus mit großem Garten, der von der Abendsonne in einen goldenen Mantel gehüllt wird: Ruhe, Geborgenheit, Zuversicht, wenn nicht ab und an die Realität hervorblitzen würde. Da ist die Kaserne mit stillgelegten Geschützen, die an Zeiten des vergangenen Krieges erinnert, aber gleichzeitig auch vor wiederaufflammenden Unruhen warnt. Da spielen Soldaten Fußball, um sich von ihrem Alltag der ständigen Schussbereitschaft und der Überwachung problematischen Grenzverkehrs abzulenken. Da ist ein Autofriedhof mit Karren, denen auch der Schrauber aus Tripoli kein neues Leben mehr einhauchen kann. Da sind die verlassenen, fensterlosen Häuser an den Dorfrändern, die von Libanesen nicht mehr bewohnt werden und deren Bezug durch Flüchtlinge verboten ist. Da sind die Dörfer mit Flüchtlingszelten und Tierunterständen. Eine Ziegen hütende Kindergruppe zieht vorbei. Plötzlich verlangsamt Robin seine Fahrt und deutet aus dem Fenster.

Und tatsächlich, da stehen sie in Reih und Glied, hunderte, tausende kleiner Hanfpflanzen auf braunroter Erde.

»Wenn ihr die Bauern befragt«, erzählt Robin, »bekommt ihr immer eine Auskunft: von allen erdenklichen Anpflanzungen, Tomaten, Kartoffeln, Getreide, wächst Hanf hier am besten. Man braucht praktisch nichts zu beachten. Diese Erde, dieses Klima sind perfekt für Cannabis. Daher florierte der Anbau insbesondere in den Bürgerkriegsjahren.«

»Ich erinnere mich, dass in den Achtzigern »Roter Libanese« eine gängige Bezeichnung für Haschisch in Deutschland war«, berichtet Uwe.

Robin lächelt, »In den neunziger Jahren versuchten die libanesische Regierung und die Vereinten Nationen mithilfe von Entwicklungsprogrammen Cannabis durch andere Pflanzen zu ersetzen. Vergeblich. Der Ertrag und der Preis von Cannabis sind im Vergleich zu gut. Eigentlich ist der Anbau illegal, aber in den Hisbollah-kontrollierten Teilen des Landes floriert das Geschäft. Bestimmt auch, weil unsere Armee anstatt mit der Kontrolle der Felder mit den Problemen des Syrienkrieges beschäftigt war. Der größte Gewinn wird von den Dealern gemacht, nicht von den Bauern. Es gab mal vergangenes Jahr die Idee, Cannabis für medizinische Zwecke zu legalisieren und dann nach Europa zu exportieren. Dann könnte mehr Geld bei den Bauern bleiben. Aber ich habe von diesem Vorschlag eines Parlamentsabgeordneten, der von einem McKinsey-Bericht inspiriert war, nichts mehr gehört.«

Auf dem Rückweg quält sich die Schlange von Autos im Stau den Pass hinauf, dabei gelten die gleichen unsichtbaren Regeln und Absprachen wie am Morgen – man fährt vierspurig. Diesmal erleben wir die automobile Anarchie schon gelassener und freuen uns auf den höchsten Punkt des Passes, der uns einen herrlichen Blick über Beirut hin zum Meer gewähren wird. Schon Russegger beschreibt, wie er lange auf dem höchsten Punkt stand und sich nicht trennen konnte von einem Anblick, in dem sich alles vereint, um ihn unvergesslich zu machen. Das tiefe Blau des Himmels mit seinem starken strahlenden

Licht, der schneebedeckte Libanon dicht davor, besetzt mit den Klöstern und Kirchen der Maroniten, unter ihm die Ebene um Beirut, ein großer Garten und die weite, unübersehbare Fläche des Meeres. So ist es auch heute noch. Das Himmelblau ist von einer Sattheit, die mit der rotbraunen Erde der *Bekaa* um Tiefe konkurriert. Die Abendsonne fällt schmeichelnd auf die Hänge, nur die Bebauung, die damals aus vereinzelten Villen in Hanglage bestand, muss heute Hunderttausenden ein Zuhause bieten. So fällt denn das strahlende Licht nicht mehr auf einen reinen Garten, sondern auf weite besiedelte Hänge, die alle gemeinsam den Blick auf das Meer und nach Europa haben.

Hochzeit à l'Aladdine

Wir passieren Werbung für Hochzeitskleider, Hochzeitsgärten- und -veranstaltungsorte. Eine ganze Industrie wirbt um den Auftrag zur Erstellung der Fotos und Filme für den schönsten Tag des Lebens. Überall lächeln in weiß gekleidete makellose Bräute vor fliederfarben ausgeleuchtetem Hintergrund. Auch der Hochzeitsfilm seiner Schwester, den Robin uns gezeigt hat, ist in lila- und rosafarbenes Licht getaucht. Libanesische Traumhochzeit.

»Heiraten scheint bei Euch ein Riesenthema und ein großes Geschäft zu sein«, nimmt Anna die Unterhaltung auf, nachdem wir alle nach Verlassen der *Bekaa*-Ebene etwas müde und schweigsam zusammen im Auto gesessen haben.

»Ja, natürlich«, bestätigt Robin leicht amüsiert mit einem Blick auf unseren kleinen Johann, »alle lieben Kinder und wer Kinder haben will, muss heiraten.«

»Wirklich?«, fragt Uwe, »gibt es im modernen Beirut denn niemanden, der ohne Trauschein zusammenlebt und Kinder hat?« Robin schaut ihn ungläubig an. »Nein«, erwidert er, »das ist viel zu riskant, wenn eine Frau mit einem Mann schläft, wird keiner sie mehr heiraten. Männer, Muslime wie Christen, möchten keine »benutzte« Frau.«

»Willst Du damit sagen, dass die Libanesen keinen vorehelichen Sex haben?«, hakt Anna nach. Die vergangenen Tage gemeinsam im Auto und unsere gemeisterte Abfahrt am Mount Liban bei Schnee und Eis haben thematische Berührungsängste dahinschmelzen lassen. Noch vor einer Woche wäre diese Unterhaltung undenkbar gewesen.

»Die meisten haben erst nach der Hochzeit Sex. Meine Schwester, zum Beispiel, hat ihren Mann fünf Jahre warten lassen. Das fand er gut und hat sie geheiratet. Vorehelicher Sex kann für Frauen tragisch enden. Ich habe eine Freundin, die war zwei Jahre mit ihrem Freund zusammen und hat dann mit ihm geschlafen. Kurz darauf haben sie sich gestritten und er hat öffentlich gemacht, dass sie mit ihm verkehrt hat. Er hat es gegen sie verwendet und sich getrennt. Da war sie schon von ihm schwanger und musste abtreiben. Das war schon das zweite Mal für sie. Und danach ist sie mit einem Typen zusammengekommen, der unbedingt vor der Ehe mit ihr ins Bett wollte und ihr versprochen hat, sie zu heiraten. Von dem wurde sie schwanger und hoffte auf eine Hochzeit, aber dann wollte er nicht mehr. Sie hat mich angerufen und verzweifelt gefragt, Robin, was soll ich jetzt machen? Ich möchte keine dritte Abtreibung, aber ich brauche einen Namen für mein Kind.«

»Wieso einen Namen?«, will Anna wissen.

»Kinder bekommen den Nachnamen ihrer Väter. Wenn eine Frau unverheiratet schwanger wird, hat ihr Kind keinen Namen. Meine Freundin hat mich gefragt, ob ich dem Kind meinen Nachnamen schenken kann, auch wenn ich natürlich nicht der Vater war. Ich habe gesagt, gut, in Ordnung, es kann meinen Namen haben. Aber dann hat sie das Kind doch abgetrieben. Vielleicht war der Druck aus der Familie einfach zu groß. Eine Familie, deren Tochter unverheiratet schwanger wird, verliert das Ansehen. Freunde und Geschäftspartner wenden sich ab. Meine Cousine, zum Beispiel, hat zwei Wochen vor ihrer Hochzeit gemerkt, dass sie schwanger war. Aus Angst, dass Freunde und Bekannte das Empfängnisdatum errechnen, hat unsere Familie sie direkt nach der Hochzeit mit ihrem Mann für ein Jahr nach Frankreich geschickt. Dort hat sie dann ihr Kind bekommen und ihre Eltern haben erst sieben Wochen, nachdem das Kind geboren war, das Foto des Neugeborenen mit einem falschen späteren Datum per WhatsApp herumgeschickt. Das Kind hat jetzt zwei Geburtstage, einen echten, von dem nur die Eltern wissen, und einen offiziellen.« Wir schauen uns an. Die Geschichte klingt verrückt.

»Sucht Ihr Euch den Ehepartner nach dem Glauben aus?« fragt Uwe.

»Irgendwie schon«, überlegt Robin, »in meinem Freundeskreis achten wir nicht darauf, wer welche Religion hat, ich glaube das macht keiner, Maronit, Druse oder Sunnit – das spielt keine Rolle. Nur die Schiiten bleiben meist unter sich, ansonsten mischen sich bei uns alle Religionen. Aber verlieben sollte man sich am besten in jemanden, der die eigene Religionszugehörigkeit hat.«

»Warum? Ist es verboten interkonfessionell zu heiraten?«, fragen wir beinahe aus einem Mund.

»Nein. Verboten ist es schon deswegen nicht, weil das libanesische Recht keine Zivilehe kennt«, belehrt uns Robin. »Geheiratet wird nach dem Recht der jeweiligen Glaubensgemeinschaft. Das bedeutet dann aber auch, dass beide der gleichen Religion angehören müssen oder einer von beiden konvertieren muss. Das kommt auch ab und zu vor. Heutzutage entscheiden sich manche Paare, die hier nicht heiraten können, für eine Zivilehe nach griechischem Recht. Sie fliegen nach Zypern und heiraten dort.«

»Ich glaube, das habe ich in Beirut auf einem Werbeplakat gesehen«, wirft Anna ein, »«Civil Marriage Package« oder so ähnlich, da gab es in Monot eine Reiseagentur für Traureisen.«

»Ja, das wird immer beliebter«, stimmt Robin zu. Er lächelt etwas verlegen und scheint über irgendetwas nachzudenken. Schließlich muss er noch etwas loswerden: »Ich bin noch nicht verheiratet. Ich finde es nicht leicht zu entscheiden, ob ich mit jemandem mein ganzes Leben verbringen möchte. Meine Großmutter hat ein ganzes Leben mit meinem Großvater geführt, der sie nicht geachtet und ständig betrogen hat. Im Libanon ist die Ehe eine echte Entscheidung fürs Leben. Scheidung ist ein No-Go. Wer sich nach Schließung der Ehe trennt – egal ob Mann oder Frau – ist für die Gesellschaft verloren und kann nur noch ins Ausland gehen. Die Schmach für die Familie zuhause hingegen bleibt. Die Tochter der Nachbarn meiner Eltern hatte vier Kinder mit ihrem Mann und als sie 32 war, hat sie sich in einen Franzosen verliebt und von ihrem Mann getrennt. Die Kinder durfte sie nicht mitnehmen, die gehören zum Vater. Sie hat jetzt nur noch Kontakt zu einem Kind. Alle anderen haben sich von der Familie beeinflussen lassen, die ihnen ein schlechtes Bild der Mutter gezeichnet hat, und haben sich abgewandt. Ich glaube, deswegen trennen sich viele Frauen auch nicht, weil sie dann die Kinder verlieren.« Wir sind aufgewühlt. Die Vorstellung, alle Kinder aufgrund einer bei uns in Deutschland von jedem Dritten ausgeübten persönlichen Entscheidung zu verlieren, geht uns im Angesicht unseres friedlich zwischen uns schlummernden Johann sehr nahe.

»Was ist, wenn ein Ehepartner stirbt«, fragt Anna schließlich, »darf man dann wieder heiraten?«

»Nein«, meint Robin, »dann wird von dir als Witwe erwartet, dass du den Rest deines Lebens schwarz trägst und trauerst. Heiraten kannst du nicht noch einmal. Darüber hinaus kann dich die Familie des Mannes aus dem Haus setzen. Sie erbt, du nicht.«

Wir kommen jetzt zurück nach *Achrafieh*, einem der schönsten, westlichsten und nobelsten Teile Beiruts. Was wir soeben gehört haben, scheint überhaupt nicht hierher zu passen; zwischen die renovierten Sandsteinhäuser und ihre davor parkenden deutschen Protzautos, die stilvollen Blumen-, Feinkost-, Kaffee- und Cookie-Läden. Wir könnten irgendwo in Paris sein. Das stylische junge Paar im Café an der Ecke, wo Robin uns absetzt, hält Händchen. Traumhochzeit ohne Scheidung. Einiges ist möglich, nicht alles. Der Libanon hat viele Gesichter.

BYBLOS

Willkommen in der »ältesten Stadt der Welt«!

Der neue Tag empfängt uns mit Baulärm, Hupen sowie dem Brummen von Generatoren und anspringenden Wasserpumpen. Stromausfall? All die Geräusche können uns nach den Anstrengungen der letzten Tage nicht wecken. Ein kurzes verträumtes Lächeln für den anderen und schon hat uns der erschöpfende Schlaf wieder in seinen Fängen. Ist es wirklich schon so spät geworden? Um 10 Uhr verlassen wir nach zwei Keksen und einem schwarzen Tee fluchtartig das Haus. Es gilt, Zeit wiedergutzumachen. Wir treiben schnell ein Taxi auf, das uns nach kurzem Verhandeln für 40.000 libanesische Pfund nach Byblos, das im Arabischen Jbail heißt, chauffieren soll. Die Strecke hinauf Richtung Norden ist uns nach unserer Fahrt nach Tripoli inzwischen einigermaßen vertraut. Die Fahrtdauer im alten Daihatsu unseres heutigen Fahrers Ahmad beträgt zu dieser Tageszeit nur eine halbe Stunde. Während sich das moderne Jbail rechts der Schnellstraße an die Hänge des Vorgebirges drängt, liegt das historische Byblos verträumt und lieblich direkt am Meer. Eine kleine Landzunge trennt den nördlich davon gelegenen Hafen von der südlichen natürlichen Sandbucht ab. Alles, was wir über Byblos wissen, ist, dass es schon immer eine kleine Idylle fernab der so gebeutelten, vom Bürgerkrieg erschütterten Welt des Libanon gewesen sein soll.

Wir verlassen die Autobahn und erreichen die Stadtmitte. Ahmad parkt seinen Wagen. Wir vereinbaren mit der Hand-Fuß-Sprache eine Abholzeit und er weist uns die Richtung, in der wir losgehen sollen. Dazu lächelt er vertrauensvoll und wirkt damit ein bisschen wie eine Entenmutter, die ihre Jungen zum Schwimmen auffordert.

Hier wirkt alles versonnen. Nur wenige Menschen kreuzen unseren Weg; die übliche libanesische Geschäftigkeit fehlt gänzlich. Das

Bild wird von Banken, Restaurants und Cafés hinter aufgehübschten Fassaden neuzeitlicher Häuser geprägt. Soll so das alte Byblos aussehen? Die Stadt, die sich rühmt, die älteste Gründung der Welt zu sein? Ausgrabungen legen jedenfalls nahe, dass dieser Ort schon um 5000 v. Chr. bewohnt gewesen sein muss. Da Reiseführer und detaillierte Karten über den Libanon Mangelware sind, bleibt uns nichts anderes übrig, als Byblos und seine Stätten selbst zu »vermessen«. Wir gehen deshalb in die von Ahmad empfohlene Richtung und werden nach wenigen Schritten von der Medina aufgenommen. Kleine Bars und Bistros konkurrieren zu dieser Tageszeit um die wenigen Gäste. Wir lassen uns in ein Lokal hineinlocken und trinken Kaffee und frisch gepressten Orangensaft. Es ist wohltuend leise.

Nach der Pause schlendern wir immer noch hungrig durch die sich Richtung Hafen erstreckende Altstadt. Hinter alten Mauern können wir dabei die eine oder andere Entdeckung machen. Kleine Gänge, duftende Gärten und Terrassen laden zum Staunen, Verstecken und Verweilen ein. Es riecht nach Zitrusfrüchten und warmen Steinen. Der verbaute Kalksandstein gibt den Häusern ein freundliches Aussehen. Wir betreten den Hof der dem Heiligen Johannes Markus geweihten Kirche. Byblos hatte bereits in vorchristlicher Zeit eine lange Tradition als Kultstätte heidnischer Religionen. Die Rolle des religiösen Zentrums wurde mit der Ausbreitung des Christentums im östlichen Mittelmeerraum fortgeschrieben. So war Byblos eines der ersten Erzbistümer in der Neuzeit. Es wird vermutet, dass der Evangelist Markus der erste Bischof in dieser Stadt gewesen ist. Die Kirche wurde von den Kreuzrittern Anfang des 12. Jahrhunderts erbaut und fußt wahrscheinlich auf einem älteren Götzentempel, der durch das große Erdbeben im Jahre 555 zerstört wurde. Inzwischen gehört die Kirche zur maronitischen Gemeinde des Ortes. Wir lassen uns im Garten des Kirchhofs auf einer der Bänke nieder. Inmitten des zentralen kreisrunden Platzes steht ein Taufbecken. Es scheint noch benutzt zu werden. Große Olivenbäume spenden den Ermüdeten erquicklichen Schatten. Nur wenige Schritte entfernt stoßen wir auf die Reste eines Mosaiks aus byzantinischer Zeit. Wir erhaschen einen kurzen Blick in den Innenraum der Kirche, in die man über einen, mit einer Kuppel gekrönten Vorbau gelangt. Wohltuende Kühle empfängt uns. Hinter dem Altar in der Apsis steht ein schlichtes Kruzifix. Die großen Rundbögen werden von kräftigen Stützpfeilern getragen. In den blank polierten Bodensteinplatten spiegelt sich das Licht der Scheinwerfer, und von einer angestrahlten Ikone in einem der Seitenschiffe blickt gütig das Antlitz eines Heiligen herab. Sein Lächeln begleitet uns beim Verlassen der Kirche.

Wo Hollywood seinen Hering aß

Inzwischen macht sich bemerkbar, dass das Frühstück doch sehr spartanisch ausgefallen ist. Lust auf Meeresfrüchte? Kein Problem in einer Stadt, die für ihre Fischrestaurants berühmt sein soll. Am Hafen reihen sich mehrere davon aneinander. Wir müssen nicht lange suchen, bis wir den legendären »Pepe's Fishing Club« gefunden haben; eine Institution an der libanesischen Küste. Gegründet wurde das Restaurant von Pepe Abed, eigentlich Youssef Gergi Abed, einem libanesischen Abenteurer und Unternehmer, der große Teile seiner Kindheit und Jugend in Mexiko verbrachte und bei einem Besuch seiner Familie 1950 das touristische Potenzial des Libanon erkannte und neben einigen anderen Clubs auch das Fischrestaurant eröffnete und zu seinem Domizil machte. Bis zum Bürgerkrieg 1975, in der goldenen Ära des Libanon, trafen sich internationale Stars und Sternchen, aber auch Politiker und Unternehmer dort. Davon zeugen noch heute die vielen Bilder an den Wänden der sieben Höhlen, die Pepe von den örtlichen Fischern erwarb und zu einem Restaurant ausbaute. Mit herrlichem Blick über das beschauliche Hafenbecken, in dem kleine Fischer- und Ausflugsboote dümpeln, bestellen wir gegrillten Fisch, den man sich aus einer großen Vitrine aussuchen kann. Dazu gibt es *Za'atar*, einen Salat aus wildem Thymian, Zwiebeln, Tomaten, Sumak, Olivenöl und Zitronensaft. Der ältere Herr, der uns bedient, sieht aus wie ein freundlicher Fischer in weißem Oberhemd. Er spricht erstaunlich gutes Englisch und erzählt auf unser Lob der Küche hin, wie er als kleiner Junge nahezu die gesamte Zeit des Frühlings und Sommers spielend mit seinen Freunden draußen in der Wildnis der Berge verbracht habe. Wenn der Thymian am schönsten gewesen sei, habe er seiner Mutter Säcke davon mitgebracht. Zuhause wurde dann daraus ein Vorrat an Thymiangewürz für ein ganzes Jahr hergestellt, indem die Blätter getrocknet und zerstoßen wurden. Wenn genügend da war, fertigte die Mutter einen köstlichen Salat aus den frischen Blättern, einen solchen, wie wir ihn zum Fisch genossen hätten. Auf blau lackierten Stühlen vor schweren sauberen weißen Tischdecken fühlen wir uns nach dem hervorragenden Essen und gut gekühlten libanesischen Weißwein wie an der Cote d'Azur, nur die Menschen um uns herum sind aufgeschlossener und freundlicher.

Wie die Bibel zu ihrem Namen kam

Beim zweiten gemeinsamen Glas Wein ist es auch um uns geschehen. Wie die Phönizier, Griechen, Römer, Kreuzfahrer und Osmanen wollen auch wir am liebsten an diesem zauberhaften Ort bleiben. Doch nicht immer wird der Blick auf das Hafenensemble so romantisch wie dieser Tage gewesen sein. Zur Zeit der Kanaanäer um 2500 v. Chr. ertönten an gleicher Stelle die lauten Schläge der Zimmerleute mit ihren Bronzeäxten. Sie bauten auf den Werften der Stadt Dutzende Schiffe pro Jahr für den Fernhandel mit dem pharaonischen Ägypten, das Byblos seinen Vasallen nannte. Baumaterial war das Holz der Zedern, das darüber hinaus für den Pyramiden- und Tempelbau am Nil exportiert wurde. Die königliche Barge des Pharao Cheops bestand aus Zedernholz, und zahlreiche Inschriften aus dieser Periode sprechen von den Schiffen aus Byblos, auf denen auch wichtige Exportgüter transportiert wurden, wie zum Beispiel kostbares Pinienkernöl für die Begräbnisse der Pharaonen. Byblos wurde in den folgenden Jahrhunderten immer mehr zum Dreh- und Angelpunkt des vorderasiatischen Handels. Hier wurden jetzt nicht mehr nur Schiffe gebaut. Metalle, Lapislazuli, Zinn und Luxusgüter kamen aus Mesopotamien und wurden nach Ägypten weiter versandt. Diese Waren weckten Begehrlichkeiten bei den Ägyptern, die unter Tuthmosis III. um 1450 v. Chr. den Bau einer ganzen Flotte in Byblos in Auftrag gaben, um die Städte am Euphrat zu überfallen. Trotz der schwindenden Macht Ägyptens um 1000 v. Chr. blieb der Handel mit Byblos weiterhin intakt.

Im Gegenzug für die Lieferung von Zedernholz kam eines der wichtigsten Kulturgüter der damaligen Zeit aus dem Nildelta in die Speicher des Hafens der Stadt: Papyrus. König Zakar-Baal besaß eine umfangreiche Sammlung von Papyrusrollen, auf denen historische und ökonomische Themen niedergeschrieben waren. Byblos hatte eine zentrale Rolle bei der regionalen Verteilung von Papyrus inne und behielt diese auch während der kommenden Jahrhunderte bei. Byblos wurde damit zum Namensgeber für seine »papierene« Handelsware und schließlich für Bibliophile in den Bibliotheken dieser Welt. Doch damit nicht genug, denn auch die Bibel hat ihre Wortwurzel in diesem kleinen libanesischen Ort. Mit dem Aufstieg anderer phönizischer Stadtstaaten verschob sich der Handel mit Assyrern und Persern folglich immer mehr dorthin. Im Gegensatz zu Byblos waren Sidon und Tyros aber nicht tributpflichtig gegenüber den aufkommenden neuen Mächten in der Levante.

Als der französische Diplomat und Orientreisende Laurent d'Arvieux um 1660 nach Byblos kam, fand er dort einen Hafen vor, der so versandet war, dass nur noch kleine Kähne einlaufen konnten. Anfang des 19. Jahrhunderts konnte der italienisch-venezianische Naturforscher Giovanni Brocchi schließlich von nur noch 200 bis 300 Einwohnern berichten. Von diesem Zustand haben sich Stadt und Hafen augenscheinlich erholt. Schiffe werden jedoch heute im gesamten Libanon nicht mehr gebaut und die Häfen von Beirut und Tripoli haben den alten Städten Phöniziens schon längst ihre Geschäfte im Überseehandel entrissen. Mit der Frage »Darf es noch etwas sein?« werden wir aus unseren Träumereien herausgerissen und lassen uns zu einer der angebotenen Süßspeisen überreden.

Ein Platz an der Sonne

Mit gefüllten Bäuchen laufen wir über den Kai, aus dessen Betonplatten das rostige Stahlskelett bereits hervorragt. Zwei Fischer haben Angeln ausgeworfen und warten auf ihren Klappstühlen geduldig auf den großen Fang, um die vor sich stehenden großen weißen Plastikeimer zu füllen. Wir folgen Richtung Süden einem kleinen Pfad entlang der Klippen, oberhalb derer antike Säulen erkennbar sind. Sie gehören zu einem großflächigen Ausgrabungsfeld. Wir sind uns einig, den Rückweg für eine archäologische Spurensuche zu nutzen, um die zahlreichen Schichten frühzeitlicher Besiedlung in Byblos gedanklich abtragen zu können.

Die Sonne hat ihren Zenit schon längst überschritten und taucht die Küste in ein warmes Licht. Nach dem Querfeldeinmarsch über eine Brachfläche, die tonnenweise mit Bauschutt überzogen ist, taucht ein kleiner öffentlicher Strand vor uns auf. Für ein paar libanesische Pfund leihen wir uns an einem zusammengezimmerten Strandkiosk zwei weiße Plastikliegen unter einem Schirm. Außer uns sind nur vier Leute am Strand. Ausländer sind selten im Libanon anzutreffen, badende noch viel seltener. Man kommt sich deshalb schnell näher. Das junge australische Backpackerpärchen entspannt sich bei einem gekühlten Bier im Sand. Zwei Brüder aus Österreich stellen sich vor und versichern uns, dass wir soeben den schönsten Spot an der gesamten libanesischen Riviera gefunden hätten. Von der guten Wasserqualität können wir uns sofort selbst überzeugen. Eine kleine vorgelagerte Felseninsel ist unser Ziel, sobald wir uns ins klare Wasser gewagt haben. Beim Blick zurück machen wir zahlreiche Beachresorts aus. Sind wir in der Levante oder in Italien? Nur die Hänge des Mount Liban verraten dann doch den wahren Aufenthaltsort. Nach der wohltuenden Abkühlung erklettern wir mit Leichtigkeit das Ausgrabungsfeld auf der Anhöhe. Anna entdeckt ein kleines römisches Amphitheater aus den Anfängen des 3. Jahrhunderts und lacht, »Wie gerne hätte ich doch vor solch einer Szenerie zu Zeiten meiner Schultheater-AG gespielt. Was gibt es Aufwühlenderes als die Kulisse der Meeresweite, wenn menschliche Abgründe, Verzweiflung, Sehnsucht und Schmerz auf der Bühne lebendig werden?«. Hinter dem Amphitheater fallen uns die vor dem Strandspaziergang erspähten Überreste der Kolonnaden wieder auf. Nur wenige Zentimeter bis zu mehrere Meter hohe Steinmauern bilden auf dem gesamten Feld geometrische Figuren. Sie sind die Grundmauern längst verfallener Bauwerke. Mittendrin stehen einsam marmorne Sarkophage. Wir nehmen unsere Tour über das Gelände wieder auf und spazieren auf die Reste des sogenannten L-förmigen Tempels zu. Er wurde ungefähr 2700 v. Chr.

errichtet, zu einer Zeit, als Byblos immer mehr zum religiösen Zentrum der Levante wurde. Man weiß bis heute nicht, wem dieser Tempel gewidmet war, aber im Zentrum der Stadt muss ein kolossaler Tempel gestanden haben, der Baalat Gebal, der Gottheit von Gubla, wie Byblos zu kanaanäischer Zeit hieß, geweiht war. Sie war die Schutzheilige von Stadt und königlicher Familie. Die Tempelordnung war von ritueller Opferung, dem Zyklus von Tod und Wiederauferstehung des Baal, von kultischer Prostitution und einem hierarchischen System innerhalb der Priesterschaft geprägt. Mit dem Einzug der Griechen in die Stadt entwickelte sich daraus der Adonis- und Aphroditekult. Zu letzterem gehörte die institutionalisierte Tempelprostitution. So berichtete der im 5. Jahrhundert v. Chr. lebende Geschichtsschreiber Herodot noch von diesem orientalisch geprägten Brauch, bei dem sich jede Frau einmal im Leben im Tempel der Liebesgöttin einem Freier gegen Bezahlung hingeben müsse. Er glaubte ferner zu wissen, dass die Hübschen und Stattlichen diese Pflicht eher erledigt hätten als die Hässlichen. Viele dieser religiösen Rituale hallten bis in die römische und frühchristliche Zeit nach. Auf den Ruinen des um 2000 v. Chr. durch nomadische Völker vom Zweistromtal zerstörten Tempels wurde in den folgenden Jahrhunderten der »Tempel der Obelisken« errichtet. Die Obelisken waren Teil des Opferungskultes in Byblos und wurden erst Anfang des letzten Jahrhunderts nur wenige Meter von ihrem ursprünglichen Standort entfernt an eine neue Stelle versetzt. Wir schlendern über das Plateau der langsam verwitternden Obelisken und werden vom üppig blühenden Unkraut umfangen. Die Zeit der großartigen archäologischen Entdeckungen scheint vorbei zu sein, und so liegt für uns der noch zu hebende Schatz der Levante in der Gastfreundlichkeit und dem Charme der Libanesen.

Der gelehrige König lernt das Schreiben

Vor fast genau einhundert Jahren steckte die Kenntnis vom kulturellen antiken Erbe des Landes noch in den Kinderschuhen. Nachdem das Gebiet in den heutigen Landesgrenzen 1920 unter den Schutz eines französischen Völkerbundmandates gestellt wurde, begannen in den darauffolgenden vier Jahren umfangreiche Ausgrabungsarbeiten in Byblos. Die wohl größte archäologische Sensation war nicht die Entdeckung des Amphitheaters, des Tempels der Obelisken oder der Statuetten und Figürchen auf dem Areal. Nein, sie verbarg sich vielmehr in Gravuren auf dem in der Nekropole gefundenen Sarkophag des um 1000 v. Chr. lebenden Königs Ahiram. So unscheinbar – und doch verwandelte sie einst die Welt wie heute das Internet. Die Rede ist von folgender Inschrift:

Man kann sie heute im Nationalmuseum in Beirut bestaunen. Sie enthält sowohl den Namen des Urhebers der Grabesstiftung, den Sohn Itto-Baal, als auch eine Warnung an zukünftige Störenfriede der Totenruhe. Die Inschrift wurde in phönizischer Schrift verfasst, die – wie ihr Vorläufer, die protokanaanäische Schrift – eine reine, wenn auch konsonantische, Buchstabenschrift war. Aus den Piktogrammen für einen Stierkopf, ein Haus und einen Kamelrücken wurden die Buchstaben Aleph, Beth und Gimel. Das Alphabet mit 22 Schriftzeichen war geboren und verbreitete sich in Varianten rasch über den gesamten Mittelmeerraum – alle modernen Schriftsysteme Europas und des Nahen Ostens basieren letztendlich auf ihm. Ob man nun Byblos aufgrund dieses Fundes als den Geburtsort des Alphabetes bezeichnen kann oder nicht, ist eine theoretische Frage. Für uns beide bleibt es bei der märchenhaften Vorstellung, dass der König in seinem Palast mit Blick auf das nahe Meer seine phönizischen Schriften an den Pharao im fernen Ägypten verfasste.

Während des Rundgangs auf dem antiken Grabungsfeld ist die Kreuzfahrerburg stets unser Kompass. Wir haben noch etwas Zeit bis zum herbeigesehnten Abendessen und besuchen deshalb das Kastell. Der Aufgang zur Burg ist von Oleanderbüschen und Bougainvilleas umrahmt. Die restaurierte Anlage zeigt sich in gut erhaltenem Zustand. Es geht treppauf und treppab bis wir zur Aussichtsplattform des zentralen Wohn- und Wehrturms gelangen. Die Baumeister der imposanten Burg waren Genueser, die unter Führung von Raimund I. von Toulouse nach erfolgloser Belagerung von Tripoli 1103 Byblos erobert hatten. Das Baumaterial dafür lieferten die in direkter Nachbarschaft befindlichen Trümmer der Tempelanlagen. Nach und nach wurde das Genueser Geschlecht der Embriacos erblicher Lehensträger der Grafen von Tripoli. Für kurze Zeit fiel Byblos mit seiner Burg 1187 an das Ayyubidenreich unter Sultan Saladin zurück. Dieser war wenige Jahre zuvor an die Macht gekommen und schloss mit seinen Eroberungen in Syrien die Kreuzfahrerstaaten förmlich ein. Die »Hardliner« unter den Kreuzfahrern, meist Wallfahrer oder frisch ins Outremer Zugezogene wollten in einer offenen Schlacht eine endgültige Lösung erzwingen. Die mit der Situation im Heiligen Land besser Vertrauten kamen mit ihrer in den Jahrzehnten zuvor bewährten Taktik des Kampfes von stark befestigen Burgen aus gegen die religiösen Eiferer und Kriegstreiber nicht zum Zuge. Durch eine geschickte Operation Saladins wurde das ca. 15.000 Mann starke Heer der Kreuzfahrer in Hattin am See Genezareth vernichtend geschlagen. Die Geschichte rund um diese Schlacht wurde in dem Hollywoodstreifen »Königreich der Himmel« von Ridley Scott episch umgesetzt.

Uwe erzählt auf der Tour durch die Burg die Geschichte um Saladin, als wäre er leibhaftiger Zeuge der Ereignisse im Königreich Jerusalem gewesen.

»Du klingst wie ein Ritter auf Kreuzzug durch die Levante«, witzelt Anna.

»Oh ja, die Protagonisten des dritten Kreuzzugs, Kaiser Barbarossa, Richard Löwenherz und Saladin fühlten sich für mich wie gute alte Verwandte an. Die Geschichten um Barbarossas Tod im Fluss Saleph in der heutigen Türkei und die Gefangenschaft von König Richard auf dem pfälzischen Trifels habe ich in den Worten meines Vaters gefühlt hundertmal gehört.«

Obwohl in der Folge des Kreuzzugs und des baldigen Todes von Saladin weite Gebiete, auch Byblos, wieder an die Christen zurückfielen, sehen manche Historiker in der Niederlage von Hattin den Anfang vom Ende der Kreuzfahrerherrschaft im Orient. Nach und nach verlor die Burg ihre strategische Bedeutung mit den Wandlungen kommender Jahrhunderte. Ein letztes Mal zeigte sie 1840 bei ihrem seewärtigen Beschuss durch die Engländer, die durch ihre Intervention die Abspaltung Ägyptens vom osmanischen Reich unter Ibrahim Pascha verhindern wollten, was in ihr steckt. Die stundenlange Kanonade konnte dem Kastell nichts anhaben. Es steht wie für die Ewigkeit gebaut.

Mit beginnendem Abend führt unser Streifzug durch die *Souks*, deren Läden mit Kleidung, Schuhen, kleinen Andenken und Postkarten ausgelegt sind. Das meiste trägt das Label »Made in China«; Plastikkitsch für Kinder eingeschlossen. Man versichert uns, dass wenigstens Gewürze und Tücher aus dem Libanon seien. Zwischen all den Geschäften befinden sich Bars, in denen man sich gut mit Kaltgetränken erfrischen kann. Byblos ist eindeutig auf Touristen eingestellt. Wir schlendern Händchen haltend weiter. Die Sonne des Tages bringt unsere Gesichter zum Glühen. Plötzlich ziehen wir uns gegenseitig zurück. »Stopp! Hast du das gesehen?«, ertönen wir im Gleichklang. In einer versteckten Seitengasse werden wir von einem Fischladen der besonderen Art überrascht. Es ist nicht das einzelne lebende Exemplar in einem viel zu kleinen Aquarium, sondern es sind Hunderte oder vielleicht sogar Tausende von unbeweglichen Fischen: Fossilien. Sie hängen an Wänden, stehen in Regalen, zieren Vitrinen oder liegen in kleinen Bastkörben. Wir betreten den Laden, der mit dem Namen »Mémoire du Temps« wirbt und durch das indirekte Licht sowie die Mauern aus Kalksandstein wie eine Unterwassergrotte wirkt. Die einzelnen Exponate sind bestens präpariert, etikettiert und gut in Szene gesetzt. Gräte für Gräte ist durch die Einlagerung eisenhaltiger Mineralien erkennbar und bei fast allen Exemplaren ist sogar das Körpergewebe versteinert. Die Fossilien besitzen eine Ästhetik, die das Leben für sie nie bereithielt. Wir gewinnen den Eindruck, in der paläontologischen Abteilung eines Naturkundemuseums zu weilen. Unser Erstaunen über die fossile Welt scheint man erwartet zu haben, denn wir werden von einem ungefähr 50-jährigen Mann angesprochen. Er stellt sich als Pierre Abi Saad vor, trägt Jeans und ein bedrucktes T-Shirt mit dem Logo des Shops. Er ist sonnengebräunt, trägt kurze Haare und hat eine prägnante Nase. Er könnte mit seiner drahtigen Statur auch einer der Fischer des Ortes sein.

»Schauen Sie sich gerne in Ruhe um«, sind seine ersten Worte, »alle Räume sind mit den Fängen aus Steinbrüchen der Umgebung gefüllt.«

Wir schauen erstaunt drein, »Was meinen Sie mit Fängen?«

»Bei der Suche nach Fossilien in den Bergen braucht man wie ein Fischer auf dem Meer seine Intuition und viel Erfahrung. Man hat nicht einmal ein Hilfsmittel wie ein Echolot zur Verfügung. Aber man kennt sein Terrain, achtet auf bestimmte Zeichen und Unregelmäßigkeiten im Gestein und versucht, die Natur zu lesen. Dann hat man meistens Erfolg.«

»Sie scheinen sich mit der Fossiliensuche gut auszukennen. Woher kommt das?«

»Ich stamme in dritter Generation von einer Familie ab, der die Suche nach Fossilien anscheinend im Blut liegt. Mein Großvater George entdeckte vor beinahe 100 Jahren in den Bergen ein Fossil und verkaufte es an die hier stationierten französischen Soldaten während der Mandatszeit. Der Fund brachte ihn auf den Geschmack und er intensivierte seine Suche. Unter meinem Vater wuchs die Sammlung weiter an. Er war es auch, der 1966 diesen Laden hier in Byblos eröffnete und die ganze Sammelei mit der Gründung einer Gesellschaft auf wissenschaftliche Füße stellte. Ich hatte schließlich die Chance, Paläontologie zu studieren.«

»Dann können Sie ja alle hier gezeigten Spezies benennen«, sagt Anna bewundernd.

»Wir haben inzwischen viel über die fossilen Fischarten des Libanon gelernt und stehen trotzdem erst am Anfang. Tatsächlich ist es so, dass wir von den hier gefundenen 900 Fischarten weniger als die Hälfte auch benennen und klassifizieren können.«

»Weiß man denn, wieso so viele fossile Fische auf so engem Raum vorkommen? Sie haben ja sogar Präparate ausgestellt, auf denen ganze Schwärme verewigt sind«, fordert Anna die Kompetenz des Wissenschaftlers heraus.

»Die Fische lebten zur Zeit der Oberkreide im sogenannten Cenoman vor ungefähr 100 Millionen Jahren, als das Gebiet des heutigen Libanon auf dem Grund des Thetis-Meeres lag. Es kam wahrscheinlich urplötzlich zu einer massenhaften Vermehrung von Phytoplankton, wodurch der Sauerstoff dem Wasser entzogen und Giftstoffe abgegeben wurden. Mit einem Male starben unzählige Fische und andere Organismen, wie zum Beispiel Krustentiere, Schildkröten und Seesterne. Die verendeten Tiere wurden von aufgewühltem Sediment bedeckt und konserviert. Das Ergebnis könnt ihr hier beschauen.«

»Aber wie kommt es, dass die Fossilien mitten im Gebirge gefunden werden?«

»Das haben sich die Menschen früherer Zeiten auch schon gefragt. Bevor die Geologie zur Wissenschaft wurde, glaubte man, dass der Fund im Gebirge für die Sintflut spräche, doch die Kräfte der Tektonik haben vor ca. 40 Millionen Jahren die komprimierten Meeressedimente samt den eingelagerten Fischen in die Höhe gehoben. Ihr könnt Euch auch eine der Fundstätten anschauen, zum Beispiel in Haqil oder Hgula«, bietet uns der Experte an.

»Ich würde gerne selbst Fische in den Bergen fangen. Ist das möglich?«, fragt Uwe.

»Wir bieten Exkursionen in die Steinbrüche und Präparationskurse an. Ihr seid herzlich eingeladen, daran teilzunehmen. Wir haben passionierte Hobbyforscher, aber auch immer wieder ausgewiesene Paläontologen von renommierten Universitäten und Forschungseinrichtungen zu Gast.«

Wir bedanken uns für sein Angebot und sind uns sicher, bei einer der nächsten Reisen in den Libanon auf fossilen Fischfang gehen zu wollen. Wer kennt nicht das süchtig machende Gefühl einer Schatzsuche. Wir bestaunen noch eine ganze Weile die ausgestellten Kreaturen. Highlight der Ausstellung ist ein 3,70 Meter langer Rochen in bestem Zustand. Der daneben ausgestopfte kleinere Rochen aus der Neuzeit lässt keine morphologischen Unterschiede erkennen. Die Evolution hat einige Lebewesen offenbar unverändert belassen.

Nicht nur Familie Abi Saad versucht den Geheimnissen der Fossilien auf die Spur zu kommen. Schon vor Jahrhunderten stieß man im Gebiet zwischen Jounieh und Byblos immer wieder auf die Zeugen von Leben vor Jahrmillionen. Die erste Publikation mit Beschreibung und Abbildung von Fossilienfunden in Haqel stammt von Corneille de Bryn aus dem 17. Jahrhundert. Weitere Arbeiten und Vorträge – mal waren die Naturforscher selbst vor Ort, mal untersuchten sie zugesandte Proben – zu den Fischfossilien am Mount Liban folgten. Anfang des 19. Jahrhunderts wanderten immer mehr Fossilien aus den hiesigen Steinbrüchen in private Sammlungen und Museen im gesamten Europa. Der ungewöhnlichste, akribischste und wohl auch hübscheste Sammler der Versteinerungen war eine Frau: die englische Lady Hester Stanhope. Ihre Ausbildung und Erziehung erhielt sie in London im Haushalt ihres Onkels, des britischen Premierministers William Pitt der Jüngere. Sie war bekannt für ihre Schönheit und perfekten Umgangsformen. Durch die Nähe zu ihrem Onkel gelang es ihr, ein starkes Netzwerk in den höchsten Kreisen der englischen Gesellschaft aufzubauen. Nach dem Tod ihres Bruders 1810 und einer enttäuschenden Romanze brach sie zu einer Seereise in den Orient auf, von der sie nie zurückkehrte. Über Athen und Konstantinopel kam sie nach Kairo, von wo sie immer wieder Reisen und archäologische Exkursionen ins heutige Israel, Palästina und den Libanon unternahm. Nahe Sidon baute sie schließlich um 1818 ein verfallendes ehemaliges Kloster aus und ließ sich dort nieder. Zu ihren europäischen Freunden unterhielt sie während all der Jahre eine enge Korrespondenz. Aus ihr geht hervor, dass Lady Stanhope große Mengen an Fischfossilien an englische Freunde und sogar das Natural History Museum in London sandte. Ihr immenser Beitrag für die Wissenschaft geriet mit der Zeit weitgehend in Vergessenheit, doch blieb sie der europäischen Leserschaft als »Königin der Wüste« in literarischer Erinnerung.

Wir verlassen mit der Einladung zur Fossiliensuche die Welt der steinernen Fische und treten wieder hinaus ins Dunkel der *Souks*. In einer stillen Gasse baut die UNESCO in einem ehemaligen Wohnhaus ein Begegnungszentrum für Archäologen, die sich mit Mosaiken beschäftigen. Die Renovierungsarbeiten sind selbst zu dieser Tageszeit immer noch im Gang, so dass wir die Gelegenheit haben, durchs frisch lackierte Tor der Anlage zu schlüpfen. Wir erhaschen einen kurzen Blick ins Gebäude, in dem gerade eine kleine Fotoausstellung vorbereitet wird. Byblos wurde bereits vor Jahren in die Liste der Weltkulturerbestätten aufgenommen. Ausschlaggebend für die Auszeichnung sind die Zeugnisse aus phönizischer Zeit, die durchgehende urbane Organisationsstruktur seit der Bronzezeit und der Anstoß zur Entwicklung des Alphabets. Das Welterbekomitee hat mit der Erteilung des Status‘ auch eine schützenswerte Zone rund um die mittelalterliche Stadt und das antike Ausgrabungsfeld bestimmt. Vom Hof der Einrichtung haben wir eine überwältigende Sicht auf die alte Kreuzfahrerburg, die sich zunehmend als Silhouette vor dem milchig-violettroten Abendhimmel über dem Meer abhebt. Brummende Schwärmer unter den Lichtkegeln vieler Laternen haben inzwischen die urbanen Melodien des ausklingenden Tages abgelöst. Verliebte Pärchen ziehen händchenhaltend durch die Gassen. Kinder springen über Treppenstufen und Steine. Ältere Damen kommen vom nachbarschaftlichen Plausch wieder nach Hause. Wir sind von den Bildern und Eindrücken des Tages geschafft. Womit lässt sich der Tag in Byblos besser beenden als mit einem Glas libanesischen Weins auf einer der Dachterrassen gegenüber dem Kastell. Unser zuverlässiger Fahrer steht am Ende des Tages am verabredeten Treffpunkt und bringt uns – trotz Anschnallattrappen auf den Rückbänken – sicher nach Beirut zurück.

Wir haben von einem Supermarkt im Viertel gehört, der abseits der in der Regel zwei bis vier Quadratmeter großen Marktstände und der Tante-Emma-Läden Abwechslung an Essbarem verspricht. Nach einigem Suchen finden wir »Spinney's«. Die Preise der Lebensmittel sprechen Bände. Bis auf einige Obst- und Gemüsesorten sind die meisten Produkte, wie z.B. Babynahrung, aus Europa importiert. Ein Glas davon kostet mehr als doppelt soviel wie in deutschen Supermärkten. Eine abgepackte Brioche ist für 12.000 Libanesische Pfund, das heißt umgerechnet 7 Euro, zu haben. Wer es süß mag, kann ab 2,50 Euro eine einfache Schokoladentafel kaufen. Die französische Spezialitätenauswahl ist besonders groß. Die Kundschaft ist eher wohlhabend oder für gut betuchte Libanesen tätig. Neben uns teilt eine aufgeregte asiatisch aussehende Frau ihrer Arbeitgeberin per Anruf auf Englisch mit, dass der Camembert auf ihrer Liste nicht vorrätig sei. In unserem Einkaufswagen finden sich frischer *Za'atar*, von dem wir gar nicht genug bekommen können, Berge von Fladenbrot, *Labneh*, Honiggurken und eine Flasche Rotwein vom ältesten Weingut des Libanons in Ksara. Abendbrot. Zähneputzen. Licht aus!

Das Geschenk

Baschar mag es nicht, wenn Aline morgens zur Arbeit geht. Er stellt sich vor, wie andere Männer seine Freundin ansehen, während er in ihrer Wohnung sitzt. Ihm ist langweilig. Ein paar Mal hat er daran gedacht, nochmal nach Arbeit zu suchen. Aber eigentlich reichen Alines Dollar für sie beide. Es ist ihm nicht recht, dass die Nachbarn so vorwurfsvoll schauen, als sagten sie: »Hey, Du bist doch ein kräftiger, junger Mann, wieso lässt Du Dich von einem unserer Mädchen aushalten?«. Aushalten. Wie hält Aline es mit ihm aus? Sie hält ihn aus – Tag und Nacht. Schon zwei Sommer und zwei Winter. Vielleicht ist es ihr gar nicht mehr recht und sie hat nur Mitleid? Die Jungs aus dem Lager warnen ihn: »Ihre Familie weiß nichts von dir. Sie wird einen Maroniten heiraten und dann bist Du wieder auf der Straße.« Die Vorstellung macht ihn wütend. Überhaupt ist er zornig in letzter Zeit. Nur abends, wenn Aline ihn hält, wenn sie sein Gesicht mit Küssen bedeckt, dann ist alles, was er am Tag in seiner Einsamkeit fühlt, nur ein schlechter Tagtraum. Aline liebt ihn und er liebt Aline. Das weiß er doch eigentlich. Eines Abends kommt sie so fröhlich nach Hause. Sie verbindet ihm die Augen und führt ihn Stufe um Stufe durch das Treppenhaus hinaus auf die Straße. Er darf das Tuch abnehmen. Da steht ein Moped. Für ihn. Von ihr. Ein Moped. »Du sollst Dich nicht langweilen und traurig sein, wenn ich arbeiten bin«, sagt sie lieb. »Schau Dir das Land an, finde Freunde. Hiermit kommst Du überall hin.« Was für ein Geschenk.

IM LAND DER KREUZE

Mar Charbel Superstar

Über die Schnellstraße von Beirut fahren wir in Richtung Vorgebirge des Mount Liban mit dem Ziel, das kleine Bergdörfchen Douma zu erkunden. Bei Batroun biegen wir Richtung Osten in steilen Kurven und Steigungen ab und haben die schneebedeckten Höhenzüge im Blick. Zur linken Seite erstrecken sich langgezogene, beinahe vegetationslose Felsen, die mit horizontalen, parallel zum Bergrücken verlaufenden Bändern in allen erdenklichen Braun-, Gelb- und Rottönen geschmückt sind. Die Geologie schöpft hier mit Buntsandstein und Kalkgestein verspielt wie ein Kind aus der irdenen Farbpalette. Etwas tiefer duftet die Macchia zwischen Kiefern, Ginster und Eichen. Bergdörfer klammern sich an Hänge und Felsspitzen. Überall ertönt Kirchengeläut. Wir kommen ins Herzland der Christen. Auf den Hängen sind Terrassen angelegt, die der Landschaft eine an das italienische Umbrien erinnernde Schroffheit verleihen und sie stark und trutzig wirken lassen. Die Häuser muten an wie kleine Kastelle und sind relativ uniform gestaltet: quaderförmige Sandsteinbauten mit roten Zeltdächern. Wind und Regen haben den Kalkstein an einigen Stellen in die Form eines überdimensionalen Steingartens überführt.

Außer der wilden, aber anmutigen Landschaft der Berge fallen am Wegesrand und in den Dörfern, die wir passieren, Bilder, Schilder und Statuen eines alten Mannes ins Auge. Auf den meisten Darstellungen ist er in einen Mantel mit schwarzer Kapuze gehüllt, die er bis in die Mitte der Stirn gezogen hat. Darunter ein gütiges Gesicht mit zu Boden blickenden Augen über einer langen Nase und einem weißen Vollbart. Er kommt uns seltsam vertraut vor.

»Wer ist das?« fragt Anna vom Rücksitz aus. Robin schaut ein wenig entgeistert.

»Das ist *Charbel Makhlouf*. Kennt ihr ihn nicht?«. Seine Augen weiten sich und er schaut uns ungläubig an. »Er ist ein Heiliger. Charbel wurde mit dem Geburtsnamen Joussef Antoun Makhlouf in einem kleinen libanesischen Bergdorf, in Bequa-Kafra, geboren. Schon als Kind fiel er durch seine Frömmigkeit und besondere Verbindung zu Gott auf. Mit 23 Jahren trat er dem Maronitenorden bei. Er wollte Mönch werden. Sein Lehrer war der heilige *al-Hardini*. Nach seinem Eintritt in das Kloster erhielt Joussef den Namen Charbel. Es gibt einen sehr guten Film über ihn, ich habe ihn schon mehrmals gesehen.«

Verwundert tauschen wir Blicke. Es überrascht uns, dass ein junger Mann wie Robin mit seinen Tattoos und Piercings sich derart für einen Heiligen begeistert.

»Ich habe mir nach dem Film mal eine Karte gezeichnet mit all den Orten, an dem Charbel gewirkt hat. Wart ihr denn bei keinem Eurer Besuche im Kloster Annaya? Jeder Libanese pilgert irgendwann in seinem Leben nach Annaya, auch die Muslime.« Jetzt verstehen wir gar nichts mehr.

»Aber er ist doch ein christlicher, ein maronitischer Heiliger?«

»Ja schon, aber Charbel schützt alle. Fast jeder hat sein Bildnis dabei, zum Beispiel im Auto.«

Natürlich. Nun fällt es uns wie Schuppen von den Augen. Den frommen Mann mit dem demütigen Gesichtsausdruck haben wir überall im Land hinter Windschutzscheiben und auf Hausaltären gesehen.

»Darf ich Euch nach Annaya fahren? Ich bin gern dort. Es ist nicht weit von hier. In einer halben Stunde können wir da sein.«

Es ist ihm so wichtig, dass wir spontan einwilligen. Robin ist zufrieden, er erzählt uns alles, was er über *Mar Charbel*, wie er hier genannt wird, weiß. Dass er sich mit Erlaubnis seiner Oberen nach 16 Jahren Klosterleben als Eremit in die Einsiedelei oberhalb des Klosters Annaya zurückzog, ist eine gesicherte Tatsache. Aber dann berichtet Robin überschwänglich von den Wundern und Heilungen, die Charbel zugeschrieben werden, von seinem Beistand für Menschen in aller Welt. Seine Stimme lässt keinen Zweifel daran, dass er fest an die Wundertaten glaubt. Die ganze Zeit fahren wir immer wieder an

Plakaten mit den Finalisten des Gesangswettbewerbes »Voice of Lebanon« vorüber, die mit den dazugehörigen Rufnummern für die Wahl zum Sieger werben, aber der größte Superstar hier ist *Mar Charbel.*

»Eines der berühmtesten Wunder ist das mit der Öllampe«, erzählt Robin weiter. »Charbel bat im Kloster darum, dass die Öllampe für seine Zelle wieder aufgefüllt werde. Zwei seiner Brüder entschieden, ihm einen Streich zu spielen und füllten die Lampe mit Wasser statt Öl. Durch einen Spalt in der Holztür der Klosterzelle sahen sie wie Charbel die Lampe entzündete und sie auch mit Wasser brannte. Nachdem die Geschichte an den Klosteroberen gelangt war, untersuchte dieser selbst den Inhalt der Lampe. Dazu löschte er die Lampe und versuchte sie mit seiner eigenen aufs Neue zu entzünden – vergeblich. Als er die Lampe Charbel zurückgegeben hatte, zündete dieser sie an. Er vollbrachte unzählige Wunder und sie wirkten über seinen Tod hinaus.«

»Welche denn?«

»Sehr viele« sagt Robin gewichtig, »nachdem Charbel am Weihnachtsabend des Jahres 1898 verstorben war, begann sein Grab in einem außergewöhnlichen Glanz zu erscheinen. Erst nach 45 Tagen wurde das Licht schwächer. Da das öffentliche Interesse groß war und Gläubige versuchten, Teile seiner Überreste zu stehlen, öffneten die Behörden das Grab. Sie fanden den Leib des Heiligen unverwest. 1977 schließlich erfuhr Charbel seine Selig- und Heiligsprechung durch Papst Paul VI.« Glaubt man's? Wir verkneifen uns unser Lächeln gehörig, denn Robin ist es todernst damit.

Am Straßenrand bieten ein Steinmetz und ein Schnitzer ihre Arbeiten an. Wer mag, kann sich einen der zahlreichen *Charbel Makhloufs* als Statue in den Garten stellen. Als wir schließlich in Annaya ankommen, haben wir das Gefühl, den Mann, der hier verehrt wird, bereits wie den Großvater eines Klassenkameraden zu kennen. Es ist viel los vor Charbels Kloster, einem über Terrassen thronenden Sandsteingebäude, dem eine Kirche beigestellt ist, und dessen Wand von einem übergroßen Charbel-Bild im Stil einer Ikone geziert wird. Viele Familien haben sich für einen Ausflug zum Kloster entschieden. Vor dem Eingang steht auf hohem Sockel eine Bronzefigur des Heiligen, die von Müttern mit kleinen Kindern umkreist, geküsst und ehrfürchtig in kniender Haltung berührt wird. Unter Charbels Augen ist der Libanon bunt gemischt. Unter die Flügel seiner engelsgleichen Güte lässt sich jeder nehmen, ungeachtet seiner Religion: Muslime und Christen, Christen und Muslime. Charbel ist der Libanon, der Libanon ist Charbel.

Als wir die Klosteranlage betreten, kommt uns ein Pater entgegen, der Johann im Vorbeigehen segnet. Innen ist in einem kleinen Museum all das ausgestellt, was uns Robin auf der Fahrt hierher schon geschildert hat. Briefe aus aller Welt zeugen von dem Dank der Menschen für Charbels Wundertaten. Hier stehen die Familien einträchtig und ehrfurchtsvoll vor Wachsfiguren, die ihn als Kind im Kreis seiner Familie zeigen, vor seinem Grabtuch (mit Abdruck seines Gesichtes), vor der Heiligsprechungsurkunde, vor seiner Bekleidung und schließlich vor den Krücken der angeblich Geheilten. Für evangelische Christen wie uns hat das alles etwas von einem Mummenschanz. Es fällt uns schwer, Robins Miene und seinen Zusatzerklärungen mit dem nötigen Ernst zu begegnen. Er lässt hier nichts Halbes gelten. Wunder sind Wunder. Glanz ist Glanz. Charbel ist Charbel! Robin kauft uns zwei Kerzen, damit wir den Heiligen anrufen können. Im Innenhof stehen zwei Kästen, die über und über mit Kerzen der Gläubigen bestückt sind. Kaum haben wir unsere zu den sich biegend schmelzenden Kerzen gestellt, kommt ein Bediensteter des Klosters und leert unbarmherzig mit einem großen Schaber alle Kerzen, ob groß oder klein, in einen Sack. Durch einen beherzten Griff rettet Uwe unsere und stellt sie als erste in den geleerten Kasten. Vielleicht glauben wir ja doch ein wenig an Charbels Hilfe und wünschen, dass unsere stillen Gebete erhört werden.

Hinter Steinmauern unter Maulbeerbäumen Frieden finden

Das kleine, hübsche, aufgeräumte und saubere Dorf Douma wird offensichtlich ausschließlich von Christen bewohnt. Ständig läuten die Kirchenglocken. Emir *Youssef Schehab* holte gegen Ende des 18. Jahrhunderts Christen nach Douma, weil sie als fleißig galten, um seine Ernteerträge und damit auch die Steuereinnahmen zu verbessern. Die meisten Bewohner sind noch heute griechisch-orthodoxe Christen.

Auf sie wartet nicht nur eine große moderne Kirche aus Sandstein am Fuß des auf einem Hang liegenden Dorfes, sondern die Gläubigen finden zu Gottesdiensten in sechs verschiedenen Kirchen, die teilweise auf den Fundamenten römischer Tempel stehen und überall im Ort verstreut liegen. Die meisten Häuser in Douma wurden zwischen 1881 und 1914 im klassisch levantinischen Stil gebaut. Emigranten aus Brasilien, Argentinien und den USA schickten damals ihren Familien Geld, damit sie ein Domizil errichten oder ein altes Haus wiederherrichten konnten. Viele der traditionellen Häuser sind heute aufwändig renoviert. So auch unser Zuhause für die Zeit hier, das *Beit Douma*. Das großzügige zweistöckige osmanische Haus aus dem 19. Jahrhundert ist aus lokalem Sandstein erbaut und hat ein rotes Ziegeldach. Es liegt fast am Ende des Dorfes auf einer Anhöhe, im Hintergrund die Berge mit einem großen Kreuz auf dem Gipfel. Solange man die Christuszeichen sieht, soll man beschützt sein. Die Rahmen der hohen geschwungenen osmanischen Fenster und die Fensterläden sind in einem warmen Gelb gestrichen. In der Eingangshalle steht ein großer Tisch mit bunt bestickten Tischtüchern, die zwischen üppig gefüllten Schalen voll Obst und Kuchen hervorleuchten. Ein Stillleben. Die Decken sind hoch und werden noch von den originalen, wuchtigen und überlangen Zedernholzbalken geziert. Darunter ein Wohnzimmer mit Registraturschränken voller Spiele, ein großer Diwan, der mit bunt bestickten Kissen zum Verweilen einlädt. Besonders schön sind die Reis- und Zuckersäcke, die gefüllt, bestickt und mit Applikationen versehen ein neues Leben gefunden haben. An den Wänden ergeben Bilder, alte Teller und gerahmte Tücher ein lebendiges, unaufdringliches Ensemble, das immer wieder zum Hinschauen verleitet. Ein großes Bücherregal türmt sich bis unter die Decke. Hier findet man alles zur Region, zur Küche, zur Geschichte, zur Flora und Fauna – ein wahrer Schatz. Wo man auch hinsieht, stehen übergroße Blumengefäße mit Gartengewächsen und Chrysanthemen. Es duftet nach Zitrus und Jasmin. Das Arrangement von Decken und Kerzen, Licht und Blumen wirkt wie mit leichter Hand erstellt und ist bezaubernd. Hier ist man fern von Zuhause daheim. Auch der bewusst verwilderte Garten mit Lilien, Thymian, Disteln, Rosen, Wein und Gemüse lädt zum Bleiben ein.

Überall in Douma schließen sich an die alten Häuser noch große Gemüse- und Obstgärten mit Weinreben, Apfel- und Feigenbäumen an. Nur Maulbeerbäume haben wir noch nicht gesehen. Nachdem wir den Nachmittag im Garten mit der Lektüre alter Bücher und dem Blättern durch alte Postkarten verbracht haben, brechen wir zu einem kleinen abendlichen Spaziergang auf. Wir sind noch nicht weit gegangen, da stehen sie plötzlich da und fast wären wir an ihnen mit bergabwärts beschwingten Schritten vorbeigelaufen. Vor dem Wandel der Zeit versteckt, geduckt hinter einer Mauer, um nicht Obst- oder Walnussbäumen zu weichen, zieren drei dunkle knorrige Maulbeerbäume einen unscheinbaren, von Gras und Wildblumen überwachsenen Flecken Erde mitten im Bergdörfchen Douma. Wie lange haben wir diese altehrwürdigen Bäume gesucht. Wer weiß, dass bis in das 19. Jahrhundert hinein das gesamte Gebiet des Libanon mit Maulbeerbäumen zur Seidenraupenzucht bepflanzt war, versteht unsere Verwunderung, dass wir bisher noch keinen einzigen entdeckt haben. Als Russegger den Libanon im Jahre 1841 besuchte, beschrieb er die Seidenraupenzucht und die Verarbeitung der Seide als Hauptgegenstände der wirtschaftlichen Tätigkeit. Beirut und alle Hänge des Libanon seien mit Maulbeerbäumen bepflanzt. Das Klima erlaube es, die Raupen in bloßen Laubhütten in den Gärten im Freien zu halten. Die Bäume, die demnach vor gut 150 Jahren als Futterpflanze für die in Hütten gehaltenen Seidenraupen gepflanzt wurden, erfüllen heute keinen derartigen Zweck mehr. Sie stehen aber als Zeitzeugen eines »Wirtschaftswunders« längst vergessener Zeiten und spenden heute nur noch Schatten und Frieden.

Auf dem Weg zur Quelle des Lebens mit Hyänen tanzen

Am nächsten Tag haben wir uns eine Wanderung zum Wasserfall in der Baataraschlucht vorgenommen, der auch als *Balou Balaa* bekannt ist. Sarah, die gute Fee des Hauses, rät uns von einer Wanderung ohne Guide ab. Zu weit, zu wenig beschildert, zu einsam. Überhaupt, zu gefährlich. Uwe aber hat sich die Strecke auf *google earth* angesehen und ist überzeugt, dass wir den Weg alleine finden können. Im Sonnenschein brechen wir auf und laufen auf der Dorfstraße Richtung Osten. An der Straße werden gerade alte osmanischer Häuser kernsaniert und originalgetreu wiederhergestellt. Douma wächst. Die Baugesetze sind streng. Es soll der ursprüngliche Charme des Dorfes und seiner Häuser bewahrt werden. Das ist für den Libanon, dessen bezauberndste Orte von Bausünden nicht verschont geblieben sind, ein einzigartiges Konzept. Unsere neugierigen Blicke in ein Baustellenhaus werden mit einer Einladungsgeste der Arbeiter beantwortet. Abdullah zeigt uns, dass er Stahlarmierungen für die Decke herstellt, die nur noch aus einer Schicht Putz besteht. Alte Holzfensterläden und verzierte Zwischentüren verleihen dem Haus einen besonderen Charme. Es beschleicht uns immer mehr das Gefühl: Hier könnten wir bleiben.

Etwas weiter gibt es einen sehr gepflegten öffentlichen Brunnenplatz. Einheimische und Durchreisende betanken hier ihre Wasserkanister. Wir fragen einen Herrn mittleren Alters nach dem Weg zum Wasserfall. Er bedeutet uns mitzukommen und lotst uns über eine Straße, die gerade aufgerissen wird, unter einem dicken Stromkabel hindurch zu seinem Haus mit Garten. Dort sollen wir auf einer Plastikgartenbank mit ausgeblichenen dünnen Sitzkissen neben seiner Mutter Platz nehmen. Sie ist eine schlanke alte Dame mit vielen Falten um zwei lachende, wohlwollend, aber gleichzeitig streng blickende Augen. Sie besteht energisch darauf, dass Anna sich mit Johann zu ihr setze. Ihr Sohn gibt uns nacheinander die Hand, zeigt auf sich und sagt »Elias«. Wir stellen uns ebenfalls mit Namen vor. Als erstes bringt er aus dem Inneren des Hauses, das gerade von einem hübschen äthiopischen Hausmädchen gereinigt wird, zwei leere Wasserflaschen. Mit Hinweis auf den langen Wanderweg möchte er, dass Uwe sie am Brunnen für uns auffüllt. Eigentlich sind wir erst fünf Minuten unterwegs und möchten in deutscher Wanderermanier vor der Mittagshitze Meter machen, aber Elias lässt sich nicht ausreden, uns einen Nescafé oder Tütencappuccino zu kochen beziehungsweise seiner Hausangestellten den Auftrag zu geben »yalla, yalla« Café zu bringen. Es folgen Tomaten und Gurken aus dem Garten. Als Anna mit Blick auf den Garten nach *Za'atar* fragt, will sie nur wissen, ob im Garten auch Thymian wachse. Stattdessen bringt Elias Fladenbrot und Za'atarpaste. Seine Mutter streicht Anna, die mit Johann neben ihr sitzt, unaufhörlich über die nackten Beine. Ihre Schwester lebt in Kalifornien, so viel können wir verstehen aus dem ununterbrochenen arabischen Redefluss, der mit großen Gesten unterstrichen wird. Es macht ihr offenbar nichts aus, dass wir kaum etwas verstehen und nicht adäquat antworten können. Wir lächeln uns alle an. Das Stillen von Johann, der eigentlich viel zu müde ist, um weiter von der Dame gestreichelt zu werden, wird gutgeheißen. Mutter und Sohn reißen Anna währenddessen Stücke vom Fladenbrot ab und bestreichen es mit dem Aufstrich. Anna muss essen, das ist wichtig, geben sie uns zu verstehen. Elias möchte mit Uwe Whiskey trinken. Er holt verschiedene angebrochene Flaschen aus dem Haus auf die Terrasse. Uwe lehnt höflich mit Hinweis auf die Tageszeit ab. Daraufhin verschiebt Elias sein Ansinnen auf einen Zeitpunkt nach der Wanderung, kündigt aber als Zugabe noch ein frisch geschlachtetes Huhn vom Grill an. Seine Mutter guckt strafend und pfeift ihn sofort zurück. Sie redet auf Arabisch auf ihn ein. Wir deuten ihre Worte derart, dass kein Huhn zur Verfügung stehe, denn Elias meint schulterzuckend, dass er dann eben Vögel im Gebirge schießen gehe. Schlussendlich, nachdem wir uns in die libanesische Entschleunigung gefügt haben, verabschieden wir uns unter vielfachen Dankesbekundungen und begeben uns auf den gelb und lila gekennzeichneten Weg Richtung Bataara, den Elias – uns noch ein paar Meter begleitend – bestimmt ein Dutzendmal wild gestikulierend als unseren Wanderweg identifiziert, nicht ohne sich zu vergewissern, dass wir sowohl das Schild mit eigenen Augen gesehen als auch seine Ausführungen dazu verstanden haben. Ein herzliches »God bless you« begleitet uns.

Verwilderte Obstbäume, Wein und Feigenbäume säumen den Weg. Immer wieder streifen unsere Beine Weißdornbüsche und blaue Kugel-Disteln. Das Strohgelb des in Matten liegenden Grases steht in schönem Kontrast zu den grünen Bäumen und Sträuchern. Während in Douma noch der helle Sandstein vorherrscht, ist im Gebirge graues Karstgestein allgegenwärtig. In früheren Zeiten wurden aus diesen Steinen Terrassen angelegt, vermutlich für Maulbeerbäume. Die Terrassen zieren noch immer die Hänge, aber bewirtschaftet sind sie nicht mehr. Heute finden sich nur noch kleine Obst- und Gemüsegärten rund um die Häuser des Ortes. Die Patronenhülsen zahlreicher Schießversuche finden wir nahe dem Ort im Gebirge. Es sind so viele, dass wir uns fragen, ob denn noch ein Vogel für Elias übrig geblieben sein kann? Die ersten kleinen Wolken spenden wohltuenden Schatten, dann zieht Nebel auf.

Als wir nach einer guten halben Stunde eine Gebirgsstraße kreuzen, kommt uns ein alter Mercedes entgegen. Der Mann kurbelt die Scheibe herunter, hebt den Zeigefinger und schüttelt den Kopf. »*Balou Balaa*«, sagen wir und deuten auf einen steil ansteigenden Pfad auf der anderen Seite der Straße, an dem wir das Wanderwegzeichen gesehen haben. »No! No *Balou Balaa*«, sagt er und zeigt auf Johann. Anscheinend hält er es nicht für empfehlenswert, den Weg mit Baby zu gehen und verweist uns auf die Straße. Wir warten bis er weggefahren ist und setzen dann unseren Weg unbeirrt fort. Viele Wanderurlaube Annas in den Alpen und Uwes in der Slowakei waren prägend und lassen uns mutig seine Warnung ausblenden. Ein Ziegenhirte kommt uns entgegen. Er ist braungebrannt und aus seinem Gesicht, das unter einem Hut hervorlugt, strahlen zwei hellblaue Augen, als er Uwe auf Arabisch vorrechnet, dass er hundert Ziegen hüte. Langsam wird die Einsamkeit der Berge spürbar. Nach dem Ziegenhirten begegnen wir keiner Menschenseele mehr. Nichts außer unserer Kleidung deutet noch darauf hin, in welchem Jahrhundert wir uns befinden. Wir stellen uns vor, dass es zu biblischen Zeiten genauso ausgesehen haben muss wie heute. Erst als wir wieder in ein anderes Tal kommen, zeugen die Steinterrassen vom Broterwerb des 19. Jahrhunderts. Irgendwann, nach ungefähr zwei Stunden, gibt es mehrere Pfade, die unser Wanderzeichen tragen und Uwe hat das Gefühl, dass der richtige Weg nicht mehr dabei ist. Während Anna Johann stillt, läuft er querfeldein durch das Gestrüpp bis zu einem Kamm, hinter dem er das Tal des Wasserfalls vermutet. Anna sieht ihn im Nebel verschwinden, aber die Stille des Tals ist so gewaltig, dass sie wie ein Tier – obwohl sie ihn nicht mehr sehen kann – jeden seiner Schritte durch die Macchia am Kratzen des Gebüschs an seinen Beinen über hunderte Meter hören kann. Im Nebel, abseits des Pfades findet Uwe dann Hyänenbauten. In den Nächten haben wir sie lachen gehört, hier wohnen sie also. Vor großen Steinen, in Felsspalten sind meterhohe Erdhügel aufgetürmt, die Hyänenspuren aufweisen. Die gestreifte Hyäne ist das Nationaltier des Libanon. Die Menschen verabscheuten sie lange aufgrund ihrer Neigung, menschliche Leichen aus dem Grab zu holen und Vieh zu reißen. Im Libanon wurden Hyänen bis in die fünfziger Jahre systematisch vergiftet. Wie es heute um den Bestand steht, ist ungewiss. Hier jedenfalls sind sie zuhause und ruhen, bevor es in der Nacht auf die Jagd geht.

Nach Uwes ergebnisloser Erkundung entdecken wir plötzlich alte rote Wandermarkierungen und beschließen spontan ihnen zu folgen. So begeben wir uns auf den Abstieg Richtung Tannourine. Der Ort ist landesweit bekannt für sein Quellwasser, das hier pro Stunde in knapp 32.000 Flaschen gefüllt und in alle Teile des Landes verbracht wird. Aber statt des Quellwasser-Idylls begleitet uns mit jedem Schritt der Lärm des riesenhaften privaten Steinbruchs, der von der anderen Seite des Tals hinüberweht. Dann, nach einem knappen Kilometer, kann man Höhlen und Verkarstungen ausmachen. Das erste, was wir von dem Areal, das im Internet wie ein kleines Paradies aussah, sehen, sind verschiedene »Adventure Activities«: dickliche Libanesen laufen angeseilt über eine Hängebrücke oder lassen sich an einer Drahtseilgondel einige Meter über die Schlucht ziehen. Eine körperliche Herausforderung ist das nicht, aber offenbar eine filmische. Denn die Handys sind gezückt. Der Ausflug unter dem Motto »ich außerhalb Beiruts mitten im Abenteuer« muss in Szene gesetzt werden für die nächste virtuelle Story, die das Leben dieser jungen Menschen abbilden soll. Wir sind die einzigen, die hier verschwitzt und mit Wanderschuhwerk erscheinen, alle anderen sind eher für einen Abend in der Großstadt gekleidet. Das großartige Naturschauspiel, das es einige Meter weiter zu betrachten gibt, ist nur eine von vielen Kulissen an diesem Ort. Wir staunen und sind doch ein wenig enttäuscht. Nach der Einsamkeit der Wanderung hatten wir uns die Höhlen und den Wasserfall als gut verstecktes Ziel unserer Anstrengungen vorgestellt. Wir sind über die Berge gekommen, aber von Tannourine aus führen auch Treppenstufen hinab zur Schlucht – die gar keine Schlucht im eigentlichen Sinn ist, sondern eine Doline, ein Karsttrichter, der über Jahrmillionen durch aushöhlende Lösungsprozesse im Untergrund entstanden und später teilweise eingebrochen ist, sodass er nun eine offene Flanke zeigt. Er hat auf verschiedenen Ebenen drei natürliche Brücken, die ihn in drei Segmente teilen – Mutige können sie überqueren. Im Frühjahr fällt das Wasser beeindruckende 255 Meter durch diese drei Höhlen, die paradiesisch bewachsen sind. Entdeckt wurden sie erst 1952 von Henri Coiffait, vollständig kartiert in den 1980er Jahren. Wir gehen über eine fünf Meter breite natürliche Brücke, unter der es 250 Meter in die Tiefe geht. Den Besucher und die Tiefe trennen in libanesischer Manier nur ein rot-weißes Plastikabsperrband und der banale Hinweis »Watch your steps«. Das machen wir, genießen einen langen Augenblick die imposante Naturerscheinung und laufen dann die vielen Stufen nach Tannourine hoch.

Wir wollen versuchen, eine Mitfahrgelegenheit zurück nach Douma zu ergattern, denn der Nebel hat sich zu leichtem Regen verdichtet, der den Abstieg mit Baby nicht leicht machen wird. An einer Ecke mit tiefen Polsterbänken und Tischen treffen wir auf einen freundlichen jungen Mann, der gerade bei einem Kaffee rauchend ein Manuskript liest und zwischendurch den Besuchern den Weg zum Parkplatz zeigt. Wir sind eingeladen, in seiner Lounge Platz zu nehmen. Er telefoniert und vermeldet, dass das einzige Taxi des Dorfes unterwegs sei und leider nicht zur Verfügung stehe.

»Macht nichts. Wir finden jemanden für Euch«, sagt er im besten Englisch. Was er wohl hier macht? Er sieht aus wie ein wohlhabender Bohemien, vielleicht ist er ein Regisseur oder Schauspieler, der sich auf den nächsten Dreh vorbereitet. Aber dass er hier die Besucher der Schlucht in die Parkbuchten einweist, passt irgendwie nicht. Jedenfalls kennt er jeden der Dörfler, die vorbeikommen. So auch zwei Jungs um die zwanzig, mit denen er sich kurz austauscht. Er gibt uns ein positives Zeichen. Eine Minute später fahren die beiden Halbstarken mit einem Renault 12 aus den siebziger Jahren vor. In und an diesem Auto ist nichts mehr an Ort und Stelle. Aber angesichts müder Beine und schlechten Wetters verzichten wir auf den Luxus von Sicherheitsgurten, Fensterhebern und Armaturen und steigen mit einer großen Portion Gottvertrauen ein. Immerhin fährt und bremst die Rostlaube. Der Segen, den Elias uns mit auf den Weg gegeben hat, schützt uns auf der Fahrt und wir kommen wohlbehalten in Douma an. Amen.

Von Flug-Dinos träumen und versteinerte Fische finden

Wir nehmen die in Byblos im »Mémoire du Temps« ausgesprochene Einladung zur Fossiliensuche im Steinbruch von Haqel an. Der Kontakt ist schnell wiederhergestellt, und die Freude über unser Erscheinen wirkt echt. Da wir von Pierre Saad, dem studierten Paläontologen im Team, um acht Uhr an der Fundstelle erwartet werden, muss die Abfahrt von *Beit Douma* auf eine weit frühere Stunde gesetzt werden. Angeblich dauert die Fahrt nach *google maps* über die Berge in südwestlicher Richtung nur kurze 30 Minuten. Unser Fahrer möchte aber unbedingt die viel längere Route über die Küstenstraße zwischen Batroun und Byblos nehmen und lässt sich partout nicht umstimmen. Gründe für seine Entscheidung nennt er nicht. Wir fügen uns in unser Schicksal und bleiben brav sitzen. Öffentliche Verkehrsmittel sind schon im ländlichen Raum Deutschlands keine brauchbare Alternative zum Auto, hier dagegen gar nicht erst vorhanden. Dazu kommt, dass die von privaten Unternehmen betriebenen Kleinbusse, die zwischen den größeren Städten pendeln, nur etwas für Arme oder Lebensmüde sind. In halsbrecherischem Tempo überholen und umkurven sie die Autos, dass man meinen könnte, hier würde der Stunt für den Knight Bus eines Harry-Potter-Films gedreht. Der auf der Schnellstraße vor uns fahrende Kleinbus neigt sich bei seinen Manövern genauso zur Seite und fährt genauso chaotisch und rasend schnell im Zickzack-Kurs, nur dass in der magischen Welt von Harry Bäume, Masten und sogar Gebäude kurz aus der Bahn springen, um nicht unter die Räder zu kommen. Die traurige Wirklichkeit ist aber, dass diese Raserei erst gestern wieder zehn Menschen südlich von Beirut das Leben gekostet hat. Wenn man den Blick zum Meer hin hebt, erscheinen die verrosteten Viadukte und überwucherten Dämme der alten Bahnlinie zwischen Tripoli und Beirut. Es bedürfte nicht vieler Investitionen, um eine genauso schnelle, aber sicherere Zugverbindung wieder aufleben zu lassen.

Wir hingegen sind viel zu langsam unterwegs, denn zwischendurch geht immer wieder der Motor aus. Die Hybridtechnik des Toyotas versagt, wird uns erklärt. Nach eineinhalb Stunden Fahrt erreichen wir schließlich doch Haqel. Dort werden wir zum Steinbruch gelotst, der nur über einen zehnminütigen Fußweg durch dornige Macchia zu erreichen ist. Daraus taucht urplötzlich ein junger Mann mit breitkrempigem Rangerhut auf und lädt eine Kiste voller Steine auf einen Pickup. Er bedeutet uns durch ein kaum vernehmbares Gemurmel, ihm zu folgen. Der Steinbruch liegt inmitten eines unberührten Tals, dessen Südhang in warmes Morgenlicht getaucht ist. Nur ein paar Meißelschläge unterbrechen die absolute Stille. Wir kommen über ein erstes Geröllfeld, das – wie wir später erfahren – von Besuchern zur Fossiliensuche genutzt wird. Das Ziel kann nicht mehr weit entfernt liegen, denn die hämmernden und pickernden Geräusche werden immer lauter. Der Puls steigt. Wenige Meter weiter sitzen sechs Männer verschiedenen Alters vor einer Gesteinswand. Ein jeder hält Hammer und Meißel in der Hand und hat einen Steinblock zwischen Knie oder Füße geklemmt. Alle stecken in Outdoor-Klamotten und tragen schwer besohlte Wanderschuhe. Als man unserer gewahr wird, springt Pierre vom Boden auf und begrüßt uns herzlich. Während er seine aktuelle Arbeit erklärt, bietet er uns frische *Manakish*, Ananassafttütchen und Schokoriegel an. Unser Zögern lässt er nicht gelten. Er möchte, dass wir kraftvoll ans Werk gehen. Wir greifen zu und verspeisen brav die angebotenen Kalorien. Stärkung muss sein. Mit dem Getränk in der Hand muss Uwe an die blau-weißen, pyramidenförmigen Milchtüten mit roter Aufschrift denken, die es in der DDR in der großen Frühstückspause auf der Lenin-Schule gab. Pierre geht wieder an sein Werk und schlägt eine 50 x 25 cm große, nur 1 cm dicke Platte mit wohldosierten Hammerschlägen auf. Er öffnet sie ganz vorsichtig, damit ja kein Stück absplittert. Spannung pur. Ein großer versteinerter Krebs kommt ans Tageslicht und entlockt uns ein »Wow«.

»Seht her, nach hundert Millionen Jahren erblickt er wieder das Tageslicht.« Der Wissenschaftler scheint hoch zufrieden mit seinem Fang, wie die »Fossilienfischer« sich hier ausdrücken. Solche Exemplare sind hoch begehrt, anders als die gängigen versteinerten Fische. Nachdem uns Pierre noch einmal seine Familiengeschichte erzählt hat, beginnend mit dem ersten Fossilienfund des Großvaters in den 20er Jahren des letzten Jahrhunderts, stellt er uns die einzelnen Mitglieder des Teams vor. Da sind Andrew, sein bester Freund aus

Kindertagen sowie der ältere Bruder und die anderen Mitstreiter. In dieser Truppe ist Pierre der einzige mit einer fundierten wissenschaftlichen Ausbildung; er hat in Lyon Paläontologie und Geologie studiert. Inzwischen hat er viele Kooperationen mit deutschen Universitäten aufgebaut und reist auch jedes Jahr nach Deutschland, um nach Fossilien in den Solnhofener Plattenkalken des Altmühltals zu suchen. Uwe erzählt ihm, dass es seinen Großvater 1946 nach dem Aufenthalt im amerikanischen Gefangenenlager ins fränkische Eichstätt verschlagen hatte. Dort war die Heimat seiner großen Liebe Johanna, die schon bald seine Frau wurde. Für seine Fertigkeiten, die er als gelernter Silberschmied hatte, gab es nach dem Krieg keinen Bedarf. Wer brauchte schon Schmuck und Silbergeschirr, wenn täglich die Frage nach der nächsten Mahlzeit anstand. Zwischen Eichstätt und Solnhofen gab es nur Arbeit in den zahlreichen Steinbrüchen, die die Landschaft wie einen Käse durchlöchern. Platten für Hausflure, Fensterbänke und Küchen wurden gebraucht. Also fing er die knochenharte Arbeit des Steinbrechens an, um in Lohn und Brot zu kommen. Pierre hat inzwischen ob Uwes Geschichte seine Ohren weit aufgestellt, und die Ungeduld breitet sich in seinem Gesicht merklich aus. Uwe fährt mit seiner eigenen »fossilen« Familiengeschichte fort und erzählt, dass sein Großvater 1951 in einem kleineren Steinbruch nördlich von Eichstätt nach all den Fischen, Pfeilschwanzkrebsen, Tintenfischen, Garnelen und Ammoniten eines Tages das fünfte Exemplar des Urvogels Archaeopteryx in den Händen hielt.

»Das muss das im Jura-Museum ausgestellte Exemplar sein«, unterbricht Pierre im Crescendo seiner Stimme Uwe, »ich kenne es wie alle anderen elf Exemplare haargenau. Was hat dein Großvater nach dem Fund gemacht?«

»Es galt die Bestimmung, alle größeren Exemplare, wie zum Beispiel den Fund von Knochenfischen, immer den Steinbruchbetreibern zu melden. Also gab er den Sensationsfund an. Der Besitzer des Steinbruchs reichte das Fossil wiederum an das Bischöfliche Priesterseminar weiter, das die Funde für seine umfangreiche Sammlung präparierte, untersuchte und katalogisierte. Für meinen Großvater war die Archaeopteryx-Story mit der Übergabe zu Ende. Als Kind wollte ich sie aber, wenn wir im Wohnzimmer an dem Tisch mit den vielen eingearbeiteten Fossilien saßen, immer wieder hören. Obwohl ich mein kindliches Hobby, die Mineralogie und Paläontologie, dann doch nicht zu meinem Beruf gemacht habe, so ist die Faszination für die Naturkunde geblieben. Das verdanke ich meinem Großvater.«

Pierre ist aus dem Häuschen. Er vertraut uns an, einmal in seinem Leben auch einen solchen Jahrhundertfund machen zu wollen. Das ist und bleibt sein Traum und seine Motivation für die oft mühsame Arbeit im Steinbruch. Dahinter steht natürlich aus wissenschaftlicher Sicht die Chance, durch die Entdeckung einer Variation des Archaeopteryx die evolutionäre Lücke zwischen Sauriern und Vögeln schließen zu können. Pierre wird weitersuchen.

Er beauftragt den Mann mit dem Rangerhut, uns mit Kissen und unbearbeiteten Platten auszustatten. Dann folgt die Aufforderung: »Los geht's!« Pierre und sein Freund Andrew geben immer wieder spannende Erklärungen zu Bruchstellen, Flecken und Erhebungen im Gestein. Gebrochene Fragmente werden mit Bleistiftmarkierungen versehen, um später das Zusammensetzen im Labor zu erleichtern. Dort geht man dann den Fossilien zur Darstellung feinster Strukturen mit Bürste und Vibratom zu Leibe. Andrew, sonnengebräunt und mit einem verschmitzten Lachen, erklärt uns, dass man bereits im April mit den schweren Schachtarbeiten angefangen hat. Sechs Meter tauben Gesteins mussten von oben abgetragen werden, um an die einen Meter dicke Fossilien führende Schicht zu gelangen. In diesem Jahr sind die guten Funde eher rar gesät. Durch Anwendung eines Tic-Tac-Toe-Systems vermeidet man die Suche an bereits abgesuchten Stellen. Rote Markierungen im Gitternetz zeigen ergiebige Stellen an. Wir lernen, dass der Fischkot, erkennbar als kleine braune, runde Erhebungen, ein nützlicher Helfer zur Erkennung der richtigen Schichten ist. Schmunzeln in der Runde. Andrew spricht über die Aufgaben- und Rollenverteilung im Team der Schatzsucher. Für die gute Stimmung in der Truppe scheint offensichtlich er verantwortlich zu sein. Er ist es auch, der mit der verrückten Idee einer Ausrichtung des ersten Oktoberfestes in Haqel in diesem Jahr alle infizierte. Warum immer nur in Bayern zu Besuch sein, wenn man es hierher in die Berge des Libanon bringen kann. Zum Abschluss überreicht uns Pierre das Exemplar eines Fisches, der auf Platte und Gegenplatte fixiert ist, und sagt: »Möge Eure Liebe noch einmal 100 Millionen Jahre dauern!« Unsere Herzen gehen auf.

Summer in the mountains

Auf der Rückfahrt bleiben wir mit dem Hybrid-Toyota liegen. Aber im Land der Christen werden unsere Gebete erhört und wir kommen trotzdem noch zur Mittagszeit nach Douma zurück. Wir haben Zeit, einen entspannten Sommertag im Dorf zu verbringen und lassen uns treiben. Heute ist es ganz anders als an den Tagen im Frühling. In den drei Monaten der Sommerferien sind die Dörfler zurück und beleben Douma. Gerade nur so viel, dass man es nicht mehr als verschlafenes Nest bezeichnen kann, jedoch insgesamt so friedlich und unaufgeregt, dass man noch immer Ruhe findet. Wer hier aufgewachsen ist und jetzt einen Job im Ausland hat oder in Beirut, besitzt – wenn es die finanzielle Situation zulässt – ein Zweithaus hier in den Bergen, wo die Temperatur im Sommer zwar nur wenige Grad unter der der Küstenstädte liegt, die Luft aber nicht so feucht ist wie in den Städten am Meer. Nebel senkt sich zuweilen am Abend und kühlt die Bergdörfer. Dann liegen die Wolken schwer. Die kühle Nachtluft schenkt erholsamen Schlaf und die Stille der Berge klärt den Geist. Nur ab und an werden die Stunden des späten Abends unterbrochen von Hyänengeheul oder Feuerwerk, das über die Berge hallt. Keine Gewehrsalven mehr, sondern Ausdruck von Freude über ein Wiedersehen, eine Eheschließung oder einen Jubilar. Auch wenn der Mond nicht scheint, erleuchten die großen Kreuze der Maroniten und Orthodoxen die Gipfel und Täler. Die Berge gehören den Christen.

Beim ersten Besuch in Douma waren wir außerhalb der Hochsaison unterwegs. Beim Rundgang durch das 1150 Meter über dem Meeresspiegel liegende Dorf, dessen Wurzeln bis in die Zeiten der Phönizier zurückreichen, wurden wir freundlich begrüßt. Alles wirkte sauber und renoviert. Der Kontrast zu Tripoli konnte nicht ausgeprägter sein. Es waren nur wenige Läden geöffnet. Drei Lebensmittelhändler boten die gleichen Sachen an: Chipstüten, Zigaretten, eingelegte lokale Gemüse und Früchte, selbstgemachte Liköre und Schnäpse. Eine Änderungsschneiderei offerierte Mode, die aus einer anderen Zeit zu stammen schien. In einem Laden für Kunsthandwerk und Trödel hatte sich der Staub eines Jahrzehnts über die Waren gelegt. Unverstaubt waren allein die selbstgefertigten Häkeldeckchen, die dort angeboten wurden. Ein älterer Herr, der sich als Mahmoud vorstellte, winkte uns mit dringlichen Handbewegungen in seinen Laden. Links in der Ecke hatte er einen Kühlschrank mit einigen Dosen Pepsi, vor seiner Theke ein paar offene Säcke mit Gewürzen und hinter seiner Theke ein paar undefinierbare Plastikflaschen mit rosafarbenen bis bräunlichen Flüssigkeiten. Eine dieser Flaschen holte er damals hervor, goss etwas davon in den roten Plastikdeckel und hielt ihn Uwe hin. Der wurde nicht gefragt, ob ihm der Sinn nach einer unbekannten, vermutlich selbstgebrauten Brühe stünde, er musste die Geste der Gastfreundschaft über sich ergehen lassen. Es war ein selbstgemachter Rosenschnaps des alten Herrn und Uwe gab ihm freundlich zu verstehen, dass der Geschmack nicht ganz sein Fall wäre. Mahmoud lachte, goss den Rest aus dem Deckel zurück in die Flasche, verschraubte sie und stellte sie für den nächsten Kunden wieder zurück ins Regal. An diese Flasche denken wir nun unwillkürlich an diesem Sommernachmittag. Ob sie noch immer im Regal steht?

Die alten *Souks* stehen auch im Sommer leer, eine Handvoll Geschäfte bieten lokales Eingemachtes, Gehäkeltes und Bekleidung – wenigstens um diese Jahreszeit scheint es nicht unmöglich, Kunden zu finden. Eine Pfadfindergruppe von Mädchen aus Frankreich taucht immer wieder zwischen den Lädchen und hinter Hausecken auf. Sie müssen ein Quiz über die Gegend lösen und suchen immer wieder das Gespräch mit den Einheimischen. Am Dorfrand liegt eine ungemütliche dunkle Trinkhalle, in der ein älterer Herr ein einsames Kartenspiel legt. Wer kauft in dem Ramschladen daneben ein oder ersteht einen Saft aus der in die Jahre gekommenen Presse vor dem Eingang? Ist der Kaffee aus dem Automaten genießbar? Jedenfalls mögen wir den Mini-Lebensmittelmarkt mit besonderem Service: Eine ältere Dame lässt ihr Körbchen herunter und es wird auf Bestellung befüllt. Wir gehen zum größten Supermarkt des Ortes. Hier gibt es auf wenigen

Quadratmetern alles Lebensnotwendige von Obst, Milch und Cola über Toilettenpapier bis hin zu Nagellack. Im Eingangsbereich steht eine in einen auffälligen orangefarbenen, mit armenischen Mustern bestickten Kaftan gekleidete Mittdreißigerin mit manikürten Händen und Füßen. Im Haar trägt sie eine teure Sonnenbrille. Sie plaudert vertraut mit Alt und Jung im ganzen Laden. Bestimmt ist sie von hier und doch auch wieder nicht mehr. Ihre Erscheinung verrät Stadtleben und ihre Art kündet von Weltläufigkeit. Wir setzen uns mit einer Dose Pepsi und einer libanesischen Kiwi-Limetten-Limonade, die viel zu süß ist, auf die Treppenstufen eines Hauses gegenüber dem Heimatmuseum. Anna muss wegen des Kaftans an ihre jugendlichen Sehnsüchte denken und wie sie im Katalog des Dritte-Welt-Ladens als Teenager einen türkisfarbenen Kaftan sah und ihn schließlich mit dem gesparten Taschengeld einiger Monate bestellte. Hatte sie ihn frisch geduscht übergestreift, fühlte sie sich einer orientalischen Prinzessin gleich.

»Entschuldigung. Sie sitzen auf den Stufen unseres Hauses«, tönt es plötzlich energisch, aber nicht unfreundlich über unseren Köpfen. Noch ehe wir aufspringen und uns davonstehlen können, erblicken wir wieder den orangefarbenen Kaftan und vernehmen:

»Bitte, kommt doch lieber mit auf die Veranda.« Während wir die Stufen erklimmen, ist die Frau schon im Inneren des Hauses verschwunden. Sie holt Stühle, Spielzeug und eine kleine Gurke für Johann. Unvermittelt erzählt sie:

»Ich bin hier in Douma aufgewachsen. Das hier ist mein Elternhaus. Ich komme so gern hierhin zurück. Im Sommer geht es allen so, dann kommen meine Cousinen und Cousins. Meine Schwester und ihr Mann haben ein Haus ein bisschen weiter oben im Dorf gekauft, da bewohne ich an einigen Wochenenden eine Etage mit meinen Kindern. Meine Kinder wachsen in Beirut, wo ich als Freelancerin arbeite, ganz anders auf als ich hier früher in Douma. Ich schätze, ich versuche, ihnen am Wochenende ein Stück meiner unbeschwerten, freien, naturnahen Kindheit zu schenken.«

»Hast Du Erinnerungen an den Krieg?«, unterbricht Uwe sie.

»Ich glaube, Douma ist komplett vom Krieg verschont geblieben. Jedenfalls erinnere ich mich nur an eine einzelne Begebenheit, als meine Oma uns Kinder auf der Toilette einsperrte, um uns zu schützen, weil das der am schwersten zugängliche Raum im Haus war. Aber nach ein, zwei Stunden ließ sie uns wieder raus und wir spielten weiter. Ich weiß aber, dass die *Front libanaise* hier stationiert war. Wollt ihr das Heimatmuseum sehen?«, fragt sie urplötzlich und winkt ausladend mit ihren braungebrannten schlanken Armen einem Mann auf der Straße zu.

»Elia, Elia, hast Du gerade den Schlüssel für das Museum?« Ein jugendlicher Mann Mitte Dreißig kommt auf seinem Quad die Hauptstraße entlanggefahren und hält auf ihr Zurufen direkt vor dem Haus, dessen braunes Schild es als »Heritage Museum« ausweist, das wir noch vor einer Stunde enttäuscht verschlossen vorgefunden haben. Jetzt schließt Elia die alte osmanische Tür auf und winkt uns heran. Wir müssen nur die Straße überqueren und das gegenüberliegende Stadthaus betreten. Elia hat sich hinter einen improvisierten Tresen gesetzt und schaut uns aus großen blauen Augen offen und direkt an. Der Besuch kostet keinen Eintritt und wir genießen die Kühle der vier Räume, die ein Sammelsurium an Emigrationsgeschichten, Fotos und Objekten beherbergen, die augenscheinlich von einem Dorfverein zur Bewahrung doumanischer Andenken und Lebensgeschichten zusammengetragen wurden.

»Schaut mal her«, ruft unsere Gastgeberin, »Douma war immer schon fortschrittlich. Wir waren das erste Dorf mit einem Sommerfestival. Hier, seht Ihr dieses alte Magazin? Das bin ich, als junges Mädchen in einer Theateraufführung im Dorf.« Sie lacht. Sie ist so erfüllt von ihren schönen Erinnerungen an ihre Kindheit an diesem Ort. Ihr Überschwang ist ansteckend. Sie nimmt uns in ihrem sauberen Nissan mit ins Haus ihrer Schwester. Es ist ein teurer Neubau aus Natursteinen mit einem gepflegten Garten mit grünem Rasen. An diesem Spätnachmittag ist er verwaist. Ein Planschbecken mit klarem Wasser steht verlassen. Auf dem Sofa im Inneren des Hauses sitzen die Kinder, fünf und drei Jahre alt, und daddeln. Sie sind auch nach Aufforderung durch ihre Mutter nicht bereit, die Geräte wegzulegen. Offenbar ist es doch schwer, der jüngsten wohlhabenden Beiruter Generation die eigene Kindheit überzustülpen. Wer auf dem Tablet über Fallen springt und Monster beschießt, baut noch lange keine

Holzhütten und begibt sich mit der Flitsche auf Vogeljagd. Wer Top-Models ausmalt, verkleidet sich nicht als Räuber und geht auf Feigenklau in fremden Gärten. Die philippinische Hausangestellte ändert daran auch nichts, sondern lässt den Fünfjährigen nachsichtig auf ihrem Gerät weiterspielen. Die Mutter gibt auf und wendet sich ohne Einbeziehung ihrer Kinder wieder uns zu.

»Douma ist en vogue«, sagt sie, »Wir hatten Glück dieses Stück Land zu erstehen. Es gibt kaum noch freies Land in Douma, obwohl es den hier im Dorf Geborenen vorbehalten ist.« Von dieser Art Schutzgesetz für die Dorfbevölkerung haben wir schon woanders gehört. Es ist schön, dass in vielen Dörfern keine Großinvestoren oder reiche Scheichs Land aufkaufen können, aber der Vorbehalt für Dorffamilien bewirkt auch, dass die Dörfer keine religiöse Durchmischung erfahren. Zumindest erklären die Schutzgesetze die Tatsache, dass Douma noch immer beinahe ausschließlich christlich-orthodox ist. Unsere Bekanntschaft steht auf und kommt mit Keksen, Bananen und kaltem Wasser aus der Küche. Die junge Frau wirkt modern und offen, so dass Uwe einen Vorstoß in Richtung eines Tabuthemas im Libanon wagt.

»Du hast auch eine Hausangestellte. Alle haben hier Hausangestellte. Viele Mädchen aus Äthiopien oder von den Philippinen.«

»Ja, sie lebt schon seit Qatar bei uns. Ich weiß, was ihr denkt. Ihr kennt die ganzen Erzählungen, in denen Hausmädchen schlecht behandelt werden.« Ohne unser Zutun fängt sie an zu weinen. Wir können ihr Weinen nicht wirklich deuten. Bedauert sie die Lebenssituation der Mädchen? Kennt sie schlimme Geschichten? Oder schämt sie sich vor uns?

»Aber viele Libanesen gehen auch anständig mit ihren Hausangestellten um. Meine Mutter, zum Beispiel, die schickt ihrem Hausmädchen, das nach zehn Jahren gegangen ist, immer noch jedes Jahr ein Geburtstagsgeschenk.« Irgendwie fühlt es sich dann so an, als sei es Zeit zu gehen, weil für uns als Fremde in dieser Stunde zu schnell greifbar geworden ist, dass hinter der Fassade der intellektuellen, erfolgreichen Freelancerin aus Beirut, die im Dorf jedem im Arm liegt, eine Frau und Mutter steckt, die trotz aller gedanklichen Kraft es nicht schafft, ihre Kinder auf die Lebensreise mitzunehmen, die sie propagiert. Die sich – wie viele andere auch – zu ihrer Bequemlichkeit eine unterbezahlte Nanny leistet und in Gedanken schon bei ihrer Samstagabend-Festivität ist. Ihre Gastfreundschaft ist trotz allem unübertroffen. Sie ist nicht einverstanden, dass wir die 400 Meter bis zu unserer Unterkunft laufen wollen, und fährt uns dorthin. Im Auto ruft ihr Mann aus Beirut auf ihrem Handy an. Er hat noch Geschäftliches in der Stadt zu erledigen, ist aber gerade auf dem Weg zum Basketball. Ein paar flüchtige Worte unter Eltern, dann steigen wir aus. »Bye«, sagt sie entschieden. So ist es hier oft. Eben noch saß man vertraut zusammen, im nächsten Augenblick trennen sich die Wege für immer. Dass man sich höchstwahrscheinlich nicht wieder sehen wird, geht nie mit Einbußen bei der Gastfreundschaft einher. Sie ist bedingungslos, hier, im Libanon.

SIDON – Stadt der Fische

Das Tor zur Welt

Unser stiller Begleiter Ahmad ist uns bereits von der Fahrt nach Byblos bekannt. Er bringt uns in den Süden nach Sidon, das heute auf Arabisch Saida heißt. Ursprünglich wollten wir bis in die Küstenstadt Tyros, aber unser Fahrer sieht verschreckt aus, als wir ihm diesen Plan eröffnen und macht uns in gebrochenem Englisch deutlich, dass er jede Fahrt jenseits der Stadtgrenzen Saidas für ein Sicherheitsrisiko halte, das er nicht eingehen möchte. Verwundert schauen wir uns an, denn die Homepage des Auswärtigen Amtes nimmt Tyros von den Reisewarnungen, die für den von der Hisbollah kontrollierten Süden gelten, aus. Wir möchten Ahmad nicht kompromittieren und ändern kurzerhand unser Programm.

Die Schnellstraße von Beirut nach Sidon führt am Küstengebirge entlang, dabei immer den Kontakt zum Meer haltend. Die Gebirgszüge des Mount Liban drängen sich bis kurz vor Sidon dicht an die Küste des Mittelmeeres heran. Erst hinter der Stadt öffnet sich die Landschaft zum galiläischen Hügelland. Wir passieren eines der drei Kraftwerke des Landes, bis sich die Stadt durch Gewerbeflächen und das Saida International Stadium ankündigt. Östlich der Altstadt zieht sich das stark zersiedelte Vorgebirge hinauf. Unsere Augen vermissen das Grün. Dies war bei der Durchreise des schwedischen Naturforschers Fredrik Hasselquist, eines Schülers von Linné, Mitte des 18. Jahrhunderts noch anders. Er berichtete von einem fruchtbaren Obstgarten »von großer Schönheit, der von Aquädukten und Kanälen, die vom *el-Auwaleh* mehrere Stunden weit her abgeleitet sind, reichlich bewässert wird, und durch sein üppiges Grün entzückt. Seine Früchte, wie Granatäpfel, Aprikosen, Feigen, Mandeln, Orangen, Zitronen, Pflaumen, Pfirsiche, Kirschen, Birnen usw. gehören zu den vortrefflichsten Syriens«. Überall auf dieser Welt verschlucken die wachsenden Städte das Land. Das ist im Libanon nicht anders. Auf Höhe des Stadions verlassen wir die Autobahn und steuern geradewegs die Altstadt an. In schmalen Haltebuchten bieten Händler Steinmetzarbeiten und Früchte an. Frische Zitronen und dicke grüne Bohnen sind zu riesenhaften Pyramiden auf wackligen Holztischen und Fahrgestellen aufgetürmt. Dahinter wogt das aufgewühlte Meer. Mittendrin steht felsenfest das Seekastell der Kreuzfahrer.

Wir passieren einen Checkpoint und halten gegenüber der mittelalterlichen Festung an der viel befahrenen *Corniche*. Die knarrenden Taxitüren fliegen auf. Nur einen Augenblick später sind wir Teil der Vita libanaise inmitten von Sidon. Wettstreitendes Autohupen und ein babylonisches Stimmengewirr empfangen uns. Wir wollen am liebsten zurück auf die zerschlissenen Ledersitze in der Stille unseres vertrauten Transportmittels. Das Hupen eines schnell vorbeifahrenden schrottreifen Mercedes bringt uns in die Realität zurück. Hier gibt es wohl nur schnelle oder tote Fußgänger. Jeder scheint es in dieser Stadt eilig zu haben, von orientalischem Laissez-faire keine Spur. Wir holen unser Gepäck aus dem Wagen, denn wir sollen von einem anderen Fahrer an gleicher Stelle am Abend abgeholt und nach Beirut zurückgebracht werden. Wir vertrauen auf dieses Versprechen, warum auch nicht, denn bisher haben die Libanesen uns deutschen Reisenden in Sachen Pünktlichkeit ein Lehrstück erteilt. Noch ein kurzer Gruß zu unserem Fahrer. Zeit für Entdeckungen.

Wir sind am Hafen. Dieser hatte bereits für das antike phönizische Sidon eine elementare Bedeutung, denn die Chronisten sangen beständig ein Hohelied auf die Schiffe und Seefahrer dieser Stadt. Die ersten in Sidon geprägten Münzen aus seleukidischer Zeit zeigten auch ein Schiff phönizischer Bauart. Der Ausbau der Flotte und die Blüte des Fernhandels waren eng mit der Entwicklung des Hafens verbunden. Schon der griechische Geograph Strabon bemerkte vor der Eroberung Phöniziens durch die Römer, dass Sidon an einem wohlgeeigneten Hafen liege. Von hier ist Paulus zu seiner letzten Reise nach Rom in See gestochen (Apg 27, 3-4). Neben dem stadtnahen Nordhafen, der auch im Winter sicher angelaufen werden konnte und die Seefahrer vor starken Gezeiten behüten sollte, existierte auch ein südlicher Hafen für die weniger stürmische Sommerzeit. Letzterer schmiegte sich in eine halbkreisförmige Bucht, die auch heute noch zu erahnen ist. Die südliche Umklammerung des Nordhafens wird durch eine Kette natürlicher Felsenriffe gebildet, welche die Sidonier einst durch starke Quadersteine miteinander verbunden hatten. Die nördliche Begrenzung formte in Vorzeiten ebenfalls ein Riff, auf dem Anfang des 13. Jahrhunderts deutsche Pilger ein Kastell errichteten. Ihre Wehrhaftigkeit bewies die Seefestung nur wenige Jahrzehnte später, als die Einwohner Sidons vor dem Sturm der Mongolen hinter ihre Mauern flüchteten. Im Mittelalter wurde eine Steinbrücke als Zugang zum Inselkastell gebaut. Am Beginn der Brücke steht eine verrostete Kanone, die in späteren Jahrhunderten vor den zahlreichen Korsarenüberfällen auf die reichen Handelsniederlassungen dieser Küste schützen sollte. Auf eine lange Blütezeit des Hafens als Drehscheibe des Orient-Okzident-Handels unter dem Groß-Emir *Fachr ad-Din II* zu Beginn des 17. Jahrhunderts folgte das Schreckensregime des Paschas von Syrien, des Schlächters Djezzar. Sidon entvölkerte sich immer mehr unter den Repressalien dieses Despoten. Ein schreckliches Erdbeben 1837 und die Erstürmung durch die europäischen Mächte zur Vertreibung Ibrahim Paschas verwandelten Stadt und Hafen schließlich in ein einziges Trümmerfeld. So blieb den Einwohnern Sidons nichts weiter übrig, als zu ihrem ursprünglichen Gewerbe, dem Fischfang, zurückzukehren. Der Fischfang ernährt heute immer noch die Familien Saidas.

Wir gehen an der palmengesäumten *Corniche* entlang Richtung Süden. Kleine Boote reihen sich dicht an dicht am Kai. Fischer sitzen auf umgedrehten ausrangierten Holzkisten und flicken ihre Netze nach dem letzten Fang. In verrosteten Stahlschränken wird Ausrüstungsmaterial gelagert, und unter großen Plastikplanen warten aufgerollte Schleppnetze auf ihren nächsten Einsatz. Wir bleiben stehen, schauen und erwidern die entbotenen Grüße der Fischer. Ein hinkender Pelikan versucht sich bei unserer Annäherung verzweifelt auf das Geländer der Uferpromenade zu retten. Er scheint das Maskottchen der Fischer Sidons zu sein, immer bereit für ein besonderes Selfie mit einem komischen Vogel. Wir gelangen an die Fischmarkthalle. Davor werden wir von einem jungen freundlichen Verkäufer in Jeans und

Kapuzenpulli dazu eingeladen, seine auf einem improvisierten Gestell alter Paletten ausgelegte Ware zu betrachten. Es folgt ein kurzes Gespräch über die angebotenen Fischarten und wir bedanken uns für seine Geduld beim Erklären. Vor dem Eingang zur Halle sind, wenn auch in kleinerem Umfang, Fische auf Tellern, Plastikeimern, Körbchen, Holzpaletten und Styroporboxen ausgestellt. Hier fängt uns der offenbar älteste der anwesenden Fischverkäufer ab. Er öffnet seinen Mund, in dem nur noch Reihen schwarzer Stummelzähne stehen, und sagt, »Sie sind aus Deutschland, stimmt's?«

»Ja, das stimmt. Überall im Libanon treffen wir Menschen, die Deutsch sprechen«, erwidert Uwe.

»Woher kommen Sie?«

»Wir leben in Münster. In der Regel weiß niemand, wo das liegt.«

»Oh doch, ich schon«, freut er sich zu antworten, »ich habe zwei Jahre in Hamburg gelebt und dort ein persisches Restaurant geführt«.

»Wie haben Sie den Aufenthalt in Hamburg erlebt?«, möchte Anna von ihm wissen.

»Ich erinnere mich sehr gern an die Jahre in Deutschland. Jetzt muss ich mich leider noch mit 70 Jahren als Fischverkäufer durchschlagen.«

»Existiert denn kein Rentensystem im Libanon?«

Er schüttelt den Kopf, »leider nein. Entweder hat man eine private Altersvorsorge oder Verwandte, die im Ausland gut verdienen und etwas davon überweisen«. Nach einer kurzen Pause ergänzt er, »So wie mir geht es vielen hier. Wenn kein Wunder geschieht, werde ich wohl – so Gott will – bis zum Ende meines Lebens hier stehen und Fische verkaufen«.

Das Gespräch plätschert weiter, indem wir über die Kinder und unsere Reise sprechen. Nach zehn Minuten Geplauder, das ihm sehr willkommen ist, stellt er sich als Hassan vor. Er lädt uns zu sich nach Hause ein und möchte uns unbedingt zeigen, wo und wie er wohnt. Für das anstehende Freitagsgebet hat Hassan keine Zeit. Die Fischhalle muss noch gesäubert werden, bevor auch für ihn das Wochenende am Nachmittag beginnen kann. Hassan führt uns zu seinem Stand in der weiß gefliesten Halle, in der die Säuberungsarbeiten schon eingesetzt haben. Breite Lachen aus Wasser, Blut und Fischresten ziehen sich über den Boden. Die Verkäufer sind mit Schrubbern und Besen bewaffnet. Es stinkt bestialisch. Ein jüngerer Verkäufer mit schwarzer Strickmütze möchte unbedingt ein Foto mit uns aufnehmen. Er präsentiert hinter seinem Stand, der die üppige Fischwelt der levantinischen Küste zu bieten hat, einen großen Thunfisch. Wir stehen zaghaft lächelnd daneben und hoffen nur, dass wir nicht in einem Instagram-Account oder auf der Webseite der Fischereibehörde als Liebhaber sidonischer Fischspezialitäten auftauchen.

Schon der britische Forschungsreisende James Silk Buckingham beschrieb auf seiner Reise durch Syrien und Palästina Anfang des 19. Jahrhunderts den Fischreichtum des levantinischen Küstenmeeres. Zur Zeit seiner Reise waren Fische die Hauptnahrungsquelle der Bewohner Sidons. Viele ägyptische Feluken hielten sich in den Wintermonaten zum Fischen in den Gewässern vor Sidon auf. Da zahlreiche Arbeitskräfte zum Fangen und Einsalzen der Fische in die Stadt zogen, stieg die Einwohnerzahl um mehrere Tausend an. Die Fische gelangten dann für die Fastenzeit auf die Teller vieler Christen in Beirut und auf Zypern. Vom altertümlichen Fischkult werden die Menschen im modernen Saida wohl kaum noch Kenntnis haben, aber zu phönizischer Zeit pflegten ihn die Stadtbewohner. Die Fischverehrung geht, das ist sicher, auf die Kultur Mesopotamiens zurück. Es fanden sich ikonographische und schriftliche Zeugnisse zur Rolle des Fisches auf Keramiken, Siegeln und Fresken. Fische wurden rituell mumifiziert. Man vermutet, dass Fisch schon früh ein Symbol für das Leben war. Das Auftreten von Fischknochen in Gräbern ist ein Hinweis auf das später entstandene Konzept der Wiedergeburt. In Sidon wurden in Gräbern Fischknochen aus der mittleren Bronzezeit um 1400 v. Chr. von zahlreichen Spezies gefunden. Zum Kult gehörte auch das Halten der Fische in großen geschützten Bassins. Das Töten und Verspeisen der Tiere wurde selbstverständlich strengstens bestraft. Aus der religiösen Verehrung des Fisches soll sich später der Aphroditekult entwickelt haben, dem auch die Idee der Erneuerung und Kontinuität des menschlichen Geschlechts zugrunde liegt. In der mythologischen Vorstellung einer aus dem Schaum des Meeres aufstrahlenden Göttin wohnt der Gedanke des Fortbestandes aller Natur inne. Zu römischer Zeit gingen dann die aphroditischen Gebräuche auf den heidnischen Venusdienst über. Der islamische Geograph und Botaniker al-Idrisi schrieb, dass in Sidon noch im 12. Jahrhundert Überreste dieses Kultes erhalten waren, der in der Begattungszeit der Fische im Frühjahr praktiziert wurde. Heutzutage werden in Sidon wie im ganzen Libanon andere Dinge kultisch verehrt. Handys, Autos und schönes Wohnen. Doch eines ist geblieben: der Fisch gab der Stadt ihren Namen: Sidon bedeutet auf Phönizisch »Fischerstadt«.

Vom Handel und Wandel

Zwischen Kreuzfahrerkastell und Fischhalle sticht auf der Uferstraße eine fast einhundert Meter breite zweigeschossige Mauer mit winzigen Bogenfenstern ins Auge. Ein Palast? Ein Kloster? Oder etwa Teil der historischen Stadtmauer? Tatsächlich gehört sie zum großen Handelskontor der Franken, wie die Franzosen damals noch in Erinnerung an die Zeit der Kreuzfahrer genannt wurden, dem *Khan al-Franj*. Er ist neben dem gleichnamigen Khan in Akkon im heutigen Israel eine der besterhaltenen mittelalterlichen Handelsniederlassungen europäischer Kaufleute im Orient und wurde Anfang des 17. Jahrhunderts durch *Fachr ad-Din II* erbaut. Wir gelangen in den weiten quadratischen Innenhof des durch die Hariristiftung restaurierten Gebäudes. An den Gewölbedecken der Arkadengänge hängen – heutzutage elektrisch betrieben – metallgebänderte Laternen. Schwere Holztüren führen in die ehemaligen Lagerräume und Kontore, deren Fenster mit eisernen Gittern geschützt sind. Die Botschaft ist klar: Keiner sollte Zugriff auf die kostbaren Handelswaren haben. Den Boden des Bogenganges zieren blank geschliffene Kieselsteine. Weit und breit ist kein Dreck oder Müll zu sehen. An den Stützpfeilern ragen üppige Bougainvillea-Büsche bis zum oberen Rundgang empor, an dessen Decke Wasserspeier in den Innenhof ragen. Alles passt zum märchenhaften Bild einer orientalischen Karawanserei. Nur eine Kleinigkeit mutet etwas schräg an: Auf der Balustrade der oberen Arkaden stehen dicht an dicht über das gesamte Carré verteilt terrakottafarbene Plastikblumenkästen, die mit Geranien bestückt sind. Bayern im Libanon?

Wir stehen im sonnigen Innenhof. Die Geräusche der geschäftigen Stadt dringen kaum bis hierhin. Wer von den wenigen Reisenden sich hierher verirrt hat, bekommt im Touristenbüro Informationen zum Khan und wertvolle Hilfe für die Planung eines Stadtrundgangs. Wir sind die einzigen Besucher zu dieser frühen Stunde. Immerwährende Stille liegt über diesem Ort, seit der Levantehandel vor mehr als 200 Jahren peu à peu auf das aufblühende Beirut überging. Der alte Khan der Franken hat sein Leben ausgehaucht und sucht verzweifelt nach einer neuen Bestimmung. Zur Zeit des Groß-Emirs der Drusen, *Fachr ad-Din II*, der Sidon zu seiner Residenzstadt ausbaute, war dieser Khan das zentrale Verbindungsglied zwischen der asiatischen und europäischen Handels- und Ideenwelt. Hier kamen Waren aus Damaskus, dem Inland Syriens und dem unmittelbaren Umland an. Baumwolle, Seide und Pottasche waren Hauptumschlagsgüter für die damals entstehenden Manufakturen in Marseille und ganz Südfrankreich. Der Großteil der Seide ging von dort wiederum in die Spinnereien und Fabriken Lyons. Die Gewinne dieses Handelsmodells waren trotz der Risiken auf hoher See und der an die ortsansässigen Machthaber zu entrichtenden Steuern exorbitant hoch. Die Franken genossen zahlreiche, durch den Groß-Emir und seine Nachfolger erlassene Privilegien und Immunitäten im Orienthandel, die durch Freundschafts- und Handelsverträge gesichert waren. Die Geschäfte wurden im Umfeld einer gedeihenden und wachsenden Stadt, in der die Sicherheit und der Schutz des Eigentums gewährleistet waren, weiter begünstigt. Zudem wurden die bisher über Aleppo geführten Warenströme von Europa nach Damaskus nach Sicherung der durch Überfälle und Raub gefährdeten Wege über das Libanongebirge jetzt nach Sidon umgeleitet. Nutznießer wurden dadurch in vielfacher Weise die französischen Kaufleute. Als Vertreter Frankreichs erhielt ein Konsul als erster Europäer im osmanischen Reich überhaupt die volle Gerichtshoheit innerhalb der Mauern des *Khans*.

Im Khan und den dazugehörigen Gebäuden befanden sich bequeme Wohnungen und Geschäfte, Magazine, Stallungen, Wasserbassins, Gärten, eine Apotheke, Wohnungen für Ärzte und eine Kapelle für die Franziskaner, die für die Erlaubnis, die Messe lesen zu lassen, allerdings eine Tributzahlung von 500 Talern leisten mussten. In der Enge des *Khans* müssen sich menschliche Stimmen, das Klappern der Hufe und das Quietschen der Karren wie das Summen in einem Bienenstock angehört haben. Es wird vermutet, dass die Gunstbezeugungen des Groß-Emirs an die christlichen Mächte des Okzidents im Allgemeinen und an die französischen Kaufleute im Besonderen auf seine vermeintliche Abstammung von fränkischen Ahnen aus der Kreuzfahrerzeit zurückzuführen waren. Vielleicht wurde er aber einfach nur infiziert vom Virus der Renaissance in Europa, wo er sich an verschiedenen Höfen für viele Jahre während seines Exils aufgehalten hatte. Auch wenn der Handel der Franzosen bis zum Ende des 18. Jahrhunderts unter den gierigen und launischen osmanischen Paschas immer komplizierter wurde und die Abgaben in schwindelerregende Höhen stiegen, konnte der deutsche Forschungsreisende Carsten Niebuhr bei seinem Aufenthalt in Sidon 1766 konstatieren, dass noch immer vierzehn französische Kaufleute aktiv seien. In den Anfangsjahren der französischen Revolutionszeit mussten unter der Gewaltherrschaft des Djezzar Pascha die bis dahin noch verbliebenen französischen Händler den Khan, die Stadt, ja schließlich das Land verlassen. Ohne den Handel war dem benachbarten Hafen die Lebensader abgeschnitten. Sidon wurde in die Zeiten vor *Fachr ad-Din II* zurückgeworfen und verelendete mit den Jahren.

Wir verlassen die Kühle des *Khans* und folgen in der zunehmenden Mittagshitze wieder der alten Route an der *Corniche*, die am Südhafen vorbeiführt. Ein kaum beladenes Containerschiff hat am Kai festgemacht und wartet auf Löschung seiner Güter. Auf der Seite zur Altstadt kündet ein verbeultes Schild von den Resten des ehemaligen Palastes von *Fachr ad-Din II.* Die traurigen Überbleibsel der Residenz befinden sich hinter meterhohen Eisengittern. Wir schlüpfen unaufgefordert durchs offenstehende Tor.

Bogengänge umgeben einen rechteckigen Innenhof, auf dem ein paar kümmerliche Topfpflanzen und zahlreiche Autos stehen. Einige der Nischen unterhalb der Bögen sind zugemauert und scheinen Büros unbestimmter Nutzung zu beherbergen. Auf den Dächern wuchernde Sträucher komplettieren den Eindruck der allgemeinen Verwahrlosung. Die einstige Pracht dieses Baus, der den glanzvollen Hofstaat von *Fachr ad-Din II* aufnahm, ist beim Anblick auf die kläglichen Mauerreste nur noch zu erahnen. Durch den französischen Diplomaten Laurent d'Arvieux, der die Levante Mitte des 17. Jahrhunderts bereiste, erhalten wir ein recht genaues Bild vom damaligen Zustand des Palastes. Er berichtet von der durch italienische Baumeister erschaffenen besonderen Architektur der Anlage, die im Erdgeschoss viele Gemächer beherbergte und im oberen Stockwerk schönste Malereien und Verzierungen aufwies. Die Wände waren mit Sätzen aus dem Koran in goldenen Lettern beschrieben. Große Treppen führten auf die Dachterrassen, die zu kühlen Nachtlagern und Spaziergängen einluden. Der gesamte Bau wurde um große Wasserbassins, Springbrunnen, Bäder, Lusthäuser und Kioske ergänzt. In den weitläufigen Gartenanlagen – alle natürlich im italienischen Stil – zierten schattenspendende Zitronenbäume und Pomeranzen die Alleen zwischen den Hofräumen. Die Audienzhalle wurde zu Festen geschmackvoll eingerichtet. Schließlich wurde die Anlage um Marställe, Waffenkammern und den Harem ergänzt. Das Land um den Palast war mit ausgedehnten Maulbeerpflanzungen bedeckt. Sie bildeten in den kommenden Jahrhunderten die Basis des Großhandels jener Gegend und sorgten für den unermesslichen Reichtum des Groß-Emirs und nachfolgender Dynastien. Nach der Hinrichtung *Fachr ad-Dins II.* in Istanbul 1635 wegen Hochverrats – er war den osmanischen Herrschern wegen seiner zunehmenden Machtfülle ein Dorn im Auge – bewohnten die Söhne seines Neffen Melhem zwar weiterhin die Residenz, doch schon hundert Jahre später sahen europäische Reisende nur noch ihre vernachlässigten Überreste.

Auch wenn viele der Bauwerke des Groß-Emirs den Weg alles Irdischen längst gehen mussten, so bleibt sein historisches Verdienst vor allem durch seine Maßnahmen nach seiner Rückkehr aus dem italienischen Exil unbestritten. Er war es, der engere Beziehungen unter den Eliten des Libanongebirges anregte und somit die Distrikte zu einer politischen Einheit zusammenführte. Er war der neue »Superchef« des *Chouf* aufgrund seiner sozialen Position und wurde mit weitreichenden Kompetenzen ausgestattet. All das geschah selbstverständlich unter Anerkennung der osmanischen Oberhoheit, die im Geiste der Teile-und-Herrsche-Regel vollzogen wurde. Die Politik *Fachr ad-Din II* markiert den Beginn der Wechselbeziehungen zwischen den Religionsgemeinschaften der gesamten Region; man könnte den Emir also als Urvater des heutigen Libanon bezeichnen. Darüber hinaus brachte er nach Jahrhunderten der Abstinenz Westeuropa in die Levante zurück. Die Gesandten des Großherzogs der Toskana, Ferdinands II., reisten nach Saida, um im Palast einen umfassenden Vertrag über den Austausch von Gütern und die Rechte der christlichen Maroniten im Libanongebirge zu unterzeichnen. Der Fürst ebnete den Weg für einen von der Willkürherrschaft der Türken unabhängigen Libanon und löste somit den Aufbruch in die Moderne aus. Über seine Motivation stritten sich schon die Zeitgenossen, und sie beschäftigt die Historiker noch heute. Der englische Reisende George Sandys schrieb 1611 über den Groß-Emir: »Er betete nie, wurde nie in einer Moschee gesehen; klein, aber groß in Mut und Werk; 40 Jahre; raffiniert wie ein Fuchs; keine Neigung zum Tyrannen; er begann nie einen Krieg; er führte keinen nennenswerten Plan ohne Zustimmung seiner Mutter aus.« Diese Beschreibung zeichnet das Portrait eines nüchternen Realisten und lässt vermuten, dass *Fachr ad-Din II* der Verfechter einer steten ökonomischen Entwicklung seines Machtrefugiums innerhalb der osmanischen Welt war.

Diese Stadt gehört uns

Das Gelände des ehemaligen Palastes liegt hinter uns. Wir werden vom engen Gassengewirr der Altstadt aufgenommen. Telefon- und Stromkabel verstellen unseren Blick. Webteppiche aus grauen und schwarzen Fäden. Wir gehen an den üblichen Läden orientalischer *Souks* vorbei und bleiben vor Bergen aus Säcken mit Lebensmitteln des täglichen Bedarfs, wie Reis, Nudeln und Mehl hängen. Hier und da erhalten die weißen Gewebesäcke nach Gebrauch als bunt bestickte Sitzkissen ein zweites Leben. Die Kreativität der Libanesen kennt keine Grenzen. Obwohl die Hisbollah erst südlich der Stadtgrenzen Saidas ihre Einflusssphäre hat, ist das Straßenbild ein ganz anderes als im nicht weit entfernten Beirut. Frauen sind hier größtenteils in Hijab und Tschador anzutreffen, vereinzelt sieht man auch einen Niqab. Kaum zu glauben, dass die erste arabische Autorin, Widad Sakakini, deren Debütroman 1949 veröffentlicht wurde, aus Saida stammte. Das öffentliche Leben wird hier dominiert von Männern, die in schwarze

Kaftane gehüllt sind und in einer Hand ihre *Misbaha*, eine im Islam gebräuchliche Gebetskette, halten. Wir befinden uns in der »sunnitischsten« Stadt des Libanon.

Wie von einem unsichtbaren Dirigenten gesteuert, krachen aus heiterem Himmel vielerorts die Rollläden der Geschäfte in den *Souks* herunter. Das pulsierende Leben kommt mitten am Tag zum Stehen. Verblüfftes Staunen, dann wird uns klar: das Freitagsgebet naht. Jetzt wirkt hier alles wie in einem verträumten italienischen Provinzstädtchen zur Mittagszeit. Es herrscht absolute Ruhe. In den leergfegten Gassen huscht ab und zu ein einzelner Passant an uns vorbei. Wir erreichen das Seifenmuseum, das zum Glück geöffnet ist. Mit den engen dunklen Fabrikationsräumen im Khan der Seifensieder in Tripoli hat dieses Haus nichts gemein. Das Museum besticht durch ein klares Konzept westlicher Prägung. In großen Nischen stehen dem Zeitgeist entsprechende Schauvitrinen mit Instrumenten und Werkzeugen zur Seifenherstellung. Polierte Holzdielen werden von grauem Stahlbeton eingefasst. Sitzecken und Diwane laden zum Verweilen ein. Indirektes Licht lenkt den Blick auf die besondere Komposition der Ausstellung. Damit passt dieses Museum so gar nicht zum Chaos der umliegenden *Souks*.

Nach einer Erfrischung mit kühler Limonade im angeschlossenen Café machen wir uns durch ausgestorbene Gassen auf den Weg Richtung *Corniche*. Unmittelbar neben dem alten Seekastell befindet sich ein weiter öffentlicher Strand, den wir schon bei unserer Anfahrt bemerkt haben. Zur Gebetsstunde sind wir an diesem Ort allein. Statt Popmusik wie am Ballermann lauschen wir erst den Gesängen der Muezzine und dann der zornigen Rede des Imams der nahen *Zaatari*-Moschee, die mit Lautsprechern rund um das Gotteshaus übertragen wird und im Kampf gegen Wind und Meeresrauschen besteht. Zu diesen Klängen stürzen wir uns in die Brandung, die endlich die wütende Stimme verschluckt. Nach unserem angenehmen sonnigen Badespaß kommt plötzlich mit stürmenden Schritten aus Richtung Strandpromenade ein junger barttragender Mann in schwarzer Alltagskleidung auf uns zu. In wenigen radebrechenden englischen Worten macht er uns unmissverständlich klar, dass das Baden mit Bikini am Strand verboten sei. Die Handvoll Männer, die nach dem

Freitagsgebet in Shorts zum Baden gekommen sind, lässt er unbehelligt. Aus Beirut und Byblos sind wir Badefreizügigkeit gewohnt. Jetzt fühlen wir uns verunsichert. Die libanesische Rechtsordnung erlaubt das Baden in Badebekleidung an allen Stränden des Landes. Soll hier in Saida ein sunnitisches Gewohnheitsrecht durchgesetzt werden? Wir folgen dem Wunsch des Mannes aus Vorsicht, Verunsicherung und Rücksichtnahme, auch wenn ein am Strand patrouillierender libanesischer Soldat uns durch ein Lächeln symbolisch Beistand signalisiert. Wir kommen mit ihm kurz ins Gespräch, das sich um unsere Herkunft und Reiseabsichten spinnt. Gemeinsam schlendern wir zurück, dabei hält er einen kleinen Abstand zu uns aufrecht. Vielleicht möchte er dadurch seine Neutralität und Professionalität nach außen dokumentieren, so unsere Interpretation. Uns gibt er jedenfalls das Gefühl beschützt zu sein. Die Menschen im gesamten Libanon empfinden ähnlich. Für alle ist die Armee ein Garant der Stabilität und Sicherheit.

Dass die Allgegenwart der Armee auch fast dreißig Jahre nach dem Ende des Bürgerkrieges noch notwendig ist, zeigen insbesondere die blutigen Ereignisse des Jahres 2013 inmitten von Saida. Damals verloren bei der Erstürmung der *Bilal-bin-Rabah*-Moschee, die als Hauptquartier des radikalen Salafisten-Scheichs Ahmad al-Assir diente, mehrere Soldaten der libanesischen Streitkräfte ihr Leben. Auch am Stadtrand von Saida, in der Nähe des palästinensischen Flüchtlingslagers Ain al-Hilweh, griffen militante Sunniten die Armee an. Ausgangspunkt der militärischen Eskalation war ein Angriff von bewaffneten Anhängern des salafistischen Predigers auf einen Checkpoint in der Stadt. In den Monaten zuvor war ihm eine zunehmende Radikalisierung seiner Anhänger gelungen, die er mit der Idee fütterte, dass die Armee sich schützend vor die Hisbollah stelle. Die Organisation der radikalen Schiiten war der erklärte Hauptgegner Assirs. Der gewachsene Hass radikaler Sunniten auf die Schiiten im Libanon war eng mit lokalen Veränderungen, aber auch mit den Entwicklungen im benachbarten Syrien verbunden. Der Prediger monierte im Vorfeld der Auseinandersetzungen immer wieder, dass die Hisbollah mit der Aufstellung von Flaggen und Plakaten im sunnitischen Saida provozieren wolle. Immer mehr Schiiten seien in den letzten Jahren aus dem Umland in die Wohnquartiere der Sunniten gezogen. Auch nahm Assir der Hisbollah übel, dass sie Waffen besitzen darf, obwohl dieses Recht doch nur dem Staat zustehe. Damit greift er eine alte Forderung des Regierungschefs Saad *Hariri* auf. Viele der Anhänger des Salafistenpredigers konnten es der Schiiten-Miliz nie verzeihen, dass sie im Jahr 2008 große Teile Beiruts handstreichartig besetzt und der mehrheitlich sunnitischen *Future*-Bewegung die militärische Macht entrissen hatte. Wegen der Unterstützung Syriens durch die Hisbollah beschlich nicht nur die radikalen Sunniten Saidas das Gefühl, dass die Doktrin des Ajatollah Khomeini, des ehemaligen Führers der iranischen Revolution, auch dem gesamten Libanon aufgezwungen werden soll. Der Aufstand in Saida wurde von der Armee vollständig niedergeschlagen und die Appelle des Scheichs zum Aufruhr nach der Militäraktion verhallten ungehört. Seit seiner Festnahme auf dem Beiruter Flughafen 2015 sitzt Assir in Haft und wartet auf die Vollstreckung des Todesurteils. Geblieben ist die Angst vor neuen sunnitisch-schiitischen Konfrontationen in der Stadt. Es verwundert daher kaum, dass wir später bei der Fahrt vorbei an der *Shouhadaa*-Moschee am Platz der Märtyrer ein großes Aufgebot an Polizei- und Armeekräften erblicken, das das Gotteshaus beim Freitagsgebet vor Angriffen der Hisbollah oder schiitischen Einzelattentätern schützen soll.

Wie die Schnecke zum Kaiser kam

Nachdem sich der Soldat von uns verabschiedet hat, vertreiben wir uns die Zeit damit, Muschelschalen aus dem Sand zu pulen. Recht bald entdecken wir das Bruchstück einer größeren Schneckenschale. Der Fund wird mehrfach gewendet und gedreht. Sollten wir wirklich die Reste einer Purpurschneckenbehausung in den Händen halten? Nicht weit von hier, im weiter südlich gelegenen Tyros, ging der Legende nach einst die gleichnamige Nymphe mit dem phönizischen Schutzgott Melqart am Strand spazieren. Dabei biss der Hund der Nymphe in eine angespülte Schnecke. Kurze Zeit darauf färbte sich die Schnauze des Tieres purpurrot. Melqart ging von einer Verletzung aus und versuchte, das Maul vom Blut zu befreien. Das gelang ihm trotz intensiven Wischens nicht, die Barthaare blieben verfärbt, woraufhin sich Tyros vom Gott ein Gewand in der gleichen Farbe wünschte. Melqart sammelte Purpurschnecken am Strand auf, isolierte den Farbstoff und färbte damit das Kleid. Die Purpurindustrie Phöniziens war geboren. Unabhängig von der poetischen Szenerie dieser Legende existieren hethitische Quellen, die die erstmalige Herstellung des Farbstoffs in der Levante auf das 14. Jahrhundert v. Chr. datieren. Ob nun Tyros oder Sidon die erste Gewinnung des phönizischen Purpurs für sich reklamieren kann, bleibt eine theoretische Frage, denn auch an anderen Orten im östlichen Mittelmeerraum wusste man um die Geheimnisse zur Isolation der Farbe, wie zum Beispiel auf Kreta. Der Umfang der Produktion in den antiken Stätten muss jedenfalls gigantisch gewesen sein, davon künden zumindest die aus Schneckenschalen aufgetürmten Berge rund um die Fabrikationsorte. Auf der Stadtkarte von Sidon in unserer alten Ausgabe des Baedeker Reiseführers für Syrien und Palästina aus dem Jahre 1912 ist südlich der historischen Stadtmauer ein sogenannter Muschelberg verzeichnet. Neuere Karten bezeichnen ihn aufgrund des klassischen lateinischen Namens für die Purpurschnecken des Mittelmeeres als *Murex* Hill. Unser Forschergeist ist augenblicklich geweckt. Der Fund am Strand soll uns zu diesem Hügel führen. Wir nehmen die Spur auf und gelangen auf Höhe des Südhafens zu einer kleinen Tankstelle mit Schrauberwerkstatt, die direkt hinter einem maroden Hochhaus an der *Corniche* liegt. Hier steigen wir gut versteckte Treppenstufen hoch, die an einem Minimarket vorbei zur Parallelstraße führen. Auf der gegenüberliegenden Seite sind schrottreife Autos auf einem umfriedeten Schotterplatz abgestellt. Wir durchqueren die Einfahrt zum Parkplatz und erspähen auf dem daneben liegenden Acker einen einfachen Verschlag, in dem ein Pferd untergebracht ist. Überall blühen gelbe Margeriten. Stacheliges Unkraut schießt in die Höhe. Dazwischen Müll. Wo sind bloß die Purpurschnecken?

Hinter dem gesamten Areal erhebt sich ein Hügel, der teils erdig, teils mit Gras bewachsen ist. Tiefe, durch Regenwasser erzeugte Furchen zerschneiden den Abhang, aus dem einzelne Gesteinsbrocken und Fragmente hervorlugen. Uwe besteigt forsch den Hügel, sich dabei an der spärlichen Vegetation festhaltend. Er scharrt mit einem flachen Stein die Erde auf und findet sofort zwei Tonscherben. Die größere der beiden ist leicht gebogen, lässt sich leicht einritzen und scheint Teil einer Amphore gewesen zu sein. Sie hat einen auffälligen purpurfarbenen Fleck. Jagdfieber macht sich breit. Wir fangen an, am Fuß des Hügels zu wühlen und stoßen überall auf Gehäuse von Purpurschnecken. Teilweise sind vollständige Exemplare darunter, die alle an der gleichen Stelle aufgebrochen sind. Sie sind so zahlreich, dass kein Zweifel mehr an unserer »Entdeckung« besteht. Wir stehen tatsächlich vor einem der größten in der Antike von Menschen geschaffenen Werke: dem »Schneckenberg«. Er ist nach unserer Schätzung vielleicht 75 m breit und bis zu 10 m hoch. Dass alle von der Art *Murex trunculus* stammenden Schneckengehäuse die gleiche Bruchstelle aufweisen, liegt an der darunter liegenden Purpurdrüse. Daraus wurde das Sekret extrahiert, bevor die zertrümmerten Schnecken auf dem Müll landeten und gebacken von der Sonne langsam verfaulten. Der dabei entstehende Gestank in den Färbereien muss bestialisch gewesen sein, sonst hätten nicht schon Zeitgenossen mit spitzer Zunge geschrieben, dass ein blinder Steuermann die Stadt anpeilen könne. Dies mag auch erklären, warum die Produktionsstätten in Sidon später ins 14 Kilometer entfernte Sarepta ausgelagert wurden.

Durch Einsalzen, und Erhitzen der Drüsen im Wasserbad entsteht ein heller Extrakt, der unter Einwirkung von Luftsauerstoff oder Licht zum Purpurfarbstoff wird. Bevor damit gefärbt werden kann, muss er aber wenigsten drei Tage gären – ingesamt ein ziemlich komplizierter Prozess.

In seiner »Naturgeschichte« hat schon Plinius der Ältere ausführlich über den Herstellungsprozess berichtet. Der Bedarf an Purpur war immens und konnte kaum durch die levantinischen Manufakturen gedeckt werden. Man benötigte ca. 12.000 Schnecken, um ein Gramm des kostbaren Farbstoffes herzustellen. Mit dieser Menge konnte man gerade einmal den Saum eines Kleides einfärben. Von einem Erlass Kaiser Diocletians aus dem Jahr 301 n. Chr. wissen wir, dass ein Pfund reinen Purpurs ungefähr drei Pfund an Gold wert war. Der Purpur der phönizischen Städte war am begehrtesten unter dem Angebot an Farbstoff rund um das Mittelmeer. Tyros und Sidon besaßen die größte Erfahrung in der Herstellung und boten zudem die beste Qualität an. Der Purpur von der levantinischen Küste war für seine große Stabilität bekannt, das heißt, die Stoffe bleichten kaum aus. Die große Nachfrage füllte zwar die Kassen der phönizischen Händler, hatte aber einen entscheidenden Haken. Der Raubbau führte zur fast vollständigen Ausrottung der Purpurschnecken vor der Küste Sidons und stellt somit ein antikes Lehrstück zum Umgang mit begrenzten natürlichen Ressourcen dar. Trotz des Wissens darum ging die Vernichtung der Schnecken auch an anderen Orten im Mittelmeerraum weiter, da die byzantinischen Kaiser und der römische Klerus am Purpur festhielten. Das Kaiserhaus in Byzanz unterhielt sogar eigene Färbereien für Purpurstoffe. Einen Eindruck von der Bedeutung der Purpurgewänder kann man anhand des Mosaikporträts Kaiser Justinians I. in der Basilika San Vitale in Ravenna bekommen. Erst die Eroberung von Byzanz im Jahre 1453 stoppte den Run auf den begehrten Farbstoff, denn die Türken zerstörten sämtliche Färbereien in der Stadt. Mit dem Erlass von 1464 durch Papst Paul II., die Kardinalsgewänder mit Karmesinrot anstelle von Purpur zu färben, erlosch schließlich auch sehr bald das Wissen um die Gewinnung der Farbe. Dank der Entwicklung synthetischer Farbstoffe muss heute keine Purpurschnecke in den Gewässern vor Sidon mehr um ihr Leben bangen.

Plötzlich kommen vier Kinder an und möchten sehen, was wir gefunden haben. Uwe zeigt ihnen seine Funde und erklärt mit wenigen Worten seine Vermutungen. Ihre Neugier wurde offenbar nicht geweckt, denn im nächsten Moment sind sie schon wieder uninteressiert und machen sich auf den Weg. Als wir ebenfalls Richtung *Souks* aufbrechen, bewerfen sie uns mehrfach mit Steinen und imitieren Pistolen. Es sind nur Schuljungen, aber ihr Zorn ist echt und wir sind erschüttert und verwundert, standen wir doch gerade noch beieinander und wollten die Jungen an unseren Funden, die ja auch Teil ihrer Kulturgeschichte sind, teilhaben lassen – und im nächsten Moment drohen sie uns mit dem Tod. Erst als wir in die Nähe eines Armeepostens gegenüber der Zitadelle kommen, lassen sie endgültig von uns ab.

Der Fang des Tages

Wir beruhigen uns langsam wieder und setzen unseren Rundgang entlang der historischen Stadtgrenzen fort. Der Blick zur Altstadt ist auf Höhe des *Murex* Hill durch einen größeren Hügel versperrt. Auf diesem soll die antike Akropolis gestanden haben, bevor unter den ismailitischen Fatimiden im 10. Jahrhundert eine Festung errichtet wurde. Die Bezeichnung Ziegenburg, *Qalaat al-Muiezzch*, stammt noch aus jener Zeit und ist manchmal auf älteren Karten zu finden. Die noch erhaltenen spärlichen Überreste einer Burg gehen dagegen auf den französischen König Ludwig IX., genannt der Heilige, zurück. Dieser kam nach seiner Freilassung aus mamelukischer Gefangenschaft 1250 ins Königreich Jerusalem. Der Kreuzzug in das Land, das im Vorfeld der Unternehmung als die größte Bedrohung für die Kreuzfahrerstaaten des Outremer angesehen wurde, Ägypten, war zu diesem Zeitpunkt längst gescheitert. Ludwig hatte nach der Genesung von einer schweren Malariaerkrankung gelobt, das Kreuz für eine bewaffnete Pilgerfahrt aufzunehmen. Papst Innozenz IV., der Widersacher des deutschen Kaisers Friedrich II., hatte dem Kreuzzug seinen Segen erteilt. Die Erwartungen an die Fahrt waren groß, umso schmerzlicher wog die Demütigung Ludwigs durch die Niederlage vor Damiette an der Nilmündung. Ludwig wollte der abendländischen Christenheit Jerusalem schenken, das sich zu dieser Zeit unter der Kontrolle der Damaszener Ayyubiden befand. Diese waren durch einen erneuten Einfall der Mongolen in die Levante mit Abwehrmaßnahmen beschäftigt. Die muslimische Bedrängung des christlichen Königreichs ließ somit nach, wodurch Ludwig seine Energie auf die Regelung von Erbfolgestreitigkeiten und den Ausbau von Städten und Burgen richten konnte. In Sidon wurden die Stadtmauern erhöht und große Türme auf der Zitadelle errichtet. Die Festung unterlag dem Wandel der Zeiten, wurde nach dem Ende der Kreuzfahrerstaaten restauriert, beschädigt, wiederaufgebaut und geplündert. Die Osmanen hegten kein Interesse mehr an der Erhaltung der Burg, die zunehmend verfiel. Eine letzte Zuflucht bot sie 1948 eintreffenden Flüchtlingen aus Palästina, denn der Wohnraum war knapp im ganzen Land.

Hinter der Zitadelle am südöstlichen Rand der Altstadt, wo vormals das Akkon-Tor stand, schlendern wir geradewegs in Richtung Hafen zurück. Rechterhand erstreckt sich ein großer Friedhof mit muslimischen Grabstätten. Zu Bäumen gealterte Bougainvilleas lassen ihre blütenbesetzten Zweige über die hohen Mauern hängen. Gegenüber erblicken wir das im Bau befindliche, neue archäologische Museum: eine vielversprechende Synthese aus Funktionalität und Ästhetik. Museen, auch moderne, haben im Libanon oft viel Charme. Eine anspruchsvolle und konsequente Formgebung ist mit großer handwerklicher Kunstfertigkeit in Verarbeitung und Ausführung verknüpft. Wir kommen mit drei Steinmetzen am Eingang ins Gespräch. Sie behauen behände Natursteine und fügen sie zu einer Mauer in der Frontpartie des Museumsgebäudes zusammen. Die Arbeit ist schwer und schweißtreibend, entsprechend lang sind die Pausen, die mit einer Zigarette und Melonen »versüßt« werden. Wie selbstverständlich für den Libanon bietet man uns vom Wenigen an. Die kleine Offerte lässt uns an ein baldiges reichliches Abendessen denken. Der lange Tag in Saidas Gassen hat uns hungrig gemacht. Schnelleren Schrittes eilen wir jetzt zur *Corniche*, die zu dieser Tageszeit voll geschäftigen Treibens ist. In einem der Läden kaufen wir eine Shisha im Baukastenprinzip für lauschige Abende im heimischen Münster zusammen. Die Auswahl ist riesig und die Frage bleibt, woher die vielen Käufer heute noch kommen sollen. Im Hasenlauf überqueren wir die verkehrsreiche Hauptstraße am Hafen, um dann endlich auf der Meeresterrasse des Saida Rest House in unsere Stühle zu sinken. Es wird alles aufgefahren, was die libanesische Küche zu bieten hat: kalte und warme *Mezze*, Fischmezze und frittierte Doraden. Mittlerweile fällt eine türkische Reisegruppe mit lautem Geschnatter und wildem Gestikulieren in das Restaurant ein und beendet die trügerische Ruhe. Dazu fegt uns die Meeresbrise fast von den Sitzen und das tosende Meeresgebrüll gibt die Tischkapelle. Uns kann das alles nichts anhaben, denn der Fang des Tages in der Stadt der Fische füllt unsere Netze.

Bevor wir unseren Fahrer für die Rückfahrt nach Beirut treffen sollen, bleiben uns noch ein paar Minuten. Wir nutzen sie für einen kurzen Bummel an der *Corniche*. An einem Verkaufsstand lockt allerlei Maritimes. Das meiste davon ist purer Kitsch und könnte auch irgendwo an der deutschen Küste in Schaufenstern, Buden und Lokalen zum Verkauf ausliegen. Zwischen bemalten Muscheltellern und mit Schnecken beklebten Bilderrahmen baumelt ein großer Kugelfisch von der Decke. Er ist bestens präpariert und soll unbedingt in unser Fangnetz gehen. Unsere Frage nach möglichen Beschränkungen zur Ausfuhr aus dem Libanon aufgrund eventueller Artenschutzbestimmungen verneint der Verkäufer kategorisch. Kugelfische seien eine Plage in den levantinischen Gewässern und nun wirklich nicht vom Aussterben bedroht. Im nächsten Moment ist das Exemplar schon in einem Pappkarton verstaut. Trotz der Beteuerungen fühlen wir uns mit dem sperrigen Fisch im Handgepäck bei unserer späteren Ausreise doch ein wenig wie Schmuggler. Die verdutzten Blicke der Beamten vor dem Bildschirm im Security-Bereich des Flughafens kann sich jeder gut ausmalen. Das größte Problem scheinen die zahllosen messerscharfen Stacheln des Tieres zu sein. Nach dem mühsamen Auspacken des Kugelfisches werden die längsten davon einzeln mit einem Zollstock vermessen. Die Furchen auf der Stirn des Beamten glätten sich langsam wieder. Dann unsere auch. Nach dem Eintrag in eine Ausfuhrliste gibt er unseren Fang mit einem breiten Grinsen zurück und wünscht uns einen guten Flug.

Wieder zurück im Hier und Jetzt. Das Taxiunternehmen hat uns Youssef geschickt. Er trägt ein faltenfrei gebügeltes weißes Hemd, eine Fliegersonnenbrille und ist sehr freundlich und bemüht. Youssef bringt etwas Licht ins Dunkel der Erfahrungen des heutigen Tages. 9/11 rückte die muslimische Welt zwar stärker in den Fokus der westlichen Öffentlichkeit, doch auch zwei Jahrzehnte danach weiß man trotz zweitem Irakkrieg, der US-geführten Intervention in Afghanistan und dem Bürgerkrieg in Syrien immer noch wenig über die feinen Grenzlinien zwischen den religiösen Strömungen des Islams. Für die meisten Menschen in Deutschland und anderswo in Europa bleibt es zum Beispiel unverständlich, wieso der Hass zwischen den beiden größten muslimischen Gruppen, Sunniten und Schiiten, kein Ende nimmt. Wir fragen deshalb Youssef, der selbst Sunnit ist.

»Saida besitzt eine nahezu ausschließlich sunnitische Bevölkerung, und die legt den Islam streng aus«, klärt er uns auf.

»Worin macht sich das denn bemerkbar?«

»Nun, zeitweise gab es in Sidon sogar ein Alkoholverbot«.

»Warum gibt es eigentlich so große Unterschiede in der Ausübung der Religion schon unter den Sunniten?«

»Sunna bedeutet so viel wie Verhaltensweise. Anders als das Buch Gottes, der Koran, besitzt die Sunna aber einen größeren Deutungsspielraum. Der genaue Wortlaut der Überlieferung des Propheten ist nicht bekannt. Deshalb fordern manche Religionsgelehrte eine Abschwächung, Reformierung oder sogar komplette Abschaffung der Sunna.«

»Und was macht die Sunniten so unversöhnlich mit den Schiiten in der islamischen Welt?«

»Die Schiiten betrachten Ali, den Schwiegersohn des Propheten, als den göttlich legitimierten politischen und religiösen Nachfolger Mohammeds. Alle Richtungen und Rechtsschulen innerhalb der Schia führen den rechtmäßigen Glauben auf diese Nachfolge zurück. Es ist schwer, mit Menschen zu reden, die die Wahrheit für sich beanspruchen«, sagt er sehr tiefsinnig und lässt dabei die uns alle tangierende politische Dimension der islamischen Glaubensspaltung ganz außen vor.

Über das Gespräch hat sich inzwischen die Nacht über das *Chouf*-Gebirge im nahen Land der Drusen gesenkt.

Die Sehnsucht

Drei verpasste Anrufe von Aline und eine WhatsApp-Nachricht. »Wo bleibst Du, wollten wir nicht zusammen essen? Ich habe Kibbeh gemacht. Ich freu mich auf Dich. Komm bald, ja?« Baschar steckt das Handy wieder ein ohne sich Zeit für eine Antwort zu nehmen und lehnt sich in der Abendsonne ein letztes Mal auf den Sitz seines Mopeds. Er ist gern hier am Rande von Bourj Hammoud, wo er sich mit anderen jungen syrischen Männern trifft, denjenigen, die Hoffnung haben, Hoffnung auf ein besseres Leben, den Mutigen. Baschars Hoffnung heißt nicht mehr Aline, sondern Deutschland. Firas hat es allen erklärt: »Deutschland nimmt die Syrer auf, weil die deutsche Wirtschaft junge Männer braucht. Die Deutschen haben selbst nicht genug junge Männer.« Baschar will nicht sein Leben lang der soziale Krüppel in Alines Armen sein. Nach langer Zeit fühlt er sich endlich wieder männlich und stark, wenn er mit seinen neuen Freunden den Weg nach Europa bespricht und von den Möglichkeiten träumt, die er dort haben wird. Es ist teuer und es ist gefährlich. Die Schmuggler sind nicht zimperlich. Aber Baschar ist entschlossen. Aline hat er noch nichts davon gesagt. Aline liebt ihn. Er ist noch nie so geliebt worden. Sie wird ihm verzeihen, wenn er geht. Fünfhundert Dollar bekommt er von dem Palästinenser für das Moped, das Aline ihm geschenkt hat. Ein Anfang.

TYROS – die gefallene Stadt

»Du Menschenkind, mach eine Wehklage über Tyrus und sprich zu Tyrus, die da liegt vorn am Meer und mit vielen Inseln der Völker handelt: So spricht der Herr, HERR: O Tyrus, du sprichst: Ich bin die Allerschönste. Deine Grenzen sind mitten im Meer und deine Bauleute haben dich aufs allerschönste zugerichtet. Sie haben all dein Tafelwerk aus Zypressenholz vom Senir gemacht und die Zedern vom Libanon führen lassen und deine Mastbäume daraus gemacht. (…)

Du Menschenkind, sage dem Fürsten zu Tyrus: (…) Weil sich denn dein Herz erhebt, als wäre es eines Gottes Herz, darum, siehe, ich will Fremde über dich schicken, nämlich die Tyrannen der Heiden; die sollen ihr Schwert zücken über deine schöne Weisheit und deine große Ehre zu Schanden machen. Sie sollen dich hinunter in die Grube stoßen, dass du mitten auf dem Meer stirbst wie die Erschlagenen. (…)

Alle, die dich kennen unter den Heiden, werden sich über dich entsetzen, dass du so plötzlich bist untergegangen und nimmermehr aufkommen kannst.«

(Hesekiel, 27, 2-5, 28, 2+6+7+19)

Unter wachsamen Augen wachsen die Orangen

Wir sind nur wenige Kilometer von Sidon entfernt. Die Landschaft verändert sich. Die Berge des *Chouf* verschwinden im blauen Dunst. Dann Hügelland. Bananenplantagen, Zitronen- und Orangenhaine wechseln sich ab. Alles ist lieblich, fast biblisch. Ab und an tauchen Zypressen in ihrem dunklen Grün auf und recken sich majestätisch auf den zum Meer hin abfallenden Hängen. Der Küstenabschnitt ist auffällig unverbaut.

»Die Küste zeigt sich hier ganz anders als im bevölkerten Beirut und dem Norden«, wendet sich Uwe an Youssef, »gibt es hier auch schöne Stellen zum Baden?«. Youssef lächelt gequält.

»Die Strände unten am Meer sind zauberhaft, aber Baden ist hier verboten. Gesetz der Hisbollah!«

Es ist ein Jammer. Die menschenleeren Mittelmeerbuchten, der Blick vom Wasser aus auf die grünen Hänge – das alles wird sich nur in unseren Köpfen abspielen, denn hier wird gemacht, was die Partei Gottes anordnet. Daran erinnern überall die gelben und grünen Fahnen und die Männerköpfe, die mal streng und belehrend und dann wieder freundlich und gewinnend auf die Menschen des Südlibanon herabschauen. Das Konterfei von Jassir Arafat blickt gütig auf seine Anhänger und Unterstützer. Große Plakate mit den Porträts von Märtyrern wechseln sich mit dem Triumvirat aus Nasrallah, Chomeini und einem der aktuellen schiitischen Politiker in Parlament und Regierung ab. Die Tafeln stehen an der Straße, hängen an Masten und Hauswänden. Das Geländer einer Autobahnbrücke wird von iranischen Flaggen geziert. Iranische Banken offerieren ihren Glaubensbrüdern Kredite. Wir sind in einem anderen Libanon als noch vor einer halben Stunde.

Das Auswärtige Amt rät von Reisen in diese Gegend mit Ausnahme der Stadt Tyros selbst ab. Panikmache? Übertriebene Vorsicht oder falsch informiert? Wir sehen auf unserer Fahrt beim besten Willen nichts, was uns beunruhigen könnte; außer den omnipräsenten Pappköpfen der schiitischen Führer. Hier und da bietet ein Orangenverkäufer seine Ware am Straßenrand an.

Von den Sternen in den Staub

Schilder zeigen an, dass wir Tyros erreicht haben. »Wenige Städte, die von der urältesten historischen Zeit sich bis in die Gegenwart erhielten, haben so glänzende Zeiten erlebt und sind zu so großer Erniedrigung herabgesunken wie diese Stadt«, schrieb der Geograph Carl Ritter bereits im Jahre 1854 und sinnierte weiter, der einzige Grund nach Tyros zu kommen, könne seine großartige Vergangenheit sein.

Ob er Recht hat? Sollte sich die biblische Prophezeiung vom Untergang dieser Stadt erfüllt haben?

Die heutige Bebauung abseits des historischen Kerns am Hafen macht es uns jedenfalls schwer, sich die bejubelte majestätische Handelsstadt der Antike vorzustellen. Kein Wunder. Nicht nur ist die Stadt in längst vergangenen Zeiten unter anderen vom Babylonierkönig Nebukadnezar und von Alexander dem Großen eingenommen, geplündert und verwüstet worden, sondern immer wieder auch durch Erdbeben. In neuerer Zeit ist sie ebenfalls nicht verschont geblieben. 1978 marschierte Israel in den südlichen Libanon ein und legte im Rahmen der Operation Litani Teile der Stadt in Trümmer. 1982 griff der jüdische Staat in den libanesischen Bürgerkrieg ein und eroberte den grenznahen Teil des Landes. Bei der Invasion wurde halb Tyros zerstört und viele der 60.000 Einwohner verloren ihre Heimat. Während des Libanon-Konfliktes im Sommer 2006 wurde Tyros von der israelischen Luftwaffe wiederum mehrfach bombardiert und erlitt erneut schwere Schäden. Die neuere Geschichte lässt hier keinen Raum für Träumereien und Gedanken an eine glorreiche Vergangenheit. Zu brutal und gewaltig sind die Armut und das Leid der Menschen, insbesondere in den Palästinenserlagern der Stadt. Die geopolitische Lage in der Nähe zu Israel ist für die Zivilbevölkerung ein Damoklesschwert. Eine Gruppe junger Maroniten hat es uns am Vortag direkt auf den Kopf zugesagt, als wir sie nach der Militärpräsenz im Land befragt haben. Alle befanden die Militärposten als unerlässlich für die staatliche Sicherheit.

»Wovor genau schützen die Soldaten Euch?«, hatte Uwe wissen wollen. Ausnahmslos erstaunte, beinahe vorwurfsvolle Blicke erntete er auf diese Frage.

»Vor einer Invasion des Feindes.«

»Feind?«

»Na, Israel«, schoben sie im Chor nach.

Die einfachen Menschen im Libanon haben anscheinend Angst vor dem jüdischen Staat. Dass aber allein der »Feind« Israel Grund des Armeeeinsatzes im Inneren ist, kann man bezweifeln. Zu vielfältig sind die Faktoren, die in diesem kleinen Land von einer Minute auf die nächste eine Instabilität auslösen können, und in jeder Region sind die potenziellen Akteure oder Aggressoren unterschiedlicher Herkunft und Religion. Obwohl das Konfliktpotenzial so vielschichtig ist wie die Bevölkerung heterogen, kann man sich in der libanesischen Gesellschaft zumindest auf einen gemeinsamen Feind einigen: Israel. Von Tyros aus ist es gerade mal zwanzig Kilometer, fünfzehn Autominuten entlang der Küstenstraße 51 entfernt. Doch gibt es einen Grund, warum google maps uns eine Fahrtzeit von sage und schreibe acht Stunden anzeigt. Die Grenze zwischen dem Libanon und Israel ist dicht. Lediglich über den Umweg Syrien-Jordanien könnte man zum Nachbarn reisen – ein Umweg, den keiner nimmt.

Das war nicht immer so. Zu Kreuzfahrerzeiten gehörte Tyros neben Akkon und Sidon zum Königreich Jerusalem. Berühmter Erzbischof von Tyros war von 1175 bis 1185 der bekannte Chronist Wilhelm von Tyrus. Von ihm wissen wir, zum Beispiel, dass die Stadt eine kosmopolitische Bevölkerung hatte, die sich aus Muslimen, Juden, orientalischen Christen, Franken und Italienern, vor allem Venezianern und Genuesen, zusammensetzte. Juden spielten eine wichtige Rolle bei der Herstellung des begehrten Glases. Es wird vermutet, dass die Glaskunst von Tyros aus ihren Weg nach Venedig nahm. Darüber hinaus waren Juden als Schiffsreeder und -makler tätig, Muslime dagegen als Seekapitäne. Syrer taten sich in der Herstellung der purpurgefärbten Stoffe hervor. Die von syrischen Webern fabrizierte weiße Seide aus Tyros war die wichtigste Einnahmequelle der Händler des venezianischen Viertels. Tyros profitierte auch von Obst- und Olivenhainen des Umlandes, die aufgrund geschickt angelegter Bewässerungssysteme reiche Erträge lieferten. Besonders einträglich war das Gewerbe der Zuckersiederei; es verarbeitete das Zuckerrohr von den Plantagen des fruchtbaren Gebietes um Tyros und verschiffte einen Großteil des Zuckers nach Europa. Bedingt durch den allmählichen Verfall im 14. und frühen 15. Jahrhundert war das einst blühende Tyros nach dem Zeugnis des burgundischen Reisenden Bertrandon de la Broquière im Jahr 1432 jedoch nicht mehr als ein Haufen Steine.

Heute sind nur noch die Ruinen aus den Zeiten der Römer, die die Stadt im Jahre 64 n. Chr. eroberten, erhalten: Reste eines vormals gigantischen Hippodroms und die Nekropole vor den Toren der alten

Stadt. Auf der Landzunge am Hafen kann man sich mit viel Vorstellungskraft ausmalen, welche schicksalhafte Wendung der Stadt einst widerfuhr.

Die Verbindung der ursprünglichen Inselstadt mit dem Festland ist das Resultat eines der spektakulärsten Feldzüge Alexander des Großen. Nach der Schlacht bei Issos im Jahre 333 v. Chr zog Alexander an der levantinischen Küste entlang, um die phönizischen Städte einzunehmen. Alle Städte ergaben sich, nur Tyros, das zu diesem Zeitpunkt ungefähr 800 Meter vom Festland entfernt auf einer Insel lag, erklärte seine Neutralität. Es kam zu einer Belagerung der Stadt, die sieben Monate dauerte. Alexander musste in mühseliger Arbeit vom Festland aus zweimal einen Damm errichten lassen, um die Inselstadt schließlich einzunehmen. Dazu benutzte er aus Zedern hergestellte Pfeiler und Steine aus Bauten der auf dem Festland befindlichen Altstadt. Auf dem Damm ließ er dann Belagerungsmaschinen aufstellen. Truppen aus Karthago, ursprünglich von tyrenischen Seefahrern gegründet, konnten den Belagerten nicht zu Hilfe eilen. Im Herbst 332 v. Chr. geschah das, was die mächtigen Tyrer bis dahin für unmöglich gehalten hatten: Tyros fiel.

Wir bitten Youssef, uns zu der Halbinsel zu bringen. Er setzt uns am Hafen ab. Dieser bildet eine kleine gepflegte Bucht, wie sie in jedem anderen Mittelmeerland vorkommen könnte. Durstige, staubige Palmen säumen das Halbrund am Kai. Verschlafene Restaurants flankieren das Hafenbecken. Direkt neben den Ankerplätzen für Fischerboote und Ausflugskähne stehen Häuser in Anstrichen aller Nuancen von Gelb, Ocker und Rot. Warm und erdig nimmt sich das Ensemble der Behausungen vor dem Hintergrund des Meeres aus. Straßen und Plätze sind gepflegt und sauber. Aufpolierte Motorroller fahren knatternd mit ihren jugendlichen Besitzern an der Hafenpromenade vorbei. Viel ist nicht los. Ein Tischler ist dabei, einen verzierten Holzschrein für die Osterprozession in ein paar Tagen fertigzustellen. Der Platz vor dem Haus wird Teil seiner Werkstatt. Holzstaub liegt in der Luft und es riecht nach Diesel, denn der Handwerker muss für seine Schleifgeräte einen Generator betreiben. Es ist mal wieder Stromausfall. Boote liegen vertäut im Hafen, während Fischer ihre Netze flicken, die in gedrehten Bündeln überall auf

Decks und Kaimauern liegen. Youssef verabschiedet sich von uns. Er möchte lieber ins Leben der Neustadt eintauchen und ein bisschen shoppen gehen. Wir gehen langsam auf die Spitze der Halbinsel zu und blicken auf das Meer, das die Tyrer jahrhundertelang mit ihren vollbeladenen Schiffen befuhren. Mit Youssef ist auch die Sonne verschwunden, ein gewaltiges Gewitter zieht über dem Meer herauf. Der Himmel ist dunkelblau und violett eingefärbt und das Donnergrollen schwillt an. Fast ist es so, als sollten wir uns nicht den Reichtum, die Pracht und die in der Sonne liegenden Paläste ausmalen, sondern die in der Bibel prophezeite göttliche Verdammnis dieser Stadt nacherleben.

Vor der Eroberung durch Alexander den Großen war Tyros, die südlichste der phönizischen Städte, auf das Gebiet einer der Küste vorgelagerten Insel jenseits der Mündung des Nahr el-Li⊠ani beschränkt. Der »ägyptische« Hafen im Süden und der »sidonische« im Norden begünstigten die tyrenische Seefahrt. Aufgrund seiner besonderen geographischen Lage war Tyros eines der bedeutendsten wirtschaftlichen Zentren im östlichen Mittelmeerraum. Von hier aus exportierten die Phönizier nicht nur ihren kostbaren Purpur. Der Hafen war auch ein zentraler Umschlagplatz für Waren aller Art. Die besondere Lage der Stadt und die Tugenden der Phönizier fanden zu jeder Zeit große Bewunderung. Es ist eine Fülle von Gütern aller Art, die nach den Überlieferungen des Propheten Hesekiel von Händlern in Prachtgewändern in dieser majestätischen Stadt vertrieben wurden: Silber, Eisen, Zinn und Blei, Sklaven und Geräte aus Bronze, Rosse, Reitpferde und Maulesel, aber auch Elfenbein und Ebenholz. Ferner Malachit, Purpur, bunte Stoffe, feine Leinwand, Korallen und Rubine. Weiterhin Weizen aus Minnit, Feigen, Honig, Öl und Harz. Wein aus Helbon, in einer Bergschlucht des Antilibanon gelegen, und Wolle aus Zahar. Eisen, Zimt und Kalmus, Decken zum Reiten, Schafe, Widder und Böcke. Balsam, Edelsteine und Gold aus Saba. Die Tyrer segelten dicht an den Küsten des Mittelmeeres entlang, handelten mit den jeweiligen Bewohnern als An- und Verkäufer und erlangten auf diese Weise eine ökonomische Machtposition, die ihnen unter den wechselnden Oberherrschaften des 1. Jahrtausends v. Chr. eine gewisse Autonomie sicherte.

In der Bibel finden sich viele Geschichten, in denen Tyros und vor allem der phönizische König Hiram I. eine wesentliche Rolle für die Festigung der israelitischen Kultur in der Region spielen.

Danach hatte König Salomo nicht nur das Glück in friedlichen Zeiten zu regieren, sondern er fand nach dem ersten Buch der Könige sogar noch in König Hiram von Tyros, einem treuen Freund seines Vaters David, einen mächtigen Verbündeten, »Und Hiram, der König von Tyrus, sandte seine Botschafter zu Salomo (…). Und es war Friede zwischen Hiram und Salomo, und sie schlossen miteinander einen Vertrag« (1. Könige 5, 15 und18). Eintausend Jahre später soll der jüdische Historiker Josephus festgestellt haben, dass Kopien dieses Vertrages im öffentlichen Archiv der Stadt Tyrus eingesehen werden konnten. Salomo war ein in vielerlei Hinsicht fortschrittlicher Herrscher. Unter ihm begann sich das Israelitentum zu entwickeln. Bei Großprojekten, wie dem Bau des Tempels, der Befestigung von Städten und der Aufnahme maritimer Handelsbeziehungen bediente sich Salomo der Hilfe der tyrenischen Phönizier. Das 1. Buch der Könige macht dazu ausführliche Angaben, die auch von Archäologen für möglich gehalten werden. Einem Kunsthandwerker aus Tyros wurde das Gießen der Kultgeräte anvertraut. Sogar ein Seehandelsunternehmen gründete Salomo, obwohl Israels Söhne nie zur See gefahren waren und keine Kenntnisse im Schiffsbau besaßen. Die Phönizier jedoch verfügten darin über eine vielhundertjährige Erfahrung. Die Zimmerleute und Seeleute ließ Salomo daher aus Tyros kommen: »Und Hiram sandte seine Knechte im Schiff, die gute Schiffsleute und auf dem Meer erfahren waren.« Ohne die Phönizier wäre aber vor allem der erste Jerusalemer Tempel nicht erbaut worden. Die Bibel erzählt die Geschichte wie folgt:

»Salomo aber ließ Hiram ausrichten: 'So will ich denn Jahwe ein Haus bauen. Lass darum Zedern für mich fällen auf dem Libanon! Meine Leute sollen deinen Leuten helfen, und als Lohn für deine Leute will ich dir bezahlen, was du verlangst. Du weißt ja, dass bei uns niemand so gut Holz zu fällen versteht wie die Sidonier.' Als Hiram die Botschaft Salomos hörte, war er hoch erfreut und gab ihm folgenden Bescheid: 'Deine Botschaft hab ich vernommen. All deine Wünsche nach Zedern- und Zypressenholz werde ich erfüllen. Meine Leute sollen

die Stämme vom Libanon zum Meer hinabschaffen; dann will ich sie auf dem Meer verflößen lassen bis an den Ort, den du mir angibst, und dort auseinandernehmen; du kannst sie dann abholen.'«

(1. Könige 5, 23)

Ich war hier Jesus von Nazareth

Das Gewitter bleibt über dem Meer. Wir müssen keinen Schutz suchen. Im Gegenteil, die Sonne kämpft sich ihren Weg zurück zu uns auf den ältesten und berühmtesten Flecken der heutigen Stadt Tyros. Unsere Füße stehen auf dem Boden, den auch Nebukadnezar, Hiram, Salomo und Alexander berührt haben. Wir lassen uns treiben und entdecken an jeder Ecke der heutigen Altstadt Spuren ihrer fast ausschließlich christlichen Bewohner. Neben einer Haustür steht auf einem mannshohen Sims eine kleine Statue von *Charbel Maklouf*. Auf dem Flachdach eines gelb gestrichenen Hauses ist die gesamte weihnachtliche Krippenszene, einschließlich der Heiligen Drei Könige mit Kamel, aus Leuchtdraht angebracht. Zwischen den Häusern wölben sich österliche Blumenbögen. Es herrscht mittägliche Ruhe, nur ein paar kleinere Kinder fahren in den engen Gassen mit ihren rosafarbenen Plastikfahrrädern und Tretrollern umher. Aus einem Haus ertönt Passionsmusik. Unsere Blicke schweifen über Sandsteinmauern, rankenden Wein, Strelitzien in Kübeln, Stromkabel, bunte Türschilder und streunende Katzen und kommen immer an der nächsten Ecke in dem Gassengewirr zum Halt. Die Wohnzimmer, die wir ab und an durch offene Türen erspähen, sind dunkel, aber ebenfalls österlich mit Blumen geschmückt und dicht besetzt mit Familienmitgliedern oder Freunden. Man sitzt beisammen, unterhält sich und isst Nüsse. An einer alten Langnese-Truhe versorgt man sich mit Eis.

Wir kommen am westlichen Ufer der kaum mehr als 500 Meter breiten Halbinsel wieder ans Meer. Hier weht uns ein böiger Wind entgegen. Italienische Soldaten der UN-Friedenstruppen überwachen penibel die Anstreicharbeiten an den Außenmauern der St. Joseph School, einer kleinen katholischen Einrichtung. Auf dem Rückweg zum Hafen kommen wir an der maronitischen Kirche vorbei. Es soll eine reizende kleine Kirche mit einer unterirdischen Kapelle sein, die auf antiken Ruinen errichtet ist. Leider finden wir sie verschlossen und treffen zur Mittagszeit niemanden an, den wir um Einlass bitten können. So haben wir Zeit, im Sonnenschein die an einer Außenmauer angebrachte Geschichte zu lesen. Sie steht im Evangelium bei Markus 7, 24-30. Es gibt auch eine Nacherzählung bei Matthäus, in den Versen 21-28 des 15. Kapitels. Beide Versionen bekommen im multi-konfessionellen Libanon eine besondere Dimension. Die Erzählungen gehen ungefähr so:

Jesus geht außer Landes, er weicht aus, zieht sich zurück in Richtung Tyros und Sidon. Es scheint, als fühle sich Jesus im Land Israel, auch noch im abgelegenen Galiläa, wo schon alle auf den Wanderprediger aus Nazareth aufmerksam geworden sind, so sehr von der königlichen Dynastie bedroht, dass er Zuflucht im nördlichen Grenzland sucht. In der Gegend von Tyros und Sidon gibt es jüdische Dörfer, aber im Bewusstsein der Israeliten damals ist das Randgebiet. Dort gibt es eine Heidin, bei Markus als »Syrophönizierin« bezeichnet, bei Matthäus als »Kanaanäerin«, die ruft: »Ach Herr, du Sohn Davids, erbarme dich meiner! Meine Tochter wird von einem bösen Geist übel geplagt.« Jesus dreht sich um und gibt eine ablehnende Antwort: »Ich bin nur gesandt zu den verlorenen Schafen des Hauses Israel.« Die Kanaanäerin lässt sich durch diese Grenzziehung nicht abhalten. Sie wirft sich Jesus zu Füßen mit dem Ruf: »Herr, hilf mir!« Jesus formuliert seine zweite Abfuhr an die Frau: »Es ist nicht recht, dass man den Kindern ihr Brot nehme und werfe es vor die Hunde.« Jesus hat nichts gegen Hunde, denn die Israeliten seiner Zeit haben wie viele Menschen der Antike Haushunde geschätzt. Mit Kindern und Hunden meint er den Unterschied zwischen Juden und Heiden. Die Kanaanäerin gibt Jesus Recht. Sie respektiert den Unterschied zwischen Kindern und Hunden, zwischen Juden und Heiden. Sie sagt: »Ja, Herr, aber doch fressen die Hunde von den Brosamen, die vom Tisch ihrer Herren fallen.« Und da gibt Jesus nach: »Frau, dein Glaube ist groß. Dir geschehe, wie du willst!« Das bedeutet dann für die Frau, dass ihre Tochter zur selben Stunde geheilt wird. Der Evangelist Matthäus, der diese Episode erzählt, versteht es meisterhaft, das in den Vordergrund zu stellen, worauf es ankommt. Fünfmal benutzt er in diesem kurzen

Dialog, das Wort »Aber«. Ein »Aber« gegen die geltende Ordnung. Ein »Aber« gegen Ausgrenzung und Diskriminierung. Die kanaanäische Frau, die ausländische Nicht-Jüdin, nimmt den Heil bringenden Christus für sich und ihre Nachkommen in Anspruch. Den Juden war im Alten Testament jeder nähere Kontakt mit den Völkern Kanaans strikt untersagt, um eine Vermischung mit ihrem Götzenglauben zu vermeiden. Die kanaanäischen Frauen galten als Gefahr für die jüdischen Männer. Auch die von Markus gewählte gängigere Beschreibung als »syrophönizische Frau« war für fromme Juden negativ besetzt. Aus diesem Gebiet stammte nämlich die «böse Frau» des Alten Testaments schlechthin: Isebel, eine sidonische Prinzessin, die als Frau des israelischen Königs Ahab systematisch den Abfall von Gott vorangetrieben hatte. Die ganze Geschichte, die beide Evangelisten beschreiben, ist demnach eine einzige Grenzüberschreitung. Jesus im Gebiet um Tyros – weit weg von seinem normalen Wirkungskreis. Vielleicht will er Brosamen an die Hunde verteilen. Grenzen überwinden. Grenzen zwischen Kulturen und Ethnien, Grenzen zwischen Männer und Frauen, zwischen Althergebrachtem und Neuem. Es ist gut möglich, dass das Matthäusevangelium mit dieser Erzählung auf die Möglichkeit und Notwendigkeit einer Öffnung des Heils auch für die anderen Völker aufmerksam machen will. Für den Libanon hat diese Erzählung nichts an Aktualität eingebüßt. Hier müssen für ein friedliches Zusammenleben täglich Grenzen überschritten, andersartiger Glaube toleriert und unterschiedliche Herkünfte akzeptiert werden.

Wir stehen wieder am Rand des Hafenbeckens, dort, wo wir am Morgen unseren Rundgang begonnen haben. Im Café *Kamil Doro* lädt eine kleine Schauvitrine zum Kauf von antiken Artefakten und Originalstücken wie Öllampen und Münzen ein. Westlich aussehende Touristen sitzen an den Tischen ringsherum. Kinder sammeln Tonscherben im Kies des Strandes. Übersähe man die ins Meer ragenden Reste einer alten osmanischen Wehrbefestigung und schaute nur auf das klare Wasser, wäre man geneigt zu glauben in einem verschlafenen Ort an der französischen oder italienischen Riviera zu sein. Spätestens der Gang zur Toilette des Cafés holt uns aber in die Wirklichkeit zurück. Der stille Ort befindet sich in einem 60 x 60 cm großen Holzverschlag, dessen Benutzung akrobatische Fähigkeiten erfordert. Wir sind doch im Libanon.

200 Meter weiter wartet Youssef im immer noch makel- und faltenlosen weißen Hemd auf uns. Er hat nicht etwas für sich selbst eingekauft, sondern ein Sonnenhütchen für Johann und ein Armband mit neonfarbenen Blümchen für unsere 15-Jährige in Deutschland gebliebene Tochter erstanden, die er vorhin auf einem Foto erblickt hat. Wir sind überrascht und gerührt von so viel Uneigennützigkeit. Youssef freut sich über unsere dankbaren Blicke und wohl auch darüber, dass wir Johann sogleich den Hut aufsetzen. Zufrieden nimmt er Kurs auf die Ruinenstadt aus römischer Zeit, die heute zum UNESCO-Weltkulturerbe gehört. Die Gebäude sind nicht mehr erhalten. Mit viel Einbildungskraft erkennt man ein Hippodrom und einen Teil der antiken Via maris von Antiochia über Tyros bis zum heutigen Kairo. Die damals parallel zur Küste verlaufende Straße war eine der Hauptverkehrsadern der Antike. Vor dem Eingang der Sehenswürdigkeit sitzt eine kleine Männergruppe mit gelangweiltem Blick auf Plastikstühlen. Überhaupt sieht man im Libanon niemals jemanden alleine sitzen, falls doch, so scheint er von der Gesellschaft aufgegeben oder ausgeschlossen zu sein. Wenn wir versuchen uns zu erinnern, wo wir in diesem Land Menschen isoliert und für sich gesehen haben, so fallen uns nur zwei Personen ein: eine betende Frau in Beirut, die jeden Tag stundenlang sich wiegend auf einer kleinen grünen Verkehrsinsel sitzt und der ausgemergelte Syrer auf dem Weg nach Baalbek vor dem Checkpoint. Ansonsten ist man im Libanon stets gesellig unterwegs.

Direkt neben den Ruinen liegt das Palästinenserlager »Al Busar«. Wir fahren durch dessen Haupteinkaufsstraße. Die Stichstraßen werden von Checkpoints und Mauern versperrt. Die Armut springt uns hier förmlich an. Das ganze Gebiet ist wie aus dem Land gefallen. Es herrscht großes Gedränge und eine überwältigende Geschäftigkeit zwischen den als *Bazar* bezeichneten Geschäften, die Unmengen an stapelbaren Plastikstühlen in den Farben dunkelbraun, hellbraun, blau und pink feilbieten. So plötzlich wie wir uns inmitten dieses Gemenges befinden, so schnell lassen wir es wieder hinter uns. Die Erfahrungen aus Shatila reichen für ein Leben.

Auf der Rückfahrt nach Beirut bahnt sich ein Stau an; Fahrzeuge wenden auf der zweispurigen Richtungsfahrbahn und versuchen noch schnell die letzte freie, schon passierte Ausfahrt zu erreichen. Neben uns kommt ein Lastwagen, der mit frischen Bananen beladen ist, zum Stehen. Die Erntehelfer auf der offenen Pritsche winken uns zu. Youssef nimmt die Ausfahrt und fährt in Sidon einen Schleichweg am Verladehafen entlang. Uns fallen die Augen zu, bis wir kurz vor Beirut die Autotür aufgehen hören und Youssef kurz darauf mit köstlich nach *Za'atar*, Sesam und Käse duftenden knusprigen *Manakish* ins Auto zurückkehrt. Er teilt die Portion brüderlich mit uns. Weiterfahrt nach Beirut. Dort lässt er es sich nicht nehmen, uns mit unseren Taschen bis in den fünften Stock zu eskortieren. Wären wir hier die Hausherren, wir könnten gar nicht anders, als diesen sanftmütigen, vollendet höflichen jungen Mann zum Tee einzuladen. Aber wir sind selbst nur Gäste und letztlich fehlt uns dann doch der Mut, ihn hereinzubitten. Keine Grenzüberschreitung mehr am heutigen Tage, vielleicht morgen.

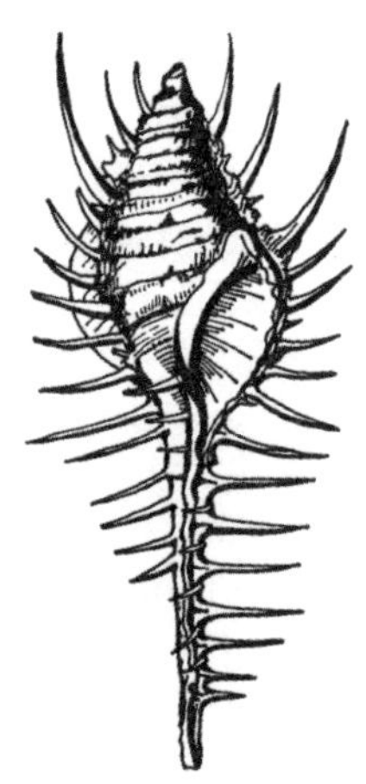

OST-BEIRUT – da, wo die Sonne aufgeht

Mar Mikhael – hip, hipper, Hipster

Veränderung liegt in der Luft. Überall riecht es nach frischer Farbe und Cocktails. Der Stadtteil *Mar Mikhael* wird von den Hipstern, den jungen Libanesen, gestaltet. In den Straßen sind die meisten unter 40. So auch Hanna, unsere Hausmanagerin im *Tawlet Souk el Tayeb*, unserer Unterkunft in Ost-Beirut. Sie ist höchstens Mitte zwanzig, sportlich, schlank, trägt weiße Sneaker und legere schwarze Hosen. Sie arbeitet für die gleichnamige Organisation, die 2004 als Ausrichter eines Bio-Bauernmarktes in Beirut begann. Mittlerweile unterhält sie nicht nur Restaurants und Unterkünfte, sondern stellt auch Verkaufsflächen für regionale Lebensmittel und Handwerk bereit. Alles, was unter das Motto »Gut, lecker, regional, ursprünglich libanesisch« passt, wird gefördert.

»Vierundzwanzig Stunden, sieben Tage die Woche könnt ihr mich erreichen«, sagt Hanna noch einmal zur Erinnerung. »Egal, ob was fehlt, Ihr Ausgehtipps braucht oder euren Samstagslunch unten in unserem Restaurant buchen wollt. Ruft mich an. Meistens bin ich bis sechs Uhr morgens feiern und freue mich nicht so über die Anrufe um 10 Uhr morgens, aber ich bin da«, lacht sie, als sie uns den Schlüssel zu unserem mit vielen Grünpflanzen, Drucken, Kissen und Vintagemöbeln gestalteten Appartement übergibt. Unten im Restaurant geht gerade der heutige Lunch zu Ende. Jeden Tag kocht hier eine andere Frau Gerichte aus ihrem Teil des Libanon. Auch Frauen aus den Palästinenserlagern sind als Köchinnen willkommen. *Souk el Tayeb* möchte alle an einen Tisch und unter ein Dach bringen.

Uns zieht es zunächst hinaus auf die Straßen *Mar Mikhaels*. Wir fragen drei studentisch aussehende Libanesinnen, die in einem halbfertigen Ladenlokal an dessen Ausgestaltung werkeln, nach der

Armenia Street. Sie sind sich unsicher und geben die Frage an einen vorbeieilenden älteren Herrn weiter. Ja, das hier sei die Armenia Street, sagt er. Für die drei Frauen scheint es nichts Unwichtigeres zu geben, als die Adresse ihres zukünftigen Ladenlokals. Das Adresswesen im Libanon ist nach deutschen Vorstellungen chaotisch. Nur große Straßen führen überhaupt Bezeichnungen. Sie sind zwar im Stadtplan oder bei google maps zu finden, in der Regel aber nicht auf Schildern im Straßenbild. Auf eine bestimmte Art und Weise trägt dieses »gewachsene« System der Wandelbarkeit dieser Stadt Rechnung. Wer weiß schon genau, ob die zunehmend verfallenden osmanischen Stadthäuser aus dem 19. Jahrhundert nicht morgen schon glasummantelten Betonpalästen weichen müssen. Man orientiert sich also an den Gebäuden und deren Beschreibungen, oft haben sie oder der Block, in dem sie stehen, eigene Namen. Briefe erreichen den Adressaten auch durch die simple Lagebeschreibung eines Hauses. In der Armenia Street, der Lebensader des Viertels, wechseln sich Bars mit Edelrestaurants und Fast-Food-Lokalen ab. Erst nach acht am Abend werden die Geschäfte so richtig mit Leben erfüllt. Die ganze Szenerie wird nur unterbrochen von langen Reihen angepflanzter Zitronenbäume, deren Duft mit den Gerüchen aus Küchen und Theken konkurriert. Zwischen den Anbietern libanesischer Kost liegen ein paar versprengte Boutiquen, Galerien und Kioske. Für hupende Mopeds, verrostete Automobile japanischer und deutscher Bauart genauso wie für neue amerikanische Luxus-Geländewagen gibt es Sprit zum Nachfüllen an kleinformatigen Tankstellen. Wir haben Glück, noch sind die eisernen Rollläden der Bey-Galerie nicht heruntergelassen, so dass wir flink in den Ausstellungsraum hineinschlüpfen und an Fotoserien aus den Bürgerkriegsjahren, modernen Lithographien und Drucken, die die Stadtgeschichte illustrieren, hängen bleiben. Unser Blick fällt sofort auf vier Stadtpanoramen, die in einem Band von Antoine Atallah erschienen sind. Wir tauchen in zwei Jahrhunderte des Werdens und Vergehens urbaner Architektur ein.

Beirut – die Europäische?

Noch in den 30er Jahren des 19. Jahrhunderts war Beirut eine stark mittelalterlich geprägte Kleinstadt. Das Zentrum war ein Netz aus schmutzigen, engen Gassen. Um die Stadt verlief eine mächtige Stadtmauer, die noch aus der Zeit der Kreuzfahrer stammte und über sechs Tore verfügte. Die einzelnen Stadtviertel waren konfessionell homogen und weitestgehend voneinander isoliert. Christen und Muslime hielten sich zahlenmäßig die Waage und es herrschte ein vergleichsweise freies Klima. Mit seinem Ausbau 1835 gewann der Hafen als Umschlagplatz der Seidenindustrie an Bedeutung. Die Zahl der anlaufenden Schiffe verdoppelte sich innerhalb von nur drei Jahren. Nicht nur die Lage mit dem nach Europa ausgerichteten Hafen auf der einen und der Verbindung nach Damaskus zur anderen Seite machten die Stadt attraktiv für Händler und Unternehmer. Es herrschte auch Rechtssicherheit, ein Umstand, der das Geschäftsleben sehr erleichterte. Mit der zunehmenden Prosperität entstanden die ersten größeren Villen in der Umgebung. Spannungen zwischen den verschiedenen Religionsgruppen blieben dabei nicht aus. Dessen ungeachtet entwickelte sich Beirut rasant. 1845 war es bereits doppelt so groß wie zehn Jahre zuvor. Es entstanden drei größere Untergemeinden. *Achrafieh* war durch eine Mittel- und Oberschicht und große Residenzen gekennzeichnet, deren Bewohner größtenteils frankophil, maronitisch oder orthodox waren. Im ärmeren und traditionelleren Stadtteil *Basta*, westlich des historischen Zentrums, siedelten sich vorwiegend sunnitische Muslime an. *Ras-Beirut* schließlich war englisch geprägt und beherbergte nahezu alle Religionsgruppen. Nach einigen Unruhen wurde die Stadt 1842 zwischen Christen und Muslimen aufgeteilt. Frankreichs wachsender Einfluss im Libanon brachte Frieden und Stabilität nach Beirut, was die Entwicklung der Stadt weiter begünstigte und beschleunigte. Nicht nur die Gründung der Université St. Joséph, sondern auch die Etablierung zahlreicher Journale und Zeitungen nach europäischem Vorbild trugen bald dazu bei, dass sich Beirut zu einer Verleger- und Bildungsstadt entwickelte. Immer mehr Europäer wurden von den Vorzügen Beiruts angezogen, was dazu führte, dass sich die Stadt nach europäischem

Vorbild weiterentwickelte. Während viele Bewohner nun Häuser in europäischem Stil bevorzugten, besann sich eine Gegenbewegung auf die osmanischen Bautraditionen.

In den 1860er Jahren musste viel Altes, wie zum Beispiel die Burg der Kreuzfahrer, Neuem weichen. Das Großbürgertum richtete sich in *Mar Mikhael*, *Achrafieh* und *Gemmayzeh* in großen von Gärten umgebenen Villen ein, so dass ein starker städtebaulicher Kontrast zur Dichte arabischer Bebauung entstand. Einige dieser Villen stehen heute noch. Aus den in der Bey-Galerie ausgestellten Panoramen von 1870, 1910 und 1952 geht hervor, dass die Stadt innerhalb von jeweils 40 Jahren eine Neue geworden ist. Als 1909 Dr. Yaqub Sarruf, ein Journalist aus Kairo, die syrischen Provinzen des osmanischen Reiches besuchte, kam er auch nach Beirut und beschrieb die Villen:

»Die Einwohner des Libanons und Beiruts widmen sich mit Eifer und Freude dem Bau und der Dekoration ihrer Häuser. Die Beiruter wurden auf diesem Gebiet schon vor 40 oder 50 Jahren aktiv, und noch heute gehören die Häuser, die damals gebaut wurden – wie die Häuser Sursock, Bustros, Geday, Beyhum, Hamadé und al-Ariss – zu den großartigsten und prächtigsten Gebäuden Beiruts. Später nahm die Zahl der Häuser, die nach ihrem System gebaut wurden, weiter zu, und die Bautätigkeit hält weiterhin an. In der Regel hat das einzelne Haus zwei oder drei Geschosse. In jedem Geschoss gibt es eine geräumige *dar* (Mittelhalle) von zehn bis fünfzehn Metern Länge und von fünf, sechs oder sieben Meter Breite, um die herum viele Zimmer liegen: davon einige große Räume als Wohn-, Empfangs- und Esszimmer, und einige kleine als Schlafzimmer. Der Küchen- und Wirtschaftsteil ist mit dem Haus verbunden, jedoch beinahe separat von ihm, und liegt meistens auf der Südostseite. Die *dar* hat eine Fassade mit drei Bögen auf zwei kerzenschlanken Marmorsäulen. Inzwischen sind auch die neuen Häuser im Libanongebirge nach diesem System gebaut worden, große wie kleine.«

Die Bauart dieser Villen war Ausdruck des gesellschaftlichen Wandels und des zunehmenden europäischen Einflusses. Eine neue Wohnkultur inmitten der aufstrebenden Kulturhauptstadt des Orients, die sich neben dem Austausch durch Handel insbesondere durch ihr Bildungs- und Publikationswesen hervortat, war geboren.

Die feine Gesellschaft

Wir beschließen kurzerhand, einen Abendspaziergang zu unternehmen, um uns auf die Spuren der Familie Sursock zu begeben. Der Sursock District ist auf allen drei Panoramen eingezeichnet, so dass wir darauf hoffen, ein altes Stück Beirut sehen zu können.

Die griechisch-orthodoxe Familie Sursock gehörte im 19. Jahrhundert zu den Familien, die den spektakulärsten sozialen und wirtschaftlichen Aufstieg erlebten. Ursprünglich aus der Türkei stammend, waren sie lange in Byblos ansässig, bis der Stammvater der Beiruter Sursocks, Gabbur, im Jahr 1712 nach Beirut zog. Bereits seine Enkel waren am Anfang des 19. Jahrhunderts als »private merchants« bekannt und arbeiteten als Geldwechsler. Aber schon ihre Väter hatten den heute als »aristokratisch« bezeichneten Rang der Familie in der Beiruter Gesellschaft begründet. Dies hing vor allem mit ihrer Stellung als Geldgeber für den Bau des Suezkanals unter den ägyptischen Gouverneuren *Said Pascha* (1854–63) und *Ismail Pascha* (1863–79) zusammen. Ihre Stellung bei den Khediven war der Türöffner zu ihrem sagenhaften Aufstieg. So war es ihnen möglich, in Seidenfabriken, Baumwollindustrie und Infrastrukturprojekte zu investieren. Daneben erwarben sie in einer heute unvorstellbaren Größenordnung Land, das sich in den 1890ern über Ägypten, Palästina und die Türkei verteilte. So wurden sie von manchen als die »Rothschilds des Orients« tituliert.

Eine ihrer zahlreichen Villen steht in *Achrafieh* und hat die Bürgerkriegsjahre unbeschadet überstanden. Sie liegt in der gleichen Straße wie das Sursock Museum und ist nicht zu übersehen. Niemand weiß mehr, wann das Haus für die damals zehnköpfige Familie von Musa Sursock genau erbaut wurde, wahrscheinlich in den 70er Jahren des 19. Jahrhunderts. Nach Musas Tod im Jahr 1887 ging das Haus an den jüngeren Sohn Alfred über. Dieser war als Diplomat des osmanischen Reiches in London und Paris tätig und der Kunst sehr verbunden. Er heiratete die italienische Herzogstochter Marie de Cassano. Ihre einzige Tochter, Yvonne, bewohnt das Haus noch heute mit ihren Kindern. Die übergroße Villa steht hinter einem hohen gusseisernen Zaun in der Mitte eines sehr gepflegten Parks mit altem Baumbestand.

Die zwei Wohngeschosse müssen hunderte Quadratmeter messen. Die Eingangsfront im Süden mit ihren Dreibogenfenstern, der breiten Treppe sowie den zwei Rundtürmen zeugt von dem durch selbsterschaffenen Reichtum genährten Selbstbewusstsein und dem Wissen um eine elitäre Bildung. Man spürt noch den Hauch alter Zeiten, aber die umgefallene Marmorstatuette im Eingangsbereich und die vielen geschlossenen Fensterläden stehen für die Vergänglichkeit dieses Glanzes.

Das Sursock Museum hingegen auf der anderen Straßenseite strahlt seit seiner Renovierung im Jahr 2015 schöner als je zuvor. Als Nicolas Ibrahim Sursock 1952 starb, vermachte er seine 1912 erbaute prächtige Villa der Stadt Beirut, damit in ihr ein Kunstmuseum eingerichtet werden konnte. Es ist trotz vorgerückter Stunde immer noch geöffnet, der Eintritt ist kostenlos und so betreten wir den großen Vorplatz. Von außen bietet es einen imposanten Anblick mit seinen zwei geschwungenen Marmortreppen, die ein Hauptelement venezianisch-osmanischer Frontgestaltung bilden. Am schönsten aber sind die vielen im orientalischen Stil gehaltenen Bleiglasfenster in der Fassade. Bei Nacht wird durch sie aus einem klassischen Museum ein strahlender Palast aus Tausendundeiner Nacht. Jetzt am Tag wirken sie von innen betrachtet wie Farbfilter, die man auswählen und beliebig über die Außenwelt stülpen kann. Ein bedrohliches Rot, ein gleichmachendes warmes Gelb oder ein kühles Blau. Fängt man an, den Körper hin und her zu wiegen, so wandelt sich die Aussicht von einem Augenblick zum nächsten, die Stimmung wird eingefärbt und es entstehen viele Bilder Beiruts, die man mit durch die gute Sammlung libanesischer Kunst trägt. Es ist ein schöner Ort, dieses Sursock Museum, in dem man vielen bekannten Gesichtern der Intellektuellen- und Unternehmerkreise des frühen 20. Jahrhunderts begegnet und ihren künstlerischen Neigungen nachspüren kann. Niemand stört sich hier daran, dass Johann den Weg zwischen den Exponaten krabbelnd zurücklegt und so können wir ohne Ermahnungen die zeitgenössische libanesische Kunst auf uns wirken lassen. *Laure Ghorayeb* ist mittlerweile 88 Jahre alt und zeichnet mit ihrem Sohn *Mazen Korbaj*, der genau halb so alt ist wie sie, pointierte, zeitgeschichtliche, an »graphic novels« erinnernde Skizzen und Texte.

Beschwingt und inspiriert verlassen wir das Museum. Draußen beobachten wir um diese Zeit asiatische Hausangestellte, die die Vierbeiner ihrer Herrschaften ausführen. Es ist immer noch eine noble Gegend. Die breiten St.-Nicolas-Treppen, die die Rue Sursock mit der Rue Gouraud verbinden, sind nicht nur eine willkommene Abkürzung hinunter ins Ausgehviertel von *Gemmayzeh*, sondern laden auch zum Verweilen ein. Zweimal im Jahr sind die Treppen Bühne für eine Kunstaustellung. Aber auch heute fühlt es sich an wie der abendliche Besuch einer Open-Air-Galerie. Wir blinzeln durch Fenster in stylische moderne Cafés und Bistros, halten vor politischen Losungen an Hauswänden und Umfriedungen und bestaunen die Graffiti Art rechts und links der Stufen. In der Rue Gouraud am Fuße der Treppe treffen sich die Hipster. Hier sitzen sie zu fünft an einem Tisch. Jeder schaut dabei auf sein Handy. Erst das Servieren des Bieres lässt sie ihre Blicke heben. Junge Menschen stehen an kleinen Tischen vor Bars, um sich auf den Abend einzustimmen. An einer Straßenecke zieht uns ein Graffiti-Gemälde der libanesischen Sängerin *Fairouz* in den Bann. Eine vorbeischlendernde junge Libanesin verrät uns den Namen des Künstlers. Es ist *Yazan Halwani*. Er kombiniert arabische Kalligraphie, orientalische Geometrie und Mustergebung sowie Portraitmalerei. Über seine Arbeit sagt er im Internet, dass es ihm um das Verhältnis zwischen der Wand und den Menschen und die Stadt drum herum gehe. Das *Fairouz*-Wandgemälde sei für ihn so etwas wie ein Wahrzeichen für die in der Nähe wohnenden Menschen geworden. Über *Fairouz* selbst sagt er, dass sie vielleicht die einzige Person sei, über die sich die Libanesen einig seien: Alle liebten sie. Er habe ihr Wandgemälde dazu verwendet, alte politische Plakate aus früheren Jahren zu verdecken, die dort noch hingen. Der Wunsch nach Frieden ist im Libanon allgegenwärtig. Man möchte Einigkeit über die Spaltung decken. Risse kitten. Neuanstrich. Auch wenn die meisten jungen Menschen, die hier ausgehen, den Krieg kaum selbst miterlebt haben, so ist er doch in den Köpfen und Herzen, den Straßen und Häusern, in all den Geschichten, die das Land erzählt, immer mit dabei. Die meisten fühlen mit, wenn *Fairouz* in dem Lied »Li Beirut« singt:

»An Beirut,
Von Herzen, ich schicke Frieden nach Beirut,
Und Küsse an das Meer und die Häuser,
An den Felsen, der das Gesicht eines alten Seemanns hat.
Sie kommt aus der Seele der Menschen, vom Wein,
Sie kommt von ihrem Schweiß, vom Jasmin.
Wie hat sich ihr Geschmack dann in Rauch und Feuer verwandelt?«

Rauch und Feuer, das möchte hier außer der Hisbollah und ihren Anhängern keiner mehr. Deshalb diskutieren und schreiben, deshalb zeichnen und malen, deshalb kochen und streichen sie gegen die Gräben in der Gesellschaft an.

Flagge zeigen in Bourj Hammoud

Wir schlafen sehr schlecht in dieser Nacht. Zu heiß ist es nicht, die Klimaanlage reguliert unser Zimmer auf komfortable 24 Grad. Aber wir haben acht Stunden libanesischen Techno hinter uns. Irgendwo im Umkreis von geschätzt 500 Metern hat eine »Pop-Up-Disco« gedröhnt. Nachtruhe oder ein Ende um 4 Uhr morgens? Nicht in Beirut. Von 22 bis 7 Uhr morgens hämmert ununterbrochen ein Beat. Der Puls von *Mar Mikhael* im Sommer. Wir quälen uns aus den Betten. Das Frühstück unten im Restaurant »*Tawlet Souk El Tayeb*« stellt uns wieder auf die Beine. Neben dem üblichen pizzaartigen Fladen mit *Za'atar* gibt es Ei aus der gusseisernen Pfanne, eine Mandelcrème, Gebäck und frisch gepressten Orangensaft. All das wird serviert in einem zwanglos gemütlich-stilvollem Ambiente, das man eher in New York als in Beirut verorten würde.

Die Sonne scheint schon heiß, als wir Richtung Osten erst unter alten Eisenbahnschienen und dann über eine Hochbrücke laufen. Auf der gegenüberliegenden Seite beginnt ein anderes Beirut, ein anderer Libanon, nämlich der der Armenier. Nur der stinkende Fluss Nahr Beirut trennt das Viertel von *Mar Mikhael* und doch ist hier vieles anders. Die Schriftzüge sind Armenisch und das vertraute Arabisch hört man kaum noch. Ein fliegender Händler mit Sesamkringeln kommt uns entgegen. Er wird mit feindlichen Rufen der armenischen Ladeninhaber weitergetrieben. »Stupid Arab«, sagt ein Mann als Erklärung an uns gerichtet. Wir sind überrascht. Eigentlich wurde uns das Armenierviertel Bourj Hammoud als – wenn auch kreativ und bunt – sehr arm geschildert. Aber auch in der Armut – oder gerade dort – gibt es offenbar klare Hierarchien. Das pulsierende Herz des Viertels sind die Parallelstraßen Arax Street und Maraash Street, die die bessere Wohngegend durchziehen. Hier liegen auch die Anfänge von Bourj Hammoud. Als im Jahr 1915, während des von den Jungtürken betriebenen Genozids an den im osmanischen Reich lebenden christlichen Armeniern, die ersten von Flucht, Deportation und Gräueltaten gezeichneten Flüchtlinge im Libanon ankamen, war die Gegend von Bourj Hammoud jenseits des Flusses Sumpfland. Hier durften sich die Flüchtlinge in Holzbaracken niederlassen. Zwei dieser Baracken stehen noch und sind sogar bewohnt. Das Holz für die spartanischen Behausungen und ersten Geschäfte und Gewerke, die hier entstanden, soll Charles Corm in Form alter Holzcontainer, in denen Autoteile für seine Ford Motor Company angeliefert wurden, zur Verfügung gestellt haben. Im Viertel gibt es keine osmanischen Häuser – eine Tatsache, die davon zeugt, dass seine Entstehungsgeschichte erst mit dem Ende des Türkenreiches begann.

In der Arax Street dreht sich alles um Bekleidung. Die Läden sind nach westlichem Geschmack gestaltet, aber Schönes oder Originelles entdecken wir nirgends. Das Bekleidungssegment wird angereichert mit allem, was als Accessoire für den gemachten Herrn und die elegante Dame dient: Parfüm, Mobiltelefone, Hausdeko, Schuhe. In einem Laden, dessen Schaufenster nicht mit den üblichen Röcken und Pullovern ausstaffiert ist, sitzen fünf Frauen verschiedenen Alters vor kleinen Bergen aus Häkeldeckchen. Wir sind die einzigen Kunden. Das Licht ist wenig einladend kühl und der Raum könnte eine Aufräum- und Putzaktion gebrauchen, aber vielleicht geht es hier auch nicht um das Verkaufen, sondern eher um die sozialen Kontakte untereinander. Zumindest ist man erst gar nicht bemüht, ein Deckchen zu zeigen oder für den Kauf einer kleinen Häkelarbeit zu werben. Die Frauen wollen ihren Klatsch und Tratsch einfach nicht ruhen lassen und so sind wir auch schnell wieder draußen und überlassen sie ihrem

Geschwätz. Auf der gegenüberliegenden Straßenseite gibt es Kissen und Tischläufer mit den typisch armenischen Blumenstickereien, den Suzani, die aufgrund der leuchtenden Farben an Pop-Art erinnern. Ein Tischläufer soll uns zu Hause an Bourj Hammoud erinnern, und so erstehen wir ein wunderschönes Exemplar samt passenden Kissen. Da das Bekleidungsangebot generell enttäuschend und uniform ist, wechseln wir in die Parallelstraße, die Maraash Street. Hier besteht das sich wiederholende Angebot aus Gemüse, Gewürzen, lebendem Federvieh und Kochutensilien nebst Zutaten. Restaurants sucht man vergebens, nur eine kleine Bäckerei und ein Grill bieten Essbares an. Davor stehen die Einheimischen in Trauben von zehn bis fünfzehn Mann und Frau zusammen und diskutieren die lokalen Neuigkeiten. Am faszinierendsten sind die kaum durchfahrbaren Querstraßen zwischen Arax und Maraash Street. In ihnen sind überall einfache Läden angesiedelt, die einmal ohne Werbeschild auskommen und ein andermal gleich eine viersprachige Beschilderung auf Armenisch, Arabisch, Französisch und Englisch wählen. Die Vielsprachigkeit überfordert so manches kleine Ladenschild. Anna zieht es in einen der zahlreichen Stoffläden. Hier gibt es nicht nur preiswerte schöne Stoffe, sondern auch breite gestickte Borten mit armenischen Mustern. Das Upcycling ein paar alter Pullover als Herbst- und Winterkleider für unsere jüngste Tochter im Blick, lassen wir den freundlichen Herrn, der sich mit der Kundschaft selbstverständlich auf Armenisch unterhält – ohne dass wir auch nur ein Wort verstehen – meterweise die feine Ware abspulen. Uwe kommt indes mit einem Schuster ins Gespräch, der sein ganzes Leben in Bourj Hammoud verbracht hat. Er berichtet nicht ohne Stolz davon, dass er das Leder noch selber einfärbe, als der Bäcker des Viertels, der offenbar ein hohes Ansehen genießt, sich dazu gesellt und das Gespräch im Handumdrehen an sich reißt. Dabei erfahren wir, dass er nahe der syrischen Grenze in der Kleinstadt Anjar, die fast ausschließlich von Armeniern bewohnt wird, aufgewachsen ist und es dort zum Bürgermeister gebracht hat. In Bourj Hammoud betreibt er eine eigene Bäckerei um die Ecke. Als wir ihm dorthin folgen, wird schnell klar: Er ist noch immer ein Bürgermeister, ein Meister der Bürger seines Viertels. Jeder kennt ihn, jeder grüßt ihn und um seinen Backofen und Verkaufstresen drängen sich mindestens ein Dutzend Menschen und reden wie an einem Stammtisch alle durcheinander. Dabei wird viel gelacht. Gutgelaunt steuert er das Gespräch, belegt zeitgleich frischgebackene Fladen und verkauft obendrein noch *Kuefta*.

Wir schlendern weiter und versuchen es in einer der nächsten Querstraßen. Sie hat keine Ladenlokale mit Schaufenstern, so dass sich unser Blick auf die marode Bausubstanz richten kann. Die Häuser bestehen aus nacktem, teilweise bröckelndem Beton, sind schmutzig und von hunderten improvisierten schwarzen Stromkabeln verhängt. Die Türen und Fenster der Erdgeschosswohnungen sind meistens geöffnet. Weiter oben fehlen die Fenster auch schon mal ganz. Durch eine Fensterfront im Erdgeschoss können wir in ein von Neonlicht hell erleuchtetes großes Nähzimmer blicken. Unter fröhlichem Gelächter beugen sich fünf Frauen zu westlicher Popmusik über einen langgestreckten, mit Stoffteilen übersäten Tisch. Als wir unsere Köpfe am Fenster zeigen, kommt eine von ihnen zu uns. Annie ist Designerin und lässt in Bourj Hammoud ihre Entwürfe oder Maßanfertigungen für ihre Kundinnen nähen. Ob sie von einer Karriere wie Ellie Saab träumt? Der von Hollywoodstars geschätzte und bejubelte libanesische Designer begann im südlichen Beirut als Achtjähriger Vorlagen aus Zeitungspapier zurechtzuschneiden, die er dann aus Stoffen alter Kleidungsstücke seiner Mutter nachnähte; seine Schwestern setzte er als Models ein. Während Uwe sich einzelne Stücke und Konfektionen zeigen lässt, kommt ein Mann aus dem angrenzenden Hausflur. Er trägt sehr kurzes schwarzes Haar, ist ordentlich rasiert und hat sein marinefarbenes Polohemd in die Jeans gesteckt. Er mag 40 Jahre alt sein, wobei wir uns mit unseren Schätzungen oft eines Besseren belehren lassen mussten. Viele Menschen im Libanon erscheinen durch Gram und existentielle Sorgen um Jahre älter als sie sind.

»Kann ich Euch behilflich sein?«, fragt er, »sucht Ihr etwas?«

»Danke, nein«, sagt Anna »wir machen nur einen Spaziergang durch das Viertel und plaudern gerade mit Deiner Nachbarin.«

»Hi, ich bin Gregorik. Ich wohne mit meiner Frau und meinem Sohn in der Wohnung über der Nähstube.« Er besieht sich den schlafenden Johann im Kinderwagen. »Euer Sohn sieht hübsch und kräftig aus. Wie alt ist er? Zwei?«

»Nein«, lacht Anna, »er wird in ein paar Wochen ein Jahr alt«.

Gregoriks Gesicht wird ernst. »Mein Sohn ist kleiner, aber er ist schon anderthalb. Er isst schlecht, er wollte auch keine Muttermilch. Aber die teure Milch aus der Apotheke und das Babyessen kann ich mir nicht leisten.«

»Was machst Du beruflich?«

»Ich bin Polizist. Als Sergeant verdiene ich 1000 Dollar im Monat. Die Wohnung kostet 400 Dollar. Wir nehmen Strom für 100 Dollar. Davon zahle ich 35 Dollar für den Strom von Electricité du Liban und 65 Dollar für den Dieselgenerator in den Stunden, in denen der Strom abgeschaltet ist. Der niedrige Stromtarif reicht dann für ein Küchengerät und den Kühlschrank. Das Wasser in Beirut ist schlecht, das dürft ihr nicht trinken. Also kaufe ich jeden Tag Wasser zum Trinken und Kochen, dann die Windeln und was man sonst noch so für das Kind braucht. Das sind nochmal 250 Dollar. Es bleiben noch 250 Dollar für Lebensmittel und Bekleidung – das ist zu wenig, daher gehe ich nach der Arbeit bei der Polizei, die ich von 7-16 Uhr mache, noch kellnern. Da verdiene ich nochmal 500 Dollar dazu. Meiner Frau habe ich schon gesagt, dass wir uns kein zweites Kind leisten können, auch wenn sie gerne noch ein Mädchen hätte.«

»Das hört sich sehr strapaziös an. Eigentlich müsste der Staat seinen Polizisten doch so viel bezahlen, dass sie ein gutes Auskommen haben und nicht für Korruption anfällig sind.«

Bei dem Wort Korruption wird Gregorik plötzlich leidenschaftlich. Es sprudelt nur so aus ihm heraus.

»Ja, Korruption, das ist das größte Problem dieses Landes. Guckt Euch mal auf den Straßen Beiruts um. Die Autos, das Geld, das hier herumfährt, ist nicht durch ehrliche Arbeit verdient worden. Wie auch, bei den Löhnen und Lebenshaltungskosten? Ich sag nur, Menschenhandel, Drogen, Business in Saudi-Arabien, Quatar – als Polizist bekomme ich so einiges mit.«

»Fühlst Du Dich sicher und wohl hier in Bourj Hammoud?«

»Ja sicher, das hier ist eine gute Wohngegend. Ich habe mein ganzes Leben in Bourj Hammoud verbracht. Früher waren wir Armenier ausschließlich unter uns. Das war schön. Jetzt ist das Viertel immer durchmischter, auch Muslime ziehen hierher. Das gefällt mir nicht so gut.«

»Fühlst Du Dich als Libanese oder Armenier?«, versucht Anna das Gespräch diplomatisch weiter zu lenken.

»Sagen wir es so: Herz und Seele sind armenisch, aber mein Körper ist libanesisch. Ich atme 100% libanesische Luft, seit ich geboren bin.«

Wir lachen alle gemeinsam über diese Selbstbeschreibung und deuten dann an, dass wir weitergehen werden. Gregorik möchte uns eigentlich noch mit einem Freund eines Freundes und dessen deutschem Freund bekannt machen und lässt unsere knappe Zeit nicht gelten. Erst als der Freundesfreund mobil nicht erreichbar ist, entlässt er uns – ein wenig enttäuscht – in die nächste Straße seiner Stadt der Armenier.

Wir passieren einen winzigen, mit »Buchhandlung« überschriebenen Verkaufsraum, in dem neben ungefähr zehn armenischen Büchern und zwanzig arabischen Groschenheftchen, zwei Schlüsselanhänger von Mercedes, ein paar Gummifigürchen und eine Handvoll alter Gesellschaftsspiele in verblichenen Verpackungen feilgeboten werden. Wovon kauft der ältere Herr mit der Lesebrille auf der Nasenspitze am Ende des Tages seine Fladen? Hinter der Hochstraße kommt das Bourj Hammoud der noch Ärmeren. Hinter dieser unsichtbaren Linie wohnen nicht mehr nur überwiegend Armenier, sondern auch viele Muslime und syrische Flüchtlinge. Das ganze Viertel ist beflaggt. Überall armenische Fahnen. Hier – auf diesem Stück Libanon – wohnen *Wir*. Identitätsstiftung oder Ausgrenzung? Folklore oder Anspruch? Je ärmer die Menschen, desto stärker die Symbole. Leinen voller Wäsche, Stromkabel und zerfetzte, ausgeblichene Sonnensegel. Eine Gruppe ergrauter Herren sitzt am Straßenrand unter einem überdachten Stellplatz. Uwe spricht mit ihnen und fragt, ob ihre Eltern und Großeltern vielleicht als Flüchtlinge vor dem Genozid hierher gekommen seien. Einer bejaht die Frage, aber sie scheinen nicht weiter darüber reden zu wollen. Wo man auch hinblickt stehen Plastikstühle auf dem Bürgersteig. Die Gärten von *Achrafieh* sind fern. Wer sich draußen aufhalten will, kommt einfach auf die Straße. Permanentes Miteinander. Wer hält es schon einen ganzen Tag in den Häusern aus? Sie sind noch nie instandgesetzt worden, haben bereits sechs Jahrzehnte keinerlei Pflege erfahren. Auch die Beschilderung der Läden und die Reklamen in den Schaufenstern stammen aus der Zeit vor dem Bürgerkrieg. Dazwischen gesprayte Parolen: »DO NOT ENCOURAGE THE CULTURE OF CRIMINAL TURKEY« oder »TURKEY GUILTY OF GENOCIDE – NEMESIS«.

Mitten in dem für unsere Augen chaotischen System von Bourj Hammoud fällt uns ein Angelladen auf. Neben dem Eingang hängen zwei Reusen – kunstvoll aus Draht und Kupfer geformt – wie sie seit hundert Jahren von den Menschen des Libanon zum Fischfang benutzt werden. Der Ladeninhaber lädt uns mit einem Lächeln ein, uns umzusehen. Während Anna Johann davon abhalten muss, in die verlockenden Kisten mit Gummifischen und Kugeln zu greifen, ist Uwe ins Gespräch mit dem Besitzer vertieft, der ein sehr gutes Englisch spricht. Bereits sein Großvater war Fischer und hatte daneben diesen Laden. Sein Vater hat ihn übernommen und nun ist er in dritter Generation an der Reihe. Die wenigsten wüßten, dass Bourj Hammoud einen eigenen kleinen Hafen habe, direkt gegenüber vom Demco-Hochhaus aus Glas und Stahl, dazwischen nur eine kleine Siedlung von syrischen Haustierverkäufern in schäbigen Barracken.

»Ich fische auch und verkaufe Fisch. Aber die Umweltverschmutzung in Beirut ist mittlerweile so groß, dass es kaum noch große Fische gibt. Alle Abwässer fließen ins Meer und sammeln sich in der Bucht vor Beirut. Ich würde jeden gerne mal mit rausnehmen, damit alle die Verschmutzung sehen. Ab Byblos und Sidon wird es dann besser. Die Umweltverschmutzung wird die Existenz meiner Familie noch in dieser Generation vernichten. Ich habe einen 17-jährigen Sohn, der wird dieses Geschäft nicht mehr übernehmen können, weil es rund um Beirut dann keine Fische mehr gibt.«

Jetzt trauen wir uns nicht mehr zu erwähnen, dass wir die zwei von einem Flechter per Hand in der Nähe von Haqel gefertigten Reusen zuhause als Lampenschirme verwenden möchten. Er fährt fort:

»Mein Sohn ist – Gott sei Dank – ein sehr schlauer Junge und könnte es vielleicht als erster in unserer Familie auf die Universität schaffen. Dazu bräuchte er ein Stipendium, denn ich kann die immensen Gebühren nicht zahlen. Momentan ist er in Paris.« Jetzt wird seine Stimme ganz weich und stolz. »Er hat beim Französischwettbewerb aller libanesischen Schulen einen Frankreichaufenthalt gewonnen.«

Wir freuen uns mit ihm, bezahlen die zwei »Lampenschirm-Reusen« und sind im Begriff, seine Welt der Fische wieder zu verlassen. Als Anna Johann auf dem gezimmerten Hocker vor der Tür anfängt zu füttern, werden wir sofort wieder hineingebeten. Stühle werden bereitgestellt, Wasser und Kaffee werden uns angeboten. Er fragt, ob er ein Foto mit Johann machen dürfe. Sicher. Das schickt er sofort unter unseren Augen seinem Sohn per WhatsApp nach Frankreich. Die Antwort kommt prompt: »Hey Paps, der hat ja genauso blaue Augen wie ich.« Der Blick des Vaters ist voller Liebe, er schreibt etwas zurück und sagt mit Tränen in den Augen an uns gewandt: »Ich hab ihn so lieb, meinen Jungen.« Für unseren Jungen ist die Zukunft noch weit entfernt, aber voller Sicherheit und Möglichkeiten, für seinen Jungen ist sie so nah und voller Unwägbarkeiten. Man kann sich strecken in diesem Land und doch zu viele Steine im Weg haben. Endlich verabschieden wir uns gegenseitig mit allen guten Wünschen und treten zum zweiten Mal vor die Ladentüre. Auch vor der gegenüberliegenden Werkstatt stehen Stühle, Arbeiten hat hier immer etwas Geselliges, man ist nebenher im Gespräch. Auf dem Weg zurück nach *Mar Mikhael* laufen wir an einem Ladenlokal vorbei, das »Transportation Services« bewirbt. Drinnen stehen drei Stühle an der Wand, auf einem sitzt unbeweglich wie ein Chamäleon der Inhaber, der bestimmt jenseits der Achtzig ist. Auf dem Schreibtisch liegen ein Block und ein Stift und wir fragen uns schmunzelnd, wann das letzte Mal ein Auftrag über seinen Schreibtisch gegangen ist. Kurz vor dem trennenden Fluss liegt das armenische Kulturzentrum. Von Armeniern für Armenier. Hier werden alte Handwerkstraditionen wie das Sticken und die Teppichweberei aufrechterhalten. Es gibt eine Sammlung alter Fotoalben. Obendrein köstliches armenisches Essen. Auch wenn wir heute die einzigen Gäste sind, werden wir mit heißer armenischer Suppe, Sucuk in Soße, Pasterma und verschiedenen eingelegten Gemüsen versorgt. Im Hintergrund läuft Musik aus der fernen Heimat im Kaukasus. Klingende Sehnsucht. Auch das ist der Libanon.

Satt gegessen und gesehen winken wir ein Taxi herbei. Überraschung: Es ist keiner der üblichen weißen, seelenlosen asiatischen Mittelklassewagen mit Automatikschaltung, denen die Beiruter heute vertrauen. Vielmehr erwartet uns das Vergnügen, in einen goldbraunen Mercedes 240d, den Inbegriff von Solidität aus den siebziger Jahren zu steigen. Ein Stück bundesdeutsche Geschichte mitten im Libanon des 21. Jahrhunderts. Und da ist es wieder, gut sichtbar schlägt es immer noch groß und rot auf der Heckscheibe: Ein Herz für Kinder.

Der Abschied

Sie hat es getan. Auf dem Tisch, auf dem vor drei Jahren der Wohnungsschlüssel lag, liegen nun – genau an der gleichen Stelle – zweitausend Dollar. Das ist sein Ticket nach Westeuropa oder sein Tod. Der Bus nach Tripoli, das Schiff in die Türkei, von da aus weiter auf die griechischen Inseln. Es irgendwie nach Deutschland schaffen. Es besser haben. Das ist sein Plan. Seine Hände zittern, als er das Geld in die eingenähte Tasche des Hemdes steckt. Er wird sie nicht noch einmal sehen. Er nimmt ihre Tränen und ihre Wortlosigkeit der letzten Stunden mit auf den Weg, zusammen mit dem Beweis ihrer Liebe und Großzügigkeit. Aber man kann nicht sein Leben lang Zimmerpflanze bleiben, wenn man andernorts ein Baum sein kann, denkt Baschar. Sein letzter Blick fällt auf Alines kleinen Hausaltar, den heiligen Charbel. Den wird sie für ihn anrufen und eine Kerze entzünden. Sie wird auf Nachricht warten, wissend, dass sie ausbleibt.

DRUSENLAND – Das Schatzkästchen hinter sieben Bergen

Von alten und neuen Emiren

Ahmad nimmt die Straße nach Süden und biegt in Damur, das 1976 durch ein von PLO-Kräften und muslimischen Milizen an den christlichen Einwohnern verübtes Massaker traurige Berühmtheit erlangte, auf die Landstraße ins Vorgebirge des Mount Liban ein. Vor einem Checkpoint stauen sich die Fahrzeuge in Doppelreihe, dahinter ist die Route frei. Sie verläuft parallel zum *Nahr ad-Damur*, der jetzt im Hochsommer noch erstaunlich viel Wasser führt. In und um die kleinen Restaurants am Fluss amüsieren sich Familien und Pärchen im kühlen Nass und auf versteckten Wiesen. Irgendwann biegt die Straße vom Tal nach Deir el-Qamar ab und schon nach wenigen Kilometern empfangen uns ausgedehnte Wälder, Olivenbaumterrassen, steile Schluchten und für libanesische Verhältnisse sehr ruhige Dörfer. Wir scheinen in einem anderen Libanon zu sein. Das Auto quält sich höher und höher in Richtung der *Chouf*-Gipfel, bis wir schließlich unser Tagesziel erreichen: Deir el-Qamar, was so viel wie Kloster des Mondes heißt. Dieser ungewöhnliche Name geht auf eine Legende aus dem 9. Jahrhundert zurück, als eine Handvoll maronitischer Mönche aus der Gegend von Batroun in das *Chouf* zog. Tagsüber mussten die Glaubensbrüder auf den Feldern arbeiten und waren dadurch gezwungen, die Bauarbeiten an ihrer Kirche des Nachts zu verrichten. Dabei stand das Mondlicht Pate. Obschon diese Geschichte die Herzen der Gläubigen rühren soll, scheint es wahrscheinlicher, dass der Ursprung Deir el-Qamars auf das Zeitalter der Phönizier zurückgeht. Beleg dafür könnte ein von deutschen Kreuzfahrern gefundener Türsturz aus vorchristlicher Zeit sein. Darauf war ein Symbol eingemeißelt, das der phönizischen Göttin *Sin* gewidmet war. *Sin* bedeutet auf Aramäisch Mond. Die deutschen Ritter frisierten in einem Akt von Geschichtsklitterung einfach das heidnische Motiv der Göttin zum christlichen Kreuz um.

Wir halten im betriebsamen Zentrum direkt vor dem prachtvollen Serail, dessen Bau unter Emir *Mulkhem Schehab* Anfang des 18. Jahrhunderts begonnen und unter seinem Sohn *Youssef* schließlich vollendet wurde. Bis 1810 diente der Serail Emir *Bashir II.* als Residenz, bevor die *Schehab*-Dynastie in das luxuriöse Schloss von *Beiteddine* umzog. Zwei eingemeißelte Löwen über dem Portal repräsentieren das Wappen der *Schehabs*. Das im Stil eines *Khans* erbaute Gebäude besticht durch seine sachliche Konstruktion und elegante Dekoration, derer wir mit einem kurzen Blick in den Innenhof gewahr werden. Dieser war im Jahre 1860 Zeuge schrecklicher Verbrechen, als hunderte Christen hier zusammengetrieben und von drusischen Kämpfern abgeschlachtet wurden. Die leblosen Körper wurden aus den Fenstern auf die Straße geworfen. Die Schmerzen dieser Gräueltaten wirken im *Chouf* bis zum heutigen Tag nach. Später widmete man den Palast in eine Fabrik zur Färbung von Seide und Baumwolle um. Nach dem Ende der Seidenindustrie wurde ein Stall darin eingerichtet. Zu guter Letzt diente die ehemalige Residenz bis zum Beginn des Bürgerkrieges als Staatsgefängnis. Heute hat es als Rathaus des Ortes seine vorerst letzte Bestimmung gefunden.

Nach kurzer Orientierung überqueren wir die Straße vor dem Serail und steigen die Stufen zum Dany-Chamoun-Platz hinauf. Der Sohn des ehemaligen libanesischen Präsidenten Camille Chamoun wurde wie sein Vater in Deir el-Qamar geboren. Er, seine deutsche Frau und seine beiden Söhne wurden 1990 bei einem Attentat getötet. Dessen Urheber konnten nie ermittelt werden, aber viele Indizien sprechen dafür, dass der syrische Geheimdienst daran beteiligt war. Dany Chamoun führte im libanesischen Bürgerkrieg die christliche Tiger-Miliz, die durch die rivalisierende nationalkonservative maronitische Phalange-Miliz unter *Bachir Gemayel* vernichtet wurde. Während des Bürgerkrieges führte er zeitweise die durch seinen Vater gegründete National-Liberale Partei und schließlich die Libanesische Front, eine Koalition nationalistischer und christlicher Parteien. Zeitlebens wendete er sich gegen eine zu starke Einmischung Syriens in die Belange der libanesischen Politik. In diesem Zusammenhang ist auch seine Weigerung zu sehen, 1989 dem Abkommen von Ta'if zuzustimmen, das den Bürgerkrieg zwar beenden und das konfessionelle politische System reformieren sollte, jedoch die Souveränität des Libanon durch weitere außenpolitische Abhängigkeit von Syrien einschränkte. Die Geschichte des Nahen Ostens bestätigt eine alte politische Wahrheit: das Regime in Damaskus vergisst seine Gegner nicht so schnell.

Wir schlendern auf einen umzäunten Brunnen zu, hinter dem sich ein einzigartiges Ensemble osmanischer Baukunst ausbreitet. Höhepunkt des Ganzen ist eine zu Zeiten *Fachr ad-Din I.* errichtete Moschee. Der quadratische Bau wird von einem achteckigen Minarett bekrönt. Gleich dahinter stehen die Überreste des ehemaligen Stadtpalais der *Ma'an*-Dynastie, aus der zahlreiche Familienmitglieder zu Herrschern des sogenannten Drusen-Emirats aufstiegen. Wir versuchen uns vorzustellen, wie sowohl Bittsteller als auch Gäste durch das noch gut erhaltene Empfangsportal mit den mamelukischen Dekorelementen schritten, um Gehör oder Gesellschaft bei den Emiren zu finden. Das Emirat des Libanongebirges genoss über viele Jahrhunderte eine Sonderstellung innerhalb des osmanischen Reiches. Seine Herrscher, die Emire, regierten ein Kleinreich zu beiden Seiten des Mount Liban. Ihre relative Autonomie verdankten sie der ihnen von der Hohen Pforte zugedachten Rolle als Unterdrücker und Bezwinger kleinerer Territorialführer in der Provinz Syrien. Die Emire waren keine Fürsten im eigentlichen Sinne, sondern vielmehr Erste unter ihresgleichen aufgrund ihrer sozialen, ökonomischen und militärischen Vormachtstellung. Sie trieben die Steuern beim widerspenstigen Bergvolk ein, sie verrichteten die Drecksarbeit für Istanbul, sie waren die Warlords im *Chouf*. Der Lohn war die Unabhängigkeit in ihrem Herrschaftsgebiet, das sich in seinen Grenzen ständig verschieben konnte und zeitweise weit über Damaskus hinaus bis nach Palmyra reichte. In der gesamten Zeit seines Bestehens von 1516 bis 1842 teilten sich die Herrschaft über das Emirat nur zwei Familienclans, die *Ma'ans* und die *Schehabs*, wobei beide selbstverständlich miteinander verwandt waren. Der erste Emir, *Fachr ad-Din I.*, wurde für seinen Kampf an der Seite *Selims I.*, des Sultans des osmanischen Reiches, mit der Herrschaft über den *Chouf*, belohnt. Er war in Baakline geboren und, wie alle seine Nachkommen aus der *Ma'an*-Dynastie, ein Druse. Dem ehernen Gesetz folgend ist nur Druse, wer Kind drusischer Eltern ist. Noch heute deckt sich die konfessionelle Zugehörigkeit zum Drusentum fast exakt mit dem historischen Gebiet des Emirats im *Chouf*-Gebirge. Da sich das Gebiet des Emirats aber immer weiter in Richtung des nördlichen Libanongebirges ausdehnte, kamen auch die dort ansässigen Maroniten in das Machtrefugium der Drusen-Emire. Außerdem wanderten unter *Fachr ad-Din II* immer mehr Maroniten als gute und fleißige Arbeitskräfte für die aufblühende Seidenindustrie in den *Chouf* ein.

Die neben dem Stadtpalais liegende *Kisseriya* der Seidenweber zeugt noch heute von der einstigen Geschäftigkeit. Die *Kisseriya* war eine Art Manufakturhof, wobei die Waren unter den großen Arkaden des Gebäudes zur Schau gestellt wurden. Wir erblicken an gleicher Stelle ein paar Souvenirhändler, die mit dem üblichen touristischen Sammelsurium ein bescheidenes Einkommen verdienen. Wir möchten zu unserer Handvoll Postkarten Briefmarken kaufen, aber die gibt es angeblich nur in Beirut. Im Obergeschoss des Baus, in dem ein Bogengang den großen Innenhof umschließt, ist das »Institut français« untergebracht. Vorträge, Ausstellungen und Interviews gehören zum regelmäßigen Kulturprogramm des Zentrums. Auch anerkannte Sprachzertifikate kann man hier erwerben. Wir bummeln durch die französischsprachige Bibliothek der Einrichtung und genießen von einem Balkon den weiten Blick auf Vorplatz und Serail. Alles ist peinlich sauber und gut gepflegt, dazu liebevoll bepflanzt. Vor das nahe *Beiteddine* schiebt sich der Glockenturm der maronitischen Kirche »Unser lieben Frau vom Berge«. Postkartenidylle.

Mit dem Zuzug von immer mehr Maroniten ab dem 17. Jahrhundert veränderte sich auch Stück um Stück die traditionelle Machtbalance im *Chouf*. Noch hielt ein fein ausgeklügeltes feudales System geteilter Macht die mit großen Ländereien versehenen drusischen Scheichs unter Kontrolle der nachfolgenden *Schehab*-Dynastie, deren Emire sowohl Maroniten als auch Sunniten waren. Doch mit der weiteren wirtschaftlichen wie politischen Erstarkung der Maroniten, die traditionell unter dem Schutz Frankreichs standen, nahmen die interkonfessionellen Spannungen zu, so dass es ab 1820 zu ersten Zusammenstößen zwischen den Konfliktparteien kam. Die Politik des zu dieser Zeit über das Emirat herrschenden *Baschir II.*, dem ansonsten eine eher tyrannische Ader nachgesagt wurde, bevorzugte die maronitischen Bauern. Die Invasion seiner ägyptischen Alliierten unter *Ibrahim Pascha* 1831 zog weitere Unruhen im *Chouf* nach sich. Nach der Landung britischer Truppen der osmanisch-europäischen Allianz im Jahr 1840 konnte die Autorität der osmanischen Statthalter in Syrien zwar wiederhergestellt werden, doch der inzwischen weit aufgerissene Graben zwischen Drusen und Maroniten war nicht mehr zuzuschütten. Die Macht der *Schehab*-Dynastie kollabierte nach der britischen Intervention und das Emirat des Libanongebirges fand endgültig sein Ende. Die Osmanen übernahmen ab jetzt die direkte Kontrolle über die Levante, indem sie einen maronitischen Gouverneur für den nördlichen und einen drusischen für den südlichen Teil des Libanongebirges einsetzten. Den Gouverneuren waren wiederum Räte unterstellt, die von Angehörigen der jeweiligen Religionsgemeinschaften besetzt waren. Diese Maßnahme brachte einen vorerst fragilen Frieden für die Region doch markierte sie den Beginn der konfessionellen Aufteilung der politischen Ämter. Diese Fragmentierung der Gesellschaft hat bis heute Bestand und verhindert letztendlich den Weg zu einem modernen säkularen Libanon. Die Feindbilder wurden auf beiden Seiten immer schärfer gezeichnet, bis die Lage schließlich außer Kontrolle geriet und es im Jahr 1860 zu den besagten Massakern an Maroniten durch Drusen unter Duldung der osmanischen Machthaber kam. Erst das Eingreifen Frankreichs, das sich vorher schon gegen die europäisch-osmanische Allianz gestellt und Ägypten unterstützt hatte, beendete schließlich das Abschlachten. Es verwundert daher kaum, dass französische Sprache und Kultur bis heute einen festen Platz im Herzen der Bürger Deir el-Qamars besitzen.

Wir verlassen die *Kisseriya* der Seidenweber und umkurven die Bronzestatue von Camille Chamoun, dem prominentesten Vertreter des Chamoun-Clans. Die politischen Fähigkeiten wurden ihm wahrscheinlich schon in die Wiege gelegt, denn auch sein Onkel Auguste Pacha hatte das Amt des Premierministers zweimal inne. Mit Fug und Recht kann man Camille Chamoun als einen der Gründungsväter des unabhängigen Libanon bezeichnen. Der Tag seiner Freilassung aus der politischen Haft, zusammen mit anderen prominenten Mitgefangenen wie *Bechara el-Khoury* am 22. November 1943, wird als der libanesische Unabhängigkeitstag gefeiert. Von 1952 bis zu seinem durch Eisenhower erzwungenen Rücktritt 1958 war er Staatspräsident. Auch nach seiner Entmachtung spielte er eine entscheidende Rolle bei der politischen Ausgestaltung des Landes, ob durch Begleitung verschiedener Ministerämter oder bei der Führung der National-Liberalen Partei. Anders als sein Sohn Dany überlebte er 1987 ein Autobomben-Attentat auf ihn. Sein zweiter Sohn Dory war nicht nur Bürgermeister von Deir el-Qamar, sondern bekleidete auch auf Landesebene bedeutende politische Ämter. Nach dem Attentat auf den früheren Ministerpräsidenten *Rafiq al-Hariri* 2005 war er ein prominenter Unterstützer der sogenannten Zedernrevolution, die den vollständigen Abzug syrischer Armeeeinheiten vom libanesischen Gebiet forderte. Die Geschichte dieser Familie macht ein Grundmuster in der Geschichte des Libanon deutlich: Man vertraut nicht den politischen Institutionen und ihren Vertretern, sondern nur den Mitgliedern der eigenen Dynastie.

Den Abschluss des historischen Ensembles bildet ein weiterer Teil des früheren Palastes von *Fachr ad-Din II.* Goldglänzende metallene Lettern künden wie in einer mondänen Shoppingmeile vom Marie-Baz-Wachsmuseum. Große Hinweisschilder sorgen dafür, dass man den Eingang zum Museum partout nicht verpassen kann. Eine Treppe führt hinauf zum Eingangsportal, hinter dem sich in einem dunklen Raum ein kleines Kassenhäuschen befindet. Die Kulisse gibt uns das Gefühl, in einer Ritterburg der deutschen Provinz gelandet zu sein. Auf der linken Seite steht eine raumhohe Vitrine, in der Wachsfiguren mit verschiedenen Requisiten sitzen. Eine mechanische Schreibmaschine. Ein alter Fotoapparat. Das Ganze wirkt kitschig und deplatziert. Unser Besuch gilt aber nicht diesem Panoptikum, sondern verfolgt ein anderes Ziel. Wir entrichten stolze 20 Dollar für den Eintritt und setzen die Dame aus dem Kassenhäuschen darüber in Kenntnis, den Besitzer des Palastes und Betreiber des Museums, Mr. Samir Emile Baz, sprechen zu wollen, da wir planten, einen Reisebericht über den Libanon zu schreiben. Eines haben wir auf unserer langen

Fahrt durch dieses Land gelernt: Der direkte Weg ist der schnellste. Die Kartenverkäuferin scheint an unserem Anliegen jedenfalls nichts Ungewöhnliches zu finden, denn sie eilt unversehens fort. Im Nu ist sie wieder zurück und bittet uns, ihr zu folgen. Wir überqueren einen Innenhof, in dem Gäste um einen Brunnen an Tischen unter großen orangefarbenen Sonnenschirmen sitzen und an ihren Plastikkaffeebechern nippen. Mehrere Schlusssteine sowie behauene Figürchen, Fabelwesen und Löwen stehen wahllos an Wänden und in Nischen herum. Unter einem Gewölbe thront auf einer gepolsterten Bank vor einer filigranen Kaffeetasse Monsieur Baz, ein älterer Herr im hellblauen kurzärmeligen Streifenhemd und mit randloser Brille im Goldgestell. Wir werden an den mosaikbesetzten Tisch gelotst und dürfen uns setzen. Nach der üblichen Vorstellung sagen wir ihm, dass uns von der deutschen Herkunft seiner Familie berichtet wurde.

»Kann das wahr sein?«, möchte Uwe von ihm erfahren.

»Ja, das stimmt. Einer meiner Vorfahren kam im 11. Jahrhundert als Kreuzritter von Köln am Rhein ins Heilige Land. Vor ungefähr 200 Jahren kamen die inzwischen zum Maronitentum konvertierten und zu Wohlstand gekommenen Nachfahren von Byblos nach Deir el-Qamar ins *Chouf*-Gebirge. Das kann man alles nachlesen«, sagt er und verweist auf eine uns unbekannte genealogische Website. Es klingt wie eine der typischen orientalischen Geschichten aus Tausendundeiner Nacht. Ein armer deutscher Adliger zieht in die Ferne und bringt es zu Macht und Reichtum. Wahrheit und Legendenbildung liegen dicht beieinander. Aber wen interessiert das schon? Wie zum Beweis des Gesagten schiebt er uns seine Visitenkarte zu. Darauf ist ein kunstvolles Wappen mit einem Greifvogel auf dem Schild abgebildet. Unter seinen geschwungen geschriebenen Namen sind fünf Orden am Band gedruckt. Er reicht Anna einen Kaffee, die keine andere Wahl hat, als ihn anzunehmen. Sein festes »Madame« duldet keine Widerrede. Monsieur Baz setzt seinen Monolog unbeirrt fort:

»Unsere Dynastie hat mehrere Parlamentsmitglieder gestellt. Inzwischen hat sich die Familie aber aus der Politik zurückgezogen. Ich selbstverständlich auch.«

Anna stellt ihm eine Frage: »Wo sehen Sie den Libanon in 20 Jahren?« Doch plötzlich scheint die Audienz beendet zu sein. Familienmitglieder kommen, denen er sich zuwendet. Das Telefon klingelt ohne Unterlass und er gibt auf Französisch Befehle im Rahmen eines Aktiengeschäfts. Die Leiterin des Museums möchte konkrete Anweisungen zu einer Regelung im Haus. Ein Freund mit Familie nimmt seine Aufmerksamkeit in Anspruch. Wir geben nicht auf und stellen die Frage noch einmal. Er hat sie bereits vergessen. Wir fühlen uns nur noch wie die Bittsteller am Hofe. Erst jetzt bemerken wir die vielen Urkunden an der Wand hinter ihm, die von seinen Meriten künden. Daneben hängen Fotos von ihm zusammen mit Personen aus Politik und Showbusiness. Als Krönung des Ganzen steht seine goldene Büste auf einem Sockel. Die Emire von heute tragen keinen *Tarbusch*, lange Gewänder und wallende Bärte mehr, ihre Herrschaftszeichen sind ausgetauscht, aber als Mächtige soll man sie immer noch erkennen und ihnen huldigen.

Inzwischen hat M. Baz einen neuen Kaffee bekommen und er antwortet endlich:

»Wir müssen die Religion aus unserer Nation verbannen. Damit meine ich, als erstes darf die Religionszugehörigkeit nicht mehr im Pass stehen. Wir brauchen ein Nationalverständnis jenseits der Religionen. Die Franzosen wollten mit dem jetzigen politischen System ein Gleichgewicht schaffen, doch das System hat nur zur Separation geführt. Es muss doch egal sein, ob ein Anwärter fürs Präsidentenamt Maronit ist oder nicht, solange er kompetent ist.«

»Die Idee ist ja alt. Charles Corm wünschte sich einen Libanon mit einer nationalen Identität, die an die Phönizier anknüpft, statt an die Religion.« Er stimmt Anna zu. Da er sich wieder einem neuen Gesprächspartner zuwendet, dem er nun auch wieder seinen Kaffee zuschiebt, verlassen wir leise den Hofstaat von »Emir« Baz und gestatten uns noch einen kurzen Blick auf die Staffage der Wachsexponate, die den Besucher etwas ratlos zurücklässt. Erklärungen sucht man im gesamten Museum vergebens. Der Papst muss sich die Arien von *Majida el-Roumi* anhören, Nasrallah gibt sich staatsmännisch und man kann nur hoffen, dass die Gründungsväter der Republik besserer Laune waren als hier zu sehen. Das Ganze ist garniert mit isoliert herumstehenden Köpfen. Wer's gruselig mag, ist hier genau richtig.

Im Volkspalast von Beiteddine

Vergehen die libanesischen Stunden schneller als deutsche? Der Mittag naht und wir nehmen uns vor, noch die hinter dem Serail befindliche Kirche »Unser lieben Frau vom Berge« zu besichtigen. In Deir el-Qamar kennt sie jeder nur als *Saydet al-Talle*. Der Legende nach schaute einst ein drusischer Emir von Baakline aus auf den gegenüberliegenden Berg, aus dem ein Licht heraustrat. Daraufhin versammelte er seine Soldaten um sich und gab ihnen den Befehl, am nächsten Morgen genau an der Stelle des Lichtaustritts zu graben. Sollten sie ein islamisches Symbol finden, so solle eine Moschee gebaut werden. Sollte es aber ein christliches sein, so solle eine Kirche errichtet werden. Die Soldaten taten wie ihnen geheißen und fanden beim Graben einen Stein mit einem Kreuz darauf. Unter dem Felsblock entdeckten sie allerdings zwei weitere Symbole: das des Mondes und das der Venus. Hier konnte nur ein der Luna und Venus geweihter Tempel gestanden haben. Dieser musste aber dann durch Erdbeben und Kriege zerstört worden sein. Für uns klingt es, als vermischten sich zwei Legenden: die um die Namensgebung von Deir el-Qamar und die um den Bau dieser maronitischen Kirche. Der Stein mit dem Kreuz soll noch erhalten sein, doch unsere Suche bleibt leider erfolglos. Der Schönheit der Kirche tut dies keinen Abbruch. Wohl jeder Besucher – wie auch wir – wird von der Strahlkraft des Altarbildes, auf dem Maria mit dem Jesuskindlein dargestellt ist, angezogen. Nach einer Hitzepause im Schatten der Bäume des Kirchplatzes trödeln wir zum Ausgangspunkt der kleinen Stadttour zurück. Unser Fahrer Ahmad hat sein Automobil nicht einen Millimeter verrückt. Er ist inzwischen Teil einer Gruppe debattierender Männer vor dem Serail geworden. Noch bevor wir den Wagen erreichen, hat er schon die Türen für uns geöffnet.

Ganze fünf Kilometer weiter liegt mit bezaubernstem Blick über das Tal das schmucke *Beiteddine*. Wir beabsichtigen dort, den von den Emiren der *Schehab*-Dynastie erbauten Palast zu erkunden. Dieser wird zurzeit vom libanesischen Präsidenten als Sommerresidenz und für Staatsempfänge genutzt. Dementsprechend stark ist die Präsenz des Militärs. Der Erwerb unserer Eintrittskarten wird minutiös von fünf Männern organisiert, laustark begleitet und dauert mehrere Minuten. Ein Test für gestresste Touristen? Uns kann die gesamte Prozedur jedenfalls nicht aus der Ruhe bringen. In der weitläufigen Anlage betreten wir zuerst einen großen Innenhof, der früher als Reit- und Exerzierplatz genutzt wurde und von Stallungen begrenzt wird. Auf einer Mauer zur anderen Seite des Hofes mit imposantem Blick hinunter ins Tal finden wir Ruhe und garnieren Fladenbrote mit in Deir el-Qamar gekauften Zutaten. Zum Nachtisch füttern wir uns gegenseitig mit selbst gepflückten Feigen und genießen die betuliche Atmosphäre zur Mittagszeit, die uns den Palast fast alleine überlässt. Hinter dem Innenhof schließt sich der Gästetrakt an. Eine alte Sitte zu Zeiten der Emire war es, jedem ohne Kenntnis seiner Herkunft oder seines Anliegens für drei Tage Obdach zu gewähren. Zeiten ändern sich, auch im Libanon, bei aller Gastfreundschaft. Wir durchqueren den Bereich für die Gäste und verharren staunend in einem zweiten kleineren Hof. Die Frontseite des eigentlichen Palastes könnte die Kulisse für ein orientalisches Märchen abgeben. Wenn der fliegende Teppich aus Annas liebstem Märchenbuch der Kindertage irgendwo landet, dann wohl hier. Treppengänge, Arkaden, Ornamentik und Holzerker wetteifern um Beachtung durch die Besucher. Die Intention der Architektur wird jedem sofort klar: Man sollte von der Macht und dem Wohlstand der Besitzer beeindruckt sein. Ein winziger, mit Wasser gefüllter Kanal läuft direkt auf das große Portal des Palastes zu. Wir folgen der Spur, treten ein und eilen durch unzählige Räume von einer Überraschung zur nächsten. Kein Ding gleicht dem anderen. Wir finden ein Zimmer, das mit Diwanen, Nischenregalen und Simsen ausgestattet ist, besonders schön. Das durch bleigefasste Buntglasscheiben fallende Licht imitiert ein Kaleidoskop. Trotz Verbotsschildern können wir den Impuls nicht unterdrücken, die Kissen zu testen und in die Vergangenheit des Raumes einzutauchen. Glück gehabt – keiner hat's gesehen. Das größte Kleinod der gesamten Anlage liegt für unser Auge jedoch nicht im Offensichtlichen, dem Prunk des Palastes und seines Interieurs, sondern versteckt hinter hohen Mauern im rückwärtigen Teil. Es ist der Garten, der sich unterhalb der Gemächer des Palastes erstreckt. Uralte Zypressen und Zedern bilden einen immergrünen Palisadenwall ringsherum. Weinlaub überwuchert kleine Bogengänge, unter denen man zusammen träumen und sich unentdeckt küssen kann. Dazu scheint die Sonne in der klaren Bergluft. Schattenspiele.

Beim Verlassen des Palastes werden wir von der Einlasstruppe auf das gerade stattfindende Kulturfestival aufmerksam gemacht. Im Juli und August jedes Jahres präsentieren die Ausrichter der Veranstaltung in *Beiteddine* herausragende Aufführungen libanesischer Künstler und weltbekannter Stars. Gleichzeitig werden die Palasträume für eine große internationale Kunstausstellung genutzt. Gegen alle Widerstände wurde im Sommer 1985 mitten im Bürgerkrieg dieses Festival initiiert. Inzwischen besuchen alljährlich über 50.000 Besucher die verschiedenen Darbietungen. Wir nehmen die Aufforderung zum Besuch des Kulturprogramms an und entscheiden uns, magnetisiert von der bewerbenden Schwarz-Weiß-Fotografie eines drusischen Mannes in traditioneller Kleidung, für die Besichtigung der Fotoausstellung »Les Maîtres du secret«, die Meister des Geheimen, von Jack Dabaghian. Der aus Beirut stammende Fotojournalist widmet sein Leben seit 30 Jahren der Dokumentation von Konflikten im Nahen Osten und in Afrika. Seine Arbeiten waren und sind in renommierten Tageszeitungen und Journalen zu finden. Durch die Schrecken und Einsichten vieler Jahre als Kriegsfotograf entwickelte er einen mehr und mehr humanistischen Ansatz und wurde zu einem Ethnofotografen. Mit den in *Beiteddine* vorgestellten jüngsten Ergebnissen seiner »Fotojagd« versucht er, sich dem Geheimnis einer verschlossenen und unveränderten Gesellschaft mitten in seinem Geburtsland anzunähern. Durch die Anwendung einer fotografischen Technik aus der Mitte des 19. Jahrhunderts verstärkt er das Gefühl von Zeitlosigkeit der abgekapselten Kultur der Drusen. Mit der sogenannten Kollodium-Nassplatte erzeugt man ein fotografisches Bild, wobei unmittelbar vor dem Schießen des Fotos Kollodium, zusammen mit verschiedenen Salzen, Ether und Ethanol, auf eine Glasplatte gegossen wird. Dieser Überzug dient als Trägerschicht für Silbersalze, die die Platten lichtempfindlich machen. Die noch feuchte Platte wird für die Aufnahme in die Kamera gesteckt. Es entsteht ein Glasnegativ, das sofort mit Eisensulfatlösung fixiert wird. Darauf erscheinen in der Durchsicht die helleren Objekte des Originals dunkel und die dunklen Objekte hell. Vor dunklem Papier oder anderen dunklen Flächen entsteht ein positives Bild, indem an den durchsichtigen Stellen der schwarze Hintergrund sichtbar wird und gegen diesen das hellere Silberpulver, welches auf den dichten Stellen des Glasnegativs liegt, wie weiß erscheint. Die Komplexität der Technik verlangt, dass man immer das komplette Equipment bei sich führt. In seiner zweijährigen Dokumentation, bei der er oft für mehrere Wochen in die drusische Gesellschaft abtauchte, portraitierte er die Menschen in ihrer kultischen Kleidung vor Landschaften und historischen Gebäuden ihrer Heimat. Der alte Scheich aus Mokhtara posiert mit seinem Stock, der gestandene Druse sitzt in den Ruinen des Serails in Baadaran, zwei Männer plaudern vor dem Eingang zum Palast in *Beiteddine*, zwei junge Mädchen der drusischen Gemeinde stecken ihre Köpfe zusammen. Aus den Fotografien spricht viel Stolz und Erhabenheit, aber auch Lebensfreude. Es entsteht der Eindruck einer Art von Stillleben. Die Linien zwischen Vergangenheit und Heute verschwimmen. Sind wir noch im *Chouf* des Jahres 2019 oder zurückkatapultiert in die Mitte des 19. Jahrhunderts? Durch Dabaghians Fotografien wird uns jedenfalls das Gefühl gegeben, Teil der rätselhaften drusischen Welt zu sein, ohne sie selbst erfahren zu haben. Dabaghian ist es gelungen, das Leben der Drusen nicht als etwas längst Vergangenes, unwiederbringlich Zerstörtes, sondern als eine weiterbestehende Existenz und sich entwickelnde Kultur darzustellen. Wer diese Ausstellung verlässt, will unbedingt in Kontakt mit Drusen kommen, um den sie umgebenden Geheimnissen ein Stück weit auf die Spur zu kommen. Nur wie?

Wer den Weg bis nach *Beiteddine* geschafft hat, ist auch dem Himmel näher. Auf den höchsten Gipfeln des *Chouf*-Gebirges steht der größte zusammenhängende Zedernwald des Libanon. Mit den Baumbeständen deutscher Mittelgebirge oder den ausgedehnten Urwäldern Nordamerikas hat dieses Revier jedoch nichts gemeinsam. Dennoch wendet sich unser Blick sehnsuchtsvoll zu den grünen Tupfen in der gelben spätsommerlichen Unendlichkeit der Berghänge. Auf steilen Wegen bewegen wir uns auf das *Chouf*-Biosphärenreservat zu. Das 1996 von dem einflussreichen Drusenführer Walid *Dschumblat* gegründete Reservat ist eines der wenigen Beispiele aktiven Naturschutzes im Libanon, und der ist eingedenk der starken Gefährdung der Zeder dringend notwendig. Sie steht auf der Roten Liste der International Union for Conservation of Nature. Die meisten der betagteren Exemplare auf dem über sechs Quadratkilometer großen bewaldeten Gebiet, das bis zu einer Höhe von 1800 Metern reicht, haben ein Alter von rund 500 Jahren. Der monumentalste Baum hat einen Umfang von rekordverdächtigen 17 Metern. Doch in dem insgesamt 550 Quadratkilometer großen Naturreservat lässt man nicht nur den Zedern Schutz angedeihen. Hier wachsen mehr als 500 Pflanzenspezies, einige davon sind endemisch, wie die einheimische Berberitze. Über 30 Arten von Säugetieren und etwa 200 Vogelarten warten auf Entdeckung durch den geduldigen Naturbeobachter. Auch wenn der lange Bürgerkrieg viele Umweltschutz-Programme stilllegte, wissen die Libanesen doch schon lange, wie man wertvolle natürliche Ressourcen schützt. So schrieb Johann Heinrich Mayr bereits 1820 während seines Aufenthaltes im Zedernwald des Libanon, dass es seit vielen Jahrhunderten von den Landesbehörden verboten sei, eine Pflanze des Waldes zu beschädigen. Erlaubt war lediglich das Aufsammeln dürren gebrochenen Holzes zur Unterhaltung einer Feuerstelle. Was für eine Vorstellung! Die Libanesen als Vorreiter einer modernen Naturschutzgesetzgebung. Der Libanon überrascht immer wieder.

Wir entrichten an der Einfahrt zum Biosphärenreservat den kleinen Betrag von 7.000 Libanesischen Pfund pro Person und passieren einen Schlagbaum. Rechts und links der engen Passstraße stehen junge Zedern. Von einem Parkplatz führt ein Pfad in den Zedernwald hinein. Alles ist sorgfältig gepflegt und wirkt eher wie in einem städtischen Park. Mit Steinen gesäumte Pfade lassen uns die Qual der Wahl zwischen unterschiedlichen Rundwegen. Die Zedernkronen wiegen sich leicht, aber leicht imposant im Wind. Nach kaum zwei Minuten verlassen wir den vorgezeichneten Weg und liegen auch schon auf dem Waldboden unter den alten Zedern. Wir lassen die vielen mit Mini-Flügeln versehenen Zedernsamen langsam durch unsere Finger gleiten. Ein dichtes grünes Nadeldach schirmt über uns die gleißende Sonne ab. Der harzig-würzige Duft von Holz und Nadeln der Bäume narkotisiert uns. Man kann die Stille förmlich hören. Nur ein sanftes Rauschen umgibt die Wipfel der knorrigen Riesen und lässt den Lärm libanesischer Zivilisation schnell vergessen. Ein Himmelbett für stadtmüde Reisende. Mit unseren Fingern zeichnen wir die Umrisse des Dunkelgrüns nach: oben abgeflacht und mit pyramidenförmiger Abstufung der Äste, die durch mangelhafte Versorgung der Baumkrone mit Wasser und Nährstoffen verursacht wird. Nach dem Absterben dieser Baumteile bildet die Zeder dann ihre klassische Form aus. Die Libanesen nennen sie die Flaggenform und sind in ihr Nationalsymbol regelrecht vernarrt, sonst würde man es nicht auch noch im letzten Winkel des Landes antreffen.

Nach unserer Pause im Zedernwald geht es – wenn auch strikt verboten – querfeldein, bis die Abendsonne uns wieder zum Parkplatz schickt. Der Nachmittag lehrt uns auch, dass die Ruhe des Zedernwaldes unterschiedliche Reaktionen auslösen kann. Wir beobachten ein vor uns schlenderndes, eng umschlungenes libanesisches Paar. Beide sind fein herausgeputzt und tragen Kleidung für einen abendlichen Opernbesuch. Der Unterschied zwischen ihnen und uns lässt sich gut am getragenen Schuhwerk festmachen: hier die erdklobigen Wanderschuhe, dort die himmelhohen Stöckelschuhe. Der Herr hält sein Handy auf der Handinnenfläche nah an die Ohren der zusammengesteckten Köpfe. Dazu versüßen jaulende orientalische Klänge den Spaziergang der beiden. Die Ruhe des Ortes scheint das Paar eher zu stören. Verwundert sind wir nach den Wochen im Libanon nicht mehr darüber. Lebensfreude äußert sich hier laut und schrill. Die allermeisten Libanesen nehmen mit ihren Familien nur eine der kürzeren Runden im Naturreservat. Manche vertreten sich sogar nur am Parkplatz ihre Beine, bevor sie sich wieder ins Auto setzen. Auch wir haben nach unserer Wanderung im *Chouf*-Gebirge inzwischen auf der Rückbank von Ahmads Taxi Platz genommen und sehnen uns nach den Leckereien der Küche des Beit el-Qamar, unserer Unterkunft für die nächsten Tage.

Die Liebenden von Deir el-Qamar

Wir sitzen an einem späten Nachmittag im Garten von Beit el-Qamar, schauen über das grüne Tal und kommen mit Naima, einer Wochenendbesucherin, zuerst über Alltägliches, dann über eine längst vergangene Liebesgeschichte ins Gespräch. Es ist wieder einmal eine von Tausendundeiner kleinen und großen Geschichte über den Libanon:

»Der Garten erinnert mich an eine große Familie.« Sie hält inne, als schlüge sie ein Buch auf und ein Gefühl kommt in uns auf, wie in den Kindertagen, wenn die Worte »Es war einmal« fielen und man bis in die Zehenspitzen gespannt war. Sie holt tief Luft, richtet ihren Blick auf uns und beginnt zu erzählen.

»Im Zentrum der Geschichte steht die Familie Boustany, deren Name im Arabischen »Garten« bedeutet. Ihre Dynastie reicht bis in das 15. Jahrhundert zurück. Um 1880 lebte hier in Deir el-Qamar ein junger Mann aus eben dieser Familie Boustany, der sich unsterblich in ein junges, schönes Mädchen aus der Nachbarschaft verliebte. Auch das Mädchen wusste von seiner Zuneigung. Wann immer er es vermochte, suchte er ihre Nähe, brachte ihr Wildblumen und Gedichte, so dass auch sie sich in ihn verliebte und all ihre Hoffnungen darauf richtete, eines Tages mit ihm vermählt zu werden. Doch die Familie des jungen Mannes war dieser Liebe nicht wohlgesonnen und sah mit Besorgnis, wie der junge Mann sich nach dem Nachbarsmädchen verzehrte, denn sie hatte für die Heirat des Sprosses schon eine wohlhabende Cousine auserwählt. In Erwartung seiner Gegenwehr brachte die Familie den Jüngling in eine Höhle ganz in der Nähe hier in den Bergen, verbot ihm jeden Kontakt zu seiner Liebsten und verschloss den Höhleneingang. Der junge Boustany war sich sicher, er müsse sterben, wenn er das Mädchen nicht wiedersähe und ersann einen Plan. Eines Nachts, als das Tal im silbrigen Mondschein lag, gelang es ihm, aus seinem Gefängnis zu fliehen. Er stahl sich im Schutze der Nacht zum Haus seines Vaters und nahm sich dort ein Pferd. Damit ritt er zu seiner Liebsten und weckte sie. Erst glaubte sie zu träumen, aber sie besann sich schnell und schmiegte sich vertrauensvoll in die Arme ihres Liebsten. Dieser setzte sie vor sich auf das Pferd und ritt mit ihr ins Unbekannte. Sie hinterließen keine Spuren und jahrelang erhielt keine der Familien eine Nachricht von den beiden. Sie blieben verschwunden und die Familien ertrugen die Schmach, indem sie die beiden mit keinem Wort mehr erwähnten, gerade so, als seien sie gestorben.« Naima schaut nun geradewegs so schmerzvoll, als sei sie selbst die für tot Erklärte und pausiert, nicht ohne gewisse Theatralik. Dann fährt sie fort:

»Als dann 1914 der erste Weltkrieg ausbrach, übernahmen die Osmanen die Berge des *Chouf*. Eines Morgens, die Sonne war gerade über dem Tal aufgegangen, stellte sich ein junger Mann bei der Gendarmerie in Deir el-Qamar, die zu diesem Zeitpunkt von Abbas Boustany kommandiert wurde, vor: »Ich bin der osmanische Offizier Ahmed Boustany und freue mich sehr, im Libanon eingesetzt zu sein, denn so habe ich heute die Gelegenheit bekommen, in das Geburtsdorf meines Vaters, Deir el-Qamar, zu kommen.« Angesichts des Erstaunens auf dem Gesicht des libanesischen Kommandanten fuhr er fort:

»Ich bin der Sohn von Youssef Boustany, der vor mehr als dreißig Jahren mit meiner Mutter von hier geflohen ist, um sie zu heiraten. Nach einigen Monaten auf der Flucht sind sie damals in Alexandria gelandet. Dort hat mein Vater bei einem türkischen Offizier Arbeit als Stallbursche gefunden und ist kraft der Dinge wenig später zum Islam konvertiert. Meine Mutter gebar ihm zwei Kinder: Mich, Ahmed, und meinen Bruder Mustafa. Wie schön ist es doch für mich, in das Dorf dieser Liebe zu kommen.« Dann ließ er den Blick über dieses idyllische Tal schweifen und dankte Allah für das Geschenk der wahren Liebe seiner Eltern, die ihn hervorgebracht hatte.«

Naimas Gesicht ist jetzt ganz weich, ihre dunklen Augen blicken sehnsuchtsvoll. Und plötzlich fühlen wir uns alle eins, im Sehnen nach erwiderter Liebe, Frieden und der Schönheit der Natur, die sich in der Abendsonne sanft entfaltet und uns – zusammen mit den Worten dieser Geschichte – einhüllt wie eine weiche Decke und unsere Herzen mit tiefem Frieden erfüllt. Erst nach mehreren Minuten, in denen wir unbewusst des anderen Hand gehalten haben, bewegt sich Anna und sagt: »Was für eine rührende Geschichte über die Liebe, aber auch über das Gehen und Wiederkommen.«

»Ja«, erwidert Naima, »der Libanon ist das Land des Kommens und Gehens, deshalb haben wir auch so viele Geschichten. Die Menschen hier sind immer in Bewegung, sie reisen, leben und bilden sich in anderen Ländern und kommen zurück, einige verweilen dann hier zu Besuch und lassen etwas da, andere bleiben ganz. Die meisten wissen, wenn sie gehen, nicht, ob und wann sie wiederkommen und wenn sie zurückkehren, dann ist oft unklar, ob sie irgendwann einmal wieder gehen werden. Unsere Familien sind groß: Jeder hat eine Verbindung in den Libanon und jeder kennt jemanden im Ausland. Der lange Bürgerkrieg hat viele eine neue Heimat suchen lassen, denn Heimat kann überall sein, nicht nur in deinem Geburtsdorf. Da sind wir sehr phönizisch. Aber ich glaube unsere Herzen schlagen libanesisch, vielleicht phönizisch, wenn es so etwas gibt – im Takt einer tiefen Verbundenheit mit anderen Menschen, neugierig, offen. Nur so können wir alle mit unseren unterschiedlichen Geschichten hier zusammenleben, gehen und wiederkommen. Alle, die ich kenne, möchten das: friedlich zusammenleben, miteinander. Unser phönizisches Herz treibt uns alle dann und wann mal über das Meer. Manchmal kehren erst die Kinder zurück, manchmal die Enkel. Sie sind dann oft auf der Suche nach den Orten ihrer Eltern und Großeltern, nach deren Geschichten und den Plätzen und Landschaften, in die sie eingebettet sind. Mein Großonkel war ein *Hakawati*, ein Geschichtenerzähler. Er liebte es nicht nur, die klassischen Überlieferungen darzubieten. Manchmal erzählte er über Wochen auch die Liebes- und Lebensgeschichten ganz normaler Leute, die er kannte oder die ihm zu Ohren gekommen waren. Bei ihm klangen sie alle wie ein Märchen aus Tausendundeiner Nacht. Als Kind verliehen mir seine Geschichten den Glauben, dass im Leben alles möglich ist, insbesondere, wenn man sich mit Mut auf seine Lebensreisen begibt. Ein Stück weit glaube ich das heute noch.«

»Das hast Du wunderschön gesagt«, bemerkt Uwe, der bis jetzt still dagesessen und versonnen in die Abendsonne geblickt hat. »Die Poesie des eigenen Lebens zulassen, sich dafür Zeit nehmen und sie mit dem Herzen erfassen, das macht glücklich, insbesondere wenn andere Menschen involviert sind. So wie wir in diesem Augenblick hier mit Euch.«

Wir lächeln uns an, dann steht Naima auf. »Ich muss runter ins Dorf, dort bin ich zum Essen bei einer Freundin aus Schulzeiten eingeladen.«

Strangers in paradise

Die Gipfel des bis zu 2000 Meter hohen *Choufs* liegen in greifbarer Nähe und glänzen stahlblau im Morgenlicht. Noch sind die Temperaturen im tiefer gelegenen Deir el-Qamar erträglich, doch schon bald, wenn die Sonne über die Kammlinie gestiegen sein wird, hilft nur noch ein schattenspendender Platz im Garten unseres Domizils. Doch es gibt eine unverhoffte Alternative zum Faulenzen an einem schwülen Sommertag: ein Aufenthalt am Wasserfall von Paradiso. Der wurde uns mit Nachdruck empfohlen und soll nur wenige Fahrminuten entfernt sein. Ein kurzes Telefonat und schon steht Akram mit seinem Taxi vor der Tür. Die Verständigung fällt schwer, aber mithilfe des Hausmanagers wird dann doch das richtige Ziel bestimmt. Wir steigen in seinen Nissan älterer Bauart, der trotz hunderttausender gefahrener Kilometer im Innenraum blitzblank gesäubert ist. Am Rückspiegel klebt ein Sticker von *Charbel Maklouf* und der Mutter Gottes. Ein Maronit? Wie bei jedem, den wir treffen, fragen wir uns, welcher Religionsgruppe er wohl angehört. Diese Frage ist fester, unausgesprochener Bestandteil des libanesischen Miteinanders. Unabhängig davon ist es schwer nachvollziehbar, warum die Religionszugehörigkeit auch in den Pässen der Libanesen vermerkt ist. Vielleicht ist diese Kategorisierung Teil der libanesischen Malaise interreligiöser und daraus erwachsender politischer Spannungen. Unsere erste »Diagnose« wird flugs wieder verworfen, denn neben den Bildnissen der Heiligen hängt eine Kette mit einem bunten Stern in den Farben gelb, grün, rot, weiß und blau. Ein Drusenstern? Viel wissen wir bis jetzt nicht über die Drusen im *Chouf* und noch weniger über ihre religiöse Symbolik. In Deir el-Qamar, dem ehemaligen Sitz der drusischen Emire, wurde diese Religionsgruppe fast vollständig von maronitischen Zuwanderern verdrängt. Anders als in vielen Städten und Dörfern des christlich geprägten Nordens existieren hier keine lokalen Gesetze und Erlasse, die den Kauf von Grundstücken und Immobilien nur durch Gebürtige ermöglichen. Das große Business im aufblühenden Beirut spülte in den letzten Jahren viel Geld in die Kassen großer Familienclans, das jetzt im zunehmend attraktiver werdenden Deir el-Qamar und seiner Umgebung angelegt werden will. Die über Jahrhunderte gewachsene Koexistenz von Drusen und Maroniten gerät dadurch aber zunehmend ins Wanken und die Konflikte von morgen sind jetzt schon angelegt. Dass es allerdings wieder zu gewaltsamen Zusammenstößen oder sogar Gräueltaten zwischen dem ungleichen Duo kommen sollte, ist kaum vorstellbar. Das Rätsel um die Religionszugehörigkeit Akrams besteht zwar fort, aber unsere Neugier ist geweckt. Wir beschließen, morgen tiefer ins Drusenland »vorzudringen«.

Das unauffällige und unaufgeräumte Baakline ist auf unserer Fahrt zum versprochenen Paradies zügig durchquert. Das Okular der Kamera fest ans Auge gepresst, entgeht uns fast der erste Druse in traditioneller Kleidung. Es gibt sie also doch. Die gestrickte Kappe weiß, das Hemd und die geraffte Pluderhose schwarz. Er hetzt durch den hektischen Verkehr der Straße, um einen Gemüsestand zu erreichen. Sein Ziel führt uns direkt zum nächsten Drusen, als der er sich durch die auffällige Schwarz-Weiß-Optik seiner Kleidung zu erkennen gibt. Für unseren Fahrer bieten die Drusen einen alltäglichen Anblick, so dass wir sie schnell wieder aus dem Auge verlieren. Akram möchte seine Kunden einfach nur professionell ans Tagesziel bringen. Er ist zwar nicht weit von hier in Batloun aufgewachsen, doch muss er sich überraschenderweise nach jedem absolvierten Kilometer erneut von Passanten zum Naturbad lotsen lassen. Ein kurzes Hupen und eine sich nach unten senkende Hand sind die Signale zur gewünschten Kontaktaufnahme. Ein Gespräch entspinnt sich und schon ist die Spur wieder aufgenommen. Unser Fahrer scheint jedenfalls der einzige Mensch im Libanon zu sein, der noch kein mobiles Internet zur Nutzung von Google maps besitzt.

Hinter der Ortschaft führt eine enge löchrige und mehr schlecht als recht geflickte Piste in Serpentinen hinunter zum Resort, das aus mehreren Restaurants und Badeplätzen besteht. Große SUVs mit aufgebrezelten Insassen schlängeln sich mit hoher Geschwindigkeit die Schlucht hinunter. Die Botschaft ist klar: Hier komme ich! An der letzten kleinen Zufahrtstraße herrscht das reine Chaos. Rücksichtslosigkeit, Dauerhupen und wildes Gestikulieren sollen den Verkehr regeln. Irgendwie schaffen wir es dann doch zum Eingang eines der Restaurants, wo wir 20.000 libanesische Pfund pro Person berappen müssen, um den Badespot nutzen zu können. Auf dem Weg dorthin eröffnet sich uns ein Szenario, das selbst eingefleischte Libanon-Reisende überraschen würde. In der schmalen Schlucht des Baakline-Flusses stehen auf Terrassen in mehreren Ebenen unter Laubgängen und Bäumen jeweils dutzende Tische, an denen herausgeputzte Einheimische sitzen, speisen und palavern. Es ist der zweite Tag von *Eid al-Adha*, dem islamischen Opferfest, das als Höhepunkt der jährlichen Pilgerfahrt nach Mekka gilt. Mit dem Opferfest erinnern Muslime in aller Welt an Abraham (Ibrahim im Islam), der als gemeinsamer Stammvater von Muslimen, Juden und Christen gilt. Das Fest nimmt Bezug auf eine Geschichte, die auch vielen Christen bekannt sein dürfte: Abraham und seine Frau Sara, so berichten der Koran wie die Bibel, hatten keine Kinder. Deshalb zeugte Abraham einen Sohn, Ismael, mit einer Sklavin. Später wurde Sara doch noch schwanger und gebar Isaak. Gott befiehlt Abraham, seinen eigenen Sohn Isaak als Opfergabe zu töten. Dieser ist dazu bereit. In letzter Sekunde aber erscheint ein Engel Gottes und verhindert die Bluttat. Abraham opfert einen Widder an Stelle seines Sohnes. Dieser Akt dient wiederum als Vorbild für das rituelle Schlachten von Vieh zum Opferfest, bei dem jeweils ein Drittel des Tieres an Bedürftige und Verwandte gehen sollte. Im Zentrum dieses Rituals steht die Barmherzigkeit Gottes. Die Muslime feiern universelle Werte wie Hilfsbereitschaft, Freundschaft und Versöhnung. Höhepunkt des Festes bildet immer ein üppiges gemeinsames Mahl.

Das ist hier an diesem paradiesischen Ort nicht anders. Auf den Tischen türmen sich überall Teller mit *Mezze* und Gegrilltem. Die Shishas arbeiten im Hochbetrieb. Alkoholika sind selbstverständlich. Der ganze *Chouf* ist auf den Beinen, darunter sind auch viele Familien und Städter von der Küste. Nach Auskunft der Empfangsdame sind mehr als 500 Gäste auf dem Gelände des Restaurants unterwegs. Man hört das Plätschern des Wassers, das ob der Hitze der Sommermonate künstlich aufgestaut werden muss, um solch ein grünes Ambiente zu erschaffen. Auf Kleinsttümpeln fahren verliebte Pärchen in blau-weißen Plastikbooten. Dazu ertönt das herzzerreißende Jaulen arabischer Popmusik. Selfies werden allerorten vor Tischen, Bäumen, Felsen und dem herabstürzenden Wasser geschossen. Kein Ort ist sicher vor der Knipserei. Was für eine Staffage. Für uns geht es treppauf, treppab, bis wir endlich das Bassin erreichen. Darin schwimmen außer uns nur noch zwei kleinere Kinder. Alle über zwölf begeben sich maximal bis zu den Knien ins Wasser, um vor dem fotogenen Hintergrund mit plätscherndem Wasserfall ein noch besseres Selfie einzufangen. Die Bademode der Muslima besteht aus einer Radlerhose mit angenähtem Oberteil. Nach einer Stunde im glasklaren kalten Gebirgswasser haben wir genug. Wir fühlen uns ausgezogen vom Starren der Umstehenden. Es setzt sich die Erkenntnis durch, dass das Erlaubte nicht zwangsläufig Teil der Kultur sein muss. Wir bleiben fremd in diesem Paradies. Die Abkühlung im tiefen, tiefen Tal hat man uns trotzdem nicht genommen. Wir verlassen erquickt den Fress- und Amüsierpark. Die Bilder bleiben im Kopf: Das ist das Leben, wie es die Libanesen lieben und genießen.

Als der Faden riss

Der Stich, den wir in einem Antiquariat nahe Byblos gefunden haben, ist auf Deutsch mit »Seidenfabrikation im Libanon« untertitelt. Die einzelnen kleinen Drucke zeigen die mühselige Verarbeitung der Raupenkokons von ihrem Eintreffen in der Manufaktur bis zum Abwickeln des Fadens. Sie scheinen aus einer Illustrierten vom Ende des 19. Jahrhunderts zu stammen. Das Bild in der Mitte lässt vor runden Waschbecken zwei junge Mädchen mit Häubchen erkennen, an denen ein loser Seitschleier befestigt ist. Ihre Gesichter sind noch ganz weich und ohne Konturen der Jahre; sie sind bestimmt erst dem Kindesalter entwachsen. Bereits als Russegger 1841 den Libanon besuchte, gaben die Seidenraupenzucht und die Weiterverarbeitung der Seide den meisten Menschen Lohn und Brot. Mehr als zwei Drittel der Bevölkerung arbeitete an der Gewinnung des glänzenden Tuchs mit. Über 200 Seidenfabriken gab es im jetzigen Gebiet des Libanon. Heute stehen weniger als zehn dieser Gebäude. Eines von ihnen soll laut unseren Recherchen zwischen Deir el-Qamar und *Beiteddine* stehen. Die Einheimischen in Deir el-Qamar wollen noch nie davon gehört haben, und so machen wir uns an diesem sonnigen Morgen allein auf die Suche.

Wir nehmen die Straße Richtung *Beiteddine*. Am Moussa Castle, dem libanesischen Neuschwanstein, hält unser Fahrer an. Anscheinend geht er davon aus, dass – welchen Teil des Landes wir auch immer heute erkunden möchten – ein Besuch dieses bizarren, mittelalterlich anmutenden und mit volkstümlichen Szenenbildern vollgestopften Schlosses ein Must-Do darstellt. So rührend die Geschichte von Moussa Maamari, der dieses Schloss baute, nachdem er dies mit vierzehn einem Mädchen versprochen hatte, zuweilen erzählt wird, so wenig steht uns heute der Sinn nach Folklore. Wir suchen vielmehr nach Spuren der Industrie, die den Libanon über 300 Jahre groß gemacht hat und deren Ende die schwerste Krise des Landes einläutete. Es war *Fachr ad-Din II*, der bereits im 17. Jahrhundert das Potenzial der Seide erkannte und durch Anpflanzung von Maulbeerbäumen eine an der Seidenproduktion ausgerichtete Landwirtschaft einführte. Überall im Land wurde Seide hergestellt, die als regionales Produkt sehr unterschiedliche Eigenschaften aufwies. Die Seide aus Tripoli war weiß und fein und wurde zu Silber- und Goldgarn weiterverarbeitet. Aus Beirut hingegen stammte weiße und gelbe Seide, die aufgrund ihrer Stärke zum Weben von Teppichen und Wandbehängen Verwendung fand. Die Seide des *Chouf* hingegen war ausschließlich gelb und wurde zur Herstellung von Samt benutzt. Die Seidenballen wurden in der *Kisseriya* von Deir el-Qamar sowie in den *Khans* von Sidon, Tripoli und Beirut angeboten. Ein Großteil der Seide ging schon im 17. Jahrhundert in die Toskana nach Italien. Später wurden vom Hafen Beiruts aus Kokons und Seidenballen nach Marseille transportiert, die von da aus ihren Weg in die Webereien von Lyon fanden. Durch den Seidenhandel entwickelten sich nicht nur »Logistikfirmen«, sondern auch das erste Geldinstitut des Libanon, das Seidenzwischenhändlern Kredite gewährte, damit sie die Kokons der Bauern kaufen konnten, um diese später weiterzuhandeln.

Die Seidenfabriken des 19. Jahrhunderts ähnelten in ihrem Bau einem zweistöckigen, in die Länge gezogenen Kirchenschiff mit einem großen Schornstein und einem steilen Satteldach. Aufgrund dieser Charakteristik fällt es uns nicht schwer, die alte Seidenfabrik mit ihrem »Obelisken« vor dem tiefblauen Himmel zu entdecken. Sie steht nur etwas abseits der Hauptstraße nach *Beiteddine*. Aus lokalem

Sandstein erbaut, hat sie viele Fenster und einen Eingang mit osmanischem Türbogen. Leider ist die Zufahrt verschlossen. Wir entscheiden uns kurzerhand, unter dem Stacheldrahtzaun hindurch zu krabbeln. Bloß nicht verletzen – geschafft! Vor den Fenstern des Gebäudes hat ein knorriger alter Baum seine Zweige ausgebreitet. Wie einen Vorhang zu einer anderen Welt und Zeit schieben wir sie sanft zur Seite, um einen Blick ins Innere zu erhaschen. Die große Halle steht leer, im seitlichen Anbau stehen Schulbänke und eine Schiefertafel, ein Konzertflügel und Regale – Zeitzeugen der Umnutzung nach dem Untergang der Seidenindustrie im ersten Weltkrieg. Auch außen ist die Zeit nicht spurlos vorübergegangen. Die Natur erobert sich ihr Terrain zurück. Pflanzen haben sich zwischen den Mauersteinen der Fabrik ausgebreitet. Der wilde Garten rundherum lässt Tagträume heranfliegen. Von glänzenden bunten Seidengarnrollen, von edlen Stoffen, mit Gold bestickt, von Gewändern für Könige und Königinnen. Russegger berichtet von seiner Reise: »Der Verbrauch der Orientalen an Seidenzeug aller Art ist sehr groß, und ihr Geschmack ist sehr auf das Bunte der Farbe hin gerichtet. So werden in Beirut jene schönen mit Gold und Silber durchflochtenen schweren Seidenzeuge gewebt, die besonders beim wohlhabenden Teil des Landvolkes in Syrien das Hauptstück zu festlichen Kleidern bilden, indem daraus Kaftane verfertigt werden, die wirklich eine schimmernde Pracht an sich haben.«

Tatsächlich bewirkte die Produktion der Seide im 19. Jahrhundert nicht nur ein Wirtschaftswunder, sondern auch einen gesellschaftlichen Wandel. Zum allerersten Mal war es Mädchen und Frauen, die sich vorher nur im Kreis ihrer Familien bewegt hatten, erlaubt, in der Seidenfabrik zu arbeiten. Dort standen sie im Alter von vierzehn bis achtzehn Jahren – immer zu zweit, ein jüngeres und ein älteres Mädchen – an den Waschbecken, in denen unter heißem und warmem Wasser und durch Zuhilfenahme einer Bürste der Anfang des einzigen Fadens, aus dem der Kokon besteht, gelöst und mit mehreren Fäden zusammen aufgewickelt wurde. Die Größe einer Fabrik bemaß sich an der Anzahl dieser Waschbeckenarbeitsplätze. Die Kokons trafen aus dem gesamten Land zur Verarbeitung ein. Nahezu alle Hänge des Libanon waren mit Maulbeerbäumen bepflanzt, deren Blätter die Landbevölkerung erntete, um damit die Seidenraupen zu füttern, die sie in einfachen Hütten in Regalen oder sogar im Wohnhaus hielt. Einst wohnte auch Russegger in einer solchen spartanischen Hütte. Als er nach mehrtägigen Erkundungen im Land zurückkehrte, war die ganze Hütte eingesponnen. Heute steht nur noch eine Handvoll Maulbeerbäume im Libanon und die vielfältigen Seidenartikel von einst kann man lediglich im Seidenmuseum in Bsous bestaunen. Dort gibt es mit Gold verzierte Donatos, das sind Seidentücher zum Einschlagen der Badetücher und Utensilien, wie sie beim Hammam-Besuch im Aleppo des 19. Jahrhunderts gebräuchlich waren, Gewänder und Kleider und schließlich prächtige Wandbehänge und Kissenbezüge: Stoffe längst vergangener Zeiten, aus denen Träume gewoben sind.

Wir lassen die Zweige wieder vor das Fenster gleiten. Mögen sie die Erinnerungen vor der Sonne verbergen, bis ein Neugieriger sie wieder ans Licht lässt. Mit staubigen Knien kommen wir von der Seidenfabrik und waschen uns im Quellwasser einer steinernen Rinne, die einst die Waschbecken der Mädchen bewässerte. Akram lacht über unseren Einsatz. Die Seide im Libanon – eine von Tausendundeiner Geschichte, die ihm nie erzählt wurde.

Klein, aber geheim

Wir werden am Morgen von Akram aus Beit el-Qamar abgeholt und offenbaren ihm, dass wir nach Barouk fahren möchten. Barouk liegt unterhalb des *Chouf*-Biosphärenreservats und nach Karte der konfessionellen Verteilung im Herzland der Drusen. Wo, wenn nicht genau dort sollten wir in Kontakt mit ihnen kommen? Nach Recherchen im Internet stehen die Chancen schlecht, zu einer ihrer versteckten Gebetsstätten zu gelangen, obwohl Drusen in der gesamten Levante leben. Sie sind eine esoterische ethnoreligiöse Gruppe, die sich selbst als *Al-Muwahhidun*, Bekenner der Einheit Gottes, bezeichnen. Jitro von Midian oder auch *Shu'ayb*, wie er im Islam genannt wird, gilt als ihr Urahn und wird als spiritueller Gründungsvater der Drusen des Libanongebirges angesehen. Sein Grab in Hattin im heutigen Israel wird als drusisches Heiligtum verehrt. Historisch ist gesichert, dass die drusische Religion auf die Lehren des *Hamza ibn Ali ibn Ahmad* zurückgeht. Dieser lebte Anfang des 11. Jahrhunderts im fatimidischen Ägypten und behauptete, dass der regierende Kalif *al-Hakim bi-Amr Allah* Gott selbst sei. Darüber hinaus lehrte er die Aufhebung der koranischen Offenbarung und ihrer ismailitischen Deutung. Die Ismailiten selbst sind eine aus dem schiitischen Islam abgespaltene Religionsgemeinschaft aus dem 8. Jahrhundert, die in Indien und Pakistan Verbreitung gefunden hat. *Hamza ibn Ali ibn Ahmad* forderte das reine Bekenntnis zu Gottes Einzigkeit, das alle Formen eines Gottesdienstes überflüssig machen sollte. Der Gelehrte und Prediger schuf unter Einbeziehung neuplatonischer, extrem-schiitischer und gnostizistischer Denkansätze und Begriffe eine neue Religion. Er sandte seine Missionare über den Sinai bis nach Syrien, um die neue Lehre zu verbreiten. Einer seiner aktivsten Missionare war der aus Buchara stammende *ad-Darzi*. Die Anhänger seiner Lehre wurden wiederum *Duruz*, Drusen, genannt, wie sie noch heute heißen. Ungefähr eine Million Drusen bekennen sich in Syrien, Israel, Jordanien und dem Libanon zu dieser Lehre, die in der Sammlung der »Sendschreiben der Weisheit«, in 24 Büchern niedergeschriebene Episteln drusischer Würdenträger, zusammengefasst ist. Sechs davon sind noch erhalten.

Nur die eingeweihten Verständigen, genannt *uqqal*, sind Hüter und Bewahrer dieser Heiligen Schrift und ihrer Mysterien, die den Unwissenden, genannt *guhhal*, vorenthalten sind. Die wenigen, elitären Verständigen erkennt man leicht an der weißen Kopfbedeckung und der schwarzen Oberkleidung. Im Unterschied zum Islam können auch Frauen Eingeweihte sein. Da ein Druse nur sein kann, wer selbst drusische Eltern besitzt, bleibt die Abschottung gegenüber Außenstehenden Teil seiner Identität. Diese Eigenschaft hat eine lange, 1000-jährige Tradition. Die Drusen im Fatimidenreich waren schon bald einer umfassenden Verfolgung ausgesetzt, so dass sie bereits damals im Geheimen operieren mussten. Im entlegenen *Chouf* der Levante fanden sie ein neues Zuhause und entwickelten ihren Glaubenssatz durch Aufstellung eines moralischen Kodex weiter. Dazu gehört zum Beispiel die Norm der Aufrichtigkeit und Ehrlichkeit beim Sprechen. Die außerhalb der drusischen Gemeinde unbekannten religiösen Positionen sowie andere inkorporierte Lehren, wie die der Seelenwanderung von Mensch zu Mensch, führten dazu, dass die islamische Rechtsauffassung das Drusentum als eine zu bekämpfende häretische Geheimsekte betrachtet. Die konstante Bedrohung hat im Laufe der Jahrhunderte dazu geführt, dass die Schriften und Praktiken ihrer Lehre nahezu unbekannt sind und auch bleiben sollen. Wieso sollten sich daher ausgerechnet uns die Mysterien der Drusen offenbaren?

Das Taxi von Akram schnurrt gleichmäßig auf der kurvenreichen Strecke in Richtung Barouk. Da wir mit der Geographie des Libanon inzwischen recht gut vertraut sind, erwarten wir, dass unser Fahrer kurz vor *Beiteddine* den Abzweig nach Batloun nimmt, um ins höher gelegene Barouk zu gelangen. Das war zumindest unser Plan. Er ignoriert jedoch unseren Wunsch und bringt uns geradewegs nach *Beiteddine*. Akram meint es gut mit uns. Auf keinen Fall sollen wir die großen Sehenswürdigkeiten seiner Heimat verpassen! Offensichtlich chauffiert er alle Gäste des *Chouf* zum Palast der Emire. Wir versuchen ihm zu vermitteln, dass wir diesen Ort bereits besichtigt haben. Er schaut uns mit großen Augen an, lacht und kehrt um. Wir beschwören ihn durch den dreimaligen Ausruf »Barouk, Barouk, Barouk«, uns endlich zum ersehnten Ziel zu bringen. Akram scheint uns zu verstehen, denn seine erleichterte Antwort lautet: »See Barouk!«, worauf wir ihn mit einem »Yes, yes« bestärken. Wir sind wieder auf Kurs! Unser Puls verlangsamt sich, während sich der von Akram auf der gesamten Fahrt immer wieder beschleunigt, wenn alte Menschen, ohne zu schauen, die Straße überqueren. Mit ausladender Gestik und verächtlichem pfeifenden Ton echauffiert er sich über die Ignoranten auf der Straße, seinem Arbeitsplatz. Die chaotische Fahrweise anderer Verkehrsteilnehmer erträgt er dagegen, wie übrigens alle Libanesen, stoisch.

Das charmefreie Batloun ist schnell durchquert. Hier erblicken wir, wie erwartet, immer mehr Drusen in traditioneller Kleidung, die sie als »Versteher« zu erkennen gibt. Die meisten tragen an den Füßen uralte Schlappen, die so gar nicht zu dem recht festlich wirkenden Äußeren passen wollen.

Kurz hinter Batloun halten wir unvermittelt. Was ist jetzt schon wieder los? Wagen defekt? Neues Reiseziel? Wir schauen uns schulterzuckend an, doch dann dürfen wir uns sofort entspannen. Akram lädt uns auf einen starken libanesischen Kaffee ein, den es in einer Holzbude mit Terrasse gibt. Das kleine Café gehört seinem älteren Sohn, der 22 Jahre alt ist und wie sein Vater aus Batloun stammt. Von der Plattform genießt man einen atemberaubenden Blick über das grüne, immer noch Wasser führende Tal des *Nahr al-Awali* sowie zum Zedernwald des *Chouf*-Biosphärenreservates. Direkt vor uns liegt auf einer kleinen Anhöhe Barouk. Auf dem vor uns liegenden Berghang suchen Ziegen zwischen dem verdorrten Gras nach Essbarem. Bergidyll pur, wäre da nicht die Geschichte vom Tod des jüngeren Sohnes, der vor drei Wochen bei einem Verkehrsunfall im nahen Ort sein Leben verloren hat. Akram fängt plötzlich im Schwall an zu erzählen und schiebt schnell seine Sonnenbrille über die tränengefüllten Augen. Auch wenn wir vieles vom Gesagten nicht verstehen, so besitzen Trauer und Schmerz doch eine universelle Sprache. Er tut uns sehr leid und wir fragen uns, wie er es in dieser Situation schafft, beim Chauffieren von Fahrgästen immer freundlich zu bleiben. Jetzt können wir auch die haushohen Plakate mit dem Konterfei eines jungen Mannes in Trauerflor im Zentrum von Batloun und die Fotos an der Rückscheibe von Akrams Wagen einordnen: Es ist sein verunglückter Sohn. Während der ganzen Fahrt hat er Lieder von *Fairouz*, der »Mutter der libanesischen Nation«, gehört. Sie ist eine der bedeutendsten arabischsprachigen Sängerinnen im Libanon und gesamten Nahen Osten. *Fairouz* genoss aufgrund ihrer politischen Zurückhaltung, gerade während des Bürgerkrieges, eine hohe Akzeptanz in allen sozialen Schichten und religiösen Lagern des Libanon. Ihre jüngst innerfamiliär geäußerte Sympathie für die Hisbollah scheint man ihr deshalb gerne zu verzeihen. Die Stimme von *Fairouz* berührt zumindest noch die Herzen aller, unsere eingeschlossen.

Wir bedanken uns für den Kaffee und möchten zahlen, aber die libanesische Gastfreundschaft verwehrt uns das wieder einmal.

Kurz vor dem Halt am Kiosk hat ein Antiquitätengeschäft unsere Aufmerksamkeit erregt. Wir traben die 100 Meter zurück. Nach dem Eintreten stapft wie aus dem Nichts ein großer beleibter Druse hinter einer Säule hervor und begrüßt uns freundlich. Zum ersten Mal steht leibhaftig ein Eingeweihter vor uns. Er verkauft in seinem Laden chinesische und französische Antiquitäten. Zu seinem Warensortiment gehören Bilder, Möbel, und Porzellan. Wer soll nur die vielen Vasen aus Bleiglas kaufen? Unsere Suche gilt eigentlich alten Postkarten und Drucken, die den libanesischen Alltag und historische Stadtansichten zeigen, aber jetzt schauen wir einzig und allein mit versteckten Blicken auf »unseren« Drusen. Zu einem Foto erklärt sich der Herr nach Uwes schmeichelnder Bekundung »I admire your clothes« aber nicht bereit. Für eine kurze Unterhaltung will sich der Gentleman trotz guter Englischkenntnisse auch nicht hergeben. Ein Druse lässt sich durch unsere Charmeoffensive nicht bestechen. Kein Foto, kein antiquarischer Fund. Wir müssen leider wieder abziehen und anderen Ortes unser Glück versuchen.

Die Fahrt geht weiter, durch den neueren Ortsteil von Barouk, in dessen Zentrum sich ein Vergnügungspark für Kinder befindet. Kleine Fahrgeschäfte locken bunt und laut, an Ständen holen sich die wenigen Besucher Süßigkeiten. Überall sieht man jetzt Männer in der typischen Tracht der Drusen. Manche Frauen tragen ein bodenlanges schwarzes Gewand und einen hauchdünnen weißen Schleier, der über den Kopf gelegt und dann den Mund verhüllend über die Seite zusammengebunden ist. Das Tragen eines Kopftuchs ist allerdings nicht Pflicht bei drusischen Frauen. Noch bis zum Ende des 19. Jahrhunderts trugen verheiratete drusische Frauen den Tantour. Dieser Kopfschmuck war ein langgezogener metallener Kegelhut, der zuweilen mit Perlen und Edelsteinen besetzt war und von dessen Spitze ein langer Schleier über beide Schultern fiel. Der Zeitenwandel macht jedoch selbst vor dem Drusenland nicht halt, auch wenn er in kleineren Schritten kommt.

Kurz hinter dem Zentrum umfahren wir an der Hauptstraße einen Park, an dessen Ende ein Brunnen das frische Wasser des Barouk River spendet, Gelegenheit, um unsere Wasservorräte wieder aufzufüllen. Akram versichert uns, dass sich die gesamte Bevölkerung der Umgebung hier mit dem Quellwasser fürs Kochen und Waschen bediene. Dies sei schlichtweg der beste Brunnen weit und breit. Im Brunnenhäuschen treffen wir einen Drusen mit seinem Sohn beim Befüllen etlicher Wasserkanister an. Diese Tätigkeit braucht Zeit und hat einen fast meditativen Charakter, der sich auf alle Umstehenden auswirkt. Die Umstände lösen ein wenig die Zunge und wir kommen ins Gespräch mit dem Herrn.

»Ab welchem Alter darf man die traditionelle Kopfbedeckung tragen?«

»Ab Geburt«, erwidert er lakonisch.

»Muss man denn die Würde eines Verstehers nicht erst während des Lebens erwerben?«, fragt Anna verwundert.

»In der Regel wird die Würde vom Vater auf den Sohn vererbt. Als Träger des Gedächtnisses der Drusen und als ein Bewahrer unserer Kultur gebe ich mein Wissen an meinen Sohn weiter.«

»Gab es die Trennung zwischen *uqqal* und *guhhal* eigentlich schon von Anbeginn des Drusentums?«

»Die Trennung geht nicht auf *Hamza ibn Ali ibn Ahmad* zurück, sondern trat nachweislich später in Erscheinung. Der Hauptgrund scheint der Schutz der drusischen Glaubensinhalte vor Fremden gewesen zu sein oder vielleicht sogar vor der eigenen drusischen Gesellschaft.«

Endlich bekommen wir die ersehnten Informationen und wollen die Gelegenheit für weitere Fragen nutzen. Sein Sohn im jüngeren Teenageralter trägt ein T-Shirt mit der Aufschrift »H&M Team«.

»Wieso trägt Ihr Sohn nur eine Pluderhose und kein schwarzes Hemd wie alle männlichen Drusen?«

»Weil es heute so heiß ist!«

Na klar, die Antwort hätten wir uns selbst geben können.

»Kann man denn ein Eingeweihter sein, ohne die traditionelle schwarze Kleidung tragen zu müssen?«

»Das Ablegen der weltlichen Kleidung, das Tragen eines Schnurrbarts, das Abrasieren der Haare, der Verzicht auf Alkohol und der restriktive Umgang mit dem anderen Geschlecht gehören zu den Geboten eines *uqqal*. Ein Bewahrer kann man jedoch auch ohne äußerliche Bezeugung sein.«

Wir trauen uns noch weiter in unserer Fragerunde vor.

»Könnten wir einmal einen Gebetsraum der Drusen besichtigen?«

»Bloß besichtigen nicht. Wenn Ihr aber ein Gebet zu sprechen habt, seid Ihr eingeladen, das bei uns im Gebetsraum zu tun.«

Er dreht sich urplötzlich um und ist schon wieder in seine Arbeit der Befüllung von Plastikkanistern vertieft. Ein Mehr an Informationen scheint es nicht für uns zu geben.

»Wie können wir den Gebetsraum in Barouk finden?«, setzen wir trotzdem nach und sehen unsere letzte Chance gekommen.

»Er ist ein Insider«, sagt er, wendet sich noch einmal uns zu und zeigt auf Akram. »Er kann Euch hinführen«.

Nachdem er unserem Fahrer eine Anweisung auf Arabisch mit auf den Weg gegeben hat, entzieht sich das verschmitzte Gesicht mit dem langen, nach unten gezogenen Schnurrbart und den buschigen Augenbrauen für immer unseren Blicken. Akram nickt uns mehrmals bestätigend zu und sagt: »I show you«. Wir schlagen uns auf die Stirn, denn im selben Augenblick wird klar, dass wir die ganze Zeit im Auto eines Eingeweihten saßen und es nicht bemerkt haben. Wie sollten wir es auch wissen? Akram wirkt gepflegt und trägt Alltagskleidung, obschon in Schwarz. Eingedenk unseres Gespräches am Brunnen wissen wir jetzt, dass dies kein Ausschlusskriterium für einen »Insider« sein muss. Uns fällt nur auf, dass er ununterbrochen einen weißen Gebetskranz durch die Finger gleiten lässt und dabei leise vor sich hinmurmelt. Gibt das ums Handgelenk gelegte weiße Band ihn als einen *uqqal* zu erkennen? Für uns bleibt es ein Mysterium.

Der Gedanke daran, endlich eine drusische Gebetsstätte von innen erblicken zu dürfen, versetzt uns jedenfalls in Hochstimmung. Wie sehr haben wir uns dies gewünscht. Geheimnisträger werden. In Erwartung unseres Traumziels bemerken wir zuerst gar nicht, wie Akram den Schildern Richtung Zedernwald folgt. Es ist kaum zu erwarten, dass der Gebetsraum so hoch im *Chouf* liegen wird. Wir hatten eine Weiterfahrt in den alten Ortsteil von Barouk erwartet. Wenn »unser Druse« seine Richtung beibehält, werden wir gleich mitten im Wald stehen. Wir müssen ihn erneut stoppen. »No cedars!« und »Please, praying room« sind unsere Hilferufe an ihn. »Room« scheint das Stichwort für Akram zu sein, denn er wiederholt im Angesicht einer neu entstehenden Hotelanlage direkt neben der Straße ständig »150 Dollar per night. Beautiful«. Wir reden offensichtlich aneinander vorbei und wir fragen uns, ob er tatsächlich verstanden hat, dass wir zur Gebetsstätte in Barouk möchten. Bei dem erneuten Versuch, unsere Destination zu benennen, sagt er wiederum nur »yes, yes« um seine Fahrt dann doch unbeirrt fortzusetzen. Nach ein paar Hundert Metern weiter rufen wir vehement und schon ein wenig verzweifelt »STOP!« Endlich bringt er seinen Wagen zum Stillstand. Uwe zeigt ihm Fotos mit dem Drusen in traditioneller Kleidung an der Quelle und faltet dabei seine Hände wie zum Gebet. Endlich versteht Akram, auch wenn wir vermuten, dass er es wieder gut mit uns meint und die schönsten Stellen seiner Heimat zeigen will. Unser bizarrer Wunsch ist ihm anscheinend unverständlich und wird wahrscheinlich selten geäußert. Wir möchten indes nur in den Gebetsraum.

Zehn Minuten später parkt Akram das Auto unter einer Art großem Carport. Hier soll es sein? Niemand würde hier ein »Gotteshaus« vermuten, nur fünfzackige Sterne in grün gestrichenen Eisengittern vor den Fenstern und der Tür deuten darauf hin, dass sich hier einer der zentralen Gebetsräume des gesamten *Chouf* verbergen könnte. Akram versucht uns vor dem Betreten begreiflich zu machen, dass an diesem Ort bereits Staatspräsident *Aoun*, ein Maronit und Premierminister *Hariri*, ein Sunnit, gebetet haben. Uns wird klar: Hier ist jeder zum Gebet willkommen, unabhängig von seiner Konfession. Schiiten beten die Mutter Gottes an, Sunniten verehren *Mar Charbel*, Maroniten pilgern zum Drusenschrein. Im Libanon ist dies kein Widerspruch. Auch im innerdrusischen politischen Machtgefüge scheinen die gegensätzlichen Positionen der Libanesischen Demokratischen Partei und der Sozialistischen Fortschrittspartei, vertreten durch die *Arslan*-Familie bzw. den *Dschumblat*-Clan, Teil der Identität geworden zu sein. Beide sind mächtige Großgrundbesitzerfamilien im Drusenland, doch während die Mitglieder der *Arslan*-Familie antikolonialistische und panislamische Ideen vertraten, war die Politik der *Dschumblats* vielmehr von nüchternem Pragmatismus geprägt. Zurzeit werden die Gegenpole durch eine prosyrische und eine antisyrische Haltung der *Arslans* bzw. *Dschumblats* besetzt. Die Drusen im Libanon und in der gesamten Levante sprechen nicht mit einer Stimme. Aber genau diese Polyphonie im Chor der politischen Standpunkte scheint eine besondere Stärke im mittlerweile 1000-jährigen Überlebenskampf des Drusentums zu sein. Diese Strategie macht die Drusen weniger zur Zielscheibe religiöser, sozialer oder politischer Ressentiments der anderen Glaubensgemeinschaften im Libanon. Fast wirkt es so, als sprächen sich die Führer der Drusen ab, um – ganz opportunistisch – alle Positionen wie in einem Kramladen nach außen hin zu verkaufen, bis die politische Balance wiederhergestellt ist. Das Drusentum – der Libanon im Kleinen.

Unterhalb der vergitterten Fenster steht ein großes Regal. Wir werden gebeten, unsere Schuhe hineinzustellen. Glück gehabt, Gott sei Dank befindet sich kein Loch in Strümpfen und Socken. Anna soll sich ein bodenlanges schwarzes Gewand überwerfen, dazu reicht ihr Akram einen weißen Schleier. Es geht los. Ein Türflügel ist geöffnet. Am Ende eines zehn Meter langen Flurs eröffnet sich ein Gebetsraum, der wie ein L geformt ist und einen Schrein beherbergt. Dieser steht unter einem steinernen Gewölbe und ist vollständig mit einem Teppich drapiert. Darauf ist ein fünffarbiger Drusenstern appliziert. Jede Farbe symbolisiert ein Prinzip des Glaubens: Grün für *aql*, den universellen Verstand, rot für *nafs*, die universelle Seele, gelb für *kalima*, das wahrhaftige Wort, blau für *sabiq*, die Ursache eines Wirkungsprinzips und weiß für *tali*, die Wirkung. Der Stern der Drusen verkörpert Phi, die universale Maßzahl für alles Leben, die Verhältniszahl des goldenen Schnittes, des einzigen Verhältnisses, bei dem das Verhältnis des ganzen zum größeren Teil gleich ist dem Verhältnis des größeren Teils zum kleineren. Akram küsst den Stern, umschreitet den Schrein und betet. Eine elegant gekleidete Dame höheren Alters betritt den Gebetsraum und tut es ihm gleich. All das geschieht unter den Augen von Scheich *Abu Hassan Aref Halawi*, dessen Foto über dem Schrein hängt. Der spirituelle Führer der Drusen starb 2003 im Alter von 103 Jahren. Bei der Bestattung in seiner Heimatstadt Barouk waren 60.000 Trauergäste aus dem gesamten Libanon zugegen. Er war Zeit seines Lebens mehr Weiser als Geistlicher. *Abu Hassan* verstand es, die Drusen untereinander und mit den Menschen anderer Religionszugehörigkeiten zu einen. Die Tagespolitik hielt er immer von sich fern, was seine Popularität und Integrität bloß noch mehr steigerte. Über ihn wird erzählt, dass er in seiner Kindheit beim geistlichen Studium die Tochter eines Scheichs im Nachbardorf kennenlernte. Er heiratete sie schließlich, doch soll die Ehe aus Gründen der Selbstdisziplin nie vollzogen worden sein. Zeitlebens haben beide wie Bruder und Schwester miteinander gelebt. Uns wird hier und heute klar, warum die Verehrung des »Friedensfürsten« im *Chouf* keine Grenzen kennt.

Nach seiner Runde um den Schrein möchte Akram, dass Anna mit unserem Sohn Johann hinzutritt. Er reicht uns drei weiße Baumwollbänder, die wir uns – ihn nachahmend – um das rechte Handgelenk binden. Wir schauen ihn fragend an und meinen das Wort »future« herauszuhören. Langsam dämmert es uns. Es kann nur eine der metaphysischen Kräfte des Drusensterns gemeint sein. Im Folgenden betreten mindestens ein Dutzend Männer und Frauen den Gebetsraum. Er ist komplett mit Teppichen ausgelegt und an allen vier Wänden von einer grün gepolsterten Sitzreihe begrenzt. Bis auf den Bereich um den Schrein wirkt alles sehr spartanisch. Die eintretenden Frauen sind alle wie Anna mit den zur Verfügung gestellten Gewändern und Schleiern verhüllt. Als wir bereits im Gehen begriffen sind, kommt uns zum ersten Mal eine komplette drusische Familie in traditioneller Kleidung entgegen. Vater, Mutter und Sohn. Es sind »Versteher«. Die Andacht fällt allerdings kurz aus, denn nach fünf Minuten verlässt die Familie auch schon wieder die religiöse Stätte: Expressgebet nach Drusenart. Ratlos sinken wir in die Polster. Der heutige Tag entlässt uns mit mehr Fragen als Antworten. Zu keinem Zeitpunkt unserer Reise waren die Widersprüche so greifbar wie hier im Drusenland. Verschwiegene Menschen, die anfangen zu reden? Ein verschlossener Ort mit offenen Türen? Eine Geheimreligion, die sich an keine konfessionellen Grenzen hält? Ein orthodoxer Verhaltenskodex, der Raum für die Gefühle aller Menschen lässt? Alles ist möglich, hier im Libanon, dem Land der offenen Herzen, die sich nach bleibendem Frieden sehnen.

Epilog

30. März 2020 – Pierre, Byblos/Haqel

Hallo Uwe, wie geht es Dir? Ich hoffe bei Euch ist alles gut, insbesondere seit wir Corona in der Welt haben. Ich habe diesbezüglich die Nachrichten über den Lockdown in Deutschland verfolgt. Hier ist noch alles unter Kontrolle. Momentan arbeiten wir noch nicht in den Fundstätten, sondern nur in der Präparation. Passt auf Euch auf und hoffentlich bis bald.

Pierre

Wir sind gerührt.

> *Hallo Pierre, danke, dass Du Dir Sorgen um uns machst. Gott sei Dank ist unsere Familie bislang gesund geblieben. Das hoffen wir auch von Euch. Wir haben hingegen von den Unruhen und Massenprotesten seit letztem Herbst im Land gehört, die nun eskalieren. Das tut uns so leid. Wie kommt Ihr klar? Wenn es irgendetwas gibt, das wir tun können, sag uns bitte Bescheid! PS: Wir sind dabei das Buch fertigzustellen (einschließlich der Fossiliengeschichte) und werden es bald bei Verlagen einreichen. Pass auf Dich auf, bis bald*
>
> *Anna & Uwe*

13. August 2020 – Elie, Mar Mikhael, Airbnb Beirut

Hallo Anna, wie geht es Dir?

> *Danke, uns geht es trotz Corona ganz gut. Aber was ist mit Euch? Seid Ihr von der Explosion im Hafen betroffen? Die Nachrichten haben uns so traurig gemacht.*

Wir haben wie durch ein Wunder überlebt, aber alles um uns herum war zerstört, als wir wenige Sekunden nach der Explosion aufwachten. Versuchen jetzt alles wiederherzurichten.
Durch die Tragödie letzte Woche sind die Wohnungen vieler Freunde unbewohnbar geworden. Wir müssen wiederaufbauen und brauchen Eure Hilfe, damit wir Euch wieder in Beirut willkommen heißen können. Bitte teile unsere Fundraising Initiative mit Deinem Netzwerk.
#Revive Mar Mikhael
Klick auf den Link für ein Video der Katastrophe.

Eigentlich haben wir die unwirklichen Bilder schon gesehen, aber wir klicken auf den Pfeil und das Video spielt ab. Dunkler Rauch, durchsetzt von kleinen Blitzen explodierender Feuerwerkskörper, dann eine gewaltige Detonationswelle, die vom Hafen aus durch die Häuserblocks Richtung Achrafieh und Mar Mikhael rast. Berstender Beton, splitterndes Glas – dann nichts. Kurze Zeit später steigt ein riesiger Rauchpilz in den blauen Himmel Beiruts. Als wir uns umdrehen, schauen wir in die ungläubigen Augen unserer Kinder. Das Video ist wahrlich verstörend. »Ist im Libanon wieder Krieg?«. Wir verneinen diese naheliegende Frage und spüren im gleichen Augenblick besonders schmerzlich, dass das uns vertraute Viertel nicht mehr so existiert, wie wir es kennen und lieben gelernt haben. Wie wird es den Menschen dort ergehen? Zusammen mit den Kindern leiten wir Elies Nachricht an Freunde und Bekannte weiter. Auch wir helfen und hoffen, dass unser Geld dort ankommt, wo es am nötigsten gebraucht wird.

25. August 2020 – Revive Mar Mikhael: Nawal's Business revival

Liebe Anna, klick mal auf den Link, um zu sehen, was wir mit Eurem Geld gemacht haben, lg Elie

Einer der Organisatoren hat sich für seine Hilfe Nawal ausgesucht. Sie ist Friseurin in Mar Mikhael. Ein kleiner Laden, Kunden sind momentan Mangelware. Die Explosion hat die Waschbecken und Regale von den Wänden gerissen, alle Fenster bersten lassen und den Putz abgesprengt. Einzig der Friseurstuhl steht noch. Nawal ist mit kleinen Verletzungen davongekommen, aber um wieder Kunden bedienen zu können, bräuchte sie 5 Millionen libanesische Pfund um alles einigermaßen wiederherzurichten. Für eine Nackenrasur nimmt sie 10.000 LPF. »Du bräuchtest 500 Kunden, damit Du das Geld für die Renovierung zusammen bekämst«, rechnet der junge Mann ihr vor. Nawal bläst resigniert die Backen auf. »Woher sollen die kommen?«. »Hier sind schonmal Deine ersten 10.000 LPF, ich werde zusehen, dass sich Deine Lage herumspricht«, versichert er ihr. Die Kamera schwenkt um. Auf der Straße vor dem Laden hat sich eine lange Schlange gebildet, viele fröhliche junge Leute, die von der Initiative jeweils 10.000 LPF in die Hand gedrückt bekommen, um sich bei Nawal rasieren oder die Haare schneiden zu lassen. Die Stimmung ist heiter. Einer nach dem anderen betritt den zerstörten Salon. Nawal kann es gar nicht fassen. Zwischendurch wird sie vor die Tür geführt und sieht die Menschenmenge, die sie klatschend und mit dem Ruf »Alsaeada! – Viel Glück« begrüßt. Am Ende des Tages kann Nawal mit dem Geld ihren Friseursalon wieder aufbauen. »We are from Lebanon, we will stay in Lebanon«, mit diesen Worten endet das Video. Die Regierung tut nichts, um den Menschen zu helfen, aber die Menschen helfen einander. Genauso haben wir die Libanesen kennengelernt: Anpackend und mit offenen Herzen.

26. August 2020 – David Corm schreibt in der Zeitung L'Orient-le Jour:

...werde ich mich nur darauf beschränken, zwei Aussagen in Frage zu stellen, die Michel Aoun und Hassan Nasrallah offiziell am 8. August 2020 im Fernsehen gemacht haben. Dort sagte Aoun: »Die Forderungen nach einer internationalen Untersuchung zielen darauf ab, die Wahrheit zu übertönen" und Nasrallah: »Wir haben kein Lager für Waffen, Raketen oder Sprengstoff im Hafen von Beirut". Seit wann kümmert sich Michel Aoun um die libanesische Souveränität? Er und sein Schwieger-

sohn kamen nur an die Macht, um die Interessen einer Partei (Hisbollah) zu unterstützen und zu verteidigen, die nach eigenen Angaben eine Fülle von Geldern und Waffen vom Iran erhält, und um mit seiner Agenda alle Rechte des libanesischen Volkes, in Frieden zu leben, mit Füßen zu treten. Was für eine Schande für ein Staatsoberhaupt, die einzige Untersuchung verbieten zu wollen, die zu Ergebnissen führen könnte…

Wir denken an den feinsinnigen Philanthropen, der uns in Beirut erst sein Haus und dann sein Herz geöffnet hat. So viel Wut spricht aus ihm. In seinen fein adressierten Worten verbirgt sich die gleiche Ohnmacht gegenüber den zementierten politischen Verhältnissen wie in den ungerichteten Massenprotesten des Herbstes 2019. Damals versuchten Schlägertrupps der Hisbollah die friedliche Bewegung aus jungen Menschen aller Glaubensrichtungen zu radikalisieren und zu stoppen. Die politische Elite lässt auch nach der Not durch die Explosion alle Forderungen des Volkes und des Auslands, vertreten durch den französischen Präsidenten Macron, der finanzielle Hilfen gegen politische Reformen anbot, ins Leere laufen.

6. Dezember 2020 – Robin, Beirut

Hallo, ich hoffe es geht Euch gut. Wie Ihr vermutlich mitbekommen habt, ist es mit unserem Land seit letztem Jahr drastisch bergab gegangen. Es fing alles mit den Protesten an. Dann waren die Banken betroffen. Das libanesische Pfund rauschte ab. Covid-19. Und nun die Explosion. Das sollte keinem widerfahren. Hosiana und ich haben durch die Explosion alles verloren, aber durch Gottes Hilfe sind wir mit dem Leben davongekommen. Nur ein Wunder kann uns noch aus diesen Krisen führen. Jede Hilfe ist uns willkommen. Bitte betet für uns!
Bleibt gesund und hoffentlich kommt bald der Impfstoff, damit wieder-ein Stück Normalität einkehrt. Liebe Grüße von Hosiana und mir

Hey Robin,
das sind wirklich traurige Nachrichten und es tut uns sehr leid, dies zu hören.

Wie können wir Euch am besten helfen? Macht es Sinn, Euch auf ein libanesisches Konto Geld zu überweisen? Oder kommt Ihr da gar nicht mehr dran? Würde es Euch mehr helfen, wenn wir versuchten, ein deutsches Konto für Eurer Geld einzurichten, um es vor der Inflation im Libanon zu schützen?
Oder braucht Ihr mal 'ne Pause von all den schrecklichen Umständen und wollt hierher kommen? Unser Haus ist nicht besonders groß, aber wir finden einen Platz für Euch beide. Was meint Ihr? Ihr seid in unseren Gedanken. Wir werden für Euch beten.

Anna & Uwe

6. Dezember 2020 – Pierre, Byblos

Liebe Anna, lieber Uwe,
Jetzt ist es schon lange her, dass wir uns gesehen haben. Ich hoffe so sehr, dass es Euch und Eurer Familie gut geht. Ich wünsche mir wahrhaftig ein baldiges Wiedersehen mit Euch, wenn diese Pandemie endlich vorbei ist. Dann gehen wir wieder gemeinsam in den libanesischen Bergen Fossilien fischen. Wir haben gerade unsere Arbeiten an den Fundstätten für dieses Jahr beendet, weil der Winter schon hereingebrochen ist. Diese Saison haben wir einige sehr seltene und wunderbar erhaltene Arten entdeckt, die wir normalerweise unserer privaten Sammlung zuführen würden. Allerdings steht es um uns und unser Land fatal: Nicht nur die Pandemie, die die ganze Welt betrifft, hat unser Land fest im Griff, sondern auch eine wirtschaftliche Krise, die sich von Tag zu Tag verschärft. Unsere Währung, hat gegenüber dem US-Dollar drastisch an Wert verloren. Noch vor einem Jahr war ein US-Dollar 1500 LBP wert, heute kostet ein US-Dollar 8500 LBP. Wir können dem Verschwinden des Wertes unserer Währung förmlich zusehen. Das Ganze wird noch dadurch verschlimmert, dass die Banken eine strikte Kapitalverkehrskontrolle eingeführt haben, so dass wir nicht einen einzigen Penny von unseren Konten abheben können. Es fühlt sich so an, als hätten sie unser Geld und unser Lebenswerk gestohlen. Als ob das nicht schon alles schrecklich genug wäre, hat im August die Explosion im Hafen von Beirut 160 Menschen

das Leben gekostet, mehr als 6000 Menschen schwer verwundet und beinahe eine halbe Million Menschen ohne Obdach hinterlassen. Ein Teil unserer Fossilienausstellung in Beirut wurde durch die Explosion ebenfalls zerstört. Ich kann kaum Worte finden, Euch zu beschreiben, wie es hier aussieht. Trotz allem versuchen wir uns eine positive Einstellung zu bewahren und alles zu tun, um irgendwie durch diese schwierigen Zeiten zu kommen. Aus diesem Grund haben wir uns auch entschieden, einige Stücke unserer privaten Sammlung zu verkaufen. Falls Ihr uns durch den Kauf oder die Vermittlung eines Kaufs helfen möchtet, würden wir Euch immer Priorität für die besten Stücke einräumen. Es fällt mir schwer das zu sagen, aber meine Brüder und ich haben sogar beschlossen, einige der seltensten Fundstücke zu verkaufen, damit wir in diesen Zeiten das Überleben unserer Familien und darüber hinaus auch eine Zukunft unseres geliebten Familienunternehmens sichern können. Passt auf Euch auf, meine Freunde.

Pierre

Im Gefolge dieser Nachricht fliegen die Botschaften hin und her. Dann geht alles sehr schnell. Am Weihnachtsabend sendet die Familie Saad einen höchst seltenen fossilen Quastenflosser auf die Reise Richtung Deutschland. Mit dem Geld dafür kann die über drei Generationen aufgebaute wissenschaftliche Arbeit weitergeführt werden.

Ein Stück Libanon für alle Menschen, die sich begeistern möchten und zum Staunen bereit sind. Zu sehen im Geomuseum in Münster bei Wiedereröffnung.

Wer hätte das erwartet, wieviel Freundschaft, Respekt, Chancen, Bereicherung und Austausch für alle Seiten sich aus einer verrückten Idee ergeben können. Alles begann mit ein paar Tagen in Beirut, aus denen Wochen im Libanon und am Ende eine lebenslange Herzensangelegenheit erwuchsen. Wir waren Gäste der Libanesen. Ihre offenen Herzen haben uns zu den Ihrigen gemacht.

Silvester 2020 – Pierre, Byblos/Haquel

I wish you 100 Million years of happiness

Chronik

2500-333 v. Chr.	Kanaanäer/Phönizien
1550-1077 v. Chr.	Ägyptische Herrschaft
1600-1178 v. Chr.	Hetiter
883-605 v. Chr.	Assyrische Herrschaft
605-538 v. Chr.	Babylonier
538-332 v. Chr.	Persische Herrschaft
332-64 v. Chr.	Hellenen
63 v. Chr.-646	Herrschaft Roms in der Provinz Syria
636-1099	Arabisch-islamische Herrschaft über die Levante
650	wahrscheinliche Ankunft maronitischer Mönche im Libanongebirge aus dem Tal des Orontes
661-750	Kalifat der Umayyaden
750-1258	Kalifat der Abbasiden
909-1171	Kalifat der Fatimiden (Gegenkalifat zum Kalifat der Abbasiden)
1017-1021	Hamza ibn Ali ibn Ahmad begründet in Kairo die drusische Lehre
1037-1194	Seldschukisches Reich
1096-1099	Erster Kreuzzug; Eroberung von Jerusalem
1099-1291	Grafschaft Tripoli
1289	Mamelukischer Sultan Qalawun besiegt die Franken mit Eroberung von Tripoli
1291-1515	Sultanat der Mameluken (Kairo)
1348-1349	Pest lässt Bevölkerung der Levante um ein Drittel schrumpfen
1516-1917	Herrschaft der Osmanen im Libanongebirge
1633	Osmanen unterwerfen Fachr al-Din II.
1697	Letzter legitimer Erbe der Ma'an-Dynastie stirbt; Drusenführer bestimmen seinen sunnitischen Neffen Bashir Schehab zum Emir
1860	Konfessioneller Konflikt zwischen Drusen und Maroniten bringt europäische Intervention
1861-1864	Osmanisch-europäische Übereinkunft für Einrichtung der neuen Provinz Libanonberg mit christlichem Gouverneur und gewähltem konfessionellem administrativem Rat
1866	Massaker an Maroniten im Chouf durch Drusen

1917-1920	Administration durch die alliierten Mächte
1920-1943	Frankreich erhält Mandat für Libanon durch Völkerbund
1926-1929	Ausarbeitung und Annahme einer libanesischen Verfassung
1943	Frankreich gibt verbliebene Kontrolle über den Libanon auf; Verständigung zwischen Maroniten und Sunniten auf Nationalen Pakt; maronitischer Präsident und sunnitischer Premierminister; 22. November wird als Unabhängigkeitstag gefeiert
1948	120.000 Flüchtlinge erreichen den Libanon nach Deklaration des Staates Israel
1958	Erste Staatskrise mit kurzem Bürgerkrieg; Uneinigkeit über Ausrichtung des Libanon; Präsident Camille Chamoun bittet die USA um Entsendung von Marines
1967	Arabisch-israelischer Krieg; Palästinenser nutzen den Libanon als Kampfbasis
1975-1990	Bürgerkrieg
1975	Zusammenbruch des libanesischen Staates; Kämpfe zwischen Maroniten und Palästinensern/Linken/muslimischer Nationaler Front
1976	Gegenseitige Massaker; Einmarsch syrischer Truppen zur Wiederherstellung des Friedens und zur Eindämmung palästinensischer Kräfte
1978-1982	Mobilisierung der Schiiten als Reaktion auf das Verschwinden ihres Führers Musa al-Sadr
1982	Invasion Israels; die von Jassir Arafat geführte PLO wird zum Abzug aus dem Libanon gezwungen; Bashir Gemayel wird zum Staatspräsidenten gewählt und kurze Zeit darauf ermordet
1983-1984	Syrien erlangt die führende Rolle mit Unterstützung seiner schiitischen und drusischen Alliierten wieder
1984-1990	Libanon zerfällt in verschiedene kommunale Territorien
1989	Zustimmung des Parlaments zum Abkommen von Ta'if mit moderater Verfassungsänderung zugunsten der Muslime
1990-2004	Wiederherstellung der staatlichen Institutionen unter US-gebilligter Hegemonie Syriens; ökonomischer Aufschwung unter Premierminister Rafiq al-Hariri;

	Widerstand der Hisbollah gegen die israelische Besatzung des Südlibanons
2004-2005	Sunniten, Christen und Drusen verwahren sich gegen die syrische Vormachtstellung; syrische Armee zieht inmitten einer Protestwelle (sogenannte Zedernrevolution) nach dem Attentat auf Hariri ab;
2006	Feindseligkeiten zwischen der Hisbollah und Israel eskalieren im 34 Tage dauernden Krieg
2007	Belagerung des palästinensischen Flüchtlingslagers Nahr al-Bared nördlich von Tripoli nach Auseinandersetzungen zwischen militanten Islamisten und der libanesischen Armee
2008	Entspannung des Verhältnisses zu Syrien mit Aufnahme diplomatischer Beziehungen
2009	Saad Hariri formt Regierung der nationalen Einheit
2011	Kollaps der Regierung nach Rücktritt der Minister der Hisbollah und ihrer Alliierten
2012	Syrischer Bürgerkrieg weitet sich auf den Libanon aus; tödliche Zusammenstöße zwischen Sunniten und Alawiten in Tripoli und Beirut; erste Flüchtlinge strömen in den Libanon
2013	Grenzkonflikte zwischen Syrien und dem Libanon; 17 Soldaten der libanesischen Armee sterben in Auseinandersetzungen mit militanten Sunniten in Sidon; militärischer Arm der Hisbollah wird als Terrororganisation eingestuft; 700.000 Flüchtlinge halten sich nach UN-Angaben inzwischen im Land auf
2014	Zahl der Flüchtlinge hat 1 Million überschritten
2017	Neues Wahlgesetz wird durch Parlament gebilligt
2019	Massenproteste gegen die ökonomische Stagnation und Korruption; Premierminister Saad Hariri tritt zurück
2020	Eine gewaltige Explosion verwüstet große Teile des Hafens und der angrenzenden Wohnviertel

Literatur

Abdul-Nour, Hani und Waiblinger, Martina, Kirchen und Höhlen im Qadisha-Tal, Martina Waiblinger, Tübingen, 2015.

Börnchen, Martin, Farben bereichern unser Leben: Tierische und pflanzliche Farbstoffe, Berlin, 2009.

Boustany, Antoine L., Deir el-Qamar: Une saga d'histoire et d'hommes, Les éditions L'orient le jour, 2010.

Burckhardt, Johann L., Reisen in Syrien, Palästina und der Gegend des Berges Sinai, Band 1, Verlag Landes-Industrie-Comptoir, Weimar, 1823.

Capasso, Luigi, The history and the situation of the world famous fossil fish quarries in Lebanon, Geologia Paleontologia Preistoria, pp. 53-76, 2017.

Chiha, Michel, Visage et Présence du Liban, Beirut: Cénacle Libanais 1964, p. 168.

Corm, Carole, Beirut: A guide to the city, Darya Press, Beirut, 2012.

Corm, Charles, 6000 years of peaceful contributions to mankind, La Revue Phenicienne Publications, Beirut, 2013.

Dumper, Michael R.T. and Stanley, Bruce E., Cities of the Middle East and North Africa: a historical encyclopedia, ABC-CLIO, Santa Barbara, 2006.

Firro, Kais, Silk and agrarian changes in Lebanon, 1860-1914, International Journal of Middle East Studies, Vol. 22, pp. 151-169, 1990.

Haroun, Nadine P., Anfeh unveiled: Historical background, ongoing research, and future prospects, Journal of Eastern Mediterranean Archaeology & Heritage Studies, Vol. 3, pp. 396-415, 2015.

Harris, William, Lebanon: a history, 600-2011, Oxford University Press, Oxford, 2012.

Karam, Michael and Schiller, Norbert, The wines of the Lebanon, Saqi Books, London, 2005.

Kassir, Samir, Beirut, University of California Press, Berkeley, 2011.

Kaufman, Asher, Reviving Phoenicia, I.B. Tauris & Co. Ltd, London, 2014.

Kotschy, Theodor, Der Libanon und seine Alpenflora, Wien, 1864.

Lee, Jessica, Beirut, 2nd edition, Footprint Handbooks Ltd, Bath, 2014.

Mayr, Johann H., Reise nach Konstantinopel, Aegypten, Jerusalem, und auf den Libanon, Huber und Compagnie, St. Gallen, 1820.

Niebuhr, Carsten, Reisebeschreibung nach Arabien und anderen umliegenden Ländern, Die Andere Bibliothek, Berlin, 2018.

Pococke, Richard, A description of the east and some other countries, Vol. II, Part I, W. Bowyer, London, 1745.

Randa, Mahmut, Die Drusen: Geschichte und Identität einer Minderheit im Zeitalter des Internets, Tübingen, 2008.

Ritter, Carl, Die Erdkunde von Asien, Band VIII, Zweite Abteilung, G. Reimer, Berlin, 1854.

Twain, Mark, The innocents abroad, American Publishing Company, Hartford, 1869.

Rückert, Karl T., Reise durch Palästina und über den Libanon, Druck und Verlag von Florian Kupferberg, Mainz, 1881.

Runciman, Steven, Geschichte der Kreuzzüge, 3. Auflage, Deutscher Taschenbuch Verlag, München, 2001.

Russegger, Joseph, Reisen in Europa, Asien und Afrika mit besonderer Rücksicht auf die naturwissenschaftlichen Verhältnisse der betreffenden Länder, unternommen in den Jahren 1835 bis 1841, 1. Band, E. Schweizerbart'sche Verlagshandlung, Stuttgart, 1841.

Salameh, Franck, Charles Corm: an intellectual biography of a twentieth-century Lebanese »young Phoenician«, Lexington Books, Lanham, 2015.

Scholl-Latour, Peter, Kampf dem Terror – Kampf dem Islam? Propyläen, Berlin, 2002.

Van Neer, Wim et al., The emergence of fishing communities in the eastern Mediterranean region: A survey of evidence from pre- and protohistoric periods, Paleorient, vol. 31, pp. 131-157, 2005.

Danksagung

Wir danken aufs herzlichste Herrn Dr. Otto Haßelbeck und Herrn Professor Joachim Neumann, zuvorderst für die spontane Bereitschaft zur kritischen Erstlektüre und die vielen wertvollen Anmerkungen und Hinweise. Innigst für jeweils ein Vierteljahrhundert stetige Begleitung als Lehrer, Mentor oder Freund.

Wir danken darüber hinaus:
All den Menschen im Libanon, die uns mit offenen Herzen empfangen und ihre Geschichten mit uns geteilt haben, insbesondere Robin, Pierre, Jamil, Elias, Aline, David, Gregorik, Youssef, Akram & Naima.

Esther, für die drei intensiven Tage, an denen Du aus unserer Geschichte und unserem Kopfkino ein kraftvolles Kaleidoskop für das Cover gezaubert hast.

Unserem Verleger, Herrn Hartmut Jäcksch, der inmitten einer weltumgreifenden Krise, die auch den Buchmarkt tief erschüttert hat, den Mut hatte, unser Manuskript anzunehmen, mit uns zu entwickeln und uns eine schriftstellerische Heimstatt mit guten, kreativen, persönlichen Gesprächen zu geben.

HISTORISCHES ZENTRUM UND WEST-BEIRUT

Mit Cappuccino und Manakish hinein in den Stadtdschungel

Das Erbe Hariris: die Al-Amin-Moschee am Platz der Märtyrer

Die Zeder weist uns den Weg nach Hamra.

Das Konzept von Ouzville: durch die in Farbe gegossene Kunst soll das Grau der Hauswände und später das Grau in den Köpfen der Menschen des Viertels verändert werden.

Das „Phoenicia“ im Vordergrund erstrahlt nach den Zerstörungen im Bürgerkrieg wieder in alter Schönheit und Eleganz. Das ausgebrannte und zerschossene „Holiday Inn“ im Hintergrund wirkt bedrohlich und wartet nach wie vor auf seine weitere Bestimmung.

Das Konterfei eines Märtyrers ziert eine Hauswand im schiitischen Teil Beiruts.

Das Flüchtlingslager Shatila ist geprägt von Müll, beengten Wohnverhältnissen und Armut

Alles wird gut in Harissa unter Mariens Augen...

...Robin ist wieder zurück!

Wo gibt's die beste Limo in Batroun? Keine Frage, selbstverständlich nur bei Naji.

Hier ankerten die Schiffe der Phönizier: der Wall von Batroun ...

... und der Graben in Anfeh

Straßenverkäufer in Tripoli: Ausdruck von Improvisation und Sinnbild für die Armut dieser Stadt

In die Zeit eingegossen: das unvollendete Messe-Ensemble von Oscar Niemeyer

Blick von der Zitadelle der Kreuzfahrer aus dem 12. Jahrhundert über das Häusermeer von Tripoli

Ali rennt gegen das negative Urteil über die Stadt an.

Familie Charkass: die letzten traditionellen Seifenmacher im Libanon.

Im Souk der Schneider gibt es Arbeit zuhauf.

Die Al-Bourtasi-Moschee am Fuße des Pilgerberges beherbergt einen Schatz: ein byzantinisches Mosaik. Die Wanduhr ist geschmacklos und neueren Datums.

Dieser Zug fährt nie mehr ab. Der Traum eines Eisenbahnnetzes bleibt.

Arz ar-Rabb, die Zedern des Herrn: die letzten Reste eines einst mächtigen Waldes an den Hängen des Libanongebirges

Al-Hardini wacht über das Kloster Quazhaya im Qadisha-Tal.

Samir wartet auf Kundschaft, die sich zu dieser Jahreszeit rarmacht.

Anna badet in einem Meer aus Margeriten.

MITTE BEIRUT – DAMASCUS STREET

Ein gut gemeinter Wunsch: ein Verbotsschild im Mutterland des Hupens

Die Ruine des Beit Beirut erinnert und mahnt, ...

...der Tempel des Nationalmuseums sammelt und beeindruckt.

Vorm Corm House mit David. Er will das große humanistische Erbe seines Vaters in den Libanon unserer Tage hineintragen.

Gegensätze in der Bekaa: Bacchus-Tempel in Baalbek, …

… Zeltstadt syrischer Flüchtlinge

Die schwangere Frau: Der größte Monolith der Welt steht immer noch in Baalbek.

Keine Angst! Die Gewehrläufe entpuppen sich als Auspuff eines Dieselgenerators.

Das Geheimnis eines guten Araks: Ruhe

Anders als in der goldenen Vorkriegsära bleiben die großen Stars in Pepe's Fishing Club am Hafen dieser Tage zwar aus, aber das gute Essen ist geblieben.

Liegeplätze am Strand sind immer zu haben.

Ein syrisches Flüchtlingsmädchen ergattert am Ortseingang eine Cola-Dose und stillt seinen Durst.

Alle Wege in Byblos führen zur Burg der Kreuzfahrer.

IM LAND DER KREUZE

Die Menschen von Douma...

Links: Auf Wanderschaft am Mount Liban nach Tannourine. Bloß keine Hyänen treffen. Rechts: Baatara Schlucht

Kein Widerspruch im Land der Maroniten: Frömmigkeit ...

... und Kommerz

Pierre in seinem Element. Ein Krebs erblickt zum zweiten Mal das Licht der Welt.

Die libanesische Kost im Beit Douma macht einfach nur süchtig nach mehr.

Das Seekastell der Kreuzfahrer hielt allen Zeiten stand und dient heute nur noch als Kulisse für ein pittoreskes Foto der Touristen.

Stadt der Fische: Das Meer bestimmt immer noch den Lebensrhythmus der Einwohner Sidons.

Frischer geht's nicht.

Vorsicht vor dem Dieb.

Was wir hier wohl bewerben?

Vor der Fischhalle: im Gespräch mit Hassan und seinem Kollegen

Streng blickt das wachsame Auge des Irans auf die geistigen Väter der Amal-Bewegung.

Der Bedarf an Plastikstühlen scheint im Hisbollah-Land besonders groß zu sein.

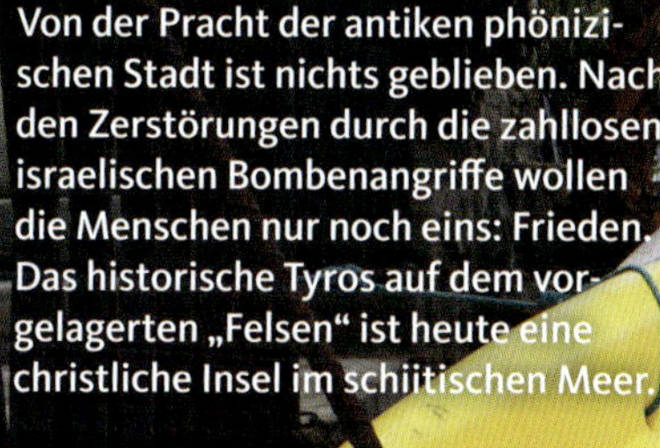

Von der Pracht der antiken phönizischen Stadt ist nichts geblieben. Nach den Zerstörungen durch die zahllosen israelischen Bombenangriffe wollen die Menschen nur noch eins: Frieden. Das historische Tyros auf dem vorgelagerten „Felsen“ ist heute eine christliche Insel im schiitischen Meer.

Ein phönizisches Handelsschiff

Eine Monstranz wird gefertigt.

OST-BEIRUT

Blick aus dem Sursock

Kleinkunst zum Nachdenken in einer Galerie von St. Nicolas

Wohin mit den Plastikflaschen?

Straßenkunst mit klaren Botschaften

Mikrokosmos Bourj Hammoud: gegen das Vergessen von Völkermord und Vertreibung anschreiben

Großes fängt im Kleinen an: die Nähstube von Annie

Flagge zeigen in der armenischen Enklave von Beirut

DRUSENLAND

Der Palast von Beiteddine: liebliches Schmuckkästchen im schroffen Land

Serail von Deir el-Qamar

Grüne Insel: kleiner üppiger Kräutergarten

Monsieur Baz

Bergrücken des Chouf

Ein „uqqal“ genannter Wissender beim Wasserholen für seine Familie

Im Paradiso von Baakline: wo die Libanesen das islamische Opferfest feiern.

Die alte Seidenfabrik in Deir el Qamar hat schon lange ihr Leben ausgehaucht.

Am Sehnsuchtsziel im Chouf angekommen: die Gebetsstätte der Drusen von Barouk